# 守正创新

## 中国式现代化理论体系研究

上海市习近平新时代中国特色社会主义思想研究中心
上海市中国特色社会主义理论体系研究中心 编

上海人民出版社

# 目录

# 第一编

# 中国式现代化理论<br>是科学社会主义的最新重大成果

习近平总书记指出，概括提出并深入阐述中国式现代化理论，是党的二十大的一个重大理论创新，是科学社会主义的最新重大成果。中国式现代化蕴含的独特世界观、价值观、历史观、文明观、民主观、生态观等及其伟大实践，是对世界现代化理论和实践的重大创新。本编主要围绕中国式现代化理论的理论贡献、文化传承、实践演进、战略部署和世界意义展开论述。

# 中国式现代化理论对科学社会主义的原创性贡献

李　鹏

1516年，托马斯·莫尔所著的《乌托邦》一书出版，标志着空想社会主义的诞生。从此开始，社会主义历经空想到科学的飞跃，理论到实践的转变，一国到多国的发展，从探索到不断深化，直至中国特色社会主义的创新发展，历经500多年。

## 一、科学社会主义的发展历程及其主要成就

1848年，《共产党宣言》的发表，标志着科学社会主义的诞生。在科学社会主义诞生的170多年间，马克思主义经典作家和各国无产阶级政党对科学社会主义的进一步发展作出重大贡献。

马克思和恩格斯是科学社会主义的主要创立者，集中阐释了世界范围资本主义的发展规律，在此基础上指出资本主义向共产主义过渡的客观必然性。马克思科学地预测了共产主义社会的基本特征，揭示了实现的条件

和过程。恩格斯提出工人阶级理论和无产阶级政党学说，阐明了马克思主义的两大基石，使得科学社会主义学说成为一个科学体系。

列宁继承和发展马克思主义的基本原理，根据资本主义发展到帝国主义阶段后，经济和政治发展的不平衡性，提出“一国胜利论”的全新理论判断，并在实践中探索落后国家如何建设社会主义的途径和具体手段。

中国共产党人坚持把马克思列宁主义与中国的具体实际相结合，形成系统的新民主主义革命理论和探索社会主义建设的宝贵经验，开创性地提出社会主义本质的科学内涵和评判标准，创造性地提出社会主义市场经济理论，在实践中不断完善中国特色社会主义理论体系。

## 二、中国式现代化理论对科学社会主义的原创性贡献

党的十八大以来，中国特色社会主义进入新时代。新时代的基本国情、主要矛盾、奋斗目标和根本任务，较之前的发展阶段都发生了根本性变化。党的二十大报告指出，以中国式现代化全面推进中华民族伟大复兴的历史任务，在此基础上形成中国式现代化理论。概括提出并深入阐述中国式现代化理论，是新时代党的理论创新的最新成果，是科学社会主义的最新重大成果。研究阐释中国式现代化理论对科学社会主义的原创性贡献，对于丰富发展马克思主义，不断推进马克思主义中国化时代化具有重大的理论意义。

### （一）坚持和发展“两个必然”的理论逻辑

马克思、恩格斯在《共产党宣言》中，依据资本主义社会基本矛盾和人类社会发展规律，阐明科学社会主义的基本原理，即“资产阶级的灭亡

和无产阶级的胜利是同样不可避免的”。[①] 历史已经并正在证明，资本主义受限于制度的局限性，无法完成自身的制度救赎。近年来，很多西方国家出现了社会紊乱甚至失序的现象，影响波及全球的金融危机和债务危机，政治选举出现“黑天鹅”事件，种族歧视和民粹主义高涨，难民危机引发社会分裂和骚乱，右翼极端主义暗流涌动等等，这些表现在政治、经济和社会领域的“西方之乱”，正呈现出系统性危机特征，究其根源就是资本主义制度的基本矛盾在金融资本全球化时代越来越无法实施有效调节。

习近平总书记指出：“马克思、恩格斯关于资本主义社会基本矛盾的分析没有过时，关于资本主义必然消亡、社会主义必然胜利的历史唯物主义观点也没有过时。这是社会历史发展不可逆转的总趋势”。[②] 一方面，我们要看到“两个必然”的客观必然性，坚定信仰信心信念。从冷战结束后到现在，社会主义运动从挫折中正在逐步复苏。“由于中国特色社会主义不断成功，冷战结束后世界社会主义万马齐喑的局面得到很大程度的扭转，社会主义在同资本主义竞争中的被动局面得到很大程度的扭转，社会主义优越性得到很大程度的彰显。”[③] 中国特色社会主义取得的成就，使苏东剧变之后甚嚣尘上的社会主义“终结论”“衰亡论”、共产主义“虚无论”不攻自破。

另一方面，我们也要看到，这个“必然是一个很长的历史过程。我们要深刻认识资本主义社会的自我调节能力……认真做好两种社会制度长期合作和斗争的各方面准备”。[④] 资本主义自我调节能力还没有完全丧失，实现“两个必然”不是简单的线性逻辑，而是两种制度长期共存，共处竞争

---

① 马克思、恩格斯：《共产党宣言》，人民出版社2018年版，第40页。
②④ 习近平：《关于坚持和发展中国特色社会主义的几个问题》，《求是》2019年第7期。
③ 习近平：《学习马克思主义基本理论是共产党人的必修课》，《求是》2019年第22期。

的结果。当今社会主义和资本主义的竞争，核心就是两种制度优越性的比拼。

习近平总书记指出："制度优势是一个国家的最大优势，制度竞争是国家间最根本的竞争。"① 国家间竞争从表层看是经济的竞争、科技的竞争、军事的竞争等，而从深层看则是制度的竞争。制度竞争是国家间最根本的竞争。

关于判断国家制度优越性的标准，习近平总书记指出："衡量一个国家的制度是否成功、是否优越，一个重要方面就是看其在重大风险挑战面前，能不能号令四面、组织八方共同应对……制度更加成熟更加定型是一个动态过程，治理能力现代化也是一个动态过程，不可能一蹴而就，也不可能一劳永逸。"② 我国社会主义制度具有非凡的组织动员能力、统筹协调能力、贯彻执行能力，能够充分发挥集中力量办大事、办难事、办急事的独特优势。历史和现实都告诉我们，只要坚持和完善中国特色社会主义制度、推进国家治理体系和治理能力现代化，善于运用制度力量应对风险挑战冲击，我们就一定能够经受住一次次压力测试，不断化危为机、浴火重生。

中国式现代化理论就是在两种制度共处竞争的背景下，为社会主义制度优越性发挥，最终战胜资本主义制度提供理论指导。

中国式现代化理论，以人民为中心而不是以资本为中心，为了多数人而不是少数人的发展，为了人的全面而不是片面发展，这是中国式现代化理论的价值追求。

中国式现代化理论，强调坚持党对中国式现代化的坚强领导。党的领

①② 习近平：《坚持和完善中国特色社会主义制度推进国家治理体系和治理能力现代化》，《求是》2020年第1期。

导直接关系中国式现代化的根本方向、前途命运、最终成败，党的领导决定中国式现代化的根本性质，确保中国式现代化锚定奋斗目标行稳致远，激发建设中国式现代化的强劲动力，凝聚建设中国式现代化的磅礴力量。这是中国式现代化理论的特色呈现。

中国式现代化理论，强调把中国特色社会主义制度优势与国家治理紧密联系，强调国家治理体系和治理能力的现代化，凸显中国式现代化理论的制度优势。美国学者弗朗西斯·福山也修正自己的观点，他在《历史的未来》一文中写道："许多人现在倾慕中国体制，不只是因为其经济成就，还因为该国能够及时做出宏大而复杂的决策。"①

中国式现代化理论，实践中的"中国之治"与"西方之乱"形成鲜明对比。党的十八大以来，以习近平同志为核心的党中央高瞻远瞩，统筹推进"五位一体"总体布局，协调推进"四个全面"战略布局，党和国家事业发生了历史性变革，取得了历史性成就。作为世界第二大经济体，中国的经济实力、科技实力、国防实力、国际影响力不断迈上新台阶。与此同时，中国消除了世界上最大体量的绝对贫困，凸显了中国式现代化理论的实践效能。

由此可知，中国式现代化理论在新时代坚持和发展了"两个必然"的理论逻辑。当今世界"东升西降"趋势正加速呈现，有中国式现代化理论引领，我们有信心在两种制度竞争中，最终实现"东胜西败"。

### （二）诠释和印证"跨越卡夫丁峡谷"的理论设想

"跨越卡夫丁峡谷"，是马克思在深入思考如何克服西方现代化给人类带来的巨大问题和现实挑战基础上，继而提出人类社会能否开辟一条非资

---

① 弗朗西斯·福山：《历史的未来》，《外交事务》2012 年第 1 期。

本主义的现代化新路的理论设想。

1877年，马克思在《给〈祖国纪事〉杂志编辑部的信》中指出："如果俄国继续走它在1861年所开始走的道路，那它将失去当时历史所能提供给一个民族的最好的机会，而遭受资本主义制度所带来的一切灾难性的后果。"① 在这里，马克思强调指出了，俄国完全有可能避免遭受资本主义导致灾难的可能性。1881年3月，马克思在《给维·伊·查苏利奇的信》中指出："农村公社就会很快地变为俄国社会新生的因素，变为优于其他还处在资本主义制度奴役下的国家的因素。"② 在这里，马克思强调指出了俄国农村公社制度有可能成为"跨越卡夫丁峡谷"的独特优势和制度基础。《共产党宣言》1882年俄文版序言指出："假如俄国革命将成为西方无产阶级革命的信号而双方互相补充的话，那么现今的俄国土地公有制便能成为共产主义发展的起点。"③ 在这里，马克思明确指出了"跨越卡夫丁峡谷"的前提条件，即俄国的无产阶级革命和世界革命的互动。

马克思从理论上提出俄国不经过资本主义发展阶段而实现跳跃式发展的大胆预测，列宁则思考如何实践这一假设。列宁认为，在小农占人口多数的条件下，不可能实行从小生产向社会主义的直接过渡，从而提出了利用国家资本主义走向社会主义的重要思想，实践中表现出来的政策取向就是"新经济主义"。社会主义条件下的国家资本主义，就是能够加以限制、能够规定其范围的资本主义，是社会主义一种积极、有益的经济成分。应该说，列宁的思考有其合理性，但是在实践中很快就被废止了。

中国能不能不经过资本主义走向社会主义？这也是困扰近代中国知识

① 《马克思恩格斯选集》第3卷，人民出版社2012年版，第728页。

② 同上书，第832页。

③ 《马克思恩格斯选集》第1卷，人民出版社2012年版，第379页。

分子的一个重大命题。中国共产党的早期领导人旗帜鲜明地指出，中国不能搞资本主义。原因主要是两个方面，一方面是帝国主义国家不允许，二是中国走资本主义会带来极大的危害，那就是严重的两极分化。近代以来，帝国主义侵略中国，把中国变为原料产地和商品销售市场，不可能允许中国独立发展资本主义。另一方面，资本主义固有矛盾带来的严重危害，使得中国共产党人无法接受。究其根源，资本主义虽然能够快速发展生产力，但是不可避免地会出现严重的两极分化。

1965年5月，毛泽东在和湖南省委第一书记张平化谈话中，表达了动摇了公有制基础一定会导致严重两极分化的担忧。1987年，邓小平会见外宾时，也反复强调中国不能搞资本主义。原因是："如果走资本主义道路，可能在某些局部地区少数人更快地富起来，形成一个新的资产阶级……而大量的人仍然摆脱不了贫穷，甚至连温饱问题都不可能解决。只有社会主义制度才能从根本上解决摆脱贫穷的问题。"①

既然不能走资本主义道路，那么是不是存在一条"跨越卡夫丁峡谷"的新路呢？答案是肯定的。新中国成立后，毛泽东指出："中国现在的资本主义经济……是一种特殊的资本主义经济，即新式的国家资本主义经济。它主要地不是为了资本家的利润而存在，而是为了供应人民和国家的需要而存在。"② 这种"资本主义经济"，核心因为是共产党领导下的经济形态，所以带有很强的社会主义性质。不看到这一点，而是简单根据经济形态的表现方式判断根本性质，就会犯错误。

习近平总书记指出："近些年来，国内外有些舆论提出中国现在搞的究竟还是不是社会主义的疑问，有人说是'资本社会主义'，还有人干脆

① 《邓小平文选》第3卷，人民出版社1993年版，第208页。
② 《毛泽东文集》第6卷，人民出版社1999年版，第282页。

说是‘国家资本主义’、‘新官僚资本主义’。这些都是完全错误的。”①

中国共产党的伟大贡献在于，在坚持中国共产党的领导下，通过先进的制度建设和创新（包括利用资本主义已有的成功经验和手段），反推生产力的发展。诚如毛泽东指出的那样，“首先制造舆论，夺取政权，然后解决所有制问题，再大大发展生产力，这是一般规律”。②

中国式现代化理论，从理论到实践都印证了先进生产关系对生产力的巨大推动作用。进入新时代，我们提出中国式现代化是中国共产党领导的社会主义现代化，以中国式现代化理论为指导，充分利用制度优势的推动力，用几十年的时间，赶上甚至部分超过了西方现代化几百年所取得的成就，并且保持了社会长期稳定，破解了“亨廷顿悖论”，避免落入“现代化陷阱”，这一成就被全世界称为“中国奇迹”。

由此可知，中国式现代化理论，诠释和印证了“跨越卡夫丁峡谷”的理论设想，“跨越卡夫丁峡谷”不仅可能，而且在中国式现代化理论指引下，一定能够成功。

### （三）打破和超越“苏联模式”的理论羁绊

社会主义历经五百多年的历史发展，其中第四个时间段也就是苏联模式的逐步形成。斯大林在列宁逝世之后，逐步放弃了新经济政策，建立了以单一的生产资料公有制、自上而下的指令性计划经济和权力高度集中的政治体制“三位一体”的苏联模式，以及重工业优先的发展战略。苏联模式的短期成功导致大多数人忽略了其暴露的和潜在的问题，反而将其神圣化为社会主义的普遍原则和基本制度。苏联解体证明这种模式的根本问题是逐渐背弃了十月革命道路的初心——为生产力发展开辟道路，为最广大

---

① 习近平：《关于坚持和发展中国特色社会主义的几个问题》，《求是》2019 年第 7 期。

② 《毛泽东文集》第 8 卷，人民出版社 1999 年版，第 132 页。

人民群众谋幸福。

马克思主义必定随着时代、实践和科学的发展而不断发展，不可能一成不变，社会主义从来都是在开拓中前进的。坚持马克思主义，坚持社会主义，一定要有发展的观点，一定要以我国改革开放和现代化建设的实际问题、以我们正在做的事情为中心，着眼于马克思主义理论的运用，着眼于对实际问题的理论思考，着眼于新的实践和新的发展。

十八大以来，我们党不断深化对共产党执政规律、社会主义建设规律、人类社会发展规律的认识，不断开辟马克思主义中国化时代化新境界。推进马克思主义中国化时代化就是一个追求真理、揭示真理、笃行真理的过程。习近平新时代中国特色社会主义思想坚持把马克思主义基本原理同中国具体实际相结合、同中华优秀传统文化相结合，不断回答中国之问、世界之问、人民之问、时代之问，开辟了马克思主义中国化时代化新境界。

由此可知，中国式现代化理论，打破和超越了“苏联模式”的理论羁绊，既坚持了社会主义原则和方向不动摇，同时与时俱进推进马克思主义中国化时代化。

（四）澄清和纠正“现代化 = 西方化”的理论迷思

现代化最先发端于西方，借助资本主义政治体制作为载体，用他们的制度模板、价值观念、意识形态等政治因素把现代化狭义化、固定化、刻板化，逐步形成对现代化的知识体系和话语体系的垄断，严重遏制了现代化发展的空间，违反了现代化的发展规律，导致“现代化 = 西方化”的迷思长期盛行。这种理论认知贯穿着强烈的“西方中心主义”，具有强烈的排他性，理论上极其错误，实践上危害极大。

“现代化 = 西方化”的理论迷思，其症结就在于把现代化当作单选题。

2023 年 3 月 15 日，习近平总书记出席中国共产党与世界政党高层对话会时明确指出，现代化不是少数国家的“专利品”，也不是非此即彼的“单选题”，不能搞简单的千篇一律、“复制粘贴”。中国式现代化克服了资本主义现代化固有的先天性弊端，也用事实宣告了“历史终结论”的终结、“中国崩溃论”的崩溃，改变了长期以来西方现代化模式占主导地位并垄断话语权的格局，宣告了以西方制度模式为归宿的单线式历史观的破产，展现了现代化的另一幅图景，拓展了发展中国家走向现代化的路径选择，为人类对更好社会制度的探索提供了中国方案。

由此可知，中国式现代化理论，澄清和纠正了“现代化 = 西方化”的理论迷思。习近平总书记指出，“携手构建发展共同体，不让任何一个国家在世界现代化进程中掉队”。中国式现代化创造的“人类文明新形态”不仅是中国的文明新形态，而且是全人类的文明新形态。

（五）创新和重构实现“康庄大道”的理论体系

一个国家选择什么样的现代化道路，是由其历史传统、社会制度、发展条件、外部环境等诸多因素决定的。实践证明，一个国家走向现代化，既要遵循现代化一般规律，更要符合本国实际，具有本国特色。

中国式现代化是中国共产党领导的社会主义现代化。党的领导直接关系中国式现代化的根本方向、前途命运、最终成败，党的领导决定中国式现代化的根本性质，确保中国式现代化锚定奋斗目标行稳致远，激发建设中国式现代化的强劲动力，凝聚建设中国式现代化的磅礴力量。

中国式现代化具有人口规模巨大、全体人民共同富裕、物质文明和精神文明相协调、人与自然和谐共生、走和平发展道路的五大特色。这些特色恰恰是基于对西方现代化的负面教训反思，而中国式现代化又具有现实可能性的理论概括。

中国式现代化的本质要求是坚持中国共产党领导，坚持中国特色社会主义，实现高质量发展，发展全过程人民民主，丰富人民精神世界，实现全体人民共同富裕，促进人与自然和谐共生，推动构建人类命运共同体，创造人类文明新形态。这些创新性论述，既阐释了中国式现代化与西方现代化的本质区别，也是对中国在实现现代化过程中评价体系的科学诠释。

全面建设社会主义现代化国家必须牢牢把握五项重大原则，即坚持和加强党的全面领导、坚持中国特色社会主义道路、坚持以人民为中心的发展思想、坚持深化改革开放、坚持发扬斗争精神。中国式现代化的重大原则，体现了守正创新，实现了方向目标、价值取向和路径方式的辩证统一。

由此可知，中国式现代化理论，创新和重构了实现“康庄大道”的理论体系。习近平总书记指出，中国式现代化是强国建设、民族复兴的康庄大道。而中国式现代化理论则是指引我们实现康庄大道的全新理论体系。

习近平总书记指出，中国式现代化不是简单延续我国历史文化的母版，不是其他国家社会主义实践的再版，也不是国外现代化发展的翻版。中国式现代化理论，坚持和发展了马克思主义现代化理论，实现了对西方现代化理论的纠偏，重构了中国式现代化的理论体系，是科学社会主义的最新重大成果，是世界现代化理论的最新重大成果。

**作者单位**

中国浦东干部学院教研部

# “第二个结合”与中华民族现代文明的共融共生

刘训茜

习近平总书记在文化传承发展座谈会上强调要把马克思主义基本原理同中华优秀传统文化相结合，“让马克思主义成为中国的，中华优秀传统文化成为现代的”，相互成就为“有机统一的新的文化生命体”。这一重要论述学理精微，内涵丰富，体现了当代中国共产党人在文化和理论上的自信自觉，也为我们从学术角度重新研究并在更高的层面把握历史上中国共产党人如何认识和处理两者之间的关系，如何在领导中国革命和建设的过程中继承和发扬优秀传统文化提供了重要的理论指导。

对中共创始人思想中体现的优秀传统文化因素进行探讨，以期从源头上厘清中国共产党人及其信仰的马克思主义与传统文化之间的深层次联系。这种探索不仅有助于我们理解传统文化在现代中国政治与思想体系中的持续影响，更为我们明确新时代如何建设中华民族的现代文明提供了参考和指引。“第二个结合”不仅是构建中华民族现代文明的必由之路，更是在全球多元文化交流中彰显中华文化独特魅力与智慧的关键环节。

基于建党初期的思想史，探讨中国共产党如何勇于探索和实践，从而在中华文明的发展与传承中，找到一条既符合时代潮流又适应中国国情的发展道路。这个过程不仅体现了对中国传统文化的珍视和发展，更是对实现中华民族伟大复兴中国梦的有力证明，体现了中国共产党的历史担当和时代使命。

## 一、交融互释：20 世纪初社会主义在江南的传播

1917 年十月革命的一声炮响给中国带来了马克思列宁主义，但在此之前的中国思想界并非一张白纸，而是已有形形色色的社会主义思潮在流布和传播。传统儒家的基本关怀虽是现实世界，但是其中也潜在着一种乌托邦性质的大同理想，当社会面临严重危机时，这一类潜流便时常浮现。① 晚清中国思想界激起的一股浪潮是《礼运·大同》篇的崛起。

“大同”是儒家理想中的社会模式。在清代以前，《礼运》较少为人注意，清末对《礼运》的研究和注释开始增多，这与社会主义学说传入中国这一历史进程有着深切的联系。②

其时上海作为江南中心城市，自开埠之日起就与西方世界互动频繁，从而为社会主义的传播提供了条件。大量西方传教士、商人、知识分子、清廷官员、维新人士、革命党、趋新读书人都处于这股新思潮中。1910 年，传教士李提摩太组织广学会翻译英国学者克卡朴的《社会主义史》(*A History of Socialism*)，中文译本定名为《泰西民法志》，并于 1912 年刊刻出版于上海。

① 陈正焱：《中国古代大同理想》，上海人民出版社 1986 年版，第 292—350 页。
② 刘桂生：《晚清“墨学复兴”与社会主义学说传入中国》，《教学与研究》1986 年第 4 期。

在书中的“马格司”（Karl Marx）一章，译者胡贻谷被马克思的生平学说所折服，盛赞其人心系贫民生计，其学具“兼爱之旨趣”。由于战国时期的墨子正是“视人之家，若视其家；视人之身，若视其身”，为天下人谋利益而不辞辛劳，四处奔走；而在胡贻谷看来，马克思毕生同样可称为“摩顶放踵以利天下”。胡贻谷推崇马克思的着眼点，一方面在于基督教的救世情怀，另一方面则与传统文化中关心贫民的民本思想有关。他还将传统文化中“先忧后乐”、“以天下为己任”的儒家理想人格也投射于马克思，用文言意译的方式对英文原著进行了饱含热情的改写，称马克思“养成浩气，不慑于厉害，不屈于威武，不以时局绝望而生怯心，不以舆论拂逆而萌退志，死守不变，惟愿造福于群伦，以求魂梦之安洵”。其人尽管出身于富裕的律师家庭，却能“视富贵如浮云，等王侯于蝼蚁，不以尘世之显耀为己荣，而以贫民之释放为己任”。胡贻谷又说，不仅是马克思和恩格斯，纵观历史上所有社会主义者，皆是一群“矢兼爱之宏愿，竭力为民请命，至捐其身家爵禄而不悔”的仁人志士。①

这部出版于上海的《泰西民法志》是清末民初社会主义思潮在江南传播的缩影。尽管该书宣传的是基督教社会主义，但在客观上还是使得马克思的人格学说在清末民初的读书人心中留下了印象。胡贻谷是一位奉教士人，既不属于早期马克思主义者，也不是近代革命洪流中的行动者。然而值得注意的是，他的翻译与诠释却在更大程度上表明，马克思的人格理想在思想和情感上能够为普遍中国人所接受。

以中国传统文化来接引社会主义学理的情况在清末民初比比皆是，《申报》《新民丛报》《民报》《社会星》《东方杂志》《万国公报》上的相关文字可谓指不胜屈。正是在民本思想的层面，清末民初的知识分子找到了中

① ［英］克卡朴：《泰西民法志》，胡贻谷译，上海广学会 1912 年版，第 2、89、105 页。

西话语的内在一致性，呈现出社会主义与传统思想的交融互释。再如，民国初年谭嗣同的《仁学》因被认为“得大同之理”、“发挥社会主义”而激起包括顾颉刚在内的众多江南读书人的共鸣。[①]1918年的钱穆在无锡一所学校中与友人谈论“大同”话题，他后来回忆说“时中国共产主义尚未大兴，而余两人则早已辩论及之矣”。[②]尽管此时的社会主义与马克思主义尚存一定距离，但毫无疑问中华优秀传统文化中的若干因素，为中国先进分子接受科学社会主义做了精神上的铺垫和准备。

## 二、求道初心：中共创始人思想中的传统文化因素

进入20世纪20年代，随着中国社会的时代要求逐渐清晰，社会思潮开始进一步表现为互助进化、财产公有、世界主义、平民主义而辐辏于社会主义。在中国独特的政治思想脉络中，一次又一次改朝换代背后的终极追求，都是建立一个接近唐虞三代之治的“大同”社会。这种社会理想深藏于中国数千年的历史发展之中，为更多中国人接受马克思主义提供了可能。这一点在中共创始人身上体现得尤为明显。

其一，谋求大同的天下情怀。中国人源远流长的天下观念与马克思主义具有的世界性存在天然的契合。毛泽东、蔡和森等创立的新民学会，明确提出“我们多数的会友都倾向于世界主义”，“觉得自己是人类的一员”，而这种世界主义就是“四海同胞主义”，“就是愿意自己好也愿意别人好的主义，也就是所谓社会主义”。[③]陈独秀在1917年给陶孟和的信中，对其“将来之

---

① 瞿骏：《20世纪初社会主义在江南的传播》，《历史研究》2022年第6期。

② 钱穆：《八十忆双亲·师友杂忆》，生活·读书·新知三联书店2005年版，第95页。

③ 中共中央文献研究室编：《毛泽东书信选集》，中央文献出版社2003年版，第2页。

世界，必趋于大同”的观点深以为然，并因此极力推介世界语，以促成世界主义的实现。[①]在同一时期，李大钊所撰文章中也不断出现“世界大同”的提法。1919 年，李大钊发表《联治主义与世界组织》一文，宣布人类社会进化发展的轨道是沿着一条线，而这条线就是到达“世界大同”的必经大道，也是连贯人类共同精神的脉络。它有两个看似相反实则相成的方面，一个是“个性解放”，一个是“大同团结”。这两种运动的最终结果，就是要把全世界的人类联合起来，组成一个“人类的联合，把种界国界完全打破”，这就是全人类向往的“世界大同”。[②]由此可见，中国革命的初心从传统文化出发，不仅仅是“救国救民”，更是要“救世界”。中国共产党具有宏阔的世界眼光，从一开始谋求的就是以马克思主义实现“人类全体的幸福”。

其二，坚守初心的为民本色。先秦墨家的“兼爱”思想、儒家的“民本”与“仁者爱人”、宋明理学中“民胞物与”的核心观念[③]，都使得早期共产党人视劳苦大众为同胞手足，意图通过革命建立新秩序，救天下苍生出水火。李大钊在 1919 年发表的《劳动教育问题》中，对第一次世界大战后全世界的劳工都给予了深切的同情。1920 年，张闻天亲见上海城市中贫苦工人之境遇，倍受震撼，他感叹“平常人说工人如何苦，我终不十分相信；这一次住到一块地方，同工人很接近，觉得工人的痛苦，有出于我所意料之外……人家的痛苦是我的痛苦，这种痛苦真要使我心碎呀！”[④]同年，陈独秀在《劳动界》杂志发文介绍了工厂学徒、女工等上海下层社会人民的凄惨境遇，并大声疾呼：“中国劳动运动底意思，一不是跟着外国

---

① 陈独秀：《答陶孟和》，《新青年》第 3 卷第 6 期，1917 年。

② 中国李大钊研究会编注：《李大钊全集》第 2 卷，人民出版社 2013 年版，第 395—396 页。

③ 北宋张载《西铭》：“民吾同胞，物吾与也。”《西铭》是宋明理学最著名的文本之一，受到包括程颐、朱熹等历代学者的高度重视。

④ 闻天：《心碎》，《民国日报 · 觉悟副刊》1920 年 6 月 18 日。

底新思潮凑热闹，二不是高谈什么社会主义，不过希望有一种运动好唤起我们对于人类底同情心和对于同胞底感情，大家好来帮助贫苦的劳动者，使他们不至于受我们所不能受的苦恼。”①

其三，公平正义的社会追求。马克思主义在剩余价值理论基础上的分配正义观与儒家的“均平”思想具有一定的相似性。按照宋儒朱熹的解释，这里的“均”并非“平均”，而是人人“各得其分”之意。中共建党的重要参与者邵力子就说，“世界上有劳动者，即随时有劳动问题，中国古时已有近于社会主义的学说，‘不患寡而患不均，不患贫而患不安’。不均不安底害，随时显著，本不必定要在近代产业制度底下面，才有社会主义底主张。”②瞿秋白也曾对友人言，中国自古至今社会问题的核心都在于贫富不均，从黄巢到洪秀全，再到孙中山的“天下为公”，都是为了解决这个问题，可见社会改革就是要从“均”字着眼。③“均平”思想让早期共产党人从一开始就意识到资本主义分配方式必然带来贫富悬殊，故而立志建立一个公正无私、公平无偏、共同富裕的社会。

从上述分析可知，中国人学习西方思想的幻灭，不只是出于辛亥革命之后建立资产阶级共和国方案的破产，更是由于一战爆发后，世界范围的资本主义文化危机。对俄国的憧憬和对资本主义的警惕，共同导向了社会主义。正如罗志田指出的，当时各派政治力量虽多有不同，但“他们均对资本主义持不同程度的批判态度而倾向于某种社会主义式的解决。”④正是由于传统文化的影响，使得近代中国先进人物得以察觉资本主义道路并非坦途，从而超越一般意义上的自由、平等、民主，追步苏联革命发展潮

---

① 任建树主编：《陈独秀著作选编》第2卷，上海人民出版社2009年版，第266页。

② 力子：《主义与时代》，《民国日报·觉悟副刊》1920年12月21日。

③ 中共上海市委党史研究室编：《上海党史资料汇编》第5编，上海书店出版社2018年版，第13页。

④ 罗志田：《乱世潜流：民族主义与民国政治》，中国人民大学出版社2013年版，第108—109页。

流，引进了世界上最为先进的理论。

建党初心的内涵正是中国共产党人坚持“两个结合”的生动体现；也正因如此，早期中共党员从未将马克思主义看作外来的理论。作为中国共产党创始成员之一的蔡和森，在十月革命后十分心仪列宁的学说。他在1918年给毛泽东的信中很自然地比附说：“只计大体之功利，不计小己之利害。墨翟倡之，近来俄之列宁颇能行之，弟愿则而效之。”①

质言之，中国共产党从诞生之日起，就是中华优秀传统文化的忠实传承者和弘扬者。从这个意义上说，20世纪初的中国人走向革命的原始动力之一，就是实现历久弥新的大同理想。正是怀抱这样的初心，从世界潮流和中国现实需求出发，中国共产党成立伊始，就确定了自己所要完成的两大“使命”：一是用社会主义方式发展中国实业，完成中国的工业革命，使得无产阶级免于压迫和剥削。二是告别资产阶级共和国的老路，摒弃代议政治和政党政治，建立一个共产党领导的新国家。其最终目的则是建立起一个既在政治和物质上适应现代世界潮流，同时又在文化上具有真正独立性的国家；而不是建立起一个虽在政治和物质上适应世界潮流，却丧失了民族文化特色的中国。

## 三、守正创新：中华优秀传统文化的激活和转化

早期马克思主义者在追求实现中国传统政治理念的同时，并没有固守这套文化，而是参照马克思主义先进理论与中国实际，进行了传承转化和创新发展。

1925年，郭沫若发表名为《马克思进文庙》的寓言故事，借孔子及其

① 《蔡和森文集》，人民出版社1980年版，第8页。

弟子之口说出了马克思想要建立的“各尽所能，各取所需”的共产社会，与儒家大同社会“不谋而合”；但同时又借马克思之口表示，两者“终竟是两样”，[①]体现了早期马克思主义者对这个问题的认识和思索。

上海共产党早期组织成员李季，回忆建党时期积极翻译社会主义著作的初衷时说，“老实说一句，我当时所谓社会主义是从道德的观点出发的，完全将中国旧有的意识附会在它的上面。……因为我是一个‘有志之士’，本着一种‘英雄气概’，很想出来拯救苍生。我趋向社会主义是‘悲人穷也’。”但投身革命之后的李季意识到，“凭一种怜悯的感情而相信社会主义，是可以随时地发生动摇，甚至于改变方向的。”他指出，唯有马克思主义“不是从道德的观点出发，而是从历史的唯物论的观点出发”，是“社会发展必然的趋势”，故此“要投身无产阶级，为之服务，决不是悲其贫穷，而是因为他系一种唯一的进步势力，负有创造新社会的使命，并具有这种能力。”[②]这种认识的变化，无疑折射出社会主义作为一种外来的新学说，在中国经历了最初与传统文化融汇接榫，之后逐步推进、由浅入深，并最终定型为马克思主义的过程。

值得一提的是，早期共产党人从未执着于传统文化，也从未试图让儒家文化重新回到意识形态的中心，而是从思想上传承其精髓，对原有的文化宝藏进行发掘、陶炼和熔铸。举例而言，儒家“革命”的传统理念对第一代共产党人的思想发展影响很大。从“文学革命”到“伦理革命”，都是陈独秀在新文化运动中经常使用的词汇。李大钊在《罪恶与忏悔》一文中则对“革命”给予了新的诠释。他引用俄国文豪托尔斯泰的“忏悔”诠释革命，认为革命就是整个中国社会共同反思为何“法律失其权威”、为

① 《郭沫若全集·文学编》第10卷，人民文学出版社1985年版，第161—168页。

② 李季：《我的生平》，上海亚东图书1932年版，第234—235页。

何“奢侈之风盛行”，从而进行彻底的革新，“庶几积小己之忏悔而为大群之忏悔，而造成善良清洁之社会力，以贯注于一群之精神，使人人不得不弃旧恶，就新善，涤秽暗，复光明”，并且指出“此即儒家日新之德”。[①]在中共建党过程中起过重要作用、并担任过周恩来入党介绍人的张申府也对儒家“革命”有一段新解。他说“中国有句老话，就是说‘汤武革命顺乎天而应乎人’。这种话听着，自然不免似乎腐。中国还有一句俗话，说‘替天行道’。这种话听着，自也不免于土。但是，不管其土不土，腐不腐，现在的真正的革命者，其实也还是如此的，但令晓得所谓‘天’，不过是‘自然’的意思。所以革命者之所以革命，不过是为的与社会变化相应，而使其进行得顺利”，通过这种顺应自然的变化，“以达社会进化的目的”。[②]显然早期共产党人从传统文化那里继承来的“汤武革命、顺天应人”，已经摆脱了原有的改朝换代、政权转移的含义，而转向科学社会主义的革命意涵。从儒家传统到马克思主义，“革命”的语义虽然发生了变化，但其精神内核却是相同的，都是为了挽回民心，对阻碍社会发展的旧制度进行根本性的改造，以便重新跟上时代发展的潮流。

再如，宋明理学的核心文本《大学》，将一切宇宙与人生的道理打归一处，相信世间具有一种普遍性和合理性的“道”，并为实现这种“道”而付出毕生的努力。早期共产党人正是将这种“道”转化成了对“真理”、“主义”的苦苦追寻，故而有陈望道翻译《共产党宣言》，山村传圣火；有旅欧共产党人勤工俭学，来到思想启蒙和工业革命的发源地，探究救国图强之道。毛泽东在长沙求学时期的笔记《讲堂录》中写道：“今吾以大本大源为号召，天下之心其有不动者乎。天下之心皆动，天下之事有不能为

---

① 中国李大钊研究会编注：《李大钊全集》第2卷，人民出版社2013年版，第482页。

② 《张申府文集》第1卷，河北人民出版社2005年版，第125页。

者乎。天下之事可为，国家有不富强幸福者乎。”① 早期共产党人是将传统政治思想中对道的探寻，放在了社会政治制度和发展道路的选择上。

中华优秀传统文化只是“基因”和“源头”，并不是要对其进行全盘接受，“如果认为旧文艺什么都好，什么都保存，那样就会走到复古的路上了”②；而是要通过激活、熔铸、转化等功夫，在实践中传承、发展、创新，才能达到李大钊所谓“真学孔孟者”与“真能遵孔孟之言者”的境界。③ 中国共产党“用马克思主义真理的力量激活了中华民族历经几千年创造的伟大文明，使中华文明再次迸发出强大精神力量”④，也使得马克思主义在中国社会落地生根，为中国的革命和建设提供了强大思想武器，成为中国人的指路明灯。

## 四、结语：在坚持“第二个结合”中建设中华民族现代文明

在中国近代有识之士接受马克思主义的过程中，传统文化虽然从字面上看，似乎并未受到多少重视，甚至还像学术界以往的研究所揭示的那样，在新文化运动中受到了严厉批判。但透过表象，深入精神实质，我们却不难发现，早期共产党人的思想中，处处透露出中国传统文化影响的痕迹。马克思主义在中国的传播和接纳，既与现实的政治社会环境有关，更与中国长远的文化历史经验有关。最先吸引中国知识分子的是剩余价值理论等体现出的对贫民之关怀。可以说，对道德社会之诉求、对资本功利之排斥，是促使近代知识分子认同马克思主义并付诸革命行动的一个催化

① 《毛泽东早期文稿》，湖南出版社 1990 年版，第 85 页。

② 《周恩来选集》，人民出版社 1980 年版，第 355 页。

③ 中国李大钊研究会编注：《李大钊全集》第 1 卷，人民出版社 2013 年版，第 274 页。

④ 习近平：《在党史学习教育动员大会上的讲话》，《党建》2021 年第 4 期。

剂，且最终焕发出与本土文化传统相契合的独特思想价值。

中国五千多年的文明史，使得马克思主义在中国不是简单的输入和嫁接，而是在新旧思想之间不断交汇、互渗、碰撞、裂变、再造。中国共产党充分继承了崇尚仁爱、公正、和睦的中华优秀传统，强调全人类的和平发展和命运与共，同时又赋予了中华文明以新的生命。中国共产党始终坚持把马克思主义基本原理同中国具体实际，包括文化实际成功结合，解决了中国革命、建设、改革的一系列重大理论和实践问题，实现了全体人民共同迈入全面小康社会的新胜利。时过境迁，我们身处中国特色社会主义新时代，应当认真审视早期共产党人走过的心路历程，透过文字的表象，感悟先贤的广阔胸怀，从中汲取智慧，把传统文化中的积极元素与包括马克思主义在内的人类一切优秀文明成果相融合，不断提升文化创造力，造就人类文明新形态。

中华民族现代文明必定是中国式现代化的文化形态，因为中国式现代化是赓续古老文明的现代化，而不是消灭古老文明的现代化，是从中华大地长出来的现代化，不是照搬照抄其他国家的现代化，是文明更新的结果，而不是文明断裂的产物。一个民族若不能坚持与自身实际相结合，就不能够很好地吸收外来思想文化，更不可能使自己走在世界前列。众所周知，中西方各有不同的历史文化渊源。古希腊文明和基督教文明构成西方文化的两大源头。民主、自由、平等、人权等西方价值观念，无一不是伴随着资本主义的兴起而形成的；资本主义的发展要追溯到公共领域和市民社会的形成，文艺复兴和启蒙运动的开展。这些历史前提都是中国不具备的。晚清中国的知识分子引进西方民主观念并加以宣传，掀起“批专制、开议会”的民权运动。① 但这只是一种简单的移植，与中国的历史文化土

① 王尔敏：《晚清士大夫对于近代民主政治的认识》，《晚清政治思想史论》，广西师范大学出版社 2005 年版，第 190—274 页。

壤完全脱节，失败是必然的。这也是一般意义上的西方民主在中国行不通的原因。正如晚清西学巨子严复所说："大凡一国之存立，必以其国性为之基。国性国各不同，而皆成于特别之教化，往往经数千年之渐摩浸渍，而后大著。"① 文化是一个民族的基因，任何新制度的创建都需要植根于本民族的文化传统；没有一个民族可以完全抛弃本国文化而全然仿效、嫁接他国的风俗传统。在探索中国特色的现代化道路中，"第二个结合"成为了塑造新时代文化形态的关键。这种结合并非简单地重构传统文化，而是在传统文化的基础上发展出一种全新的现代文化形态。在这一过程中，我们不是在模仿西方的强势文化，而是在复杂的国际背景下，探索一条适合中国国情的现代化之路。

"中华文化复兴，不止白发中华之存续，更在青春中华之创造。"② 中国共产党自成立之日起，便积极肩负起独特的文化责任，那就是在马克思主义的引导下，结合实际需求和历史职责，不仅传承和推广中华文化的精髓，而且融合和学习国外的优秀文化，从而创造出符合时代趋势、引导时代前进的新型文化。在开启全面建设社会主义现代化国家、向第二个百年奋斗目标进军的当下，坚持把马克思主义基本原理同中国具体实际相结合、同中华优秀传统文化相结合，必将不断开辟马克思主义中国化的新境界，铸就中华文化的新辉煌。

**作者单位**

上海交通大学人文学院

---

① 王轼主编：《严复集》第2册，中华书局1986年版，第330页。

② 中国李大钊研究会编注：《李大钊全集》第1卷，人民出版社2013年版，第313页。

# 习近平总书记关于建设海洋强国重要论述的理论生成、实践框架、时代价值

谢　茜

自2012年起，建设海洋强国成为国家战略，海洋在国家现代化建设中的地位不断提升。习近平总书记在党的二十大报告中再次强调，“发展海洋经济，保护海洋生态环境，加快建设海洋强国”。①十余年来，习近平总书记对于建设海洋强国进行的一系列精深论述，既是马克思主义理论的创新成果，也是中国国家建设的实践指导。目前，理论界对于习近平总书记关于建设海洋强国的重要论述进行了广泛而系统的讨论，既有研究对相关论述的理论价值和实践意义等进行探析，主要围绕历史进路、科学内涵、研究视域以及实践价值方面展开。②习近平总书记关于建设海洋强国的重要论述是在丰厚理论的基础上提出的中国式现代化国家建设科学方

① 习近平：《高举中国特色社会主义伟大旗帜　为全面建设社会主义现代化国家而团结奋斗——在中国共产党第二十次全国代表大会上的报告》，中央文献出版社2022年版，第32页。

② 汤锐：《习近平关于建设海洋强国重要论述的研究述评》，《北方工业大学学报》2023年第1期。

案，本文从认识论、实践论和价值论出发，从宏观上根本理解和把握其中的要义。

## 一、习近平总书记关于建设海洋强国重要论述的理论生成

习近平总书记关于建设海洋强国的重要论述既是马克思主义海洋理念的时代化，是世界海洋强国建设理论的中国化，也是新时代海洋强国建设的具体化，勾勒出21世纪马克思主义海洋观念创新发展的新图景。

### （一）根植于马克思主义海洋思想的理论发展

对马克思主义基本理论蕴含海洋观念的继承与创新。马克思恩格斯生活在西方国家为争夺海外市场而展开一系列海战的时代，为研究资本主义写作了大量涉及海军、海战、海外市场争夺、海上霸权兴衰沉浮的文章，包含了丰富的海洋认识和思考。① 马克思恩格斯一方面注意到工商业与海洋的关系，从大工业、航运、世界市场的角度分析资本主义经济与航海航运的关联，“大工业建立了由美洲的发现所准备好的世界市场。世界市场使商业、航海业和陆地交通得到了巨大的发展。这种发展反过来促进了工业的扩展。”② 另一方面，关注海军海战与海上强国兴衰的内在关联，研究老牌资本主义国家的海上战争以及相关条件，③ 论述了海洋与国家兴衰的关系，海权博弈与国家实力消长之间的逻辑④。此外马克思恩格斯对国家与

---

① 张峰：《建设海洋强国汲取马克思海权思想养分》，《中国社会科学报国家社科基金专刊》，http://www.nopss.gov.cn/n1/2019/1204/c373410-31490251.html。

② 《马克思恩格斯选集》第1卷，人民出版社2012年版，第401—402页。

③ 刘长明、周明珠：《海洋命运共同体何以可能——基于马克思主义视角的研究》，《中国海洋大学学报》（社会科学版）2021年第2期。

④ 娄亚萍：《马克思恩格斯的海洋强国兴衰理论及其时代价值》，《当代世界与社会主义》2020年第6期。

海洋之间的关联、地理环境对人类的影响等都有着丰富的论述。在海洋对国家安全发展建设的地位更加重要的前提下，习近平继承和发扬了马克思主义海洋观念，围绕海洋与国家安全、国家经济之间关系发表一系列新观点、新论断，强调海洋建设与国家之间的关系，“现代化的国家是什么样的，不仅是一个陆地强国，也是一个海洋强国，一个陆海兼修的现代化强国”①，在新的时代条件下进一步提升了马克思主义海洋观。

对中国共产党海洋观念的发展与推进。中国共产党的海洋观念，是在治理实践中形成的具有根本性指导作用的思想意识②，构成中国建设海洋强国理论的重要组成部分。新中国成立以来，中国共产党在领导国家海洋事业的实践中形成具有鲜明时代特征的海洋战略思考。③新中国成立初期以向海图存为主要特征的防卫性海洋观念关注的是国家的生存问题，集中体现在捍卫国家海洋主权、建设海上军事力量等加强国防建设上。改革开放后以向海发展为主要特征的开放性海洋观念关注的是国家的富国问题，集中体现在发展经济通过海洋走向世界上。进入新时代后以向海图强为主要特征的拓展性海洋观念关注的是国家的强盛问题，集中体现在把建设海洋强国作为国家重大战略目标，将海洋与中华民族伟大复兴紧密相连上，“建设海洋强国是中国特色社会主义事业的重要组成部分，海洋事业发展得怎么样，海洋问题解决得好不好，关系我们民族生存发展，关系我们国家兴衰安危”。三个历史时期的海洋观念转变充分彰显了马克思主义中国化海洋理论创新的特质④。

---

① 《建设海洋强国，用好高质量发展战略要地》，《人民日报》2022年9月30日。

② 刘新华：《中国共产党海洋思想探析》，《马克思主义研究》2015年第10期。

③ 贾宇、张小奕：《毛泽东、邓小平和习近平的海洋战略思想初探》，《边界与海洋研究》2018年第3期。

④ 张晓刚：《习近平关于海洋强国重要论述的建构逻辑》，《深圳大学学报》（人文社会科学版）2021年第5期。

### （二）对海洋历史镜鉴的理论反思

对历史强国的海洋发展经验的分析。作为影响人类活动的重要场域，海洋是见证国家兴衰存亡的重要舞台。大航海时代以来的五百多年间，葡萄牙、西班牙、荷兰、英国、美国等凭借国家海洋治理能力与机制的引领、海上硬实力和软实力的建设等先后从区域性强国成为世界性强国。在十八届中央政治局第八次集体学习时，习近平对海洋国家的发展经验做了精辟总结："纵观历史，大国发展莫不与海洋息息相关。18 世纪中叶工业革命发生后，一些西方国家依靠先进航海技术开辟海上航线、拓展海外殖民地、控制世界贸易、掠夺世界资源，为其成为世界强国营造了重要条件。"

对历史强国的海洋建设误区的分析。西方海洋国家在建设的过程中，通过武力扩张、殖民掠夺、建立海外势力范围的传统历史已经结束，在新的时代条件下需要海洋理论的新突破。2013 年习近平提出"中国建设海洋强国之路怎么走"这一宏大命题，并明确了中国推进海洋强国建设的未来路径方向，"我们绝不会走历史上一些大国殖民掠夺的老路。那条路既与世界和平发展大势背道而驰，更不符合中华民族根本利益。我们坚持走依海富国、以海强国、人海和谐、合作共赢的发展道路，通过和平、发展、合作、共赢方式，实现建设海洋强国的目标"①。

对中国近代海洋历史之变的反思。古代中国通过海洋，在文化交流、贸易往来上都创造了彪炳历史的壮举，海上丝绸之路、郑和七下西洋是中华民族与海洋关系的见证。近代以来，海洋在国家安全和发展中的地位和作用越发重要，鸦片战争中西方列强轰开了国门的历史经验再一次验证了

① 《进一步关心海洋认识海洋经略海洋　推动海洋强国建设不断取得新成就》，《人民日报》2013 年 8 月 1 日。

“强于天下者必胜于海，衰于天下者必弱于海”的警示。习近平在中央政治局集体学习时回顾这段历史，反思了“面向海洋则兴、放弃海洋则衰，国强则海权强、国弱则海权弱”的经验。

对政治经验和海洋治理能力的升华。福建、浙江、上海三地沿海地区工作的经验积累，丰富了习近平关于海洋强国建设的内涵的认识。发展海洋经济、重视港口建设、保护海洋生态环境、强调山海协同发展等地方建设理念和见解构筑起建设海洋强国理论的特色经验和基础内涵。新时代习近平关于建设海洋强国重要论述的理论生成是在丰厚的理论源泉、现实的时代条件、未来的目标导向共同作用中形成的，是理论创新也是实践指南。

## 二、习近平关于建设海洋强国重要论述的实践框架

习近平关于建设海洋强国重要论述有丰厚的理论来源，我国海洋事业多年建设发展的成就也为建设海洋强国打下了坚实基础。在建设强大的社会主义现代化国家的总体目标下，习近平清晰制定了关于建设海洋强国的实现路径。

### （一）维护国家海洋的权益是建设海洋强国的起点

坚决捍卫领土主权和海洋权益。国家安全向来是各国的核心利益，维护自身的领土主权和正当合理的海洋权益，是中国政府必须承担的责任。[①]从总体国家安全观的角度，建设强大稳固的现代边海防，周密组织边境管控和海上维权行动，坚决维护领土主权和海洋权益，筑牢海防铜墙铁壁。

① 习近平：《深化合作伙伴关系　共建亚洲美好家园——在新加坡国立大学的演讲》，《人民日报》2015年11月8日。

从海洋维权角度重视海洋主权归属问题，在南海诸岛、钓鱼岛等问题上不放弃正当权益，不牺牲国家核心利益。从领土完整的角度，强调实现国家统一，是全体中华儿女共同愿望，是中华民族根本利益所在。①

以强大海军维护海上传统安全。当前中国的海洋强国建设面临着整体性的挑战。我国海域面临的地缘政治形势错综复杂。当前国际海洋安全形势不容乐观，苏伊士运河危机、红海通道危机、海盗等现象层出不穷，给全球海洋通道都蒙上阴影。在庆祝中国人民解放军建军 90 周年大会上习近平强调建设强大的现代化海军，一方面是构筑捍卫国家领土主权和海洋权益的支撑，维护海洋权益、应对海上危险、维护海上通道安全，构建安全稳定的海上交通的大动脉，保护中国对外贸易和进口能源的主要途径，保障海上航行自由安全。另一方面，中国海军也肩负着拥抱世界、守卫和平的使命担当。至 2023 年 12 月，仅在亚丁湾、索马里海域，中国海军解救、接护各类船舶近百艘，为 1600 多批 7200 余艘中外船舶安全护航，其中外国船舶占 50% 以上。中国海上力量的强大为捍卫国际和平发挥重要作用。

建设合作共赢的海洋秩序。一是从整体上共同维护全球海洋和平环境。海洋将人类命运联结，联通了世界，各国人民安危与共。海洋的和平安宁关乎世界各国安危和利益，需要共同维护，倍加珍惜。和平的海洋环境对于人类社会生存和发展的重要意义。一是从具体上坚持协商实现中国周边海域和平稳定。由于复杂的历史原因，我国周边海域地缘政治形势复杂，维护海洋权益工作面临局势严峻。坚持通过对话协商以和平方式处理有关国家的领土主权和海洋权益争端；通过管控矛盾分歧，寻求双方

① 《十九大以来重要文献选编》(上)，中央文献出版社 2019 年版，第 391 页。

均能接受的海上问题基本和长久解决办法，建设南海为和平之海、友谊之海、合作之海，使海洋成为连接亚洲国家的和平、友好、合作之海。开展海洋合作，发展蓝色伙伴关系。共建21世纪海上丝绸之路，搭建开放合作、共赢共享的平台，深化交流合作，让世界各国人民共享海洋经济发展成果，让浩瀚海洋造福子孙后代。①

（二）构建海洋战略系统布局是核心

建设海洋强国是一个整体布局，在这个有机整体中，海洋经济处于中心位置，海洋科技、文化、生态等方面协同发展，多方面共同发力才能形成一个完整的可持续的后劲足的海洋战略体系。

聚焦海洋经济高质量发展。海洋强国建设涉及政治、经济、文化、制度等各方面，其中海洋经济是海洋国家建设的前提和基础，发达的海洋经济是建设海洋强国的重要支撑。②我国管辖海域宽广且蕴藏丰富的资源。海洋在国家经济发展格局和对外开放中的作用更加重要，海洋产业在国民经济中占比较高。根据自然资源部《中国海洋经济统计公报》，2022年我国海洋生产总值94628亿元，占国内生产总值的7.8%，2012年我国海洋生产总值为50087亿元。十年间海洋经济生产总值几乎增加了一倍，十年间海洋经济占国民经济总产值比重最高时达到十分之一。习近平在致2019中国海洋经济博览会的贺信中指出，海洋是高质量发展的战略要地，要加快海洋科技创新步伐，提高海洋资源开发能力，培育壮大海洋战略性新兴产业。③海洋经济高质量发展主要集中在：一是完善现代海洋产业体系，

① 《跨越时空的友谊　面向未来的伙伴》，《人民日报》2018年12月4日。

② 《习近平2013年7月30日在十八届中央政治局第八次集体学习时的讲话》，https://www.gov.cn/ldhd/2013-07/31/content_2459009.htm。

③ 《习近平谈治国理政》第3卷，外文出版社2020年版，第244页。

优化产业机构，升级经济方式，优先发展海洋支柱产业。[①]二是积极开展智慧海洋经济，鼓励海洋科技创新，在高技术领域取得突破。三是建设绿色海洋经济，在海洋经济发展同时注重海洋环境的可持续。

重点加强海运经济和港口经济。经济强国必定是海洋强国、航运强国。经济要发展，国家要强大，交通特别是海运首先要强起来。港口发展始终是习近平考察、关注的重点之一。在地方工作时，习近平开发福建三都澳港区建立面向太平洋的国际性港口、推动浙江宁波–舟山港一体化加快港口资源整合、重视上海国际航运中心建设将上海港作为走向国际大舞台的支点，2012 年以后在更广阔的视野上对港口进行谋篇布局，提出写好海上丝绸之路新篇章，港口建设和港口经济很重要。2018 年在上海考察时，习近平特别关心上海的港口建设，“洋山港建成和运营，为上海加快国际航运中心和自由贸易试验区建设、扩大对外开放创造了更好条件”，勉励上海要有勇创世界一流的志气和勇气，要做就做最好的，努力创造更多世界第一，重视港口作为对外贸易枢纽的重要作用。

重视海洋科学技术创新。作为第一生产力，强大的海洋科技力量往往引领着国家工业化进程。在世界历史进程中，大国海洋博弈的方式因科技进步发生质变。19 世纪铁甲舰的诞生、通信技术进步等科技发展为欧洲海洋大国海上力量出现历史性的飞跃保驾护航。20 世纪美国科技和工业能力的发达及海用转化促使二战结束后美国在海上全面取代英国的世界霸主地位。在新形势下，海洋战略科技力量日益成为世界各国海洋开发和海权盛衰的决定性支撑。[②]2018 年习近平在青岛海洋科学与技术试点国家实验室考察时强调三点：一是海洋科技是重要主攻方向，海洋科研是推动我们强

① 张根福、魏斌：《试析习近平新时代陆海统筹思想》，《观察与思考》2018 年第 6 期。
② 陈诗波：《强化国家海洋战略科技力量》，《科技日报》2023 年 6 月 20 日。

国战略很重要的一个方面；二是海洋科技要有重点突破，从陆域到海域都有我们未知的领域；三是关键技术的独立自主。这三点为海洋科技的实践指明了方向。

关心海洋生态文明建设。保护海洋生态环境是习近平在党的二十大报告中和海洋经济并提的海洋强国建设两翼之一。人类社会进入工业化时代以来海洋生态环境就一直面临不断的压力。到20世纪，由于各国在海洋资源开发过程中采取“先污染，后治理”的粗放型发展模式，海洋环境污染事故频发。21世纪海洋环境面临的困境更多元，除了气候变暖等问题外，还面临许多人为的直接污染。例如2023年日本政府无视国内外反对呼声，单方面决定将福岛第一核电站上百万吨核污染水经处理并稀释后入海，使得海洋生物多样性面临严重破坏。生态文明建设和生态环境保护，功在当代、利在千秋。我们党历来高度重视海洋资源开发保护。党的十八大以来，我国海洋生态文明建设取得显著成效，初步形成四大体系。2023年7月，习近平在全国生态环境保护大会上再次强调，构建从山顶到海洋的保护治理大格局，加强海洋和海岸带国土空间管控。

### （三）实现全海洋命运共同体是建设海洋强国的愿景

作为人类生存和发展的重要空间，随着全球化发展海洋问题层出不穷。2019年习近平在青岛会见多国海军活动的代表团时首次倡议构建海洋命运共同体，集中体现了中国的全球海洋治理智慧。海洋命运共同体愿景的提出，是在海洋生态遭到无序活动影响、海上安全稳定受到严重威胁、国际海洋秩序治理失灵的情况下，协调国家利益和人类共同利益的重要课题。因而广义上的人类命运共同体，至少应当包含海洋生态、海洋外交、海洋秩序等多个层面。

建立可持续的海洋生态。从人与自然关系的维度上看，海洋构筑了人类生活的基本环境，海洋的自然属性把各国的发展联结为一个共同体。随着气候变化和人类对海洋开发利用不断地深化，海洋生态形势日益严峻。海洋灾害的发生与海洋环境的恶化，海洋规则的效力不足等凸显海洋治理困境。海洋生态治理涉及国内和国际两个层面。在国内层面，通过海洋生态规划保护政策、海洋生态法律规范、多区域联动机制，实施开发与保护并重，对于指导海洋生态环境保护有积极的现实意义。2018 年习近平在考察海南时对海洋生态的保护提出生命论，即要像对待生命一样对待这一片海。次年再度提出要“为子孙后代留下一片碧海蓝天”。[①] 在国际层面，海洋生态治理需要协调国家利益和人类共同价值，唤醒公民的全球责任意识，开展多元主体共同参与的协同治理。

建立海洋文化的交流互鉴。从人与人关系的维度看，海洋具备连通、开放、共享的基本属性，借由海洋连接的多元文化也在共同的空间场域共存。海洋文化交流互鉴有两个基础前提，一是本民族的海洋文化得到保护和弘扬；二是各个国家的文化的独特性得到平等尊重，不存在失语现象。中国的传统历史中拥有丰厚的海洋文化底蕴，物质文化上中国沿海地区依托海洋资源与环境进行经济生产，比如有航海、造船、渔业、海盐等各方面，非物质文化上比如流传至今的海洋文学、海洋民俗、海疆治理历史等等。一方面对于民族的海洋文化建立保护机制，另一方面也要建立不同文化交流对话的新机制，“文明因多样而交流，因交流而互鉴，因互鉴而发展”[②]。中国提出共建 21 世纪海上丝绸之路倡议，就是希望促进海上互联互通和各领域务实合作，推动蓝色经济发展，推动海洋文化交融，共同增进海洋福祉。

---

① 《习近平谈治国理政》第 3 卷，外文出版社 2020 年版，第 244 页。

② 同上书，第 468 页。

引领和平稳定的国际海洋秩序。从人与社会关系的维度上看，海洋是人类群体活动的场域，不仅是自然空间，也是社会活动空间。在社会共同活动中秩序相伴而生。国际海洋秩序是国际秩序的重要组成部分，规范着海洋上的国家间行为。现今的国际海洋安全秩序形成于第二次世界大战结束后，带有鲜明的美国烙印，体现着美国的利益和海洋价值观念。进入21世纪的第二个十年，国际海洋安全格局面临巨大冲击，传统安全、非传统安全的挑战接踵而至。海洋是世界上最大的“公地”，海洋的和平稳定是世界人民共同致力的事业。面对威胁海洋安全稳定的战争、恐怖主义、自然灾害等多种问题，随着国家海洋建设实力增强，中国积极融入全球海洋治理体系变革，“共同维护海上航行自由和通道安全，构建和平安宁、合作共赢的海洋秩序”①。

## 三、习近平总书记关于建设海洋强国重要论述的时代价值

作为海洋大国，中国拥有客观的海洋管辖区域和大量可开发利用的海洋资源以及广阔的海上利益。当前，国际局势变化不定，新技术一日千里，我国主权利益、安全利益、发展利益在海洋方向上日趋重合。海洋强国建设已经提出十年，在已经取得明显成绩的基础上如何继续前行，成为理论和实务界共同面临的重大课题。习近平总书记关于建设海洋强国重要论述立足中国式现代化海洋建设的实践，对新时代经略海洋做出了深刻的阐述，为建设海洋强国提供了思想和行动的指南，具有战略性、超越性、指导性。

① 习近平：《携手追寻中澳发展梦想　并肩实现地区繁荣稳定》，《人民日报》2014年11月18日。

### （一）思想维度上创造性发展马克思主义海洋观，不断推动马克思主义中国化时代化

在纪念马克思诞辰200周年大会上，习近平评价马克思主义是不断发展的开放的理论，随着时代变化和社会发展，始终站在时代前沿。习近平总书记关于建设海洋强国的重要论述就是在海洋问题上对马克思主义的延伸与拓展。

首先，充分运用系统思维，整体考量海洋与国家的关系。辩证唯物主义认为系统观念就是把系统看作由不同要素，但基于一定关系或结构结合而成的具有特定功能的有机整体，运用系统思维来分析事物的本质和内在联系、把握事物的发展规律、处理事物发展的矛盾的方法。建设海洋强国是宏大的系统性工程。一方面需要统筹海洋和陆地发展的关系，另一方面需要统筹国内发展和国际环境两个大局，还要统筹东部沿海和西部内陆的互济。需要提振海洋硬实力，从根本上转变海洋相关事业在国家的战略地位；需要提升海洋软实力，从根本上转变传统的海陆观念；还需要提升海洋巧实力，从根本上转变综合运用海洋能力的思维。三对关系的统筹、三个根本转变，都需要系统性统筹、战略性谋篇。

其次，充分筑牢底线思维。底线思维是马克思主义理论与实践的智慧结晶，是中国共产党人在革命、建设和改革进程中一贯秉持的思维逻辑，是防控全局性风险的思想保障。在海洋强国建设中，海洋主权和权益是国家核心利益，维护海洋权益和海洋安全是建设海洋强国必须坚守的底线。钓鱼岛自古以来就是中国固有领土，南海争端涉及国家核心利益。习近平在多个场合强调坚持以国家核心利益为底线维护国家主权、安全、发展利益。

再次是灵活运用创新思维。纵观世界500年历史，海洋一度沦为资本

主义国家海上争霸的场所。时至今日，仍有国家动辄以武力威胁解决海洋问题。历史表明西方旧式海权没有出路。在新的历史条件下，面对全球海洋治理的难题，习近平提出构建海洋命运共同体，全面超越传统海洋霸权，合作应对共同威胁和挑战，体现了中国深度参与全球海洋治理的责任担当。在指导海洋强国建设的理论和实践中，马克思主义的开放性、时代性、创新性得到充分彰显。为应对世界面临的全球性挑战，习近平提供中国理论和智慧，让马克思主义在21世纪的中国焕发出更强大的生机。

### （二）实践维度上把建设海洋强国作为经邦治国新方略[①]，引领中华民族伟大复兴

党的十八大以来，以习近平同志为核心的党中央将建设海洋强国作为中国特色社会主义事业的重要组成部分和实现中华民族伟大复兴的重大战略任务。2022年习近平在中国海洋大学三亚海洋研究院调研考察时再度明确建设海洋强国是实现中华民族伟大复兴的重大战略任务。

以海洋强国建设推进中国式现代化。海洋在中国式现代建设中发挥着联通内外、陆海联动、东西互济的桥梁作用，是我国经济社会发展的缓冲空间和“战略资源的重要基地”。党的十八大以来，我国海洋建设实现历史性进步、取得历史性成就、发生历史性变革。根据交通运输部发布的报告，2022年全球货物和集装箱吞吐量排名前十的港口中，我国分别占八席和七席。我国海运船队运力规模达37亿载重吨，较十年前增长一倍，规模跃居世界第二。2023年我国造船业三大指标均位居世界第一，继续全球领跑。同时，中国船东持有的船队规模在该年年中达到2.492亿总吨，中国船东所持船队规模位居世界第一。我国已经成为名副其实的海洋大国。

① 习近平：《干在实处　走在前列——推进浙江新发展的思考与实践》，中共中央党校出版社2013年版，第216页。

在迈向社会主义现代化强国之路上，海洋建设将充分发挥作用，当好中国式现代化的开路先锋。

### （三）价值维度上充分体现全球海洋治理的中国智慧，引领国际海洋治理新格局

全球海洋治理已经进入结构性调整的新阶段，各大国围绕着海洋制度性话语权和规则主导权展开博弈，传统海洋问题与非传统海洋问题轮番登场，孤立和介入、冲突和斡旋在海洋国家舞台上交织。海洋地缘政治带来的消极影响蔓延在国际性海洋议题中，强国意志和大国影响依旧存在。推进全球海洋治理体系的呼吁在实践中不能有效实现。在百年未有的大变局下，中国提出的“构建海洋命运共同体”对于全球海洋治理和世界海洋和平具有积极意义。海洋命运共同体理念充分体现了全球海洋互联互通的自然属性、互来互往的人文属性，“我们人类居住的这个蓝色星球，不是被海洋分割成各个孤岛，而是被海洋联结成了命运共同体，各国人民安危与共”。海洋命运共同体理念，为人与自然的关系提供了重构路径，为国与国的关系提供了重连的契机，为国际秩序提供了重新审视的理论。

作者单位

上海海事大学马克思主义学院

# 中国式现代化的世界意义

柳相宇

四十多年来，中国在全球化进程中经历了从被动卷入到主动把握的转变，逐步从国际舞台的边缘地带走向世界中心，逐渐从客体变为主体，不仅完成了自身现代化与国家治理制度的历史性变革，更是对人类发展道路与和平前途提供了中国智慧与中国方案。作为最大的发展中国家，中国没有简单尾随西方先发路径，而是坚持根据自身实际推动现代化进程。中国特色社会主义的成功，证明了世界历史并未终结于西方的自由民主，而是在东方的中国出现了一种融合东西方智慧、深植自身实践理性的中国式现代化，其影响不仅局限于中国国内，也已经"溢出"[①]国界，具有丰富多元的世界意义。

---

① "溢出"一词源于西方经济学，原指当一组织进行活动时会同时对组织以外的人、社会额外产生影响。随着当代社会经济与政治发展的交叉发展，"溢出"效应正逐渐蔓延到政治生态、社会生活等各个领域。

## 一、中国式现代化世界意义的现实支撑

一国在世界市场中的竞争力取决于其对国际经济的贡献程度，特别是与其他国家的经济合作和交往程度；一国在世界上的地位和影响取决于其对国际社会的贡献程度，特别是对其他国家发展的借鉴价值和示范效应。新中国成立七十多年来，在中国共产党的领导下，中国人民走出了一条符合自身实际的社会主义现代化道路，开创性地探索出了一条异于西方经济发展模式的中国式现代化，创造性地用自身话语影响着西方主导的国际话语体系，并将自身的实践成果转化为中国经验，为全球治理提供了可资借鉴的中国方案。

### （一）接力探索的政治积累

中国式现代化开创于社会主义新时期，也建立在中国共产党长期奋斗、接力探索的基础上，是新中国七十多年持续探索的成果。早在20世纪80年代，邓小平就敏锐地判断到，中国的发展“不仅影响中国，而且会影响世界”。[①] 尽管在当时看来，中国式现代化只是世界范围实现国家发展、社会进步、人民富裕的一种试验，但他坚信中国的改革一定会成功。近年来国际社会对于“北京共识”“中国模式”“中国智慧”“中国经验”“中国方案”等话题的热议，也充分肯定了中国式现代化对世界的贡献，侧面反映出中国式现代化的世界意义。

中国共产党用短短几十年时间走完西方国家几百年走过的发展历程，带领全国各族人民将贫弱落后的旧中国改造成富强美丽的新中国，在执政

① 《邓小平文选》第3卷，人民出版社1993年版，第118页。

兴国的进程中开启了从执政党向长期执政党的历史性转变。中国共产党人之所以有这样理论觉悟和行为自觉，主要是基于中国自身的客观基础和当今时代发展的趋势，也构成中国式现代化世界意义的政治积累。

（二）持续发展的物质基础

中国经济持续快速的发展外溢出前所未有的积极效应，构成中国式现代化国际影响最有力的物质基础，拓宽、延展了中国式现代化的示范空间。在中国共产党的带领下，七十多年来中国人民不仅推翻了压在头上的“三座大山”，独立自主地建立了社会主义新中国，还取得了经济层面的跨越式发展，国内社会发展翻天覆地，为国际社会带来深远影响。

七十多年的发展证明，只有社会主义才能救中国和发展中国，只有中国式现代化才能够更好更快地发展中国。中国物质基础的迅速积累使中国式现代化具有造福一方并惠泽世界人民的能力，这样的发展奇迹是在一个东方社会主义发展中大国中孕育形成的，多元属性决定了中国式现代化发展性、制度性、文化性等成果影响不会局限于一国范围，必然外溢至其他国家，产生具有正外部效应的世界意义。中国经济持续快速的发展构成中国式现代化国际影响最有力的物质基础。

（三）更迭变换的国际环境

中国所处的国际方位发生了历史性转变，这是近代以来前所未有的大变局、大发展、大机遇。这种方位变化和时代变迁，必然反映到中国式现代化的世界意义上来。这不仅关系到中国如何更好地走进世界舞台中心，也关系到中国以何种行为参与全球性问题，更涉及世界如何更好地了解中国。苏东剧变以来，曾经风靡半个世界的社会主义运动陷入沉寂，新自由主义逐渐流行于世，成为主导世界的思潮。经济自由化、世界一体化、政治民主化被视为“普世价值”，人类社会似乎置身于“美国时代”。进入21

世纪以来，多极化的国际格局日趋明显，特别是以中国为代表的第三世界国家纷纷崛起，极大地推动了国际政治经济格局向着更加平稳均衡的态势发展。

在这样一个频闪中国时刻的时代，中国式现代化也显示出了超出想象的强大的生命力。中国式现代化是一个整体，又是一个系统，但并非意味着保守、闭塞，相反是与时俱进、兼收并蓄的。对于一个国家来说，故步自封必然导致落后，探索发展道路也是同样道理，必须坚持不断地吸收、借鉴和创新。中国顺应时代需求，以实践上的开拓创新作为对不同阶段问题的回答，不断将创新实践、理论汇入中国式现代化。只有体现时代性，不断抛弃、否定与时代不兼容的理论和实践，并以开放、包容的姿态接受新的时代成果，才能始终指导社会实践，走向未来。

## 二、中国式现代化世界意义的认识视野

中国式现代化取得举世瞩目的成就，其世界意义日益显著。在此过程中，需要在历史性、开放性、世界性、非线性、多元性认识上，把握中国式现代化的世界意义。

### （一）历史视野

当前对于中国式现代化或中国模式的讨论同时存在着肯定论、否定论、未定论等诸多相互矛盾的观点，国际社会对于中国式现代化看好和唱衰的冲突声音也持续存在，但这些论调都无法掩盖中国成就背后的中国理论、中国智慧和中国道路。客观来看，中国式现代化对内的成功主要体现在经济社会发展成就上，对外则表现为中国以一种不同于任何既有发展模式的方式基本上实现了现代化。

从生产力发展速度等相关因素来看，资本主义发达国家与社会主义发展中国家不具备仅控制社会制度变量的对比条件，资本主义经历几百年的殖民掠夺和资本积累阶段，而社会主义则不曾有几百年时间的发展机遇。因此，将资本主义发达国家已经达到的发展状态直接与社会主义发展中国家的发展状态进行机械对比，从而得出中国式现代化的本质是资本主义的结论，这样不具世界历史视野的结论是极其荒谬的。

相较之下，进入21世纪以来，世界面临百年未有之大变局，这个大变局就是西方的持续衰败和中国的和平崛起，这是中国式现代化成功必然导致的文明反应和比较效应。虽然中国整体上与西方国家还有较大的差距，但中国仅用七十年的时间便跨越了发达国家数百年的发展阶段，超越了同一时期资本主义落后国家的生产力发展速度，积累了改革、发展和治理的中国经验，以更小的代价取得了更大的成绩，在诸多领域展示出了赶超甚至领先的态势，西方国家不得不正视中国式现代化及其世界意义。中国式现代化从理论和实践上说明了西方基督教文明的地域性，证实了西式现代化并非人类的唯一选择，更把西方文明理念从普世形式还原为世界文明的一种形式，把西方经验还原为非世界性的地区知识。中国式现代化的成功冲击了西方几百年来形成的文明优越感和心理傲慢，少数国家垄断全球舞台、英美“照自己的样子改造世界”的日子已经结束，西方国家也不得不把目光放到新兴经济体上。

因此，在认识中国式现代化世界意义时必须坚持历史性视野，根据时代发展和客观现实，动态把握其内涵与结构，客观评价与分析，探索中国式现代化新境界，避免教条化、刻板化倾向。

### （二）开放视野

中国式现代化的开辟和发展是一个不断变化进步的过程，中国式现代化是在一定历史阶段、为解决特定历史任务而形成的。在不同发展时期，中国式现代化的历史主题和发展特征也有所不同。中国式现代化是在中国共产党领导中国人民进行社会主义现代化建设的过程中走出来的，其目标指向是实现国家现代化。当前中国式现代化就是为了解决这一阶段的历史任务而来的，也正因为中国用不同于资本主义国家的方式基本实现了国家现代化，特别是取得了巨大的经济发展成就，中国式现代化就是一条被实践证明了的成功之路。

中国式现代化之所以日益焕发出强大生命力，并不是因为中国式现代化的完美性，而在于中国式现代化是一条不断发展的道路，在于其所面临的问题都可以在道路的进一步拓展中得到解决。中国用一种不同于西方资本主义国家的生产方式实现了国家的现代化，取得了巨大的实践成果，解决了发展中的现实问题，也积累了宝贵的解题经验。无论是中国式现代化的历史成就，还是中国式现代化存在的客观问题，都有重要的借鉴意义。从目前来看，中国式现代化在实现巨大经济成就的同时也带来了发展中的增量问题，在物质利益的合理分配、民主政治的积极完善、公平正义的有效实现等方面，中国仍然要走很长的路，但我们不应对这些发展的社会成本“羞于启齿”。客观承认中国为实现快速现代化和工业化所付出的代价，可以帮助其他国家在向中国学习的过程中减少错误。况且，当前我国面临的诸如贫困、生态等问题不仅是中国面对的，也是当今世界各国面临的共同难题，这恰恰成为彰显道路自信、论证中国式现代化世界意义的机遇和窗口。国际社会期待中国在持续改革的进程中不断解决人类社会的发展问题，提供独具智慧的中国方案。只看到中国式现代化的客观问题和现实困难并以此来质疑中国式现代化的态度是片面的，反之，只讲中国式现代化的成绩却不正视问题的做法也是不可取的。中国共产党也从来不回避在发展中产生的问题和困难。中国式现代化不是完成时而是进行时，也正因为如此，中国式现代化的合理性和示范性也应当具备一定的限定范围，中国式现代化证明了已走过道路的合理性和比较优势，但它不等同于未来道路的合理性，更不能代替当下或未来道路存在问题的分析。因此，对中国式现代化的发展成就和示范效应不能被无限度地夸大，否则陷于盲目乐观之中，必将作茧自缚，阻碍中国式现代化的进一步开拓和完善。

中国式现代化是一个整体，又是一个系统，但并非意味着保守、闭塞，相反是与时俱进、兼收并蓄的。对于一个国家来说，故步自封必然导致落后，探索发展道路也是同样道理，必须坚持不断地吸收、借鉴和创新。中国顺应时代需求，以实践上的开拓创新作为对不同阶段问题的回答，不断将创新实践、理论汇入中国式现代化。习近平总书记基于对传统文化的批判继承、马克思主义的深刻认识、时代潮流的敏锐把握，基于共同应对全球性安全风险和发展难题的普遍共识、对全人类共同利益诉求的广泛关切、对价值多样性和特殊性的彼此尊重，凝聚人类社会最大公约数，提出构建“人类命运共同体”理念，并在“一带一路”、改善全球治理体系、引领新型全球化等行动中获得国际社会广泛认可和积极参与，为走出复杂利益关系、多元价值观念、多重矛盾交织的世界治理困境提供了新的思路。只有体现时代性，不断抛弃、否定与时代不兼容的理论和实践，并以开放、包容的姿态接受新的时代成果，才能始终指导社会实践，走向未来。在认识中国式现代化世界意义时要坚持开放视野，既肯定当前中国式现代化的发展成就，也要明确中国式现代化发展进程中面临的问题，认清不同发展阶段中国式现代化应对的历史任务和挑战。这就要求我们必须把开放性纳入中国式现代化的规定性中来，避免将中国式现代化抽象化，也防止中国式现代化世界意义陷于空洞的自我论证。在阐述中国式现代化世界意义的过程中，必须保持开放性视野，根据变化发展的国内外历史条件及社会现实，对其进行客观论述与分析，与时俱进地更新其科学内涵、具体标准、当代体现等研究内容。中国式现代化唯有不断调整并寻求完善，才能与时俱进充满活力。

（三）世界视野

中国式现代化在进行自我完善的同时，需要不断汲取、借鉴其他发展模式的有益成分，这是中国式现代化永葆生命力的秘诀。中国式现代化也正是在吸收借鉴世界一切优秀文明成果的基础上开辟、探索的，其世界意义的溢出与此密不可分。在正确认识中国式现代化世界意义的过程中，要具备世界性视野，将中国式现代化的世界意义放入世界文明整体进程中加以考量和评判。

中国式现代化为中国带来了一系列战略机遇红利，也为中国化解了一系列国内外危机，但也为中国带来风险与挑战。中国正在经历的是十四亿人口的改革，五千年悠久文明的改革，人口规模之大、发展速度之快、影响范围之广、社会矛盾之庞杂，是人类文明发展史上前所未有的。一个巨型的流动性开放社会，管理难度、管理成本、管理效果不确定性都得以提升。

全球范围保护主义抬头，孤立主义等沉渣泛起，本质上是由全球化红利在国际及国内分配失衡导致的，这种全球治理赤字及失序的负面性，在国际金融危机及世界性经济周期之下被进一步放大。中国面对经济全球化新阶段、新趋势，需要在国际规则制定中发出更多中国声音，注入更多中国元素。中国式现代化的成功正是基于对世界其他国家发展经验与成果的吸收与借鉴而取得的，因此，总结中国式现代化的经验价值并进行理论提升时，应当具备世界性视野，置身于世界文明的整体进程来审视看待中国式现代化，在论述中国式现代化世界意义时，不应将独特性绝对化。目前，中国式现代化尚处于不断发展完善、去芜存菁的过程，不能将其中任何不同于西方的东西都归于“中国特色”并归结到中国式现代化的内涵中去。

（四）多元视野

21世纪是多元竞争的新时代，中国式现代化的出现打破了西方模式对人类文明发展道路的垄断，破除了对于“普世价值”的迷信和依赖，全球进入多元竞争的新时代。这个全球新时代，是不同文明和国家可以根据自身独特的文化传承和客观的现实条件进行社会转型探索和现代化建设的时代。在这个时代，各国根据本国的经济条件、历史条件、发展阶段、社会形态等现实特征探索各具特色的现代化发展道路，相互之间虽然存在竞争，但并不意味彼此否定。文明可以彼此竞争，但不是相互否定、水火不容的零和博弈。因此，正确认识中国式现代化的世界意义，应当具备多元性视野，从多维度比较衡量中国式现代化的世界性贡献。

当弗朗西斯·福山预言“历史的终结”，盛赞西方国家的制度是“最终的统治形式”时，西式制度仿佛已经被推到了“历史的顶峰”。但彼时福山并未意识到，他的预言与赫鲁晓夫早在1959年访美时提出的“我们将要埋葬你们！”这一著名论断如出一辙。两者分歧的核心在于他们都只推崇本国的社会制度。本质上看，赫鲁晓夫和福山都是把某种既成的制度当作人类历史发展的最终形式，当作世界各国发展的标准模板和终极目标。这种断言世界上某种制度是人类社会的唯一出路的思维，是一种典型的线性史观，都是对历史的过度简化，严重脱离现实。

追溯世界各国发展的源流可以发现，人类历史绝不是从某个固定源头开始流转发展到今天，也不是阶梯式的自然进化过程，而是在不同空间不同方位上的此起彼伏和时间上的先后继起，即空间上的并存性与时间上的继起性，文明的兴起、发展和衰落进程之间具有显著的相似性，而这些前后相继的文明之间既无因果联系，也没有承继关系。相同空间内出现的不同文明，很多时候恰巧只是时间上有前有后，表面上呈现出一种借鉴或继承关系，看似存在某种先行发展规律。不可否认的是，虽然在时间上后兴起的文明可以学习借鉴先发文明的经验成就，获取一定后发优势，甚至自己的文明特征也会受到先发文明的影响，但这不意味着它与先发文明是本质上继承和发展的关系。例如，越南在坚持社会主义道路的同时，学习中国经济体制改革、改革路径、产业改革、对外开放等方面的经验，并注入越南本国特色。越南的革新开放中存在大量中国改革开放的痕迹，但很难把学习与借鉴中国式现代化的越南看作中国文明的逻辑延续。中国式现代化并非移植嫁接的成果，也不输出本国发展道路。在探索对待别国发展道路的过程中，中国兼具正反两个侧面的经验和教训。近代以来中国也曾从西方学习了大量的文明成果，进行了多次探索和尝试，从新文化运动的“欧风美雨”到“以俄为师”到“以苏为鉴”再到“中国特色”，中国现代化探索史具有一定程度上的普遍性意义，中国式现代化蕴含着启发别国改善国家治理的一般价值。客观来看，今天中国的发展成果存在着不少的西方文明的痕迹，但这种学习与借鉴不代表现代中华文明是从西方文明发展而来的。两种文明间不是逻辑延续的关系，中国与西方两种文明在性质上有根本不同。从这个角度讲，人类的历史也是不同文明之间的竞争史。看待中国式现代化世界意义，应当具备非线性视野。

从文明的角度来观察和定义，西方和中国本就不是可以相互否定或替代的，而是应该彼此学习、取长补短、共存多元的文明体。即使在全球化的背景下中国也不会变成西方，也不可能把西方变成中国。在多元视野下看待中国式现代化的世界意义，就是要明确解读中国式现代化的目的并不是证明自身有多优越，更不是证明哪种模式或发展道路正在走向死亡。简单生硬地去比较不同模式或发展道路的优劣，则会掉入赫鲁晓夫和弗兰西斯·福山轻易宣告终结历史的错误。中国式现代化的成功，恰恰证明了多种发展模式并存和相互竞争将是21世纪的主流，也只有排除偏见、摒弃单一视角，在多元视野下观察人类社会，才能领悟中国式现代化深远的世界意义。

## 三、中国式现代化世界意义的多元呈现

评价中国式现代化世界意义的基本原则内部存在紧密的逻辑关系，构建自我认同与国际评价共通的衡量标准、构建全面性与开创性联结的衡量标准作为两项基础性原则，贯穿构建衡量标准的始终。近年来中国在实践逻辑、理论逻辑、历史逻辑、现实逻辑下展现出兼具内政外交国防、治党治国治军、政治经济文化的全方位影响与开创性价值，根据这些基础性原则，在其中划定出衡量中国式现代化世界意义的重要标准。

### （一）中国式现代化与发展中国家

以金融资本主导的新自由主义在全球范围面临系统性危机。资本主义现代化方案在发展中国家行不通，最大的原因在于资本主义“人性本恶”的自私设定，天然地把其他国家当作竞争对手，因此总会以先驱者的身份压制后来者的发展，不断制造“发展赤字”。从世界历史的视野来看，中国不是没有走过资本主义道路，只是在几经尝试了之后发现，那些资本主义国家在自己爬到了高处之后，为防止落后国家追超，已经撤掉了“梯子”，像中国一样的发展中国家走不通资本主义国家发展之路。因而必须

探索新型发展道路，实现既有利于发展中国家可持续发展、繁荣，又能够使本国人民普遍受益、共享红利的现代化发展理想。中国为其他发展中国家、转型中国家消除“发展赤字”提供具有鲜明借鉴价值的优质经验和有效方案。

（二）中国式现代化与全球治理

数十年以来，虽然没有全球性的冲突，但是局部地区的摩擦不断。威胁世界和平的主要因素——霸权主义与强权政治还未得到根除；妨碍发展的因素——世界各国缺乏共同发展的机会依旧存在。这些因素的根源在于现如今的世界政治经济秩序一定程度上与人类社会演进逻辑、全球化发展逻辑以及世界历史正义原则存在着冲突。拔除这些障碍，就需要世界格局的深刻调整甚至重塑。美欧等西方发达国家长期处于世界经济政治格局的中心位置，其他国家根据与西方价值观等意识形态偏见的远近不同，而以此分布于不同的边缘位置。然而，自2008年以来，这种依附型国际格局出现松动甚至瓦解的痕迹。以美国退出TPP、英国脱欧、英德法意加入亚投行等为标志，国际政治地理板块悄然分化重组，西方世界的统一性正在走向土崩瓦解。资本主义全球化的终结以及美欧主导的霸权体系的瓦解，意味着既有的世界体系及中心—边缘结构的难以为继，世界正在呼唤并着手筹备以新型全球化、网格化结构为标志的合作共赢时代。诚然，广泛参与的世界新秩序绝不是一蹴而就的简单切换，需要复杂的建构过程和漫长的历史周期，这样的历史周期中必会发生世界政治经济格局的变迁。

（三）中国式现代化与马克思主义

马克思主义在发展过程中，每个世纪研究的中心地域、剖析的基础范例、解决的时代课题各不相同，因而不同时期的马克思主义呈现的基本样态和重要特征有所差异。19世纪，欧洲率先进入工业文明上升期，现代化进程加速，社会的剧烈变化引起人们对哲学社会科学的普遍关注。英国率先跨入工业社会，成为马克思恩格斯研究的基础样本，为其探索什么是资本主义、如何终结资本主义，以及什么是共产主义、如何实现共产主义等问题提供了现实基础，伦敦也成了马克思主义诞生、发展、成熟之地。如果曾经提出“19世纪马克思主义”这一学术概念，那么马克思恩格斯创立的经典马克思主义将构成其主体内涵。20世纪，十月革命的胜利及社会主义建设的伟大成就影响、带动、支持了一大批社会主义国家的建立，以苏联为首的社会主义阵营的出现成为举世瞩目的重大事件，苏联也自然成为20世纪马克思主义分析的基础范例以及研究的中心地域。彼时的马克思主义主要表现为列宁主义，思考和着重解决的主要问题在于经济文化大不如西方发达国家的东方世界能否进行社会主义革命、如何进行社会主义革命，以及如何进行社会主义建设的问题。虽然20世纪马克思主义中国化取得一次又一次伟大飞跃，但是，20世纪中国马克思主义更侧重于“中国向度”，立足于解决“中国问题”，研究对象仅限于“中国”本身，重视“中国特色”，注重以马克思列宁主义改造中国，总体扮演着“马克思主义中国化”的理论角色，“改变世界”仍然是新课题、新领域。因而在21世纪中国能否成为马克思主义研究的“中心地域”，同时开启“中国向度”与“世界向度”双重研究向度，并赋予马克思主义发展的时代新课题，是衡量中国式现代化国际影响的重要指标。

马克思主义发展至21世纪，面临世界格局与人类生存发展状况的剧烈变动、资本主义社会与社会主义社会发展的深刻变化以及以大数据、人工智能为代表的生产力的显著进步等带来的巨大机遇与挑战。马克思主义应当在国际上有新的作为、新的贡献。中国式现代化持续开拓发展的同时，中国从融入世界经济交往体系转向推动全球治理体系变革。中国与世界的关系发生历史性的变迁，中国式现代化与世界发展高度关联、密切融合，中国问题与世界问题也正在碰撞摩擦，中国的历史性实践为哲学社会科学的发展提供丰沃土壤，中国将成为马克思主义研究的中心地域，这是人为不能改变的客观事实。因而，中国率先提出“21 世纪马克思主义”的概念。这一命题的内涵外延兼具明确性与规范性，有其确定性的指向，即 21 世纪的马克思主义特指中国特色社会主义进入新时代以来，发端并发展于中国的马克思主义，代表着中国引领世界的学术理论主张。正是基于中国式现代化的世界性贡献、中国故事的现实性价值与中国崛起的历史性成就，21 世纪马克思主义的理论目光理应聚焦中国，也应投向远方，并且基于中国的国际方位、大国责任和历史使命，又必须同时开启“世界向度”，立足中国关怀世界。世界也亟须中国肩负马克思主义的现实使命，在实践中指明 21 世纪马克思主义的发展方向，通过探索丰富其人民性、时代性、整体性、实践性，证实科学社会主义的科学性、真理性，准确阐释社会本质，客观回应社会矛盾运动，及时准确提出重大问题的应对方案。因而 21 世纪马克思主义主要面对的时代课题将会是如何将中华民族复兴的伟大梦想与世界各国人民的共同梦想有效连通，进而实现中国人民与世界人民大团结的奋斗，实现“改造中国”与“改造世界”的有机统一。这也是中国式现代化赋予 21 世纪马克思主义的最大的特殊性。中国崛起的实践汇聚成 21 世纪马克思主义的发展源泉，关于中国式现代化的课题正在上升为世界性学术热点，中国也成为不可忽视的比较对象。中国具有世界级的绝无仅有的样本量，每一个问题都是世界级难题，没有任何一个现有模式能够提供既成的解题步骤，更不能预先为中国问题量身定制理论方案。因此自主破题就具备世界性的垂范意义，而通过理论创造，即 21 世纪马克思主义也必定是世界级的理论成就。

21世纪马克思主义具有鲜明的“双重向度”“双重理论”“双重逻辑”特征，承载着双重使命、双重意义，民族性与世界性相统一。这种“双重向度”，不仅是“中国向度”与“世界向度”的统一，还是“马克思主义中国化”与“马克思主义世界化”的统一，更是中国人民的实践与世界人民的实践的统一。中国式现代化展示出的蓬勃动力和借鉴意义，不仅惠及中国一隅，还辐射世界全域。中国既要着眼于推动现代化发展，又要引领全人类走向现代文明社会；既要坚守中国站位，着力实现中华民族的伟大复兴，又要具有“人类命运共同体”理念；既要代表中华民族最广大人民的根本利益，也要关怀全人类的命运，致力于谋求世界人民的共同福祉；既要创造中华文明的新形态，也要为建构人类新文明提供中国价值。21世纪马克思主义正是中国对人类文明的独特贡献，它将成为彪炳马克思主义发展史的重大历史事件，也将成为中国马克思主义与世界马克思主义实现对接、连通及统一的又一个重要的里程碑。

### （四）中国式现代化与人类文明

在中国积极融入世界逐步开启现代化进程中，马克思主义对中国复杂现代性生成与启蒙具有重大影响，为中国发展道路的选择与探索提供了复杂现代性社会系统的认知与规范。马克思主义成为中国现代化进程中的精神支柱，中国也在发展实践中不断反哺马克思主义。马克思主义深刻揭批资本主义造成人的异化的价值论依据，并将人的自由全面发展作为社会主义社会的价值逻辑。中国共产党在推动中国式现代化的过程中，将马克思主义普遍原理同中国实践和时代特征相结合，将这种价值逻辑具体凝聚成为以人民为中心的价值原则，据此创造性地探索和回答一系列重大理论问题，同时以优秀传统文化充实马克思主义科学内涵、以双重视域赋予马克思主义时代新课题、以现实为基础推动21世纪马克思主义的构建、以超越既有发展模式的探索促进社会主义发展理论的创新。这是马克思主义理论中国化、时代化、大众化的重大成果，揭示了马克思主义的本质内涵和强大生命力，为马克思主义发展作出了理论性、原创性贡献，使世界上其他国家更为正视马克思主义，也开辟了马克思主义新境界。

中国式现代化在人类文明层面的世界意义，是基于对文明与野蛮、进步与落后、发展与停滞的辩证思考而根据历史逻辑延伸的历史超越意义、历史扬弃意义、历史发展意义。近年来，与世界其他国家之“乱”相比，中国之“治”弥足珍贵，其影响力日益增加。中国式现代化作为中国发展过程中的历史性成果，不仅是国家意义上的道路，而且是整个人类社会探索发展道路的重要内容，蕴含着对于整个人类文明发展进步的世界意义。中国式现代化具有自主“知识产权”，为破解人类社会面临的共同难题提供中国方案。[①] 中国的和平发展带给国际社会以深刻的启示，即人类文明是多样的而不是单一的，现代化道路是多元的而不是一元的。中国式现代化终结了现代化只能是西方化的狭隘历史观，绕开了资本主义发展逻辑，丰富了人类现代化道路的多样性，为国际社会特别是发展中国家提供了切实可行的发展理念，为探索更好的发展模式提供了中国经验，这些构成中国式现代化对于人类文明的世界意义。

## 四、余论

中国作为拥有超大经济体量、超大人口规模、超大国土面积、超长历史纵深的经济体，错综复杂的发展因素使得中华民族的复兴必然是史无前

① 韩庆祥：《中华民族伟大复兴的世界意义》，《人民日报》2016年5月5日。

例的挑战，复兴之路必然不能嫁接在现有模式上，只能开山拓路，自主探索出一条重返世界巅峰的道路。在此情形下，作为具有自主知识产权的中国创造，中国式现代化的体量、质量与属性都对人类社会意义重大。

中国式现代化的发展性意义，需要以定性与定量互为补充原则框定衡量标准，通过脱贫成就、发展成就的数字与相关理论的共同阐述，论定中国对解决世界性难题即发展赤字的贡献；中国式现代化的现实性意义，需要以实践性与价值性相配合的方式进行衡量，中国式现代化对当前的全球治理理念进行价值性补充甚至超越，并以国际公共卫生合作、反腐秩序重构、“一带一路”等重大实践影响全球治理体系及治理效果；中国式现代化的理论性意义，需要以普遍性与特殊性相结合的原则为工具，继承发扬马克思主义基本原理的同时，结合中国特色丰富其内涵、彰显其特征，深化马克思主义民族化、时代化、大众化的实践；中国式现代化的历史性意义，需要根据阶段性与发展性互相增补的原则制定标准，中国对现代化文明乃至人类文明的发展注入新鲜血液，中国式现代化发展的每一阶段都对世界具有较长期且可持续的积极影响。

作者单位

中共上海市委宣传部理论处

# 第二编

# 中国式现代化的中国特色

党的二十大报告明确概括了中国式现代化五个方面的中国特色，即“中国式现代化是人口规模巨大的现代化，是全体人民共同富裕的现代化，是物质文明和精神文明相协调的现代化，是人与自然和谐共生的现代化，是走和平发展道路的现代化”，深刻揭示了中国式现代化的科学内涵。这一概括指明了中国的现代化是基于中国具体国情、具有中国历史传承、植根中华优秀传统文化之中的社会主义现代化，既对现代化的中国特色进行理论概括，又对如何推进提出明确的实践要求。因而，必须深刻理解与充分把握现代化的中国特色，由此才能进一步明晰中国式现代化的理论创新、实践要求与世界意义，也才能在实践上进一步推动以中国式现代化实现中华民族伟大复兴的历史伟业。

# 人口现代化：以辩证唯物主义和历史唯物主义理解中国式现代化的人口特征

毛安然　张冬雪

党的二十大报告强调："坚持运用辩证唯物主义和历史唯物主义，才能正确回答时代和实践提出的重大问题，才能始终保持马克思主义的蓬勃生机和旺盛活力。"面对世界百年未有之大变局，实现中国式现代化和中华民族伟大复兴，人口始终是基础性、全局性、战略性因素。2023 年 5 月 5 日，习近平总书记在二十届中央财经委员会第一次会议上指出："人口发展是关系中华民族伟大复兴的大事，必须着力提高人口整体素质，以人口高质量发展支撑中国式现代化。"这是党中央根据我国人口发展现实情况对人口发展规律做出的科学论述，我国人口发展处于历史转折关头，需要正确且全面地看待当前我国人口发展新特征和发展新趋势。因此，通过辩证唯物主义的世界观和方法论，分析新时代人口发展，从而发现问题解决问题，在人口发展结构上进行调整，质量上进行提升，趋势上进行引导，从而推动人类实现全面而自由的发展。

## 一、本体论之维：以劳动力现代化为主体的人口现代化

在社会存在的三个部分中，物质生产方式是决定性因素，自然地理环境和人口因素都在物质生产方式约束之下共同决定着社会意识。然而人口因素具有的特殊性在于，劳动者构成人口因素的主体。生产方式包含生产力与生产关系，两者中具有决定作用的生产力中最活跃的因素就是劳动者。因此理解中国式现代化人口的内在属性，要从本体论上理解中国劳动力的本质特征。

马克思指出，人类第一个历史活动就是解决衣食住行等物质资料的问题，而生产力是人类社会生活和全部历史的基础，是人类在生产实践中形成的改造和影响自然使其适合社会需要的物质力量，其中生产力的三要素包括劳动者、劳动资料和劳动对象。劳动者是生产力中最活跃的因素。劳动者是人，但不是所有的人都是劳动者，劳动者是具有一定生产经验、劳动技能和知识，具备一定的思考、创造和决策等能力，能够有效地运用一定劳动资料作用于劳动对象，从事生产和实践的人。劳动者的主观能动性和劳动资料的质量和数量以及劳动对象的特性和可利用程度一起，对生产力的发展起到重要作用。

劳动者通过劳动过程发展生产力，在劳动中，我们可以将劳动者的生产力称为劳动力，它是生产商品或服务的基础。在个体维度上，劳动力是劳动者的身体和智力，在总体维度上则包含劳动力的质量和数量。“资本和劳动之间的交换，不是货币和劳动之间的交换，而是货币和活的劳动能力之间的交换。”① 马克思对劳动力的定义为“我们把劳动力或劳动能力，

① 《马克思恩格斯全集》第31卷，人民出版社1998年版，第399页。

理解为人的身体即活的人体中存在的、每当人生产某种使用价值时就运用的体力和智力的总和”[①]，也即劳动力是指活的人体中存在的、每当人生产某种使用价值时运用的体力和智力的总和。刘家珉通过分析马克思对劳动力与劳动的区分，认为马克思所指的劳动力是转化为人的机体的自然物质。[②]黄春梅和张明轩从马克思的劳动力价值理论出发，认为马克思的劳动力是由劳动力维持自身生存所必需的生活资料、劳动者养育子女所必需的生活资料和劳动者受教育或培训的花费构成。[③]

劳动力人口是一个国家或地区总人口中具有劳动能力的人口。劳动能力同人的年龄有密切的关系，因此，总人口中属于劳动适龄范围的人口，才是劳动力人口。按国际一般通用标准，15—64岁属于劳动适龄范围，中国男性为16—59岁，女性为16—54岁为劳动适龄范围，劳动力人口形成一个国家或地区的劳动力资源。

着眼于劳动力对于发展的基础性作用，以劳动力资源现代化为主体的人口现代化是中国式现代化的必要组成部分。“现代化”一词，在英文里大约出现在18世纪70年代，20世纪50年代，美国一批社会学家、经济学家和政治学家相继开展了现代化研究，60年代西方陆续出版了一批有影响的现代化研究专著，现代化理论基本形成。70—80年代，现代化理论面临诸多挑战，同时也得到全面发展，形成了不同的现代化理论。20世纪80年代，现代化研究在中国蔚然兴起，北京大学罗荣渠教授是中国现代化系统研究的开拓者。关于现代化的定义，相关研究浩如烟海，但学术界讨论至今没有达成一致。虽然不同学者在不同时期对现

① 马克思：《资本论》第1卷，人民出版社1975年版，第190页。
② 刘家珉：《简论马克思对劳动力与劳动的区分》，《中国流通经济》2004年第7期。
③ 黄春梅、张明轩：《马克思的劳动力与人力资本关系》，《现代经济信息》2016年第21期。

代化的定义和看法不尽相同，从整体来看，现代化用关键词可以概括为“理性化”“专业化”“工业化”“标准化”“城市化”“世俗化”“多元化”“祛魅化”“科技化”“数字化”等特征，整体表现为从传统社会向现代社会的转变。

人口现代化一直备受我国人口学者和实际工作者的重点关注，我国学术界对人口现代的研究始于20世纪八九十年代，与此同时，对人口现代化的研究并不局限于人口学界。刘铮教授在1992年率先提出了“人口现代化”这一概念，指出人口现代化包含人口再生产类型的现代化和人口素质的现代化，并特别指出：在中国这样的发展中国家，人口素质现代化应该超前于经济现代化。① 查瑞传指出，人口现代化的主要内容包括五个方面：人口自然变动转向低生育、低死亡、低增长的模式；人口年龄金字塔向底部垂直型转变；人口文化教育水平大幅提高；人口行业分布更多转向第二、三产业；人口迁移活跃，人口向城市集中。②张开敏则表示，现代化人口的标准包括人口生育模式、人口构成（年龄、产业、城乡）和人口素质（身体、智力和社会）三个方面。③21世纪之初，《人口研究》编辑部组织开展关于“中国人口现代化：挑战与展望”的讨论。在讨论中，彭希哲认为人口迁移比率的提高和人口老龄化也是人口现代化的特征；顾宝昌指出人口现代化远不止是生育现代化；王放认为城市化是人口现代化的一个重要方面。④ 王学义对以往讨论进行了总结，认为人口现代化至少包括人口再生产类型现代

① 穆光宗、侯梦舜、郭超等：《论人口规模巨大的中国式现代化：机遇、优势、风险与挑战》，《中国农业大学学报》（社会科学版）2023年第1期。

② 查瑞传：《人口现代化问题》，《人口与计划生育》1994年第3期。

③ 张开敏：《一部人口质量问题研究的力作——评〈人口质量的经济分析〉》，《人口与经济》1994年第5期。

④ 《中国人口现代化：挑战与展望》，《人口研究》2001年第1期。

化、人口素质现代化、人口结构现代化、人口城市化和生育现代化。①

根据学者在不同年代的研究可以看出，关于人口现代化作为当代重要的研究话题，研究主要集中包括人口再生产类型的现代化、人口素质现代化、人口结构现代化三个方面。其中，人口再生产类型的现代化主要表现为低生育率、低死亡率和很低的自然增长率；人口素质现代化主要包括人口寿命逐渐提高、人口受教育年限逐渐提高、人口思想道德水平提高等；人口结构现代化主要包括人口城镇化提高、从事第三产业人数增长、人均GDP增长、人口生活水平提升等。

2022年11月，习近平总书记在亚太经合组织工商领导人峰会上发表的书面演讲中指出："中国经济社会的更好发展，归根结底要激发14亿多人民的力量。"巨大的人口数量可以为中国带来市场规模，我国拥有14.12亿人口，其中4亿多的中等收入群体带来超大规模的市场，在未来，中等收入群体还将不断发展壮大，这将不断拉动市场内需，推动中国经济发展。虽然我国劳动力人口比重不断下降，但是我国的劳动力资源相比于发达国家仍然丰富，我国总人口中有将近9亿劳动力，而且每年新增劳动力都超过1500万，所以人力资源丰富仍然是中国的突出优势，充足劳动力人口依旧可以满足社会分工日益精细的需求。

## 二、认识论之维：以辩证唯物主义理解中国式现代化的人口特征

### （一）人口结构现代化的对立统一

对立统一规律是唯物辩证法的实质和核心，揭示了事物在发展中普遍存在的对立和统一的关系。任何事物都包含着内部的矛盾和对立面，同时

① 王学义：《人口现代化的测度指标体系构建问题研究》，《人口学刊》2006年第4期。

也具有相互联系和相互作用的统一面。通过对立统一规律，可以深刻认识事物的矛盾和发展过程，指导实践并推动社会的进步。在唯物史观背景下，通过对立统一规律来看新时代中国人口结构，并从空间方面分析人口结构，从而认识人口结构呈现的特征和矛盾。

新时代人口结构的空间呈现东中西部发展差异和城乡发展差异两大显著特征。东中西部人口差距主要表现在东部地区与西部地区在经济发展水平、社会福利、人口流动等方面存在的差异和不平衡，这种空间上的人口结构差异是由地理、经济、资源等多种因素决定的，这种差距体现了矛盾的斗争性。在经济发展方面，具有较高的经济发展水平，发达的产业体系、强大的科技创新能力和高附加值的服务业使得东部地区经济相对发达；而西部地区的经济相对滞后，经济结构单一、产业发展水平较低。在社会福利方面，东部地区的社会福利体系较为完善，公共服务设施和社会保障水平较高；而西部地区的社会福利体系相对薄弱，公共服务设施和社会保障待遇相对较低。在人口流动方面，东部地区吸引了大量的人口流入，包括农民工和高层次人才，而西部地区则面临人口外流和人才流失的问题，导致西部地区的人口结构老龄化相对更为严重，依据“胡焕庸线”为参照，近十年间中国人口的区域分布状态，人口密度较大的省份多集中在“胡焕庸线”的东南半壁，人口密度最高的三个地区分别是上海、北京和天津，且十年间，人口密度均呈现增加态势。“胡焕庸线”西北半壁的西藏、青海和新疆在2010年和2020年都是人口密度最低的三个省份。

矛盾的斗争性和同一性相互联结，相辅相成，没有同一性就没有斗争性，斗争性寓于同一性质中，同一性通过斗争性来体现。东部地区的发展，需要西部地区提供资源、能源和原材料等，例如西气东输，而西部地区则需要东部地区提供市场、技术和资金等支持，同一性使东西部矛盾双方相互吸引有利于自身发展的因素，在相互作用中各自得到发展。与此同时，政府通过一系列的政策和措施，努力缩小东西部差距，促进东西部协调发展。例如，实施西部大开发战略、推进东部地区向内陆延伸、加大对西部地区基础设施建设和产业转移的支持等。东西部地区之间加强合作，通过区域合作、互利共赢的方式，促进资源优化配置、技术创新和人才流动，推动东部地区与西部地区的协同发展，同一性规定着事物转化的可能和发展的趋势，之所以要促进东西部协同发展是因为矛盾着的双方具有相互贯通的联系。

当前我国人口特征还呈现出强烈的城乡差异，它体现了城市和农村之间在经济发展、公共服务、文化教育、人口数量等方面的差异和不平衡。在经济发展方面，城市通常是经济发展的中心，拥有更多的产业、企业和就业机会，以及更高的平均收入水平。相比之下，农村经济相对滞后，农民的收入水平较低。在公共服务方面，城市拥有更多的基础设施和公共服务设施，如交通、通信、供水、供电等，而农村地区由于资源配置不均，这些设施的覆盖范围和质量普遍较低。在文化教育方面，城市拥有更丰富的文化资源和高质量的教育资源，包括图书馆、博物馆、艺术团体、高等教育机构等。相比之下，农村地区的文化教育资源相对匮乏。在人口数量方面，根据第七次全国人口普查结果，全国人口中，居住在城镇的人口为901991162 人，占 63.89%（2020 年我国户籍人口城镇化率为 45.4%）；居住在乡村的人口为 509787562 人，占 36.11%。与 2010 年第六次全国人口普查相比，城镇人口增加 236415856 人，乡村人口减少 164361984 人，城镇人口比重上升 14.21 个百分点。① 从数据可知，城市化进程不断加快，农

① 《第七次全国人口普查公报》（第七号），https://www.gov.cn/xinwen/2021-05/11/content_5605791.htm。

村人口“空心化”现象进一步凸显，城乡差距进一步拉大。

同一性是事物存在和发展的前提，在矛盾双方中，一方的发展以另一方的发展为条件，城市的发展是农村发展的条件，农村的发展是城市发展的条件，发展是在矛盾统一体中的发展。城市需要农村提供粮食、原材料和廉价劳动力等资源，而农村则需要城市提供市场、资金和技术等支持。城乡之间形成一种相互依赖的关系。农民工进城打工、城市人口迁徙到农村休闲度假等现象都在一定程度上缓解了城乡差距，促进了资源和人力的流动。此外，无论农村和城市都同属于一个中国，两者在发展上存在既对立又统一的关系。

（二）新时代人口结构的量变与质变

量变质变规律是自然和社会发展的一条基本规律，用于描述事物发展过程中的量的积累和质的飞跃之间的关系。量变是事物在数量上的逐渐积累、积聚或减少的过程。在量变中，事物的性质、状态和特征没有发生根本性的改变，只是数量上的变化，例如，人口数量增加就是量变。质变是事物在数量达到一定程度时，出现根本性的性质转变、状态变化或特征的突变。质变通常是通过量的积累和积聚达到一定的临界点，引发事物内部的重大变化。量变质变规律强调了事物发展的渐进性和飞跃性的统一。量变是质变的基础和先决条件，质变则是量变的结果和推动力。在事物的发展过程中，量变和质变相互交织、相互渗透，形成一个辩证统一的关系。

根据第七次全国人口普查公布的数据显示，2020 年中国总人口数量达到 14.12 亿。2022 年党的二十大召开，二十大报告指出，“中国式现代化是人口规模巨大的现代化”，人口规模巨大作为中国式现代化的首要特征，这是中国共产党带领中国人民全面建设社会主义现代化国家需要面对的最大国情。

2022年7月5日，在国家卫生健康委员会新闻发布会上，健康中国行动推进委员会办公室副主任、国家卫健委规划司司长毛群安介绍，目前我国人均预期寿命提高到77.93岁，主要健康指标居于中高收入国家前列。2021年12月21日，国家统计局发布的《中国妇女发展纲要（2011—2020年）》终期统计监测报告显示，2020年，我国孕产妇死亡率为16.9/10万，比2010年降低43.7%，城市与农村孕产妇死亡率分别为14.1/10万和18.5/10万，分别比2010年降低52.5%和38.5%。国务院印发的《中国儿童发展纲要（2021—2030年）》中显示，截至2020年底，婴儿、5岁以下儿童死亡率分别从2010年的13.1‰、16.4‰下降到5.4‰、7.5‰。

从量变质变规律来看，量变方面指的是人口整体健康水平的提高，人口数量不断增加。随着经济的快速发展，人们的生活水平和医疗条件得到明显改善，疾病的控制和防治水平大幅提高，人均寿命不断延长，婴儿和儿童死亡率显著下降。

量变达到一定程度必然引起质变，2023年5月5日，习近平总书记在二十届中央财经委员会第一次会议上进一步强调："人口发展是关系中华民族伟大复兴的大事，必须着力提高人口整体素质，以人口高质量发展支撑中国式现代化。"

根据"七普"数据显示，人口平均受教育年限从2010年的9.08年提升至9.91年；每10万人中具有大学文化程度的人数由2010年的8882人增加到15408人，增长73.49%；文盲率从2010年的4.08%到2020年下降到2.67%。

随着社会的不断发展，中国人口质量已经开始从量变转向质变，从追求数量到追求质量，从追求物质生活到追求精神文化生活。与此同时，社会主要矛盾也从"人民日益增长的物质文化需要同落后的社会生产之间的矛盾”转变为“人民日益增长的美好生活需要和不平衡不充分的发展之间的矛盾”。

在科教兴国的背景下，随着教育水平的发展，中国教育改革注重培养学生的创新能力、实践能力和终身学习能力，强调素质教育的理念。教育系统注重培养学生的综合素质，注重培养创造性思维、团队合作和问题解决能力，以适应经济和社会发展的需求。此外，中国还加强了职业教育和技能培训，以提高劳动者的就业能力和市场竞争力。

综上所述，在唯物史观角度下，新时代人口质量发展可以通过量变质变规律进行分析，从而认识到新时代中国特色社会主义人口质量发展在量变的积累下不断实现质变，即从追求健康从而提高人口数量到追求教育从而提高精神文化生活。与此同时，该质变又为开拓新的量变，即提高全民接受教育的数量，开辟了道路。

### （三）新时代人口发展趋势的否定之否定

否定之否定规律是辩证唯物主义的基本规律之一，它描述了事物发展中的变化和演进过程。首先，事物发展的第一阶段是肯定阶段。在这个阶段，事物整体虽然没有发生大的变化，但是事物内部存在着矛盾和不足，导致一种旧的形式或状态被否定、超越或消亡；其次，肯定阶段的发展引发了新的矛盾和需求，新的事物或形式逐渐形成。这是事物发展的第二阶段，即否定阶段。在这个阶段，新的事物或形式逐渐取代了旧的事物或形式，成为新的主导力量；最后，否定阶段的发展又引发了新的矛盾和需求，再次推动事物的发展。这是事物发展的第三阶段，即否定之否定阶段。在这个阶段，新的事物或形式不断发展，超越之前的状态，实现了更高的水平。

否定之否定规律揭示了事物发展的复杂性和多样性，强调了事物发展中的矛盾和冲突，而且这些矛盾和冲突是推动事物发展和进步的动力。通过从否定之否定规律分析新时代人口发展趋势，可以深入理解事物发展的机制和规律，为实践提供指导，推动社会的变革和进步。

新中国成立时的人口规模为5.42亿人，1954年达到6亿人以上，1964年超过7亿人，10年增加1亿人；1969年人口规模达到8亿人以上，1974年超过9亿人，平均每5年增加1亿人，较上一时期提速一倍（数据来源：国家统计局数据库），人口发展趋势进入肯定阶段。但是，当时中国经济发展速度较低，人口的急速增长与物质资料低速增长之间呈现紧张关系，二者的发展之间出现矛盾。为缓解这一矛盾，中国在20世纪70年代早期开始实行计划生育政策，计划生育政策加速了中国的现代人口转变，在一定程度上弥补了人口规模巨大与生产力发展速度之间的不匹配，对新时代中国式现代化的推进有一定的铺垫作用。①

进入新时期，中国经济飞速发展。与此同时，2001年加入世界贸易组织，2010年成为全球第二大经济体，2021年已全面建成小康社会，人口大国与生产力水平低下的矛盾得到缓解，但是社会总体依旧受计划生育的影响。全国虽然总人口数量在不断增加，但是人口增长率在不断下降，社会发展所需劳动力依旧不充分。根据《中国2010人口普查资料》和《中国人口普查年鉴2020》数据显示，劳动年龄人口则从2010年的99256万人减少到96576万人，劳动年龄人口占总人口的比重从74.47%下降到68.50%。人口发展又进入到新的矛盾之中，并进入否定阶段。为提升人口增长率，2013年我国开始实施“单独二孩”政策，2015年出台“全面两孩”政策，2021年调整为“三孩”政策。结果成效明显是在

① 金牛、原新：《科学认识和把握中国式现代化的人口维度》，《社会发展研究》2023年第1期。

2016年，出生人口达到1786万的巅峰，但2017年出生人口为1723万人，之后开始逐年下降。2020年已降至超低生育率1.3，并在此后进一步走低。

2021年我国净增加48万人，2022年净减少85万人，总人口均在零增长附近波动。2022年末我国人口141175万人，全年出生人口956万人，死亡人口1041万人，人口自然增长率为–0.60‰，出现新中国成立以来人口首次负增长。与此同时，根据"六普"和"七普"的数据，老年人口从2010年的11893万增加到19064万，涨幅高达60.30%，老龄化程度进一步加深加剧。人口负增长和老龄化已经成为新时代人口发展趋势，此时的人口矛盾主要是人口负增长和老龄化与社会发展的矛盾，人口发展在此时进入否定之否定阶段。

从辩证唯物主义的视角来看，老龄化和人口负增长并不意味着人口发展的终结，而是人口发展进程中的新阶段。按照否定之否定规律，这些趋势会产生新的对立，从而推动社会的进一步发展。尹德挺认为我国的人口负增长是世界人口总量第一大国、世界经济体量第二大国的人口负增长，是人口资源大国向人力资本强国转型中的人口负增长，是以智能化、数字化、网络化为主要特征的新一轮科技革命和产业变革下的人口负增长。①

总之，唯物辩证法认为人口发展的趋势是复杂多变的，而老龄化和人口负增长只是其中的一个阶段。因此，在应对人口发展的挑战时，需要综合考虑各种因素，制定相应的政策和措施，以实现人口的可持续发展和社会的全面进步。

---

① 原新、杜鹏、童玉芬、陆杰华、尹德挺：《专题笔谈：中国人口负增长与人口高质量发展》，《北京行政学院学报》2023年第3期。

## 三、方法论之维：以辩证唯物主义指导新时代中国特色社会主义人口发展

### （一）以联系的观点调整新时代人口结构

恩格斯说："当我们通过思维来考察自然界或人类历史或我们自己的精神活动的时候，首先呈现在我们眼前的，是一幅由种种联系和相互作用无穷无尽的交织起来的画面。"[①] 唯物辩证法认为，世界上的万事万物都处于普遍联系中，普遍联系引起事物的运动发展。世界上没有孤立存在的事物、每一种事物都是在与其他事物的联系之中存在的，无论是东部地区的发展还是西部地区的发展，无论城市的发展还是农村的发展，彼此之间都存在着各种各样的联系。联系具有普遍性，这要求我们从客观事物本身固有的联系出发去认识事物，从东西发展、城乡发展固有的联系出发，作出决策，从而指导实践。

在中国东部地区快速发展且超过西部地区之前，东部地区的人口密度与西部地区的人口密度并没有非常大的差异。东部沿海地区快速发展起来后，全国人口纷纷涌向东部地区寻求自身发展机会，西部人口为东部发展贡献了大量劳动力，东部的发展离不开本地及西部劳动人口的支持，然而西部的发展也离不开与东部地区的合作，从而先富带后富。同样，农村的发展也需要城市的带动。

第一，东部地区可以增加对西部地区的投资，支持西部地区基础设施建设、产业升级和技术创新，包括通过设立专项资金、引导民间资本投向

① 《马克思恩格斯文集》第3卷，人民出版社2009年版，第538页。

西部等方式，促进西部地区的经济发展。第二，东部地区可以将一些产业转移到西部地区，促进西部地区的产业升级和转型。同时，东部地区可以与西部地区进行产业协作，形成产业链和价值链的延伸，实现资源优势互补，促进西部地区的经济增长。第三，东部地区可以加大对西部地区人才的培养和支持，通过设立高水平大学、研究机构和人才培训中心等，提升西部地区的人力资源素质和创新能力。同时，鼓励人才流动和交流，使得东部地区的技术、管理经验和人才能够向西部地区传递和带动。第四，东部地区可以与西部地区加强区域合作，共同推动区域经济发展。通过建立产业联盟、经济合作区和自由贸易区等机制，促进资源优化配置、技术创新和市场开放，实现东西部地区的互利共赢。第五，东部地区可以推动旅游业的发展，吸引更多的游客到西部地区旅游观光。同时，加强文化交流和文化产业合作，促进西部地区的文化传承和创意产业发展。

在农村发展方面，第一，城市是农产品的主要消费市场，城市需求的增长对农村农产品的销售提供了机会。城市可以通过建立农产品市场、农村特色产品展销会等渠道，帮助农民将产品直接销售给城市居民，提高农产品的附加值和农民的收入。第二，城市拥有较为先进的技术和管理经验，可以向农村提供农业技术支持和培训。通过推广现代农业技术、智慧农业和绿色农业等，提高农村农业生产效率和质量，实现农业的可持续发展。第三，城市可以为农村提供金融支持和服务，包括农村信用社、小额贷款、农业保险等。这将有助于解决农村的资金需求，支持农民的生产经营活动，促进农村经济的发展。第四，城市可以为农村提供教育和培训机会，提高农民的技能水平和就业能力。城市的职业培训机构、技工学校等可以向农村提供培训课程，帮助农民获得更多的就业机会和创业能力，推动农村的人力资源发展。最后，城市可以加大对农村基础设施建设的投资，包括农村道路、供水系统、电力网络等。同时，提供更好的公共服务，如医疗、教育、文化等，改善农村居民的生活条件和福利水平。

任何事物都不能孤立地存在，都同其他事物处于一定的联系之中，东西和城乡需要在相互联系中获得发展，对于发展速度较快的东部地区和城市地区，需要在各个方面帮助西部地区和农村的发展，从而缩小东西部发展差距和城乡发展差距，最终获得共赢。

（二）以发展的观点提升新时代人口质量

恩格斯指出："世界不是既成事物的集合体，而是过程的集合体。"① 事物的发展是一个过程，只有经过一定的过程，事物才能实现自身的发展，发展是前进的和上升的，当物质生活得不到保障时，人口数量不会激增；当人们的生活水平不断得到提升之后，人们开始追求精神生活，追求高质量发展。

党的二十大报告指出，"教育、科技、人才是全面建设社会主义现代化国家的基础性、战略性支撑"。首先，国家要提高教育投入，增加政府对教育的投资，提高教育经费占国内生产总值的比率。增加教育资源和设施建设的资金，改善学校的硬件条件，提供更好的教育环境。推动教育公平，加大对农村和贫困地区教育的支持，提供更多的教育资源和机会。改善农村学校的师资力量和教育质量，建立健全的奖助学金制度，帮助贫困家庭的学生接受教育。其次，加强教师队伍建设，提高教师的待遇和职业地位，吸引优秀人才从事教育工作。加强教师培训和专业发展，提高他们的教学水平和教育理念。建立激励机制，鼓励教师创新教学方法和教育研究。最后，推进素质教育，注重学生的全面发展，培养创新能力、实践能

① 《马克思恩格斯文集》第 4 卷，人民出版社 2009 年版，第 298 页。

力和综合素质。减轻过重的学业负担，注重培养学生的兴趣和创造力，促进他们的自主学习和思考能力。加强家校合作和社区参与，鼓励家长积极参与子女的教育，加强家校合作。建立学校与社区的紧密联系，充分利用社区资源，提供更多的教育支持和服务。

（三）以矛盾的观点引导新时代人口发展趋势

矛盾无处不在，矛盾无时不有，矛盾具有普遍性，存在于一切事情中，存在于一切事物发展过程的始终，旧的矛盾解决了，新的矛盾又产生了，事物始终在矛盾中运动，在矛盾中发展。中国人口发展问题，在不同的阶段有不同的矛盾，但矛盾分为主要矛盾和次要矛盾，中国当前的人口发展的趋势走向老龄化和负增长，这也是中国当前社会的主要矛盾，面对各种各样的矛盾，需要抓主要矛盾抓主流，抓住当前人口主要矛盾，即新时代人口发展趋势进行引导。

在面对老龄化趋势方面，第一，推进基本养老服务。加快构建基本养老服务体系，推进家庭、社区、机构养老服务协调配合、融合发展，健全养老服务综合监管制度，提升公共服务能力，强化民生保障。第二，积极发展银发经济，促进老龄事业和产业协同发展。中国拥有世界上最大规模的老年人口，蕴含着丰富的劳动力财富和巨大的消费潜力。一方面要引导老年人树立终身发展理念，实施延迟退休政策，鼓励老年人继续发挥潜能与价值，为社会创造财富；另一方面根据老年人的需求，推动养老与文化、旅游等其他产业发展，充分创造“长寿红利”。

在人口负增长特征方面，第一，优化教育体系。加强对生育知识和性别平等的宣传，提高年轻人的生育意愿和能力，提高公众对人口负增长问题的认识和重视程度，形成全社会共同应对人口负增长的合力。同时，改善教育质量，提供优质的学前教育和职业培训，以增强年轻人的竞争力和就业机会，从而增强他们的生育意愿。第二，改善工作环境。提供更好的工作环境和福利待遇，包括提高工资水平、改善劳动条件和工作弹性，以吸引年轻人生育和留在工作岗位上。第三，建立健全社会保障体系。提供全面的医疗、养老和失业保障，减轻家庭的经济压力。提高生育津贴和福利待遇，减轻家庭经济负担。此外，可以延长产假和育儿假，提供更好的育儿支持和服务设施，以提高生育率。第四，加强家庭支持和社区服务，提供更多的家庭支持和社区服务，帮助夫妇平衡工作和家庭责任。例如，建立更多的托儿所和幼儿园，提供灵活的托育服务，减轻家庭育儿负担。同时，加强社区的养老服务和家政服务，支持家庭照料和代际关怀。

## 四、结语

新时代人口特征在中国东西部和城乡在发展过程中首先体现了矛盾的对立统一规律，两者的发展始终与对方存在对立或者统一的联系，而矛盾是推动事物发展的动力，所以矛盾双方始终需要在相互联系中发展，以联系的观点调整新时代人口结构，缩小东西部和城乡发展差距，促进共同发展；其次，人口发展特征从以数量为主到以提高质量为主体现了辩证唯物主义的量变质变规律，然而质变又为新的量变开辟了道路，所以事物发展的方向始终是前进的、上升的，以发展的观点提升新时代人口质量，使劳动力向人力资本发展，从而拉动经济增长的内生动力，促进经济发展；最后，新时代人口发展呈现出人口负增长和老龄化趋势，与此同时，这也是当前社会发展过程中人口发展的新矛盾，不同阶段人口发展都有不同矛盾，这符合唯物辩证的否定之否定规律，所以人口负增长和老龄化趋势不是新时代人口发展的最终矛盾，而是人口发展过程的新阶段新矛盾，正确看待无处不在和无时无刻的矛盾，没有矛盾就没有发展，抓住当前人口负增长和老龄化这一主要矛盾，对这一趋势进行引导，从而促进人口健康发展，最终实现人的自由而全面的发展。

**作者单位**

华东理工大学马克思主义学院

# 县域城镇化助推共同富裕的作用机制及实现路径*

冀福俊

习近平总书记在党的二十大报告中明确指出："中国式现代化是全体人民共同富裕的现代化。共同富裕是中国特色社会主义的本质要求，也是一个长期的历史过程。"① 实现共同富裕的关键在于消除城乡两极分化、促进城乡融合发展进而解决不平衡和不充分的发展问题，县域作为城乡要素配置的关键枢纽和城乡融合发展的关键节点，是推动共同富裕的重要载体。县域城镇化既承载着新型城镇化战略的推进，同时也是实现乡村振兴战略的重要支点，是整合县域资源、提升县域经济活力、促进城乡融合协调发展的关键，对共同富裕目标的实现具有基础性支撑作用。2022 年 5 月中共中央办公厅、国务院办公厅印发的《关于推进以县城为重要载体的城

* 本文系国家社科基金一般项目"以人为核心的新型城镇化实现路径研究"（项目编号：21BKS049）、教育部人文社会科学研究青年基金项目"新马克思主义空间生产理论视域下我国城镇化空间矛盾及治理机制研究"（项目编号：20YJC710023）阶段性成果。

① 习近平：《高举中国特色社会主义伟大旗帜　为全面建设社会主义现代化国家而团结奋斗——在中国共产党第二十次全国代表大会上的报告》，《人民日报》2022 年 10 月 26 日。

镇化建设的意见》(简称《城镇化建设意见》)，2022年7月国家发展和改革委员会发布的《“十四五”新型城镇化实施方案》，2022年10月召开的党的二十大，均对县域城镇化作出战略部署和决策安排，县域城镇化和县域经济发展适逢其时。厘清县域城镇化助推共同富裕的作用机制，正确审视该过程中的问题和挑战，并提出相应的解决路径，对扎实推进共同富裕具有重要意义。

## 一、县域城镇化助推共同富裕的作用机制

共同富裕体现的是生产力和生产关系的统一。“富裕”属于生产力的范畴。“如果没有发展，那就只会有贫穷、极端贫困的普遍化”[①]，因此，通过生产力的提高实现社会财富总量的增长，“做大蛋糕”是共同富裕的前提，是满足人民群众美好生活需要的基础。“共同”属于生产关系的范畴，不同于私有制导致的两极分化，强调社会成员对发展成果的共享。共同富裕的目标就是在提高经济社会发展水平的同时，不断缩小城乡和地区收入差距，合理分配发展成果，即在“做大蛋糕”的同时进一步“分好蛋糕”，以解决不平衡不充分的发展问题，提升人民的获得感、幸福感、安全感。县域城镇化为解决发展不平衡不充分问题提供了一个枢纽机制，在目标和路径上与共同富裕具有高度的契合性和协同性，是实现共同富裕的基础保障和重要抓手。县域城镇化能够通过多种机制从促进经济增长（“做大蛋糕”）和改善收入分配（“分好蛋糕”）两方面助推共同富裕目标的实现（见图1）。

### （一）供给优化机制

加快县域城镇化进程，不仅有助于改变我国城镇化滞后的局面，而且

① 《马克思恩格斯文集》第1卷，人民出版社2009年版，第538页。

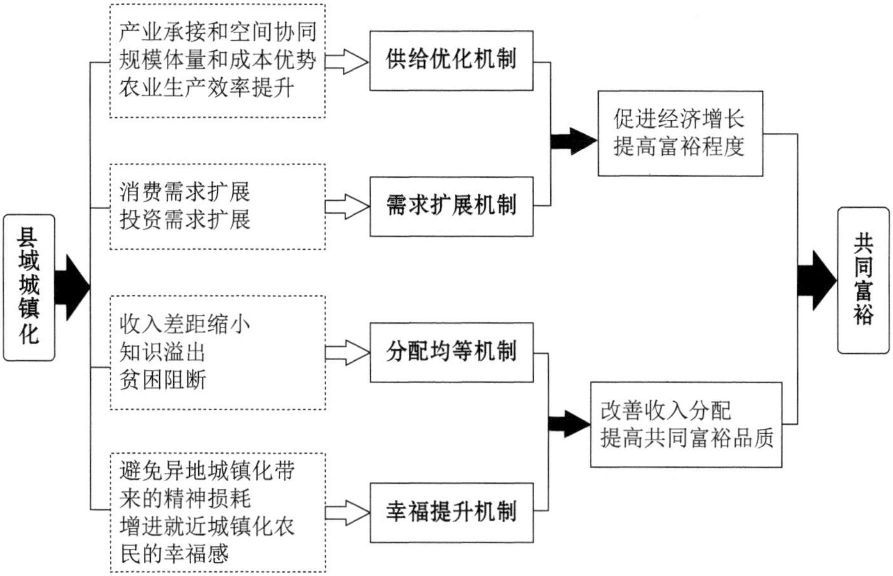


图 1　县域城镇化助推共同富裕的作用机制

有助于推动县域经济发展。县域经济因其广阔的发展空间，丰富的自然资源和劳动力资源，较低的生产、生活成本等优势，在构建新发展格局推动经济高质量发展进程中，将逐步成为经济增长的一个主阵地。县域城镇化的推进可以通过优化供给结构、提高经济发展效率，从而促进经济总量的持续增长，提升“富裕”水平。这一机制具体体现在以下三个方面：

第一，县域城镇化具有产业承接和空间协同的功能。20 世纪 80 年代，费孝通先生就指出以县城为代表的小城镇的特殊功能在于对大中城市产业要素的转移承接，同时也是农村地区商品向上流通的集聚点，农村群众公共服务、文化教育的整合点。[①]2023 年中央一号文件提出要培育壮大县域富民产业，引导劳动密集型产业向县域梯度转移，支持大中城市在周边县域布局关联产业和配套企业。根据世界城市群的发展经历，普遍

① 费孝通：《走出江村》，人民日报出版社 1997 年版，第 131 页。

具有“大集聚，小扩散”的特征。城市群、都市圈可以利用主导产业的带动效应，以伴生、寄生、衍生的方式形成协同的产业集群。而许多处于大城市周边的县城，就其区位来说恰好处于城市群垂直体系或集群体系上的某个环节，在功能定位和产业布局上正好可以满足大城市非核心功能疏解的要求，通过错位协同、分工协作和优势互补实现要素空间的均衡和优化配置，带动生产要素高效汇集与有序扩散，实现集聚效应和扩散效应的有机耦合。在极化效应下形成的城市分层体系中，县城扮演了“亚核心”角色，是第二轮极化效应的核心。[①] 县域城镇化既可以防止中心城市主城区的“一城独大”，是解决“大城市病”的良方，又有利于中心城市聚集效应的有效扩散，弥补原有城镇体系“头重脚轻”的缺陷，使城镇空间体系更加合理，提升协作发展的整体效率，通过空间均衡实现对经济增长的带动作用。

第二，县域城镇化具有规模体量优势和成本优势。由于县城规模体量较小，因此具有较大的产业调整灵活性，在适应全球贸易分散化、产业链细分化和市场需求多元化的新形势下具有较大的优势。县域利用自身在资源和区位方面的比较优势，挖掘产业发展的潜能，利用优势条件尽快实现专业化，更好地吸收大中城市的技术、资本和产业转移，形成独具特色的产业发展路径。从发展态势来看，县域作为我国制造业的基础环节及原料供应的主要集聚地，因其明显的成本优势，具有从产业配套的承载地转变为工业经济（主要是制造业）主阵地转变的潜力。近年来，县域第二产业增加值占全国第二产业增加值的比重超过 40%，县域规模以上工业企业数量达到全国规模以上工业企业的 50% 以上，近三成专精特新“小巨人”企

① 刘国斌、杨富田：《新型城镇化背景下县城的“亚核心”作用机理研究》，《当代经济研究》2017 年第 3 期。

业分布在全国近600个县城。县域城镇化还可以通过农村劳动力迁徙成本的降低带来相当大的经济收益。有学者研究发现，21世纪初地区间贸易成本与迁徙成本的下降对中国总劳动生产率增长的贡献达到36%。[①] 与之前的异地城镇化相比，县域就近城镇化可以降低农村劳动力为照顾家庭成员而每年进行长距离往返的迁移时间，通过提高其实际劳动投入进而获得较大的经济收益，发挥进一步挖掘人口红利的效果。

第三，县域城镇化可以带动农业生产效率的提升。县城是农产品的收购、加工和集散中心，承担初级农产品加工包装并向上一级城市供给的中间市场角色，是城乡融合发展的重要载体。县域城镇化有助于资本、人才、技术等要素向农村流动，发挥"涓滴"效应，带动农村第一产业的"接二联三"，从而实现乡村产业振兴，提升农村产业现代化效率。

（二）需求扩展机制

县域城镇化还会通过需求端市场规模的扩展驱动经济持续增长进而促进"富裕"目标的实现。近年来，受逆全球化和国际局势恶化的影响，我国的外部市场遭受挫伤，国内市场尤其是县域市场成为促进经济健康发展的新内生动力，是扩大内需战略的支撑点。

第一，消费需求扩展。主要体现在以下几个方面：首先，我国县城数量庞大，空间分布广袤，能够实现"以点带面"的消费传导机制。2021年，我国共有1812个县级行政单元，是我国经济社会构成的有效地域单元。县城常住人口共约1.4亿人，人均消费支出仅为地级及以上城市城区的三分之二左右，消费空间有待开拓。根据《2021年农民工监测调查报告》，农民工省内流动人数和增速均高于跨省流动，形成省内县城就近城镇化的

---

① Tombe T., X. Zhu. Trade, Migration and Productivity: a Quantitative Analysis of China [J]. American Economic Review, 2019 (05): 1843—1872.

态势。因此，县域社会消费品销售额增长的潜力较大。根据2022年《城镇化建设意见》完善县域消费基础设施，改善县城消费环境，县域会成为实现国内大循环的又一着力点。其次，县域文化旅游消费潜力较大。对地处农业生产区和生态保育区的县城来说，其迥异于城市的田园风光和生态景观会催生文化休闲旅游产业的大发展，从而带动县域旅游、餐饮、住宿和独特农产品和生态产品的新消费需求。此外，保留其间的历史文化遗存往往是中华文明和差异化地域文明的“母体”，是中国人的精神家园和“乡愁”的寄托，加以利用也会产生巨大的精神文化消费市场。再次，由于县域人口老龄化较大城市来说更为严重，如果能够因势利导，则可能发展成为“银发经济”的主阵地。此外，大量农民工的因就近城镇化流入当地县城还可以增加县城生活服务业如养老、育儿、餐饮和家政等方面的劳动力供给，降低相应服务的价格，从而促进县城原有居民的消费。

第二，投资需求扩展。县域城镇化可以引致对住宅、基础设施和公共服务的大量投资需求。2020年习近平总书记在中央财经委员会第七次会议上的讲话中指出：“农民到县城买房子、向县城集聚的现象很普遍，要选择一批条件好的县城重点发展，加强政策引导，使之成为扩大内需的重要支撑点。”[①]《2018年农民工监测调查报告》显示，进城农民工户购买住房的比率仅为19%。由于农民工的就近城镇化趋势以及女性和有配偶的农民工占比均有所上升，在县城购房安家的可能性增大，且在县城买房相较于大城市来说经济压力小、实现难度低，因此县域城镇化的推进仅住房一项就可以带来巨大的投资需求。2022年《城镇化建设意见》提出，完善市政设施体系，夯实县城运行基础支撑。当前县城人均市政公用设施固定资产

① 习近平：《国家中长期经济社会发展战略若干重大问题》，《求是》2020年第21期。

投资不到地级及以上城市城区的60%①，还有较大的提升空间。《意见》提出的完善消费基础设施也会带动百货商场、大型卖场投资需求的扩展。截至2022年3月，头部商业地产在大型城市的城区布局3万平方米以上购物中心数量平均为每区6.0个，在县城则为1.9个②，县城与城市城区的大型购物中心数量差距较大。此外，县城医疗、教育、养老托幼、文化体育、社会福利等公共服务设施也亟待完善。随着县城城镇化进程的加快，预计全国将释放超过2万亿元的投资潜力。③

（三）分配均等机制

县域城镇化不仅会推动共同富裕中的“富裕”程度的提高，还会通过提高低收入群体收入、优化收入分配格局落实共享发展理念，促进公平的改善。

第一，收入差距缩小。县域城镇化可以有效避免大城市先发优势可能导致的财富分布极化问题。其他发展中国家的经验也证明相较于大城市，小城镇具有更显著的减贫效应。④县城人口相对规模的提升在一定程度上可以缩小城乡收入差距，具有一定的“公平”效应。实证研究表明，农村劳动力的“本地流动”对本地相对收入水平的促进效应大于“外出—省内流动”和“跨省流动”。⑤近年来，伴随着产业转移，农民工近距离流动特征明显，县域就近城镇化成为新趋势，对促进低收入群体走向共同富裕具有重要的现实意义。随着农业剩余劳动力从低生产率和低收入回报率的农

① 参见《中国城乡建设统计年鉴（2021）》。

② 参见商业地产商会2022年数据。

③ 陆娅楠：《县城补短板 内需扩空间》，《人民日报》2020年6月4日。

④ Gibson J., Datt G., Murgai R., Martin R. For India's Rural Poor, Growing Towns Matter More Than Growing Cities [J]. World Development, 2017 (98): 413—429.

⑤ 李兰冰、姚彦青、张志强：《农村劳动力跨部门流动能否缩小中国地区收入差距》，《南开经济研究》2021年第4期。

业部门大量流向相对较高生产率和高收入回报率的县域非农业部门，促进了县域工业部门资本积累、规模扩张与产业集聚，创造更多吸纳转移劳动力的就业机会，这部分流出人口的收入水平和生活质量首先能够提高。而对于人口流出地的农村来说，随着农业劳动力的减少，资源禀赋压力会得到缓解，农地分散的局面得以改进，人均资源要素拥有量尤其是劳动耕地面积则会提高，有助于实现农业规模经济效应，提高农业生产效率，进而使留在农村从事农业生产的农民获得更多的经营性收入。因此，县域城镇化在减少农民的同时还可以确保富裕农民，从缩小城乡收入差距和农民内部收入差距两方面推进共同富裕。

第二，知识溢出。知识溢出具有距离衰减特征，[①] 县域城镇化是农村劳动力的本地流动，可以从区位临近性中受益。东部地区“离土不离乡”、中部地区“不离土不离乡”两种空间形态的县域城镇化模式中，农民工在现代部门和传统部门之间的交织生活和就业，可以促进两部门从业经验的交汇融合，有利于增加农业生产经营知识和技能，促进农业转型升级，实现农业产出和农民收入的双赢格局。而且，在就近城镇就业积累资本、“干中学”积累技能[②] 和生产生活经验后，农民工选择回乡创业的概率更大，成为先进技术与理念的传递载体，带动欠发达农村地区的生产效率和收入水平的提高，通过“提低”推动共同富裕。

第三，贫困阻断。县域城镇化因其较低的市民化成本、知识技能门槛和家乡观念的吸引力成为农民工城镇化的首选。教育水平差异对城乡收入差距

① Bronzini R., Piselli P. Determinants of Long-run Regional Productivity with Geographical Spillovers: the Role of R&D, Human Capital and Public Infrastructure [ J ]. Regional Science & Urban Economics, 2009 ( 02 ): 187—199.

② Lucas, Robert E. On the Mechanics of Economic Development [ J ]. Journal of Monetary Economics, 1989 ( 22 ): 3—42.

的贡献高达 34.69%。[①] 虽然目前广泛存在因追求县城相对优质教育资源而推动的教育城镇化虽不是真正意义上的县域城镇化，却有助于农村移民后代的人力资本积累和提升，从而增加其工资性收入。除了教育知识的获取外，进城农民工及其子女还可以通过在城镇的生活经验提升其“非认知能力”[②] 和社会经济联系，为其日后工作积累一定的社会资本。因此，县域城镇化能够突破农村居民“低收入—低教育培训投入——低人力资本水平—低收入”的恶性循环，有效阻断贫困的代际传递，形成共同富裕的内生动力。

（四）幸福提升机制

县域城镇化不仅可以促进城乡居民分享经济增长的成果，获得物质上的富裕，还可以有效增进就近城镇化居民的幸福感与公平感从而使其福利水平显著提升，获得精神上的满足。[③] 县域就近就业和定居，可以兼顾子女抚育与老人赡养，避免了农民工群体“候鸟式”、“漂泊式”异地长距离流动带来的精神损耗，也避免了因地理隔阂、文化差异和孤身在外等因素导致的农民工主观幸福感的缺失，再则是通过在县城安家落户，可以降低公共服务和社会保障的差别化待遇对农民工幸福感的不利影响，从而提升共同富裕品质。

## 二、县域城镇化助推共同富裕的现实挑战

近年来，虽然县域城镇化的政策支持力度不断提升，对加快推进县域城镇化进行重点部署，但仍存在诸多的难点和挑战，阻滞了县域城镇化对

① 陈斌开、张鹏飞、杨汝岱：《政府教育投入、人力资本投资与中国城乡收入差距》，《管理世界》2010 年第 1 期。

② 魏东霞、陆铭：《早进城的回报：农村移民的城市经历和就业表现》，《经济研究》2021 年第 12 期。

③ 罗必良、洪炜杰：《城镇化路径选择：福利维度的考察》，《农业经济问题》2021 年第 9 期。

共同富裕助推机制的发挥。

（一）县城发展功能定位不准

我国县城发展普遍存在对自身功能定位、比较优势认识不足的问题，导致县域城镇化难以发挥共同富裕的供给优化和需求扩展机制的作用。

第一，县城缺少与大中城市功能协同、分工协作的意识。县域城镇化是中国新型城镇化推进格局中的一个构成部分，不能脱离于整个城镇化体系，县城如果只凭借自身的力量，难以获得最低成本的优质要素资源，因此必须协调好大中小城市城镇化与县域城镇化之间的关系，而功能错位就是实现这种协调的路径。这在客观上要求县城的产业发展规划应与其上一级城市充分对接，实现大中城市的功能疏散，进而通过分工协作充分发挥自身的比较优势，达到最优效率。然而，大部分县城的发展规划缺乏与上一级城市形成协同分工的意识，盲目效仿和搬用大中城市的发展模式，导致产业发展存在同质化且缺乏竞争力。

第二，县城的发展缺乏符合自身实际的准确定位。主要体现在以下两方面：一是顶层规划设计的引导不足。这导致县城的发展普遍陷入目标定位不清晰，甚至定位错误的误区。具体表现为城镇规划贪大求全、超前建设以及过度负债等现象，进而产生资源浪费、基础设施利用效率低下等问题，抑或是在不适宜集聚和开发的情况下仍然盲目追求城镇化，造成土地城镇化过快发展及对生态环境的破坏。中西部有的县城通过引进优质教育资源的方式推动城镇化进程，这种外生式城镇化不具有可持续性，会滋生新的社会问题。二是没有因势利导实现差异化发展。我国现有的一千多个县城分布在广袤的国土空间，不同区域的县城拥有的资源禀赋、所处的生态、经济社会和文化环境存在差异，但能够根据自身客观情况作出合理发展定位的县城还是少数。

第三，县城、乡镇和村的三元体系布局有待优化。县域城镇化建设的难点还在于如何将县城、乡镇和村内产业分工合理化和上下游产业链优化升级，如何将三者关系从“纵向直线型”调整为“立体网络型”，通过融合发展的新机制促进新型城镇化战略与乡村振兴战略紧密结合，促进各要素流动畅通并能够进行公平、公正交换，促使公共资源能够合理有效配置，从而增强县域城镇化的辐射带动作用。

### （二）县域产业基础薄弱限制就业增收和需求扩展

产业发展是县域城镇化助推共同富裕的基本之策。据测算，县域产业结构升级对国内生产总值（GDP）的贡献为3.01%。[①] 我国大多数县城尤其是中西部县城产业基础薄弱，产业结构不合理，难以形成强大有效的支撑体系，发挥有效的也难以为农业流动人口提供充足稳定的就业机会，而农村流动人口稳定就业对共同富裕有显著的促进效应。从长期来看，稳定就业可以使农民工的收入获得持续增长，形成良好的收入预期，有利于城市社会的融入和家庭成员的随迁。[②] 农村居民的可支配收入中工资性收入占比已超过40%，是其收入的主要来源。县城就业岗位的不足，一方面导致其在人口集聚上呈现“流而不留”的驿站特征，消费聚集效应和消费规模扩大无法体现，另一方面则会导致农业转移人口收入难以持续提高，从而限制其消费能力的持续提升，需求扩展机制无法发挥应有作用，难以促进县域经济总体规模的增长，“做大蛋糕”意义上的共同富裕无法实现。

与全国总体水平相比，县城的第一、二产业比重均偏高，第三产业偏低。第二产业中传统工业比重过大，主要是一些农矿产品加工产业，处于

① 王振华、李旭：《技术进步、产业结构升级与县域经济增长——以辽宁省为例》，《农业技术经济》2015年第2期。

② 孙学涛、张丽娟、张广胜：《农民工就业稳定与社会融合：完全理性与有限理性假设的比较》，《农业技术经济》2018年第11期。

价值链低端，存在资源消耗大、能源消耗多、污染较严重等弊端，亟待改造升级；第三产业则大部分是消费性的餐饮、商贸、运输业等附加值较低的传统服务业，缺少商务、科技服务、文化创意等高附加值现代生产性服务业；第一产业内部也存在相对高附加值的经济作物和畜牧业比重较低的情况。县域产业体系存在同质化、空间布局不合理、比较优势不明显、规模小、科技含量不高等问题。部分县城产业发展片面追求规模扩张，不顾资源禀赋、市场需求等实际情况，盲目兴办产业园区和产业项目，进行县城经营，造成资源浪费。有些县城产业平台功能薄弱、营商环境较差、配套设施不健全，增加了企业运营成本和发展风险，冲抵了县城劳动力和土地成本的比较优势，制约了人才和资本流入。

（三）县域公共服务和社会保障短板不利于分配均等

实现共同富裕要求广大城乡居民能够平等、完整地共享发展成果。但是目前一些县城尤其是中西部县城因地方财政实力有限，导致基础教育、养老托育、文化体育等公共服务和社会保障供给总量不足、普惠性较弱，与农业转移人口就近城镇化的意愿需求还有一定的差距，抑制其收入的持续增长和消费潜力的释放，不利于该群体公平地分享发展红利。

实现共同富裕的关键在于“提低”。据国家统计局2021年农民工监测调查报告，我国农民工月平均工资为4432元，年收入虽然可以超过4万元，但由于其获取失业、医疗和工伤等社会保险方面的弱势状态以及较高的赡养老人、子女抚养和教育支出，都成为限制其实际可支配收入提高的不利因素，实际收入增长的不足又导致其消费需求在一定程度上被抑制，需求扩展机制和分配均等机制均难以发挥作用。根据福建省人力资源和社会保障厅的调查数据，该省县城农民工的社会福利和保障水平整体较低，仅18.81%的县城农民工拥有工伤保险，14.85%拥有医疗保险，13.85%拥有失业保险。①

县级医疗卫生体系不完善，医院和疾控中心防控救治能力不强。当前，我国县城每千人医疗卫生机构床位数仅为3.8张，医疗资源的稀缺导致流动人口难以平等享受优质医疗服务。在子女的教育方面，由于当前实行的是与户籍、房产、居住年限等紧密挂钩的入学学区排序制度，优质教育资源多集中在县城中心地带，而进城农民工多购房或租房居住于县城边缘，其子女在县城优质公办幼儿园和小学入学的机会相对较低。要想就读同等条件的私立或民办学校，则需要支付相对高昂的学费，带来较大的经济负担，教育机会的不平等造成农民工自身及其家庭的整体福利损失。②

### （四）农村产权制度藩篱亟待突破

现行的农村产权制度存在一定的模糊性，导致农业转移人口出现“人迁户不迁”的半城镇化局面，影响了转移人口在县域城镇化过程中的获得感、幸福感和满足感。对于大多数家庭主要劳动力来说，尚不具备带动整个家庭完全定居县城的经济能力，很大程度上被农村宅基地财产产权可能附着的职住、养老、社会保障、财产增值等功能所牵绊，以维系家庭可持续发展。同时由于县城的公共服务和社会保障尚不具备对全部居民完全覆盖的能力，导致农业转移人口在迁入地和迁出地之间的相关权利难以顺利衔接。相当数量的进城农民工因担心进城落户后会失去原有的权利，为给返乡留退路，迟滞了承包地和宅基地的流转，农村土地经营规模太小、农户地块分散以及宅基地和农房大量闲置等问题长期得不到解决，影响农业规模化和现代化的实现，阻滞了从事农业生产的农民收入水平的提升。制度的模糊性还导致进城农民工缺乏在县城定居的预期，抑制了县域城镇化

---

① 参见2021年福建省人力资源和社会保障厅“县城内稳定就业生活的农民工市民化调查问卷”。

② 朱玲、何伟：《脱贫农户的社会流动与城乡公共服务》，《经济研究》2022年第3期。

的扩大内需效应，消减了农民工和用工企业对职业技能进行长期投资的内在动力，人力资本提升缓慢，阻贫效应也难以发挥。

## 三、县域城镇化助推共同富裕的实现路径

基于上述县域城镇化助推共同富裕的作用机制和现实挑战，对标共同富裕提高效率和改善分配的基本要求，新时代县域城镇化的推进需要以缩小收入差距、增进民生福祉为着力点，通过形成政策措施合力，多管齐下扎实推动共同富裕。

### （一）增强县城发展的协同能力，缩小城乡收入差距

县城需要找准自身定位，强化其“承上启下”的协同能力，通过提高城乡融合水平、缩小城乡收入差距进而实现共同富裕目标。“承上”需要引导县城积极融入城市群发展，推动县城与中心城市、周边城镇加强产业协作、设施共建、服务共享、环境共治，在一体联动、分工合作中释放规模效应，实现错位发展，主动承接区域物流、专业市场等功能，加快发展生活服务业，促进大城市人口向县城有序回流。“启下”需要县城发挥“要素聚散”和公共服务下沉功能，将其打造为乡村劳动力和产品“出村进城”的有机市场网络节点，促进城乡要素的配置效率，将公共服务拓展至县域内的乡镇和农村。

2022年《城镇化建设意见》指出要“科学把握功能定位，分类引导县城发展方向”，在“大城市周边县城、专业功能县城、农产品主产区县城、生态功能区县城、人口流失型县城”分类的基础上，探索县城所属具体功能类型的发展路径，顺应不同人群提高自己收入和就业空间的需求，使每个县城都能在城镇化体系中发挥独特的功能和优势，创造最大的发展成

就，推进共同富裕目标的实现。有些县城能够融入大城市为核心的都市圈的发展，共享经济发展的机会，而且为流动人口创造大量的就业机会；而对于相对偏远的地区，也有自己经济发展的空间，找到符合自己比较优势的产业发展路径，也可以在特定产业中创造一些就业机会，实现就地城镇化；发展条件较差的边远地区的县城，还要通过财政转移支付，来提供更好的公共服务，如此也能实现留守人群的共同富裕。

### （二）强化县城产业发展，夯实共同富裕物质基础

县域拥有土地和空间等资源优势，通常既是农产品主产区又是商品主销区。以县城为载体推进新型城镇化，要在统筹谋划、科学规划的基础上，明确产业发展方向，完善产业配套设施，推进经济结构和劳动力就业结构升级，增强县域经济实力和活力，促进农业剩余劳动力获得稳定的就近就业机会，实现持续的工资性收入增长，为共同富裕奠定坚实的物质基础。首先，抓住国内产业分工调整的机遇，提升其就业吸纳力。既要根据自身的资源禀赋优势挖掘特色优势产业、承接劳动密集型产业，也要大力推动家政服务、物流配送、养老托育、乡村休闲旅游、农村电商等第三产业发展，实现县域产业升级的同时拓宽就业渠道、扩大就业规模。其次，完善产业平台和配套设施。加大县域产业集聚区、创新创业园区、经济开发区等平台建设与设施配套，促进县域产业集中集聚发展，加快完善县域物流体系和商贸体系，提高县域物资流通能力和效率，促进要素在地区间、城乡间有序流动。第三，加强县域乡村产业发展。重点发展农产品加工、运销、储藏及各类农村服务业，积极培育各类新型农业经营主体，使留在农村的农民能够获得农业经营性收入的增长。

### （三）提升县城社会保障和公共服务供给效能，促进发展成果共享

县城作为地方公共服务中心，能够吸引流动人口的关键在于其优于农

村和乡镇的教育、医疗、养老托幼、文化体育和社会福利保障等。农业转移人口选择就近定居县城，很大程度上是为了获取这些资源。首先，需要完善县城社会保障体系，在失业救济、社会福利、养老保险、优抚安置等方面推进农业转移人口与县城居民享受同等待遇，缓解农村劳动力转移带来的负外部性问题，降低县城与大中城市的隐性收入差距，提高县城对流动人口的吸引力。其次，需要通过大力提升县城的公共服务水平如子女教育、养老托幼等以降低流动人口的生活成本，把保障和改善民生作为出发点和落脚点，积极推动县域层面“人的城镇化”的实现。通过改革提高县城新市民的社会融入水平使县城从流动人口作为向大城市过渡的“驿站”转化为“安身立命之所”，平等分享发展红利、公平享有社会保障和福利权利，提升流动人口的转移性收入，提升其幸福感、获得感和安全感，感受到共同富裕的真正意蕴。

## （四）清除城乡劳动力流动的制度性障碍，提高县域转移人口财产性收入

县域城镇化的推进亟须破除农村土地制度方面的障碍，推动农业转移人口的完全城镇化。中央已经明确了农民进城落户不以退出承包经营权、宅基地使用权和集体收益分配权为条件，化解了进城农民的后顾之忧。当前需要强化的是通过具体和细化的制度安排引导和支持进城农民依法自愿有偿转让上述权益，降低农村户籍对流动人口“人迁移户不迁”的“拉力”，促进土地要素的合理流动和优化配置，增加其财产性收入，从而缩小城乡收入差距，实现共同富裕。

对于进城农民来说，土地资产的升值与变现可以成为其财富增值的重要途径，因此通过承包土地产权的流转可以获得持续稳定的流转收入，减轻其市民化的经济负担，增强其留居县城的意愿，同时还有利于解决农村

土地碎片化、劳均土地过少等问题，实现农业规模化和现代化经营从而增加留居农民的农业经营性收入。充分尊重农民意愿，明确农村集体组织在宅基地监管和权益处置中的主体性作用，探索以出租、合作等方式盘活利用闲置农房及宅基地，扩大受让人范围，推动农民住房财产权抵押、担保等市场化运作机制。不断完善被征地农民的利益补偿机制，确保其能够分享更多土地增值收益。此外，通过设置一些安全缓冲机制，如农民在放弃宅基地使用权一定年限内，在城市居住遇到问题时还可以再以集体居民的身份重新有偿申请宅基地，为他们提供托底保障。

作者单位

上海师范大学马克思主义学院

# 科技创新赋能新时代“两个文明”协调发展

王不凡

党的二十大报告提出：“中国式现代化是物质文明和精神文明相协调的现代化。”物质富足、精神富有是社会主义现代化的根本要求。物质文明与精神文明都发达，“两个文明都搞好”，才是中国式现代化。我们在推进社会主义现代化建设的过程中，不仅强调解放和发展社会生产力、促进经济持续健康快速增长，而且强调精神文明是新时代中国特色社会主义建设的题中应有之义。离开精神文明提升讲单一物质文明发展，不是真正的社会主义现代化，更不符合社会共同全面进步实现共同富裕的要求。以信息技术为核心的新一轮科技革命正在孕育兴起，抓住科技创新发展新机遇，提高物质文明和精神文明建设水平，有助于推进物质文明和精神文明相协调的中国式现代化。

## 一、科技创新赋能“两个文明”协调发展的时代背景

科技创新赋能“两个文明”协调发展是架构在诸多时代背景要素下

的，但最主要离不开以下三个方面：一是推进“两个文明”协调发展是新时代中国特色社会主义建设的内在要求，需要一以贯之；二是科技创新为新时代中国特色社会主义建设提供了强大支撑，是新环境下推进党和国家事业发展新的增长点；三是科技创新与“两个文明”之间相互交织、互为支点。

**1.“两个文明”协调发展是新时代中国特色社会主义建设的内在要求**

实践和历史已经证明，中国共产党人高度重视物质文明与精神文明相协调理论，并不断在实践中丰富发展这一理论。毛泽东认为，一个正确的认识都需要经历物质、精神、物质的转化，即实践、认识、再实践的反复升华。更认为，“在一定的物质基础上，思想掌握一切，思想改变一切”①。邓小平创造性地提出了“两手抓、两手都要硬”的著名论断，指出“我们要在建设高度物质文明的同时，提高全民族的科学文化水平，发展高尚的丰富多彩的文化生活，建设高度的社会主义精神文明”②。由此不难看出，在提出建设中国特色社会主义之始，就为其嵌入了“两个文明”协调发展的内在要求。江泽民提出的我们党要“始终代表先进生产力的发展要求”和“始终代表中国先进文化的前进方向”，进一步明确了“两个文明”的内在理论要求。胡锦涛从物质文明与精神文明的主体需求出发，指出“必须把发展社会生产力同提高全民族文明素质结合起来，推动物质文明和精神文明协调发展，更加自觉、更加主动地推动文化大发展大繁荣。”③

党的十八大以来，习近平总书记指出，“实现中国梦，是物质文明和

---

① 中共中央文献研究室编：《建国以来重要文献选编》第13册，中央文献出版社1996年版，第746页。
② 中共中央文献研究室编：《社会主义精神文明建设文献选编》，中央文献出版社1996年版，第50页。
③ 胡锦涛：《在纪念党的十一届三中全会召开30周年大会上的讲话》，人民出版社2008年版，第23页。

精神文明均衡发展、相互促进的结果”[①]，“要坚持‘两手抓、两手都要硬’，以辩证的、全面的、平衡的观点正确处理物质文明和精神文明的关系，把精神文明建设贯穿改革开放和现代化全过程、渗透社会生活各方面”[②]，“我国现代化是物质文明和精神文明相协调的现代化。我国现代化坚持社会主义核心价值观，加强理想信念教育，弘扬中华优秀传统文化，增强人民精神力量，促进物的全面丰富和人的全面发展”[③]。这一系列重要论述既对社会发展、现代化建设提出了新的更高要求，也为推动物质文明和精神文明协调发展指明了前进方向，更指出了中国特色社会主义建设和“两个文明”之间的内在逻辑，即点明了新时代中国特色社会主义建设的内在要求必须要落在“两个文明”协调发展之上。

**2. 科技创新为新时代中国特色社会主义建设提供强大支撑**

“科技兴则民族兴，科技强则国家强。”[④]科技创新始终是民族、国家傲立于世界的国之重器，也是推进社会发展进步的重要动力。实践经验告诉我们，科技创新与社会发展之间本就存在互融互促的关系，社会发展需要建构了科技进步的前置条件，科技发展反作用于社会并推动其发展。正如恩格斯指出的，“社会一旦有技术上的需要，这种需要就会比十所大学更能把科学推向前进”[⑤]。因此，科技创新对推动中国特色社会主义事业发展具有重要价值。

坚持科技创新是中国共产党的优良传统，是中国特色社会主义事业能够不断发展的重要法宝。“从革命时期高度重视知识分子工作，新中国成

① 习近平：《在文艺工作座谈会上的讲话》，《人民日报》2015 年 10 月 15 日。
② 《习近平谈治国理政》第 2 卷，外文出版社 2017 年版，第 324 页。
③ 《习近平谈治国理政》第 4 卷，外文出版社 2022 年版，第 123—124 页。
④ 中共中央文献研究室编：《习近平关于科技创新论述摘编》，中央文献出版社 2016 年版，第 24 页。
⑤ 《马克思恩格斯选集》第 4 卷，人民出版社 2012 年版，第 648 页。

立后吹响‘向科学进军’的号角，到改革开放提出‘科学技术是第一生产力’的论断”[①]，党对科技创新助力社会发展的认识不断深化；从进入新世纪深入实施“科教兴国战略”“人才强国战略”到党的十八大以后实施“创新驱动发展战略”“建设世界科技强国”，进一步强调了科技事业在党和人民事业中的战略地位和先导价值。可以说，“创新始终是推动一个国家、一个民族向前发展的重要力量，也是推动整个人类社会向前发展的重要力量”[②]，“谁走好了科技创新这步先手棋，谁就能占领先机、赢得优势”[③]。

科技创新是提高社会生产力和综合国力的战略支撑，必须摆在国家发展全局的核心位置。针对新时代以来中国所处的历史方位，习近平根据中国特色社会主义的经济模式发展阶段的主要矛盾，提出“必须及早转入创新驱动发展轨道，把科技创新潜力更好释放出来”的论断，在历史经验、制度保障等方面对科技创新提出了系统论述。在迈上全面建设社会主义现代化国家新征程、向第二个百年奋斗目标进军的关键时刻，习近平科技创新重要论述进一步指明了科技创新对中国特色社会主义建设的重要战略意义，为完善科技创新体制机制、实施科技强国战略提供了重要的理论遵循。

### 3. 科技创新与“两个文明”相互交织

“自工业革命以后，科学技术逐渐成为生产力中的重要因素，科技创新与生产过程结合日益紧密，深刻地影响着人类社会发展。”[④]科学技术不仅成为物质丰富的重要助推器，对外扮演着生产力的重要角色，对内也

① 习近平：《在中国科学院第二十次院士大会、中国工程院第十五次院士大会、中国科协第十次全国代表大会上的讲话》，《人民日报》2021 年 5 月 29 日。
② 中共中央文献研究室编：《习近平关于科技创新论述摘编》，中央文献出版社 2016 年版，第 4 页。
③ 同上书，第 26 页。
④ 贾淑品：《科技创新赋能社会主义文化强国建设》，《甘肃社会科学》2024 年第 1 期。

逐渐溶解于人类社会生活的方方面面，成为精神文化发展的主要推手。

第一，科技创新为物质文明和精神文明提供技术支持和动力。在当今时代，科技创新的力量日益凸显。一方面，科技创新是推动物质文明进步的重要力量。随着科技的不断进步，自动化生产、智能制造等新模式的出现，大大提高了生产效率，降低了生产成本，使得社会物质财富得以快速增长。同时，科技创新也在推动着新能源、新材料等新兴产业的发展，为物质文明建设注入了新的活力。党的十八大以来，我国科技实力显著增强，创新体系逐步健全，创新能力迈上新台阶，与世界前沿水平差距不断缩小。科技创新引领高质量发展，服务国家重大战略需求，改善民生福祉，护航人民生命健康，为全面建成小康社会的实现提供了重要支撑，成为开启复兴新征程、构建发展新优势的有力保障。

另一方面，科技创新也为精神文明建设提供了新的平台和渠道。在文化、教育、艺术等领域，科技创新带来了数字化、网络化、智能化的新趋势。例如，数字图书馆、在线教育等新型服务模式使得知识和文化的传播更加便捷；虚拟现实、增强现实等技术为艺术创作和展示提供了新的可能性，丰富了人们的精神世界。此外，科技创新还激发了全社会的创新创造活力。在科技创新的推动下，人们的思想观念、思维方式也在不断更新，这为理论创新、制度创新等各方面创新提供了源源不断的动力。

第二，物质文明和精神文明也为科技创新提供必要的环境和条件。其一，物质文明的发展为科技创新提供了更多的资源和资金支持。正如前文所提到的，社会发展需要建构了科技进步的前置条件，而这里的社会发展需要最直接的表现需求就是物质方面的发展需求。同理，社会物质发展的同时也会反作用于科技创新。其实总的来说，就是一种良性互动关系；其二，精神文明的发展可以提供更好的文化氛围和社会环境，有助于激发人们的创新创造活力。从精神文明的具体属性来看，其属于意识形态的范畴，属于心灵的层面，虽然无形无相，但却对推动人类社会发展和进步具有重要作用。为鼓励国家文化和科技进一步深度融合，2019 年科技部等六部门联合印发《关于促进文化和科技深度融合的指导意见》的通知，从“加强文化共性关键技术研发；完善文化科技创新体系建设；加快文化科技成果产业化推广；加强文化大数据体系建设；推动媒体融合向纵深发展；促进内容生产和传播手段现代化；提升文化装备技术水平；强化文化技术标准研制与推广”[①]等八个方面规划了重点领域和关键环节的文化和科技融合，以精神文明高质量发展赋予科技创新新内涵。

第三，科技创新与“两个文明”相互促进，共同发展。通过科技创新，可以推动物质文明和精神文明的进步，反过来，物质文明和精神文明的发展也会对科技创新提出更高的要求和挑战，促使人们不断进行新的探索和创新。首先，从经济增长角度和文化产业发展的角度，就可以看出科技创新对“两个文明”的推动作用。正如习近平总书记指出，“现在，我国经济社会发展和民生改善比过去任何时候都更加需要科学技术解决方案，都更加需要增强创新这个第一动力”[②]，“文化和科技融合，既催生了新的文化业态、延伸了文化产业链，又集聚了大量创新人才，是朝阳产业，大有前途”[③]。其次，本质上来讲，科技创新的最终目的是使人民的物质生活与精神文化更加富足。因此，从战略性发展需求也可以看出“两个文明”对科技创新更高质量的要求。也就是，科技既要能“顶天”也要能

① 《科技部等六部门印发〈关于促进文化和科技深度融合的指导意见〉的通知》，中国政府网，https://www.gov.cn/xinwen/2019-08/27/content_5424912.htm。

② 习近平：《在科学家座谈会上的讲话》，《人民日报》2020 年 9 月 12 日。

③ 《习近平在湖南考察时强调　在推动高质量发展上闯出新路子　谱写新时代中国特色社会主义湖南新篇章》，《人民日报》2020 年 9 月 19 日。

"立地"，"要把满足人民对美好生活的向往作为科技创新的落脚点，把惠民、利民、富民、改善民生作为科技创新的重要方向"[①]，随着人民对美好生活的需要逐步增加而不断提升科技创新的发展目标。

总之，科技创新与"两个文明"相互交织、相互促进，只有将它们紧密结合起来，才能更好地推动经济社会发展，实现物质文明和精神文明的协调发展。

## 二、科技创新赋能"两个文明"协调发展的理论机理

众所周知，两个分属不同领域的事物要想产生联系，就必然存在一定的内在关联，要有相应的关系发生逻辑。就本文内容而言，具体来讲就是科技创新何以赋能"两个文明"协调发展。科技创新与"两个文明"协调发展作为党和国家事业发展的两个重要组成部分，两者之间既存在高度的互促关系，又有实现赋能发展的必然联系，具体来说就是在原则立场、参与主体、目标价值上具有一致性。

**1. 原则立场：始终坚持党的领导**

中国特色社会主义最本质的特征是中国共产党的领导，中国特色社会主义制度的最大优势是中国共产党的领导，这是党的十八大以来以习近平同志为核心的党中央关于加强党的领导的根本论断。科技创新与"两个文明"协调发展的最大政治前提就是两者都坚持了党的领导，即有共同的根本政治原则。

我们党一直注重推动物质文明和精神文明协调发展，"两个文明"协

① 习近平：《在中国科学院第十九次院士大会、中国工程院第十四次院士大会上的讲话》，人民出版社2018年版，第12页。

调发展是我们党不懈奋斗的目标。全面建设社会主义现代化国家，需要以更大决心、下更大力气推动“两个文明”相互促进、协调发展。在中共中央办公厅和国务院办公厅联合印发的《“十四五”文化发展规划》中的六条工作原则中，放在首位的就是要“坚持党的全面领导。坚持和完善党领导文化发展的体制机制，贯彻落实党管宣传、党管意识形态、党管媒体原则，把党的领导落实到宣传思想文化工作方方面面，为实现文化高质量发展提供根本保证”①，进而使得中华民族的家国情怀更加深厚、凝聚力进一步增强，人民思想道德素质、科学文化素质和身心健康素质明显提高。

与“两个文明”一样，作为中国特色社会主义事业发展的重要有机组成部分，坚持党的领导自然也成为科技创新的题中应有之义。党的十八大以来，我国科技事业之所以取得历史性成就、发生历史性变革，最根本的就在于以习近平同志为核心的党中央的坚强领导，在于习近平新时代中国特色社会主义思想的科学指引。面对科技创新中的短板弱项，“卡脖子”技术难题，创新驱动成为国家重大需求，科技创新成为提高社会生产力和国家综合国力的战略支撑。以国家重大需求为导向，着力解决影响制约国家发展全局和长远利益的科技问题，提升科技事业对国家发展战略的整体支撑效能，是党领导科技事业的优良传统。由此可见，坚持党对科技事业的领导至关重要，正如习近平总书记强调：“中国共产党领导是中国特色科技创新事业不断前进的根本政治保证。我们要坚持和加强党对科技事业的领导，坚持正确政治方向，动员全党全国全社会万众一心为实现建设世界科技强国的目标而努力奋斗”②。

---

① 《中共中央办公厅　国务院办公厅印发〈“十四五”文化发展规划〉》，中国政府网，https://www.gov.cn/zhengce/2022-08/16/content_5705612.htm。

② 习近平：《在中国科学院第十九次院士大会、中国工程院第十四次院士大会上的讲话》，人民出版社2018年版，第23—24页。

所以不难看出，坚持党的领导是我国科技创新和“两个文明”协调发展的共同原则立场，也将是两者取得系列成就的根本保障。也正因为两者都坚持党的领导，就为科技赋能“两个文明”协调发展建构了根本政治前提、提供了坚实保障。

**2. 参与主体：始终尊重人民主体地位**

马克思主义认为物质文明和精神文明紧密联系、相互影响、互为条件，两者统一于人的具体实践中。同样，科技创新作为一种社会性活动也离不开“人”这一主体要素。我们党始终把实现好、维护好、发展好最广大人民根本利益作为党的事业的出发点和落脚点。可以说，牢牢抓住人民是历史的创造者、发展的共享者，是新时代科技创新和“两个文明”协调发展的鲜明立场。

第一，人民群众是科技创新和“两个文明”协调发展的根本动力。科技创新离不开人才，“一切科技创新活动都是人做出来的。我国要建设世界科技强国，关键是要建设一支规模宏大、结构合理、素质优良的创新人才队伍，激发各类人才创新活力和潜力。”① 在党的二十大报告中，习近平总书记进一步指出：“必须坚持科技是第一生产力、人才是第一资源、创新是第一动力”②。由此可见，科技创新过程中主体要素的重要性。一部科技发展史也表明，谁拥有了一流创新人才、一流科学家，谁就能在科技创新中占据优势，“我国要实现高水平科技自立自强，归根结底要靠高水平创新人才”③。同时，在社会主义现代化建设中，人是最活跃、最具创造性

① 习近平：《为建设世界科技强国而奋斗》，人民出版社2016年版，第16页。

② 习近平：《高举中国特色社会主义伟大旗帜　为全面建设社会主义现代化国家而团结奋斗——在中国共产党第二十次全国代表大会上的报告》，《人民日报》2022年10月26日。

③ 习近平：《在中国科学院第二十次院士大会、中国工程院第十五次院士大会、中国科协第十次全国代表大会上的讲话》，《人民日报》2021年5月29日。

的因素，提高人民综合素质、促进人的全面发展是中国式现代化的重要内容。在马克思主义看来，物质文明的发展与精神文明的发展应该是相互统一的，人的现代化与人的自由全面发展是相互统一的，两者相辅相成。这也是我们始终坚持发展为了人民、发展依靠人民的道理所在。

第二，尊重人民主体地位、增进人民生活福祉是我国科技创新和“两个文明”协调发展的战略主价值。科技创新发展的目的是为了人民，“当前，我国社会主要矛盾已经转化为人民日益增长的美好生活需要和不平衡不充分的发展之间的矛盾，为满足人民对美好生活的向往，必须推出更多涉及民生的科技创新成果”①，“顺应人民群众对美好生活的向往，就要做到发展成果由人民共享”②，“要加大科技惠及民生力度，推动科技创新同民生紧密结合”③，“加快科技创新是推动高质量发展的需要，是实现人民高品质生活的需要”④。同时，人民群众是历史发展和社会进步的主体力量，也是物质文明和精神文明的享有者。进入新时代，人民在期盼有更好的教育、更稳定的工作、更满意的收入、更可靠的社会保障、更高水平的医疗卫生服务、更舒适的居住条件、更优美的环境的同时，也期盼有更丰富的精神文化生活。坚持以人民为中心的发展思想，必然要求推动物质文明和精神文明协调发展。由此不难看出，以人民为中心，保障人民“享有者”的基本权益，是科技创新和“两个文明”协调发展的共同价值立场。

**3. 目标价值：聚焦于中国式现代化建设**

实现中华民族伟大复兴的中国梦、建设社会主义现代化强国是中国特

---

① 习近平：《在科学家座谈会上的讲话》，《人民日报》2020 年 9 月 12 日。

② 《习近平在亚太经合组织工商领导人峰会上的演讲》，《人民日报》2016 年 11 月 21 日。

③ 中共中央文献研究室编：《习近平关于科技创新论述摘编》，中央文献出版社 2016 年版，第 61 页。

④ 《习近平主持召开科学家座谈会并发表重要讲话》，《人民日报》2020 年 9 月 11 日。

色社会主义事业的主要目标，而科技创新和“两个文明”协调发展将在其中扮演重要角色。科技创新对于中国式现代化发展重要意义，习近平总书记有过系列重要论述，深刻揭示了科技创新与中国式现代化的关系，阐明了中国式现代化发展的科技支撑，“实现建成社会主义现代化强国的伟大目标，实现中华民族伟大复兴的中国梦，我们必须具有强大的科技实力和创新能力”①。2023 年在江苏考察时，习近平总书记进一步指出：“中国式现代化关键在科技现代化。”②不难看出，这一系列重要论述充分体现了我们党对中国式现代化发展规律和当今世界科技关键作用的深刻把握。而对于“两个文明”协调发展更是写进了中国式现代化的五大特征之中，指明“中国式现代化是物质文明和精神文明相协调的现代化”③。社会主义现代化建设，不仅要创造出高度发达的社会主义物质文明，而且要创造出高度发达的社会主义精神文明。“物质贫困不是社会主义，精神贫乏也不是社会主义”④，物质财富和精神财富是人类社会发展的两大要素。“物质文明”与“精神文明”两者既互为条件、互为目的，又统一于中国式现代化建设过程之中。

## 三、科技创新赋能“两个文明”协调发展的实践路径

当前，新一轮科技革命和产业变革突飞猛进，科技创新融入社会方方面面现象加速演进。科技创新赋能“两个文明”协调发展不仅成为一

① 习近平：《在中国科学院第十九次院士大会、中国工程院第十四次院士大会上的讲话》，人民出版社 2018 年版，第 2 页。

② 《在推进中国式现代化中走在前做示范　谱写“强富美高”新江苏现代化建设新篇章》，《人民日报》2023 年 7 月 8 日。

③④ 习近平：《高举中国特色社会主义伟大旗帜　为全面建设社会主义现代化国家而团结奋斗——在中国共产党第二十次全国代表大会上的报告》，《人民日报》2022 年 10 月 26 日。

种时代趋势，更是当下不可推卸的时代要求。党的二十大报告围绕中国式现代化建设对“科技创新”与“两个文明”协调发展更是提出了更高要求。因此，站在新的历史起点上，要持续推进科技创新赋能“两个文明”协调发展，为实现社会主义现代化强国建设目标注入新的动能与增长点。

**1. 推进科技创新成果转化，增强赋能过程内在创新自信**

进入21世纪，特别是党的十八大以后，我国科技格局发生重大改变，在一些重大领域加速追赶欧美等西方国家，整体科技实力也正在实现由量到质的重大转变，科技发展取得了历史性成就。但不可否认的是，在一些关键领域同有一百多年科技发展积累史的欧美国家相比还存在很大差距，主要表现在科技创新成果转化不强。科技成果转化是指实现从科学到技术、从技术到经济的关键环节。高质量科技成果转化是贯彻落实习近平总书记关于科技创新重要论述的生动实践。习近平总书记高度重视科技成果转化应用，围绕推进科技创新和科技成果转化有过一系列重要论述，指出要“在推进科技创新和科技成果转化上同时发力”①，“科技成果只有同国家需要、人民要求、市场需求相结合，完成从科学研究、实验开发、推广应用的三级跳，才能真正实现创新价值、实现创新驱动发展”②，“科研工作者要把论文写在大地上，把实践中形成的真知变成论文，当党和人民需要的真博士、真专家”③。习近平关于科技成果转化的重要论述，为以高质量科技成果转化推进高水平自立自强，指明了前进方向、提供了根本遵循、注

① 《推动新时代治蜀兴川再上新台阶　奋力谱写中国式现代化四川新篇章》，《人民日报》2023年7月30日。

② 习近平：《在中国科学院第十七次院士大会、中国工程院第十二次院士大会上的讲话》，人民出版社2014年版，第13页。

③ 《勇担使命不畏艰辛久久为功　努力创造新时代中国防沙治沙新奇迹》，《人民日报》2023年6月7日。

入了强大动力。新形势下，我们要扎实推进科技成果转化，加快实现高水平科技自立自强，持续巩固科技赋能内在创新自信。

**2. 破除创新体制机制障碍，优化科技创新赋能顶层设计**

创新决胜未来，改革关乎国运。科技创新成效在一定程度上要取决于制度创新成效。制度作为一种关系约束，当其与现实物质发展速度相适配时，有助于推动该事物的发展。在当下，“科技领域是最需要不断改革的领域”①。首先，“科技体制改革要敢于啃硬骨头，敢于涉险滩、闯难关，破除一切制约科技创新的思想障碍和制度藩篱，正所谓‘穷则变，变则通，通则久’”②；其次，“要坚持科技创新和制度创新‘双轮驱动’，以问题为导向，以需求为牵引，在实践载体、制度安排、政策保障、环境营造上下功夫，在创新主体、创新基础、创新资源、创新环境等方面持续用力，强化国家战略科技力量，提升国家创新体系整体效能”③；最后，牢固确立人才引领发展的战略地位，完善科技人才评价管理制度。目前，“人才评价制度不合理，唯论文、唯职称、唯学历的现象仍然严重，名目繁多的评审评价让科技工作者应接不暇，人才‘帽子’满天飞，人才管理制度还不适应科技创新要求、不符合科技创新规律”④。

**3. 聚焦中国式现代化建设，巩固科技创新赋能“两个文明”协调发展大方向**

中国特色社会主义进入新时代，习近平总书记一以贯之地坚持和巩固“两个文明”协调发展的理念，并在党的二十大报告中进一步指出：“物质

① 习近平：《在中国科学院第十九次院士大会、中国工程院第十四次院士大会上的讲话》，人民出版社2018年版，第13页。

② 同上书，第14页。

③ 同上书，第14—15页。

④ 同上书，第19页。

富足、精神富有是社会主义现代化的根本要求。”① 也就是说，要将“精神文明”建设贯彻到中国特色社会主义现代化物质文明建设全过程中。同时，也说明两者之间既相互促进又熔铸于中国式现代化建设一体之中。因此，推进科技创新赋能“两个文明”协调发展，首先应聚焦于科技创新赋能中国式现代化建设，从顶层方面把握好“两个文明”协调发展的大方向。一是用科技现代化积极回应人民期待，满足人民对美好生活的期待，着力解决城乡发展、区域发展等不平衡不充分问题，切实推动全体人民共同富裕取得实质性进展，筑牢中国式现代化根本底色；二是牵住“牛鼻子”，增强科技创新第一动力，始终把科技创新摆在国家发展全局核心位置，发挥科技创新推动中国式现代化的根本引擎作用。

## 四、科技创新赋能“两个文明”协调发展的价值意蕴

马克思主义认为，文明是物质生产成果和精神生产成果的总和。党在领导中国式现代化的进程中，深刻认识到社会主义应该是物质丰富和精神丰富的统一。科技作为知识技能形态的人类精神产品，本身就是精神文明的重要组成部分，是社会精神文明水平的重要标志之一。从赋能“两个文明”协调发展的角度看，科技创新影响着人们的理想信念、思想觉悟和道德情操，深刻改变着人们的思想观念，同时也向文化教育、文学艺术、卫生体育等领域的渗透，也促进了各项社会事业的发展。我国用几十年时间走完西方发达国家几百年走过的工业化历程，其中重要的一点即得益于科技创新的赋能。当前，抓住科技创新发展新机遇，提高物质文明和精神文

---

① 习近平：《高举中国特色社会主义伟大旗帜 为全面建设社会主义现代化国家而团结奋斗——在中国共产党第二十次全国代表大会上的报告》，《人民日报》2022 年 10 月 26 日。

明建设水平，有助于推进物质文明和精神文明相协调的中国式现代化。

**1. 科技创新赋能新时代中国特色社会主义物质文明：为社会进步提供支撑**

科技创新作为现代社会的核心驱动力，已经渗透到中国社会、经济和文化的各个领域，为新时代中国特色社会主义物质文明的进步提供了强大的支撑。

科技创新赋能新时代中国特色社会主义物质文明，首先体现在生产力的巨大飞跃。中国积极拥抱科技革命，大力发展高新技术产业，推动经济持续快速增长。从传统的农业大国向现代化工业国家的转型过程中，科技创新发挥了至关重要的作用。中国的高铁、5G 通信、人工智能等领域的领先技术，不仅提升了国家整体实力，还为全球科技进步做出了重要贡献。在制造业领域，中国制造正在向中国创造转变。通过引进和自主研发先进技术，中国制造的产品质量不断提高，技术含量和创新性日益增强。智能制造、物联网等技术的应用，使中国制造业在全球市场上更具竞争力。同时，科技创新还催生了许多新兴产业，如数字经济、生物科技等，为中国经济持续发展注入了新的活力。

科技创新赋能新时代中国特色社会主义物质文明，还体现在人们生活水平的显著提升。人们的生活变得越来越便捷，品质越来越高。科技创新已经深入到生活的方方面面，它不仅改变了人们的生活方式，更赋予了我们无限的可能性，让人们的生活更加美好。例如科技创新在医疗领域的应用，为人的健康提供了更好的保障。基因编辑技术的发展让人们有望治愈一些遗传性疾病；人工智能辅助诊断的应用，提高了疾病诊断的准确率；远程医疗的普及，让生活在偏远地区的人们也能享受到优质的医疗服务。这些科技创新让人们的生命得到更有效的保护，生活质量得到显著提升。

再如，科技创新在教育领域的应用，为人们的成长提供了更广阔的平台。在线教育的兴起让学习不再受地域限制，无论身处何处，只要有网络，我们都能接受优质的教育资源；虚拟现实和增强现实技术的发展，使学习变得更加生动有趣，提高了学习效率。科技创新让教育更加公平，让每个人都有机会实现自我价值。此外，科技创新在交通领域的应用，为人们的出行提供了更多便捷。自动驾驶汽车的发展，减少了交通事故的发生率，让出行更加安全；高速铁路和城际列车的建设，缩短了城市间的距离，让出行更加高效；共享经济的发展，如共享单车、网约车等，为出行提供了更多选择，减少了资源浪费。科技创新让出行变得更加舒适、环保和高效。

同时，科技创新赋能还促进了数字中国建设。互联网和社交媒体的发展使信息传播更加迅速和广泛，增强了公民的知情权和参与度。赋能现代化产业体系建设。数字技术以其高创新性、强渗透性和广覆盖性，深刻改变着社会生产方式，为构建现代化产业体系提供技术支撑。例如，利用数字技术推进产业数字化和数字产业化，促进数字经济和实体经济深度融合；数字技术应用于产品创新，能够缩短研发周期、降低开发成本，促进产学研在创新中各展所长、相互协同，加快科技创新成果转化；赋能人力资源。利用数字技术促进信息和知识广泛共享，便于劳动者获得更多学习和进入新领域的机会，为构建现代化产业体系提供高质量人力资源支撑。[①]

为了更好地发挥科技创新在赋能新时代中国特色社会主义物质文明中的作用，政府、企业和科研机构需要共同努力。政府应加强科技政策制定和实施，加大对基础研究的投入，鼓励创新创造；企业应积极探索新技术、新业态、新模式，提高自身竞争力；科研机构应加强与产业界的合

① 吕景春、胡泽鹏：《以数字技术赋能“两个文明”协调发展》，《人民日报》2024年1月17日。

作，推动科技成果转化和应用。同时，全社会应提高对科技发展的认识和素养，培养具备科技创新能力的专业人才。

**2. 科技创新赋能新时代中国特色社会主义精神文明：为文化繁荣注入活力**

在新时代中国特色社会主义的伟大征程中，精神文明建设占据着至关重要的地位。它是实现中华民族伟大复兴的内在要求，也是推动社会全面进步的强大动力。而科技创新作为当今时代的显著特征，正以前所未有的方式赋能精神文明建设，为我们的文化繁荣和社会进步注入新的活力。科技创新的飞速发展，不仅推动了经济的持续增长，也为精神文明建设提供了强大的技术支撑。数字技术、互联网、人工智能等领域的突破，改变了文化传播的方式和速度，让信息更加便捷地传递到每一个角落。这种信息传播的革命性变革，为精神文明建设提供了前所未有的机遇。

首先，科技创新丰富了精神文明建设的内涵。通过数字技术和网络平台，人们可以更加生动地展现中华优秀传统文化的魅力，弘扬民族精神。同时，科技创新也催生了新的文化业态，如网络文学、数字艺术等，这些新型文化产品为人们提供了更加多样化的精神食粮。其次，科技创新拓展了精神文明建设的空间。在互联网时代，信息的传播可以不受地域限制，文化的交流变得更加广泛和深入。无论是城市还是农村，人们都可以通过网络接触到世界各地的文化，这无疑为精神文明建设提供了更广阔的平台。此外，科技创新还提升了精神文明建设的效能。大数据和人工智能技术的应用，使得我们能够更加精准地了解人们的精神文化需求，从而提供更加个性化的服务。例如，通过分析用户的阅读习惯和兴趣偏好，我们可以为其推荐更适合的文化产品，提高精神文明建设的针对性和实效性。在科技与文化的融合中，涌现出了许多新型文化业态，如数字艺术、网络文学、虚拟现实艺术等。这些新型文化业态为艺术家和文化创作者提供更广阔的创作空间，丰富了人们的精神世界。科技创新提升了人们的科学素养和文化素养。随着科技教育的普及和推广，人们对科技的认识和理解逐渐加深，科学素养得到提高。同时，科技的发展也推动文化的创新和进步，提高了人们的文化素养。

然而，也需要认识到科技创新的局限性和挑战。科技创新虽然为物质文明和精神文明的发展提供了新的机遇和可能，但科技创新在赋能精神文明建设的过程中，也带来了一些挑战和问题。例如，网络信息的泛滥可能影响人们对真相的判断力；新兴科技的应用可能加剧社会不平等；网络安全和隐私保护等问题也日益凸显。因此，在利用科技创新赋能精神文明建设的同时，我们必须关注这些潜在风险，并采取措施加以应对。一方面，政府应加强监管力度，制定和完善相关法律法规，确保科技发展的正确方向。同时，还应加强对网络信息的审核和管理，防止虚假信息的传播和有害信息的泛滥。此外，还应加强对新兴科技应用的伦理评估和社会影响评估，确保科技的发展与社会发展的总体目标相一致。另一方面，社会各界应提高对科技发展的认识和素养。通过科普教育、培训等方式，提高人们对科技创新的理解和把握能力。同时，还应加强对科技伦理和道德的宣传教育，引导人们正确对待科技发展带来的变化和挑战。此外，企业和科研机构应积极承担社会责任，注重科技的人文关怀和社会效益。在追求技术创新的同时，还应关注技术的社会影响和道德责任。同时，还应加强与政府、社会各界的合作与沟通，共同推动科技的健康发展。

在物质文明和精神文明相协调的过程中，科技创新扮演着桥梁和纽带的角色。它既能为物质生产提供技术支持，又能满足人们的精神文化需求。科技创新有利于促进社会公正和增强社会凝聚力。科技的发展可以打破地域和阶层的限制，让更多人享受到物质文明带来的福祉。同时，它也能让每个人都有机会接触到丰富的精神食粮，促进社会公正。通过科技创新，我们可以更有效地传播社会主义核心价值观，弘扬中华优秀传统文化，增强民族认同感和凝聚力。可见，科技创新是新时代中国特色社会主义物质文明和精神文明建设的重要引擎。抓住机遇、应对挑战、发挥优势、克服困难，以科技创新为驱动推进物质文明和精神文明相协调，是新时代中国特色社会主义的重要使命。通过不断探索和实践，我们将找到科技与文明的更佳结合点，开创人类文明的新篇章。

作者单位

东华大学马克思主义学院

# “人与自然和谐共生”：中国式现代化的生态建构

刘　洋　赵成龙

“人与自然和谐共生”是中国式现代化的显著特征之一，体现出中国式现代化的生态建构。中国式现代化的生态建构是中国共产党长期探索人与自然和谐共生发展道路的历史性成果。在新中国成立初期，通过节约资源、植树造林、兴修水利等生态保护性行为，缓解了新中国生产和生活面临的资源压力；在社会主义建设新时期，保护环境、依法治理生态环境问题的理念和行动得到进一步落实，可持续发展战略、科学发展观被确立为基本国策，党的十七大提出“生态文明”的新概念，生态文明建设取得重大进展；中国特色社会主义新时代以来，以习近平同志为核心的党中央将生态文明建设提升到前所未有的战略高度，创新性地提出习近平生态文明思想，不断推进美丽中国建设，化解经济社会发展与生态环境保护的矛盾，使中国式现代化生态建构从理论到实践取得跨越式发展。中国式现代化的生态建构体现出其与西方现代化的重要区别，主要在于对西方现代化不计后果攫取自然资源为代价的发展模式的摒弃与超越。

## 一、价值立场建构：“良好的生态环境是最普惠的民生福祉”

西方现代化是以资本为中心的现代化，聚焦于资本增值的目标，贬低资本增值过程中人类和自然资源所发挥的作用。换言之，人和自然等要素被边缘化，逐渐成为资本的附庸。资本宰制造成生活贫苦和生态破坏，而生态环境的恶化又进一步加重人民的苦难。中国式现代化是全体人民共同富裕的现代化，是人与自然和谐共生的现代化，强调的是人民共同享有美好的生态环境。习近平指出：“良好的生态环境是最普惠的民生福祉”①。这里的“普”强调的是覆盖面，关键在于良好的生态环境人人可享，惠及全体人民；“惠”强调效用度，关键在于使生态环境真正造福于民，使个人的生态福祉得到量和质的双重提高。

### 1. 良好生态环境惠及规模巨大的人口

“中国式现代化是人口规模巨大的现代化。”② 人口规模巨大既是中国式现代化的特征，也是中国在推进现代化的进程中面临的基本国情，为我国实现区别于西方的现代化带来巨大的困难与挑战，但也为中国推进现代化提供了人力资源优势。从生态维度看，做好“生态共富”的大蛋糕确实存在一定难度，但如果用好人力优势，也可以将难题转化为解决问题的“金钥匙”，使良好的生态环境造福规模巨大的人口。人民群众作为生态现代化建设和治理的主体，是生态现代化建设和发展的动力源泉和深厚根基。一方面，积极发动人民群众参与到生态现代化建设中来。目前，全国空气

① 习近平：《论坚持人与自然和谐共生》，中央文献出版社2022年版，第26页。

② 习近平：《高举中国特色社会主义伟大旗帜　为全面建设社会主义现代化国家而团结奋斗——在中国共产党第二十次全国代表大会上的报告》，人民出版社2022年版，第22页。

质量优良天数比率为 85.5%，低碳出行、绿色出行逐渐成为人们的共识；另一方面，积极发挥我国的制度优势，与西方私有制相比，我国经济体制以公有制为主体，这是我国生态文明建设惠及广大人民的底气与前提。我国坚持生态资源的公有化，确保生态资源为民所有、为民所用。深入实施水污染防治行动计划，推动打好水源地保护、城市黑臭水体治理、农业农村污染治理、长江保护修复、渤海综合治理等标志性战役，碧水保卫战取得重大进展。“环境就是民生，青山就是美丽，蓝天也是幸福”①，良好的生态环境是最直接的民生福祉，与人民的生活福祉息息相关。生态现代化以实现好、维护好、发展好中国最广大人民的生态利益为根本出发点和落脚点，同时也是我们国家实现现代化的应有之义。

**2. 良好生态环境增进人民的福祉水平**

良好生态环境惠及中国十几亿人口，但也要克服总量多人均少、有量无质的发展难题，使人民的生态福祉不断得到量的增长与质的提高。在进行现代化的生态建构过程中，要将人民的生态福祉充分落实，使人民群众切实感受到生态环境的美化是高质量生活不可缺少的重要组成部分。

生态现代化应是提高人民生态幸福感的现代化。分好蛋糕的前提是做大蛋糕、做好蛋糕，现代化的生态建构不仅要“铺开来”，也要“深下去”，切实发挥出美丽环境的生态价值。马克思指出：“自然界，就它自身不是人的身体而言，是人的无机的身体。人靠自然界生活。这就是说……因为人是自然界的一部分。”②生态环境为人的生存提供了最基本的生活条件，阳光、空气、水、绿植等基本自然环境是人类生存的自然必需品，决定着人们生活质量的上限。高楼林立的现代城市为人类高密度的生存提供

① 习近平：《论坚持人与自然和谐共生》，中央文献出版社 2022 年版，第 135—136 页。
② 《马克思恩格斯文集》第 1 卷，人民出版社 2009 年版，第 161 页。

了可能，却无法通过环境帮助人们得到身体上的放松和精神上的愉悦。维持人生存的最低水平的环境不能满足美好生活的需要，人们迫切要求补齐生态环境的短板。进入新时代以来，以习近平同志为核心的党中央坚持以人民为中心的生态建设价值取向，解决危害人民群众健康的生态问题的同时，注重发展生态享受事业与产业，通过“口袋公园”“郊野公园”的建设使人民群众的生态福祉得到具体实现。

**3. 良好生态环境延续民族的代际福祉**

前人种树后人乘凉，我们每个人都是乘凉者，但更要做种树者。人不负青山，青山定不负人。京津冀大气污染治理、浙江“千村示范、万村整治”工程、塞罕坝造林、毛乌素治沙……亮眼的“绿色成绩单”正是习近平生态文明思想在东方大地上的生动实践。

中国式现代化强调发展的可持续性，这与生态文明促进中华民族永续发展的内在目标相耦合。生态兴则文明兴，生态对一个民族的影响具有长期性。生态资源作为公共产品，不仅在空间面上要被公平合理地开发与利用，在时间线上也要考虑到代际间的生态正义。生态正义理论推崇人与自然、人与人、人与社会之间在自然环境层面的和谐，不仅强调同一社会共同体中的生态正义，也呼吁社会对代际间生态正义的关注。“生态环境没有替代品，用之不觉，失之难存”①，过度消费生态资源就是透支民族的未来。

从党的十九大“建设生态文明是中华民族永续发展的千年大计”②到党的二十大“中国式现代化是人与自然和谐共生的现代化”③。中国式现代

① 习近平：《论坚持人与自然和谐共生》，中央文献出版社 2022 年版，第 9 页。

② 习近平：《决胜全面建成小康社会　夺取新时代中国特色社会主义伟大胜利——在中国共产党第十九次全国代表大会上的报告》，人民出版社 2017 年版，第 23 页。

③ 习近平：《高举中国特色社会主义伟大旗帜　为全面建设社会主义现代化国家而团结奋斗——在中国共产党第二十次全国代表大会上的报告》，人民出版社 2022 年版，第 23 页。

化所要实现的人与自然的共生共荣不是暂时性的，而是贯穿于现代化的始终。生态文明建设作为一项功在当代、利在千秋的事业，能够切实延续生态代际福祉，保障中华民族的永续发展。实现美丽中国的远景目标，必须坚守原则性思维，使生态文明行稳致远、取得长效。其一，坚持底线思维。划定生态资源的使用红线，确保当前物尽其用、后续有物可用；其二，坚持安全思维。现代化建设要警惕生态安全问题的滋生，严防破坏生态可持续性的行为，增强生态系统的稳定性；其三，坚持战略思维。中国的生态建构需要久久为功。

## 二、发展原则建构："以高品质生态环境支撑高质量发展"

西方中心主义者常以"现代化的造物主"对西方国家进行自我标榜，将西方的发展模式鼓吹为最优的进步路径。不可否认，资本主义极大地发展了生产力，但巨大的"量"掩盖不了"质"的瑕疵，其发展是以极高的生态资源的浪费和破坏为代价的。中国式现代化充分吸取西方现代化的经验教训，将高质量发展与高品质生态结合起来。"高质量发展是全面建设社会主义现代化国家的首要任务"①，也是生态文明建设的重要原则，生态文明建设也要"坚持质量第一、效益优先，"② 实现高水平的可持续发展。高品质生态环境在科技的作用下可以转化为带有绿色特性的新质生产力，在保护生态环境的同时保护现有的生产力，并催生更高质量的生产力，实现经济效益与生态效益的协调平衡。

---

① 习近平：《高举中国特色社会主义伟大旗帜　为全面建设社会主义现代化国家而团结奋斗——在中国共产党第二十次全国代表大会上的报告》，人民出版社2022年版，第28页。

② 中共中央宣传部：《习近平经济思想学习纲要》，人民出版社2022年版，第67页。

### 1. 保护生态环境就是保护生产力

“保护生态环境就是保护生产力、改善生态环境就是发展生产力”①，高质量发展和生态高水平保护两者辩证统一于中国式现代化的进程中。高质量发展需要高质量生产力的支撑，而高品质的生态环境又可以转化为高质量的生产力，从而推动高质量发展的深入演进。建成高品质生态环境必须实施高水平生态保护，而高水平生态保护又以高质量发展为依托。可见，保护生态环境就是保护生产力，高水平生态保护就是高质量发展的题中之义。

先进生产力是一个内涵不断更新的概念，在不同时期具有不同的表现形态，但其始终是推动高质量发展的重要动力。生态生产力作为新质生产力的重要形态，是对传统生产力的超越，是新的生产要素综合作用的结果。生态生产力既是自然力，也是社会力：从自然角度看，它是以自然资源的样态存在，是由多种要素组成的、可以进行内部循环的有机系统；从社会角度看，生态生产力是供人类生产和发展的基本物质力量，是社会系统的不可缺少的组成部分与存在条件。因此，实现高质量发展的目标必须充分重视生态生产力的作用，坚持对生态环境的高水平保护。

“把生态保护好，把生态优势发挥出来，才能实现高质量发展。”②保护生态环境是为了更好发挥生态优势，但不能只讲保护不谈发展，掉入生态中心主义的陷阱，为了保护生态环境而放弃高质量发展。生态保护与高质量发展是对立统一的：一方面，不能片面强调保护和改善生态环境，不能矫枉过正、因噎废食，使生态环境凌驾于人类社会的发展之上；另一方面，经济发展也应跳出“先污染，后治理”的循环怪圈。在高质量发展中

① 习近平：《论坚持人与自然和谐共生》，中央文献出版社 2022 年版，第 26 页。
② 中共中央宣传部：《习近平生态文明思想学习纲要》，人民出版社 2022 年版，第 31 页。

推进高水平的生态保护，以高水平的生态保护促进中国式现代化的高质量发展。

2. **依靠科技创新破解绿色发展难题**

科学技术是第一生产力，其创新变革贯穿于农业社会、工业社会、信息社会阶梯式的递进过程，对于现代化建设具有巨大推动潜力。在科技飞速发展的信息社会，生态生产力持续被新的生态科技所充实，但生态环境仍面临诸多亟待解决的问题。“生态文明发展面临日益严峻的环境污染，需要依靠更多更好的科技创新建设天蓝、地绿、水清的美丽中国”①。在生态领域，科学技术要以问题意识为导向，通过科技创新破解高质量发展中存在的突出问题。

环保产业作为战略性新兴产业，新技术新成果不断转化应用，有力支撑了污染防治攻坚战。“十三五”以来，得益于科学技术的进步，我国燃煤电厂超低排放改造达 9.5 亿千瓦，完成 2800 余个城市黑臭水体治理，新建城市垃圾焚烧厂 240 座……生态环境科技创新体系的构建助推的不仅是治理成效的显现。科技创新在生态生产力的保护和开发方面具有双重作用。一方面，生态科技创新意味着对旧问题的破除，会在某种程度上克服前一阶段的科技弊端，对生态环境进行保护式的补救。另一方面，生态科技创新也预示着生态发展新的方向，以满足可以预见的生态需求为指向，在保护生态的前提下进行生态开发。破解发展中的绿色难题，需要更多引入数字信息技术，创新环境治理和优化的方式方法，以人工智能等高新技术带动相关生态产业优化升级。高品质生态环境需要借助行之有效的科学手段和工具，利用智能手段改善易受破坏的生态环境、激发自然生态系

① 中共中央党史和文献研究院编：《习近平关于防范风险挑战、应对突发事件论述摘编》，中央文献出版社 2020 年版，第 74 页。

统的自我修复能力，培育生态状况良好的地区的生态优势，使科技发挥出“第一生产力”对高质量发展的推动效能。

### 3. 锚定生态效益与经济效益的并进

保护生态环境、创新生态科技为生态现代化提供了强劲的前进动力，而生态现代化的前进目标则是锚定生态效益与经济效益的并进。中国式现代化的生态建构走的是一条区别于西方资本宰制生态的新路，这条路是对西方唯经济论的全面超越，是可以成功避免步资本主义国家生态危机后尘的坦途。

坚持生态优先的发展原则。生态优先把生态效益摆在首要位置，侧重点在于将生态效益作为制定国家方针政策的优先考虑因素，将尊重自然和保护环境作为现代化建设的前提性红线。“绿水青山就是金山银山”①，在绿色发展道路上不能只算经济账，要算好生态账、未来账，堆起生态效益的“金山”。生态现代化注重生态效益、经济效益和社会效益三者的有机统一，充分发挥高品质生态对高质量发展的支撑作用，将生态文明理念贯彻到经济、政治、文化、社会建设工作的全过程和各领域。

绿色是高质量发展的底色，绿色也是新发展理念的核心内涵之一。我国经济发展从高速增长阶段进入中高速增长阶段，我国经济发展的目标也因时制宜地转向高质量发展，不再单纯以速度和体量作为衡量经济发展进步的唯一标准。高质量发展不仅要看国内生产总值，还要看生态系统生产总值，统筹好经济增长和生态美化的工作。绿色发展尤其要以主体功能区的建设为契机和抓手，按照地区的功能定位，构建科学合理的地区规划布局，确保从整体布局来看生态主体功能区和经济功能区相互嵌套，互相拱卫。

---

① 习近平：《论坚持人与自然和谐共生》，中央文献出版社2022年版，第10页。

## 三、实践路径建构："走绿色低碳循环发展之路"

碳排放总量和水平与一个国家发展质量的关系紧密，成为我国进一步推进现代化发展的主要抓手，中国式现代化正努力达成碳达峰、碳中和的"双碳"目标。走绿色低碳循环发展之路，"要立足我国生态文明建设已进入以降碳为重点战略方向的关键时期"①，将实现双碳目标转变为人们生产生活的底层逻辑、人民的自觉行动。"实现'双碳'目标是一场广泛而深刻的变革，不是轻轻松松就能实现的。我们要提高战略思维能力，把系统观念贯穿'双碳'工作全过程"②，从生产和生活两端共同施力，"加快发展方式绿色转型，推动形成绿色低碳的生产方式和生活方式"③，使现代化在绿色低碳循环发展之路上行稳致远。

### 1."双碳"目标任重道远

"中国将力争二〇三〇年前实现碳达峰、二〇六〇年前实现碳中和"④作为中国对国际社会的庄严承诺，其达成程度关系着中国式现代化的质量与效度。自 2020 年做出承诺以来，中国坚持自主行动，积极稳妥推进碳达峰、碳中和。但是，在中国这样一个"碳依赖性"较强的发展中国家，承诺用历史上最短的时间兑现"双碳"目标必然面临着巨大挑战，需要解决众多复杂棘手的问题。概而言之，"双碳"承诺面临着时间和空间两个维度的挑战。

---

① 《习近平主持召开中央全面深化改革委员会第二次会议强调　建设更高水平开放型经济新体制　推动能耗双控逐步转向碳排放双控》，《人民日报》2023 年 7 月 12 日。

② 《习近平谈治国理政》第 4 卷，外文出版社 2022 年版，第 372 页。

③ 中共中央宣传部：《习近平新时代中国特色社会主义思想学习纲要》，人民出版社 2023 年版，第 140 页。

④ 习近平：《论坚持人与自然和谐共生》，中央文献出版社 2022 年版，第 277 页。

第一，“双碳”目标长远谋划与近期实践的矛盾挑战。“双碳”目标两个重大时间节点跨度大，缺少细化的时间表，因此也难以在短期内形成细致的路线图。在生产领域，仍存在减碳任务被边缘化的现象，部分企业仍存在先搞生产后建生态的现象，将任务堆积在截止期，在降碳考核临近期搞“碳冲锋”，以“运动式”降碳实现“双碳”目标。在生活领域，低碳生活在短期内难以覆盖全体民众，降碳工作的推进需要群众在生活中长期积累才能实现阶段性的质变。

第二，“双碳”目标统筹全局与内部差异的矛盾挑战。现代化不是一个线性发展的过程，地区之间、城乡之间的发展水平不可避免地会存在高低各异的差别，对于“双碳”承诺的履行能力因此也存在差异。部分以重工业为支撑性产业的落后地区，若是一次性地关停高耗能企业，会导致经济停滞，进一步加剧产业结构不平衡的矛盾；乡村地区若是无视发展规律，盲目追求碳达峰和碳中和，注定会加剧城乡间经济发展的不平衡，延缓现代化的进程；生态阈值较低的地区也不得不下更大气力提升环境承载力，导致该地区的发展空间的被动压缩。

**2. 推行清洁集约的生产方式**

碳排放主要集中于生产领域，生产领域必需的煤和煤电是降碳工作的重点，因此履行“双碳”承诺必须在碳排放的主要源头即生产端狠下功夫，推行清洁集约的生产方式，积极稳妥推进碳达峰、碳中和。

第一，谋划低碳生产方式的顶层设计。谋定而后动是建设生态文明战略眼光的具体表现，推行清洁节约的生产方式要坚持先立后破、立改并举的原则。在生态现代化建构中，碳排放与经济社会发展之间的张力越发趋紧，因此必须明晰降碳工作的时间表和路线图。国家和各地区出台多项政策、报告、标准，不断细化降碳工作的各项规划。

第二，促进生态产业化和产业生态化。“完善能源消耗总量和强度调控，重点控制化石能源消费，逐步转向碳排放总量和强度‘双控’制度。”[①] 一是要做好非生态产业的生态友好化，将碳排放的强度降下来；二是使生态产业强起来，提高碳中和率和碳转化率，将碳排放的总量降下来。以降碳为突破口，淘汰落后产能，关停高耗能企业，扶持低碳产业，为碳排放踩“刹车”；发挥产业集群效应，大力支持高新技术研发，孵化绿色技术成果，以生态生产力代替资源堆砌型生产力。在生态产业化和产业生态化的驱动下，我国经济发展脱碳的势头更显迅猛，例如2022年中国单位GDP二氧化碳排放比2002年下降超了51%。

第三，提供优质生态产品，服务高品质绿色生活。2023年我国风电、光电装机规模再创新高，光伏产业链主要环节产量延续增长。新能源产业的发展为新能源消费创造了更大的发展空间。“生产中介着消费，它创造出消费的材料，没有生产，消费就没有对象。”[②] 生产决定消费，消费对生产具有反作用。推行节约清洁的生产方式，不是减少产品供给，而是要在总量继续稳定增长的基础上，扩大优质生态产品的供给。供给侧和需求侧分别构成绿色生活方式转型的推力和拉力。相关企业要服务“双碳”目标，面向需求端，满足社会对清洁低碳产品的需求。

### 3. 倡导绿色简约的生活方式

生态现代化坚持以人民为中心：一方面，充分体现中国共产党以实现好最广大人民根本利益为一切活动的出发点和落脚点的人民情怀，坚持发展为了人民、发展成果由人民共享；另一方面，充分发挥人民群众历史创

---

① 习近平：《高举中国特色社会主义伟大旗帜　为全面建设社会主义现代化国家而团结奋斗——在中国共产党第二十次全国代表大会上的报告》，人民出版社2022年版，第51页。

② 《马克思恩格斯文集》第8卷，人民出版社2009年版，第15页。

造者的作用，发挥社会主义集中力量办大事的优势，坚持发展依靠人民，充分发挥人民群众的主动性和创造性。

第一，国家加强全民性生态文明宣教。要在全社会进行以“双碳”目标为主题的生态文明教育，使“人与自然和谐共生”的观念深入人心，成为人民日用而不知的“精神基因”。生态文明教育必须立足于降碳实践，并在实践中发挥理论的先导作用，帮助群众塑造质朴睿智的自然观。政府、社会、家庭要形成教育合力，形成全方位、全过程、全要素生态教育，确保生态事业后继有人、动力充足。勤俭节约是中华民族的传统美德，光盘行动正是这一美德的生动再现，自2013年全国开展光盘行动以来，厉行节约、反对浪费的氛围逐步形成，《反食品浪费法》的出台更是为其提供了法律保障。

第二，社会要营造热烈的生态文明实践环境。“双碳”目标在民众中的推行若仅仅停留于理论宣教，那么生态思想政治教育必定无法取得实效。因此，要在社会中营造节能减碳的氛围，使人人参与、你追我赶的降碳行动蔚然成风。与之相应，社会还需要提供充分的降碳配套设施，为公民的降碳行为提供更多的机会与便利，例如，加装新能源汽车充电桩，投放更多共享单车，或是为居民提供更加清洁的消费品。

第三，个人要激发自身参与生态文明建设的内生动力。“生态文明建设各项工作都要抓好，动员全社会参与。”① 中国式现代化的生态建构要汇聚人民的磅礴伟力，以人民的渐进式降碳行动的积累促成生态现代化的跨越式发展。打好蓝天保卫战需要群策群力，用人民的汪洋大海扫净碳污染，实现“碳普惠”。

① 习近平：《论坚持人与自然和谐共生》，中央文献出版社2022年版，第144页。

## 四、保障体系建构："打好法治、市场、科技、政策'组合拳'"

西方已经实现现代化的国家皆是资本主义制度的拥趸，因此不可避免地带有资本主义制度的局限性。西方国家的生态治理能力是改善生态环境的一大掣肘，国家各个部门之间难以形成一致的合作，导致许多可行性强、预期较好的方案早早夭折。以此为鉴，中国式现代化生态建构框架内的各个主体应团结协作、攥指成拳、形成合力，要敢于作为、积极作为，向生态环境中的不良现象施展"组合拳"。中国特色社会主义制度具有集中力量办大事的优势，为生态事业提供了坚实的制度保障，为完善生态文明治理体系、增强治理能力提供强力的制度支撑。同时，生态治理并不能眉毛胡子一把抓、平均用力，要统筹生态领域的重点攻坚和协同治理。

### 1. 完善生态文明的制度体系

党的十八大以来，以习近平同志为核心的党中央积极推进生态文明制度建设，在建章立制上做文章，构建起生态文明的四梁八柱。完善生态文明制度体系为生态现代化提质增效提供制度保障，有利于生态文明建设规范化、体系化。

政府是生态文明建设的主推手，是统筹生态文明建设的大局与确保生态文明建设走实走深的坚强力量。政府要建立健全生态现代化的法律监管体系、评价监督体系、执法治理体系，为生态文明的参与者戴上"紧箍咒"，形成生态资源隐性弹性约束与政府制度显性强制约束。《关于加快推进生态文明建设的意见》《生态文明体制改革总体方案》等文件的出台为生态治理指引方向，30 多部生态环境领域法律和行政法规的制修订为生态治理为生态治理提供法治的保障。

市场是生态文明建设的主场域，是统合生态文明建设各个维度的大熔炉。现代化的大市场为现代化总体注入源源不断的动力与活力，使推进生态现代化的要素充分涌流。建立完备可控的生态市场制度，将生态领域的市场活动纳入制度的笼子里，有效防控市场的自发性、盲目性、滞后性的固有弊端。确保经济发展的基本盘，更多融入绿色元素，使绿色市场、绿色交易成为现代化发展的“新能源”、新动力。

个人是生态文明建设的主力军，是组成复杂多元的社会有机体的基本单位。社会要按照不同主体的特性，制定权责明晰的生态制度体系，使人人的行为都有规可循，有章可依，确保“美丽中国”能够一张蓝图绘到底，用个人实践探索使生态文明的顶层设计在中国大地上变为现实。以制度增强对个人生态文明行为的强制约束力，防止生态行为的无序进行。

### 2. 推进生态治理能力现代化

“‘纵有良法美意，非其人而行之，反成弊政。’制度的生命力在于执行。”①完善的生态文明制度体系作为中国式现代化生态建构的方法论基础，必须依靠良好的生态治理，才能发挥其制度优势。生态治理体系和治理能力的现代化形成对美丽中国的拱卫，以能力现代化提高的“不变”应对生态环境问题的“万变”。

首先，制度解释为生态治理提供前提保障。生态文明制度是科学合理的生态共识的集中体现，也是政府将这种共识传播给人民大众的主要介质。因此，生态制度建设和生态环境治理需要以制度解释为桥梁，搭建起

① 《习近平关于依规治党论述摘编》，中央文献出版社 2022 年版，第 166 页。

制度和治理的反馈渠道，使生态治理能够在实施中保证生态制度不走形、不变味，生态制度能够对生态治理形成有效约束。生态文明制度关涉各级各类生态参与主体，对生态活动尽可能地实现全覆盖。

其次，生态治理是生态制度的生动展现与目标归宿。生态治理需要依照最严格制度、最严密法治的要求，依规行事、依制治理，通过制度规范生态治理，将治理的权力关进“制度的笼子”。但是，生态治理面临的生态问题也是复杂多变的，而制度的建设带有一定的滞后性。灵活的治理应当在一定的限度内跳出制度的制囿，这样才能实现生态文明制度的最高目标。生态治理涵盖依法治理、市场治理、科技治理、政策治理维度，通过制度串联起各个维度的联系。生态治理不能乱作为也不应不作为，不同层面的治理要突破隔阂，发挥出治理的多元活力。

最后，生态治理依靠考核评价和监督反馈机制提升治理的效果。完善的生态文明制度要求建立健全“约束和激励并举的生态文明制度体系，”①发挥考核指挥棒的作用，对生态治理的结果和效度进行全面系统的分析和认定，以期在后续治理工作中查漏补缺。此外，来自系统外部的监督会对系统内部上对下的考核形成补充，形成生态治理内部不同领域间、不同主体间互相监护、通力合作、共同进步的生态治理新局面。

### 3. 统筹重点攻坚和协同治理

生态文明建设是一项系统工程，需要统筹经济社会发展的各个方面，争得各个社会主体的配合，作用于具有内部稳定联系的自然生态系统这一客体。系统是由多个具有联系而又互相区别的子系统（部分）组成的，整体统率部分，关键部分对整体功能起决定作用。习近平在 2023 年 7 月召

---

① 中共中央文献研究室编：《习近平关于社会主义生态文明建设论述摘编》，中央文献出版社 2017 年版，第 37 页。

开的全国生态环境保护大会上突出强调要处理好重点攻坚和协同治理的关系，这就是在生态文明治理中对马克思主义的矛盾论和系统观的鲜活运用。

第一，抓住生态治理中的主要矛盾和矛盾的主要方面，通过对关键问题、主流矛盾的解决，以点带面，在现代化的过程中全面推进生态文明建设。重点攻坚瞄准的是在生态文明全局中具有突出代表性的难题，集中表现为人民群众急难愁盼的生态困境、阻碍生态工作再进一步的瓶颈性问题、具有较大生态安全风险的潜在隐患。优先解决此类问题，能够引发多米诺骨牌效应，有利于生态现代化工作由点到面、连成一片。

第二，贯彻系统观念，强化大局意识，坚持全国一盘棋，打好生态治理的“组合拳”。生态治理是一个系统工程，治理空间从山顶到海洋，时间上既要“补旧账”又要“算长远账”。由此可见，生态治理需要凝聚多管齐下的共识，形成多主体协作的合力。健全政策指引，确保全国上下步调一致，发挥政策的导向作用，力求全社会劲往一处使。“生态是统一的自然系统，是相互依存、紧密联系的有机链条。”① 人类是这一链条的重要部分，同其他构成自然的要素共同推进生态系统的运行。“田”是人的命脉所在，“田”是自然系统的一个微小单元，而像“田”这种人与自然的连接点遍布人们生活的方方面面。尊重自然，找到生态治理与人类生活的连接点，在人与自然的生命共同体中实现人与自然和谐共生的现代化。“山水林田湖草是生命共同体”②，坚持山水林田湖草沙一体化保护和系统治理，综合自然恢复和人工修复，发挥生态环境治理和保护的主体与客体的协同作用。

---

① 中共中央宣传部：《习近平经济思想学习纲要》，人民出版社2022年版，第71页。

② 习近平：《论坚持人与自然和谐共生》，中央文献出版社2022年版，第12页。

## 五、世界影响建构："建设清洁美丽的世界"

西式现代化是征服人类与征服自然的产物，是用血与火换回的资本狂欢。"资本来到世间，从头到脚，每个毛孔都滴着血和肮脏的东西"[①]，资本主义对外扩张是实现利益最大化的现实需要，也是当今世界的实然状况。资本主义为了美化自己的侵略行径，以一种资本投资的隐匿方式对欠发达国家的生态资源和消费市场进行掠夺，造成该国的生态破坏和资源紧张，这种生态殖民的状况在世界范围越演越烈。中国式现代化生态建构的理论与实践以建成"美丽中国"为愿景，不仅推动我国生态环境的持续改善，而且具有重大的世界意义。中国是全球生态正义的坚定维护者，也是共建清洁美丽世界的忠实倡议者，并逐步成为生态文明建设的引领者。中国始终秉持共商共建共享的原则，承担共同但有区别的义务，积极将中国的理论与实践转化为可供世界其他国家建设生态文明的有益经验，确保人类命运共同体公平、绿色、可持续。

### 1. 树立生态文明实践的中国典范

世界上没有定于一尊的现代化，西方的现代化并不是人类通向现代化的唯一路径。"中国式现代化，打破了'现代化＝西方化'的迷思，展现了现代化的另一幅图景，拓展了发展中国家走向现代化的路径选择，为人类对更好社会制度的探索提供了中国方案。"[②]中国式现代化的生态建构给既希望保持民族独立经济快速发展又希望维持生态禀赋的后发国家，提供

① 《马克思恩格斯文集》第8卷，人民出版社2009年版，第871页。

② 《习近平在学习贯彻党的二十大精神研讨班开班式上发表重要讲话强调　正确理解和大力推进中国式现代化》，《人民日报》2023年2月8日。

了确保经济发展与生态保护同频共振的现代化典范。中国生态建构的当代实践为广大后进国家平衡经济发展和生态保护提供了鲜活经验与学习案例，为已经实现现代化的国家解决生态治理的难题提供了现实镜鉴。

党的二十大报告总结了近十年来中国生态文明建设的历史性胜利："生态环境保护发生历史性、转折性、全局性变化，我们的祖国天更蓝、山更绿、水更清。"[①] 从内蒙古库布齐沙漠到河北塞罕坝林场，从宁夏腾格里沙漠到陕西毛乌素沙漠，中国大地上正在上演着一幕幕"绿进沙退"的生态奇迹。从山顶到海洋，从沿海到内陆，中国正书写着人与自然和谐共生的现代化的崭新篇章，清洁美丽的中国正在从理想逐步变成现实，清洁美丽世界的面貌也越发清晰。中国的生态文明实践为全球自然环境的改善做出重要贡献，在全球性的节能降碳、臭氧层保护、维护生物多样性等方面取得举世瞩目的成果。中国特色社会主义生态文明建设之所以能够取得如此巨大的胜利，归根结底是因为全体中国人民在中国共产党的领导下，以习近平生态文明思想为指导，积极深入开展生态文明建设。习近平生态文明思想在实践中产生和发展，又反哺生态建设的实践，树立了生态文明建设的理论和实践的世界典范。

**2. 提供和平发展的生态现代化方案**

习近平新时代中国特色社会主义思想是当代中国马克思主义、21 世纪马克思主义，立足中国实际、着眼全球问题，为解决中国乃至世界的发展问题提供理论指引。习近平生态文明思想面向中国生态领域的理论和实践建构，不断更新生态文明建设的中国方案，并在中国式现代化的推进过程中彰显其世界意义。随着中国生态文明实践的持续推进，其外溢效应越

① 习近平：《高举中国特色社会主义伟大旗帜　为全面建设社会主义现代化国家而团结奋斗——在中国共产党第二十次全国代表大会上的报告》，人民出版社 2022 年版，第 11 页。

发凸显，其世界意义的彰显与深化在习近平生态文明思想中得到进一步加强。

习近平生态文明思想把马克思主义基本原理同中国生态文明建设的具体实际相结合，同中华优秀传统文化中的生态观相结合，在理论与实践的交织中形成科学合理的生态现代化的建设方案。习近平生态文明思想坚持马克思主义的立场、观点和看法，强调以人民为中心、生态是统一的自然系统、人与自然的和谐共生；善用中国优秀传统生态文化，强调天人合一、道法自然、万物并育而不相害。“马克思的整个世界观不是教义，而是方法”[①]，习近平生态文明思想包含的世界观、方法论能够与不同的国家的生态理论相结合，具象化为符合不同国家国情的生态举措。中华文化具有兼收并蓄、开放包容的特性，其自然观能够与其他文明的自然观形成有效衔接，在自然观的交流互鉴中推动全球生态文明理论的共同繁荣。

中华民族历来是一个崇尚和平的民族，在生态领域不仅体现为人与自然的友好和平相处的状态，也包含着地区间与国家间交往中的生态和平。中国“同世界各国深入开展生态文明领域的交流合作，推动成果分享”[②]，形成全球生态现代化发展的热潮。生态文明理论不应是一国独享的“秘籍”，中国积极在国际舞台上讲好中国的生态故事、传播好绿色声音，将中国生态成果转化为世界生态发展的经验。后发国家在现代化的进程中都会面临生态“发展陷阱”，因此，生态文明理论对于发展中国家如何走好一条可持续发展道路具有普遍的借鉴意义。中国取得的生态成果是最好的宣传品，借此推介生态文明建设的中国智慧与中国方案，在世界范围引发热烈反响。习近平主席在多个国际场合发表重要讲话，介绍中国在生态文

① 《马克思恩格斯文集》第5卷，人民出版社2009年版，第691页。

② 中共中央宣传部：《习近平经济思想学习纲要》，人民出版社2022年版，第127页。

明领域做出的全球性贡献，分享中国生态文明建设的经验，强调任何国家和地区在生态领域都不能置身事外，呼吁全球人民重视当前世界面临的气候危机、环境危机。

### 3. 发起共建公平共赢的绿色共同体倡议

清洁美丽的世界关乎全人类的未来，关系世界发展的走向。习近平生态文明思想具有宏大的世界眼光，谋划构建清洁美丽世界的壮美蓝图，推进全人类的可持续发展。在新时代，习近平总书记指出："紧跟时代、放眼世界，承担大国责任、展现大国担当，实现由全球环境治理参与者到引领者的重大转变"①，倡导世界各国建设一个清洁美丽的绿色共同体。"建设绿色家园是人类共同的梦想"②，中国提出共建全球生态文明的倡议并不是为了一己私利，而是为了全人类的可持续发展，为了每个人自由而全面的发展。

"面对全球环境治理前所未有的困难，国际社会要以前所未有的雄心和行动，勇于担当，勠力同心，共同构建人与自然生命共同体。"③各国都享有发展的权利，都可以使用自然资源以求实现自身的现代化，但是也应该根据自身的发展水平和综合能力承担"共同但有区别的责任"④。发达国家应该更加积极主动地承担生态责任，在解决好本国生态危机的同时，帮助后发国家平衡好生态与发展的矛盾，向后发国家提供绿色资金、共享生态科技。与此同时，广大后发国家也不能用"杀鸡取卵"式的发展模式，

---

① 《习近平在全国生态环境保护大会上强调　全面推进美丽中国建设　加快推进人与自然和谐共生的现代化》，《人民日报》2023年7月19日。

② 中共中央文献研究室编：《习近平关于社会主义生态文明建设论述摘编》，中央文献出版社2017年版，第138页。

③ 中共中央党史和文献研究院编：《习近平关于防范风险挑战、应对突发事件论述摘编》，中央文献出版社2020年版，第189页。

④ 习近平：《论坚持人与自然和谐共生》，中央文献出版社2022年版，第79页。

无视资源约束，以极端消耗生态资源换取短期内的经济增长。仍未实现现代化的国家要积极开展国际生态交流合作，引进绿色资金，创造更为优质的生态产品与消费市场。世界各国应秉持共商共建共享的原则，警惕“寂静的春天”，以“地球公民”和“自然之子”自居，共谋全球生态文明，共建公平共赢的绿色共同体。

**作者单位**

上海财经大学马克思主义学院

# 携手开创更加美好的未来：走和平发展道路的现代化

毛瑞鹏　谈　心

实现现代化是人类社会走向进步与繁荣的必由之路，是世界各国共同追求的目标。中国坚持走和平发展道路的现代化，始终秉持维护世界和平、促进共同发展的外交政策宗旨，致力于推动构建人类命运共同体。中国不走西方国家通过战争、殖民等方式实现现代化的老路，坚定站在历史正确的一边、站在人类文明进步的一边，高举和平、发展、合作、共赢的旗帜，在坚定维护世界和平与发展中谋求自身发展，又以自身发展更好地维护世界和平与发展。① 中国走和平发展道路，致力于与世界各国携手开创更加美好的未来，顺应历史发展大势，为人类社会的共同现代化版图书写了浓墨重彩的中国篇章，具有深远的世界意义和历史意义。

① 习近平：《高举中国特色社会主义伟大旗帜　为全面建设社会主义现代化国家而团结奋斗——在中国共产党第二十次全国代表大会上的报告》，人民出版社2022年版，第23页。

## 一、走和平发展道路是中国式现代化的鲜明特色

党的二十大报告宣示了新时代新征程中国共产党的中心任务，即团结带领全国各族人民全面建成社会主义现代化强国、实现第二个百年奋斗目标，以中国式现代化全面推进中华民族伟大复兴。我们党坚定站在历史正确的一边，站在人类文明进步一边，顺应和平、发展、合作、共赢时代潮流，明确提出中国将始终不渝坚持走和平发展道路。坚持走和平发展道路先后写入党的章程和国家宪法。我国成为世界上唯一一个将和平发展写入宪法的国家，充分体现了致力于走和平发展道路的坚定决心。走和平发展道路，是中国政府和人民基于时代发展与自身根本利益做出的战略抉择，是中国式现代化的鲜明特征和必然选择。

### （一）继承和发展了马克思主义国际观

中国共产党以马克思主义理论为思想武器和根本指导，并将马克思主义基本原理与世情、国情、党情相结合，形成了中国共产党国际观的理论基础。世界和平是马克思主义国际观的重要追求。马克思在《法兰西内战》中预言了全世界范围的资本主义将被社会主义取代、人类真正进入共产主义社会之后将要呈现出的一种和平状态："全世界工人阶级的联合终究会根绝一切战争……而这个新社会的国际原则将是和平。"① 中国共产党的国际观以中华民族的伟大复兴为出发点，继承和发展了马克思主义处理和解决国际关系的"道德和正义准则"②。

中国式现代化是中国共产党领导的社会主义现代化，走和平发展道路

① 马克思：《法兰西内战》，人民出版社2018年版，第21页。
② 姜安：《马克思的国际观及其当代价值》，《中国社会科学》2017年第11期。

首先是由中国共产党的性质和宗旨所决定的。中国共产党是为中国人民谋幸福的政党，也是为人类进步事业而奋斗的政党。人民立场是中国共产党的根本政治立场，是马克思主义政党同其他政党的显著标志。习近平总书记指出：“人民对美好生活的向往，就是我们的奋斗目标。”① 为人类不断作出新的更大贡献，是中国共产党的庄严承诺，也是人民立场的自然延伸和不可分割的组成部分。中国共产党始终将马克思主义作为理论指导，并且结合中国的实际情况和具体国情，积极主动地将理论付诸实践，开创了具有中国特色的社会主义现代化道路。中国共产党始终把为人类作出新的更大贡献作为自己的使命。这就决定了积极维护世界和平、促进共同发展是中国的外交政策宗旨，坚持走和平发展道路是新时代中国外交的重要原则。

（二）根植于中华优秀传统文化

习近平总书记在文化传承发展座谈会中指出：“只有全面深入了解中华文明的历史，才能更有效地推动中华优秀传统文化创造性转化、创新性发展，更有力地推进中国特色社会主义文化建设，建设中华民族现代文明。”② 中华文明源远流长、博大精深，有着五千多年的悠久历史，其中蕴含着天人合一的宇宙观、协和万邦的国际观、和而不同的社会观、人心和善的道德观。中国文化一直突出和合的特色，强调“和合共生”、“礼之用，和为贵”、“国虽大，好战必亡”。由此可见，对和平、和睦、和谐的追求始终深深植根于中华民族的精神世界之中，深深溶化在中国人民的血脉之中。中华民族自古以来就积极开展对外交往通商，而不是对外侵略扩张；执着于保家卫国的爱国主义，而不是开疆拓土的殖民主义。通过张

① 《习近平著作选读》第2卷，人民出版社2023年版，第604页。

② 习近平：《在文化传承发展座谈会上的讲话》，《求是》2023年第17期。

骞出使西域、鉴真东渡、玄奘取经、郑和下西洋等文明交流举措促进了中外文明与文化的双向传播，中国在发展自身文明的同时也为人类文明的发展做出了重大贡献。中华民族在对外交流的过程中，不仅没有占领一寸土地，还播撒了和平友谊的种子，留下了同沿途人民友好交往的佳话。

文化自觉和历史自信是推进中国式现代化和中华民族现代文明建设的精神前提。[①] 中国共产党不仅对中华文明悠久的历史有着深刻的了解，对中华优秀传统文化具备高度的文化自信，并且能坚持文明交流互鉴的正确态度。党中央领导集体在吸取自身实践中的经验教训的同时，借鉴反思西方资本主义文明的优势与弊端，坚持独立自主、自立自强，成功开辟了具有中国特色的社会主义现代化发展之路。例如，在社会主义革命时期，周恩来总理援引“和而不同”、“协和外邦”、“亲仁善邻”等传统思想，在万隆会议上提出了“和平共处”、“求同存异”外交方针政策。这些崇尚和平的传统思想也建构了中国的秩序观和天下观，不仅体现了对和平、和谐的追求，也体现了中国文化所强调的胸怀天下的责任感。在实现这些目标的过程中，各国需要相互尊重、相互包容、平等相待。中国强调互存、互依、互容的辩证思维方式，认为万物的状态是和谐的，而不是冲突的，在实现现代化的过程中亦是如此。[②]

习近平指出：“和平发展是中华文化的内在基因。”[③] 正是由于中国共产党在领导中国现代化建设事业中具有高度的文化自觉和历史自信，才使中国式现代化找到了正确的发展方向和革新之路，展现出强大的生命力。

---

① 陆卫明、王方伟、于晶晶：《论中国式现代化赓续发展中华文明的精神内涵与价值意蕴》，《西安交通大学学报（社会科学版）》2023 年第 1 期，第 4 页。

② 孙吉胜：《中国式现代化和平发展话语的构建与国际传播》，《对外传播》2023 年第 5 期。

③ 中共中央党史和文献研究院编：《习近平关于中国特色大国外交论述摘编》，中央文献出版社 2020 年版，第 134 页。

### （三）基于对中国国情与世界发展大势的正确认识

习近平总书记强调，走和平发展道路是我们党根据时代潮流和我国根本利益作出的战略抉择；中国走和平发展道路，不是权宜之计，更不是外交辞令，而是从历史、现实、未来的客观判断中得出的结论。① 走和平发展道路来源于对实现中国发展目标和条件的认知。中国是世界上最大的发展中国家，发展始终是中国的第一要务。进入新时代，为了进一步推动中国式现代化向纵深发展，还需要“更有力地推进中国特色社会主义文化建设，建设中华民族现代文明”。② 党的二十大报告提出分两步走在21世纪中叶建成富强民主文明和谐美丽的社会主义现代化强国。为实现这一目标，需要和谐稳定的国内环境与和平安宁的国际环境。抓住机遇，集中精力把自己的事情办好，使国家更加富强，使人民更加富裕，要求我们坚定地走和平发展道路。客观而言，随着中国持续发展壮大，国际社会对我国战略走向的关注不断增多，并将伴随中华民族伟大复兴的整个过程。强调坚持走和平发展道路，既是对国际社会关注中国发展走向的回应，更是中国人民对实现自身发展目标的自信和自觉。

走和平发展道路也来源于对世界发展大势的把握。中国共产党高度重视把握世界前进大势，坚持与时偕行、顺势而为。习近平总书记指出：“什么是当今世界的潮流？答案只有一个，那就是和平、发展、合作、共赢。”③ 为此，中国明确反对“国强必霸”的逻辑，坚信唯有和平发展道路才是正确选择，殖民主义、霸权主义的老路不仅走不通，而且一定会碰得头破血流。党的二十大报告明确指出：当前，世界之变、时代之变、历史

---

① 《习近平外交演讲集》第1卷，中央文献出版社2022年版，第118页。

② 习近平：《在文化传承发展座谈会上的讲话》，《求是》2023年第17期。

③ 《习近平外交演讲集》第1卷，第118页。

之变正以前所未有的方式展开；和平、发展、合作、共赢的历史潮流不可阻挡，人心所向、大势所趋决定了人类前途终归光明。[①] 因此，走和平发展道路是我们党思想自信和实践自觉的有机统一，是根据时代潮流和我国根本利益作出的战略抉择。我们在政策上是这样规定的、制度上是这样设计的，在实践中更是一直这样做的。

## 二、以和平发展道路促进中国与世界各国的良性互动

“建设一个什么样的世界、如何建设这个世界”是世界各国人民普遍关心的重大命题。当今世界正经历百年未有之大变局，不确定性不稳定性明显增强。中国坚定不移走和平发展道路，在维护世界和平与发展中谋求中国的发展，同时又以自身发展更好地维护世界和平与发展。习近平总书记指出：和平发展道路能不能走得通，很大程度上要看我们能不能把世界的机遇转变为中国的机遇，把中国的机遇转变为世界的机遇，在中国与世界各国良性互动、互利共赢中开拓前进。

### （一）推动构建人类命运共同体

2013 年 3 月，习近平主席在俄罗斯莫斯科国际关系学院的演讲中，强调人类生活在同一个地球村里，越来越成为你中有我、我中有你的命运共同体。自此，推动构建人类命运共同体成为中国外交的一面鲜明旗帜。十年来，人类命运共同体理念的内涵和实践路径不断丰富，国际影响力、感召力日益增强，成为中国向世界提供的重要国际公共产品。从“一带一路”到全球发展倡议、全球安全倡议、全球文明倡议，构建人类命运共同

① 习近平：《高举中国特色社会主义伟大旗帜　为全面建设社会主义现代化国家而团结奋斗——在中国共产党第二十次全国代表大会上的报告》，人民出版社 2022 年版。

体理念深入人心，得到国际社会的广泛认同。

中国式现代化与构建人类命运共同体相辅相成、彼此促进，都致力于促进中国人民和世界人民的共同福祉。一方面，推动构建人类命运共同体是实现中华民族伟大复兴的必然选择。推进中国式现代化建设离不开良好的外部环境，需要把实现中华民族伟大复兴的历史进程放在中国与世界的良性互动中去理解、去实现。中国离不开世界，世界也离不开中国。另一方面，推动构建人类命运共同体也是中国式现代化道路在国际层面的自然延伸。中国是人类命运共同体建设的积极力量，中国的发展为世界的共同发展提供了新的动力和机遇，中国的现代化建设成果不仅惠及14亿中国人民，也将充分惠及世界各国人民。在充满挑战的新时代，要坚持走和平发展道路，推动构建人类命运共同体走深走实。

第一，弘扬全人类共同价值，促进各国人民相知相亲。世界上不存在普适的国家治理模式，也不存在“一言堂”的国际秩序。当前，一些国家为维护其霸权垄断地位，鼓吹意识形态对抗，奉行霸权主义和强权政治，这些行为给国际格局增添了不安定的因素，加剧了世界体系的分裂和对抗。中国应继续旗帜鲜明地反对冷战思维和零和博弈，反对意识形态对抗，反对干涉别国内政和实行双重标准。要在国际社会中弘扬和平、发展、公平、正义、民主、自由的全人类共同价值，倡导尊重世界文明多样性，以文明交流超越文明隔阂、文明互鉴超越文明冲突、文明共存超越文明优越，共同应对各种全球性挑战。

第二，携手共建全球发展共同体。当前，全球发展面临诸多困难和挑战，经济复苏乏力，发展鸿沟加剧，国家间和各国内部发展不平衡、不充分问题日益突出。经济全球化是时代潮流，是不以任何人的意志为转移的。因此，要认清世界发展大势，推动全球共同发展，共创普惠平衡、协调包容、合作共赢、共同繁荣的发展格局。中国要推动落实全球发展倡议，将发展置于国际议程的中心位置，构建团结、平等、均衡、普惠的高质量全球发展伙伴关系。要推动建设开放型世界经济，共同培育全球发展新动能，推进科技和制度创新，加快技术转移和知识分享。

第三，携手共建全球安全共同体。霸权主义和强权政治，是国际形势紧张动荡的根源，是世界和平的最大威胁。中国反对一切形式的霸权主义，始终做世界和平的建设者，坚定走和平发展道路，无论国际形势如何变化，无论自身如何发展，永不称霸、永不扩张、永不谋求势力范围。中国要继续推动落实全球安全倡议，积极参与全球安全规则制定议程，加强国际安全合作，积极参与联合国维和行动，推动构建安全共同体，为维护世界和平和地区稳定发挥建设性的作用。

第四，携手构建人与自然生命共同体。地球是人类赖以生存和发展的共同家园，也是当前唯一的家园。近年来，气候变化、生物多样性丧失、荒漠化加剧、极端气候事件频发，给全人类的安全和发展带来了严峻的挑战。中国要继续坚持“共同但有区别的责任”原则，坚持公平公正惠益分享，着力解决发展中国家在资金、技术、能力建设方面的关切。

中国式现代化是走和平发展道路的现代化。走和平发展道路是中国共产党面对新阶段时代之问作出的历史性战略抉择，中国将始终坚持维护世界和平、促进共同发展的外交政策宗旨，不断丰富人类命运共同体理念的内涵和实践路径，与世界人民携手开创人类更加美好的未来。

### （二）以推动构建新型国际关系

推动构建新型国际关系是构建人类命运共同体的基本路径。2013 年 3 月，习近平总书记指出，“面对国际形势的深刻变化和世界各国同舟共济的客观要求，各国应该共同推动建立以合作共赢为核心的新型国际关系，各国人民应该一起来维护世界和平、促进共同发展。”[①] 自党的十八大以来，中国在对外交往的过程中为构建新型国际关系做出了积极的努力。党的十九大报告提出，推动建设相互尊重、公平正义、合作共赢的新型国际关系。[②] 党的二十大报告进一步指出，推动构建新型国际关系，深化拓展平等、开放、合作的全球伙伴关系，致力于扩大同各国利益的汇合点。

第一，积极运筹大国关系，推动构建和平共处、总体稳定、均衡发展的大国关系格局。习近平指出，国家之间要构建对话不对抗、结伴不结盟的伙伴关系；大国要尊重彼此核心利益和重大关切，管控矛盾分歧，努力构建不冲突不对抗、相互尊重、合作共赢的新型关系；只要坚持沟通、真诚相处，“修昔底德陷阱”就可以避免。[③] 新时期，中国坚持推动构建新型国际关系，不断彰显元首外交举旗定向的强大引领作用，积极促进大国协调与良性互动。中国同俄罗斯不断深化新时代全面战略协作伙伴关系，双边关系的内生动力日益强劲。中国与欧洲国家继续加强战略互信建设，深化双方在经济发展和共同应对全球性挑战上的合作。中国反对以“竞争”定义整个中美关系，倡导以相互尊重、和平共处、合作共赢三原则来探索中美关系新的相处之道。2023 年 11 月，中美两国元首在美国旧金山举行会晤，擘画“旧金山愿景”，推动中美关系止跌企稳，有利于全球的战略稳定。

第二，坚持“亲诚惠容”理念和“与邻为善”、“以邻为伴”的周边外交方针，深化同周边国家友好互信与利益融合。习近平深刻把握国际地区局势的变化发展以及我国与周边国家关系的新情况，将正确处理同周边国家关系置于我国外交全局的突出位置，与时俱进地调整周边外交战略布

① 习近平：《论坚持推动构建人类命运共同体》，中央文献出版社 2018 年版。

② 习近平：《决胜全面建成小康社会　夺取新时代中国特色社会主义伟大胜利——在中国共产党第十九次全国代表大会上的报告》，人民出版社 2017 年版。

③ 《习近平外交演讲集》第 2 卷，中央文献出版社 2022 年版，第 19 页。

局，以更积极、更稳妥、更谨慎的姿态维护与稳定周边国家关系、促进地区共同繁荣。习近平在处理同周边国家关系外交实践中提出了“亲诚惠容”的外交理念，秉持“与邻为善”和“以邻为伴”的原则，致力于以对话协商的方式解决各国所面对的共同难题，获得周边国家的广泛认可。

第三，秉持正确义利观，加强同发展中国家的团结合作，维护发展中国家的共同利益。中国坚持以发展同新兴经济体、发展中国家关系为突破口，建设新型国际关系。新兴经济体与发展中国家群体性崛起，对全球经济增长的贡献率不断提升，不仅加快了世界多极化的进程，也加强了国际关系民主化的趋势。中国是最大的发展中国家，也是全球南方的当然成员。近年来，中国与发展中国家展开的合作不断深入，例如中非高质量贯彻落实“八大行动”，推动“九项工程”建设，中阿建立全面合作、共同发展、面向未来的战略伙伴关系，中拉关系进入平等、互利、创新、开放、惠民的新时代。

### （三）倡导树立共商共建共享的全球治理观

全球治理关系到世界各国的切身利益，全球治理模式事关国际公平正义。推动全球治理朝着更加公正合理的方向发展，是中国走和平发展道路的客观要求。近代以来，国际政治经济秩序是由西方列强所主导的。传统的由发达国家支配国际规则制定的全球治理模式，明显不符合国际公平正义原则，越来越难以适应多极化的国际格局发展趋势和时代潮流。习近平总书记强调指出，推动全球治理体系变革是国际社会大家的事，要坚持共商共建共享原则，使关于全球治理体系变革的主张转化为各方共识，形成一致行动。[①]党的二十大报告指出：“中国积极参与全球治理体系改革和建

① 《习近平谈治国理政》第2卷，外文出版社2017年版，第449页。

设，践行共商共建共享的全球治理观，坚持真正的多边主义，推进国际关系民主化，推动全球治理朝着更加公正合理的方向发展。”[①] 中国在全球治理中的中流砥柱作用越来越突出。

第一，弘扬真正的多边主义，促进国际关系民主化。破解全球治理难题的出路在于维护和践行多边主义。在当前美国等西方国家大搞排他性小圈子的背景下，中国坚定维护以联合国为核心的国际体系，以国际法为基础的国际秩序，以联合国宪章宗旨和原则为基础的国际关系基本准则。中国明确反对一切形式的单边主义，反对以狭隘的意识形态偏见为基础构建排他性小圈子。

第二，积极引领经济全球化朝着更加均衡、包容、可持续的方向演进。中国是经济全球化的坚定支持力量。一方面，中国坚持对外开放的基本国策，坚定奉行互利共赢的开放战略，不断以中国新发展为世界提供新机遇，推动建设开放型世界经济。另一方面，中国明确反对保护主义，反对某些西方国家的所谓“筑墙设垒”、“脱钩断链”等错误政策。十年来，中国持续深化“一带一路”国际合作，连续举办中国国际进口博览会，积极推动《区域全面经济伙伴关系协定》生效，主动建设面向全球的高标准自由贸易区网络。

第三，不断丰富和发展全球治理知识体系。当前，各国所秉持的全球治理思想和模式偏好差距甚大且竞争激烈。不可否认的是，正如不少学者所论述的，“权力仍是全球治理的核心”。在多种权力类型中，话语和知识体系等构成了所谓的生产性权力，从而在观念层面主导人们的认知。例如，框定什么是合理的知识，决定谁的知识更重要。为此，增加有效知识

① 习近平：《高举中国特色社会主义伟大旗帜　为全面建设社会主义现代化国家而团结奋斗——在中国共产党第二十次全国代表大会上的报告》，人民出版社 2022 年版。

供给，重构全球治理话语体系，积极引导树立反映发展中国家合理诉求的全球治理规范具有重要意义。

第四，坚定支持增加发展中国家在国际体系中的代表性和发言权。完善全球治理体系的要义在于，适应国际力量对比新变化推进全球治理体系改革，体现各方关切和诉求，更好维护广大发展中国家正当权益。中国在联合国、二十国集团（G20）等多边平台积极开展与其他发展中国家的政策协调，通过金砖国家合作机制、上海合作组织等平台联合发表共同立场和诉求，推动建立亚洲基础设施投资银行、新开发银行等新型国际金融机构促进发展中国家的可持续发展。

## 三、走和平发展道路的现代化引领国际关系新范式

走和平发展道路是中国通过不懈的理论探索和实践，开辟出的一条不同于西方资本主义依靠殖民扩张、暴力掠夺的现代化道路，为引领国际关系新范式、推动人类文明进步具有重要的意义。

近现代意义上的世界现代化进程，肇始于500年前的地理大发现，伴随着工业革命、军事征伐、殖民扩张，发端于欧洲的资本主义制度开始全球的拓展，以英国及后来美国为代表，分别开启了以欧洲为中心的第一波及美西方为中心的第二波现代化进程。其间，西方的崛起及其国家财富生产能力的暴增使其占据了主导全球经济、政治和军事体系的长期优势地位。但是随之也带来深远的负面影响，广大殖民地和半殖民地地区陷入长期的贫困，南北发展鸿沟的日益扩大，两次世界大战、冷战对抗冲突以及核对峙将世界经历了血腥与恐怖。随着世界范围的民族觉醒和民族独立，旧的殖民体系土崩瓦解，特别是冷战结束后，集团对抗不复存在，和平、

发展、合作、共赢成为时代潮流，以中国为代表的广大发展中国家纷纷崛起，世界加快了现代化建设的步伐，由此开启了第三波，也是真正全球意义上的现代化进程。①

回顾世界近现代史，西方列强通过战争、殖民、掠夺等方式实现其现代化的老路，损人利己、充满血腥罪恶，给包括中国在内的广大发展中国家人民带来深重苦难。习近平总书记强调："中华民族经历了西方列强侵略、凌辱的悲惨历史，深知和平的宝贵，绝不可能重复西方国家的老路"②，"无论发展到哪一步，中国都永远不称霸、永远不搞扩张，永远不会把自身曾经经历过的悲惨遭遇强加给其他民族"。③因此"中国式现代化不走殖民掠夺的老路，不走国强必霸的歪路，走的是和平发展的人间正道。"④走和平发展道路的现代化是中国式现代化的重要特征。

第一，以和平发展取代"国强必霸"的逻辑。"国强必霸"的逻辑忽视了历史文化传承作为构建一国世界观及其对外政策的思想文化基础，忽视了世界各国人民追求公平正义的国际关系的伦理道德基础，也忽视了全球化时代世界各国越来越结成命运共同体的客观现实基础。"国强必霸"的逻辑建立在西方列强殖民扩张和瓜分世界的基础之上，本质上是一些西方国家将本国的利益凌驾于他国利益之上的霸权主义和殖民主义思维，体现为西方国家为争夺霸权而导致的灾难性战争。与"国强必霸"的逻辑不同，中国发展不对任何国家构成威胁。中国无论发展到什么程度，永远不

① 陈东晓、毛瑞鹏、王玉柱：《如何辨识中国式现代化新征程上的战略新机遇》，《国际展望》2024年第1期。

② 习近平：《中国式现代化是强国建设、民族复兴的康庄大道》，《求是》2023年第16期。

③ 《习近平在纪念中国人民抗日战争暨世界反法西斯战争胜利70周年系列活动上的讲话》，人民出版社2015年版，第5页。

④ 《习近平在中国共产党与世界政党高层对话会上的主旨讲话》，新华网，http://www.news.cn/world/2023-03/15/c_1129434162.htm。

称霸，永远不搞扩张。[①]“坚持和平发展道路”先后被写入《中国共产党章程》和宪法。由此，中国成为世界上唯一将和平发展写入宪法的国家，充分体现了中国走和平发展道路的坚定决心。

第二，以公平正义取代“弱肉强食”的丛林法则。西方国际关系理论将无政府状态作为基本假设，将自然界“弱肉强食”的丛林法则简单移植到人类社会，信奉权力至上，否定法律和道德约束，将不择手段地追求权力作为国家的核心外交政策目标，突出表现为一些西方国家从国家实力强弱的角度出发处理国际关系，垄断国际规则的制定，肆意干涉他国内政，实施单边制裁、极限施压。在独立自主和平外交政策的指引下，中国推动构建人类命运共同体，推动构建相互尊重、公平正义、合作共赢的新型国际关系，主张国家不分大小强弱一律平等，坚持在和平共处五项原则基础上同各国发展友好合作，秉持真实亲诚理念和正确义利观加强同发展中国家的团结合作，积极维护发展中国家的共同利益。呼吁世界各国弘扬全人类共同价值，尊重世界文明多样性，以文明交流超越文明隔阂、文明互鉴超越文明冲突、文明包容超越文明优越。[②]

第三，以合作共赢取代“你输我赢”的零和博弈。随着经济全球化深入发展，各国利益深度融合，国际社会越来越呈现“一荣俱荣，一损俱损”的局面。然而，一些国家依然固守零和博弈思维，片面追求绝对安全和垄断优势，大搞“筑墙设垒”“脱钩断链”。这既无助于本国的长远发展，也对世界和平与繁荣构成严重威胁。中国坚定奉行互利共赢的开放战略，不断以中国新发展为世界提供新机遇，秉持共同、综合、合作、可持续的

---

① 习近平：《决胜全面建成小康社会　夺取新时代中国特色社会主义伟大胜利——在中国共产党第十九次全国代表大会上的报告》，人民出版社2017年版，第59页。

② 习近平：《携手同行现代化之路——在中国共产党与世界政党高层对话会上的主旨讲话》，《人民日报》2023年3月16日。

新安全观，强调只有合作才能应对当前的各种传统和非传统安全挑战，促进共同安全才能保证自身安全。人类命运共同体理念破除了“你输我赢”的零和博弈思维，主张秉持合作共赢精神，共同应对各种全球性挑战，为开创人类更加美好的未来创造有利条件。

## 四、结语

中国式现代化道路是在中国共产党领导下探索出来的一条符合中国国情的现代化道路。走和平发展道路是中国式现代化的特点之一，也是中国政府和人民基于时代发展与自身根本利益作出的战略抉择。

自新中国成立以来，从提出和平共处五项原则，到倡导文明多样性和建设和谐世界，再到推动构建人类命运共同体，推动构建新型国际关系，中国始终坚持走和平发展的道路。不管国际局势如何变化，中国作为世界上最大的发展中国家，一直是世界和平的建设者、全球发展的贡献者、国际秩序的维护者以及人类文明的促进者。习近平总书记深刻地指出，“大时代需要大格局，大格局需要大智慧”。尽管当前百年变局叠加世纪疫情，世界共同现代化的进程继续遭遇顶风逆流。但和平、发展、合作、共赢的时代潮流没有根本变化，命运共通、责任共担、利益共享、时艰共克的呼声反映了世界各国人民的普遍愿望，建设人类命运共同体理念日益深入人心，构建新型国际关系迫在眉睫，中国将继续高举和平发展合作共赢的大旗，迎难而上，在实现世界共同现代化的征程中勇担大国责任。

中国式现代化独立探索出了一条不同于西方的现代化道路，打破了西方文明的神话。长期以来，西方现代化理论占据着世界现代化话语体系的主导地位。西方各国凭借其率先迈入现代化社会的出场顺序和优势，鼓吹“西方优越论”、“西方中心主义”等论调。这实际上是一种忽略了各个民族、国家和地区之间的差异性，强行将自身的价值观、治理体系和发展模式输出给其他国家的文化霸权主义。这种意识形态层面的渗透不仅加剧落后国家的贫困与危机，还以所谓“文明冲突论”固化对抗思维和冷战意识。走和平发展道路是我们党根据时代发展潮流和我国根本利益作出的战略抉择。中国式现代化是走和平发展道路的现代化。中国将始终坚持维护世界和平、促进共同发展的外交政策宗旨，不断丰富人类命运共同体理念的内涵和实践路径，与世界人民携手开创人类更加美好的未来。

和羹之美，在于合异。中国式现代化超越“西方中心论”和“文明冲突”的思维束缚，勇于跨越“修昔底德陷阱”，以中国智慧为解决全球性问题、引领国际关系新范式提供了新的思路。正如习近平总书记指出的，中国式现代化作为人类文明新形态，与全球其他文明相互借鉴，必将极大丰富世界文明百花园。①

**作者单位**

上海国际问题研究院

① 习近平：《携手同行现代化之路——在中国共产党与世界政党高层对话会上的主旨讲话》，《人民日报》2023年3月16日。

# 第三编

# 中国式现代化的本质要求

坚持中国共产党的领导是中国式现代化的历史经验、现实动力和内在要求，阐释新时代中国共产党领导的科学内涵、政治机理和实践路径，是坚持和加强党的领导的应有之义。中国特色社会主义是中国人民坚持解放思想、实事求是追求现代化的历史经验和现实根基，当前应继续立足本国国情，坚持大兴调查研究的优良传统，聚焦新发展阶段的社会主要矛盾，把握新时代中国特色社会主义事业的基本规律，坚持守正创新，探索新时代中国特色社会主义事业的现代化机理。高质量发展作为中国式现代化的首要任务，当前既要夯实传统生产力的基础，也要推动以芯片等为代表的新技术、新元素、新产业等新质生产力的加快形成，同时，积极营造新时代亲清的政商生态，夯实高质量发展的多重基础。全过程人民民主是党的领导、人民当家作主和依法治国有机统一的中国特色社会主义民主形态，构建适合中国国情和发展需要的全过程人民民主综合评价体系，是完善全过程人民民主治理体系和提升治理效能的现实需求。中国式现代化是物质文明和精神文明相协调的现代化，立足“两个结合”，培育践行社会主义核心价值观，丰富中国人民的精神世界，是中国式现代化文化维度的核心要义和集中表现。实现全体人民共同富裕，不仅要关注工业化时代的物质基础，更要聚焦数字化时代的新技术要件，积极培育新技术、新要素、新业态综合推动实现共同富裕的动能。促进人与自然和谐共生，不仅要大力发展绿色能源，更要激发中国产业体系的绿色能源基因，实现绿色发展在国内和国际维度的协调和均衡。国际维度上，中国继续在积极推动世界和平发展、开放发展、合作发展方面着力，进一步探索中国实践，推出更多中国方案，积极贡献中国智慧，以文明交流互鉴推动构建人类命运共同体。中国式现代化是历史与现实有机统一的产物，深刻阐释和把握中华民族现代文明的历史渊源和未来指向，进一步夯实中国现代文明的历史底蕴和文明厚度，在创造人类文明新形态中，更好地展现中国式现代化的现代文明形象。

# “中国共产党的领导”的政治机理和实践路径

丁长艳

党的二十大报告提出中国式现代化是中国共产党领导的社会主义现代化的重大命题。中国共产党的领导是决定和开创中国式现代化实践进程的核心要素，对此，习近平总书记指出：“这是对中国式现代化定性的话，是管总、管根本的，为什么要强调党在中国式现代化建设中的领导地位？这是因为，党的领导直接关系中国式现代化的根本方向、前途命运、最终成败。”[①] 这种“管总、管根本”的地位，集中表现为中国共产党全面领导的制度体系及其治理过程的规范化程度决定的。新时代以来中国共产党的领导，集中表现为“坚持和加强党的全面领导”的时代命题。深刻认识和全面把握“坚持和加强党的全面领导”的历史经验、科学内涵、内在机理和实践路径，这是进一步探索和引领中国式现代化事业的根本命题。坚持和加强党的全面领导是马克思主义政党理论、现代国家治理理论和中国式

① 习近平：《中国式现代化是中国共产党领导的社会主义现代化》，《求是》2023年第11期。

现代化实践需求有机结合和有效融合的重大命题。当前，中国共产党全面领导的现代化，主要是由领导观念的现代化、领导主体的现代化、领导制度的现代化和领导责任的现代化构成的，该内涵主要是由中国共产党是建设现代国家的领导力量的定位决定的。

## 一、坚持党的领导是中国式现代化的历史经验和时代主题

"中国共产党领导的社会主义现代化"，这是中国共产党以自我革命引领伟大社会革命的时代主题。中国共产党的领导这个"管总、管根本"的地位，是"两个革命论"基本原理中的核心因素和政治机理，它支配着中国式现代化的具体形态。其中，党的自我革命是前提、基础和动力，引领社会革命是目标、要求和结果。"两个革命论"的中介因素与链接机制是党的领导，新时代集中体现为"党的全面领导"。

### （一）中国共产党领导的社会主义现代化是历史经验

在世界历史进程中，政党作为现代化的产物，不仅发达国家的政党是现代国家建构的重要因素，而且政党是后发国家建设现代国家的关键力量甚至是领导力量，这在中国表现得尤为典型。近代中国由于世界交往而被卷入普遍竞争的斗争中①。正是中国进入现代化历史进程时间上的被动性，导致了中华民族长期遭受了国家蒙辱、人民蒙难、文明蒙尘的历史境遇。作为后发国家，各国不仅进入现代化进程在时间上是滞后的，而且进入世界历史进程的结构模式和发展权利也是被动的。后发国家的现代化转型发展史表明，中国要能成功进入现代化历史进程，并成功实现从传统走向现

① 《马克思恩格斯选集》第1卷，人民出版社2012年版，第95页。

代的转型，必须有现代的组织化力量来推动和完成，这就是现代政党，这是马克思主义原理与中国实际、与中华优秀传统文化相结合的多重因素决定的。中国从传统社会走向现代社会的历史进程，诞生了中国共产党领导中国式现代化的历史经验及其现实形态。

坚持党的领导是探索中国式现代化道路的必然选择。近代中国本身具有的后发国家和超大型国家的内在定位及其约束条件，不仅决定了近代中国走向现代化的道路选择及其历史机理，也拓展了后发国家探索追赶式现代化道路的规律性认识，同时诞生了由中心力量领导国家实现现代化转型的实践模式和历史形态。正如邓小平强调："在中国这样一个大国，没有共产党的领导，必然四分五裂，一事无成。"① 走一条由中心力量领导的现代化道路，不仅是中国共产党探索中国式现代化的必然选择，也是后发国家成功走向现代化的共性规律。尽管在不同国家中，领导现代化转型的"中心力量"的组成及其路径不同，但有组织的现代化，这是所有国家现代化转型的共性特点。在中国现代化语境中，集中表现为中国共产党的领导甚至是全面领导。

其中，"三个长期坚持、永不动摇"是中国共产党领导中国式现代化历史经验的集中表达，即"历史和人民选择中国共产党领导中华民族伟大复兴的事业是正确的，必须长期坚持、永不动摇；中国共产党领导人民开辟的中国特色社会主义道路是正确的，必须长期坚持、永不动摇；中国共产党和中国人民扎根中国大地、吸纳人类文明优秀成果、独立自主实现国家发展的战略是正确的，必须长期坚持、永不动摇"②。这个重大的历史结论，分别从主体、道路和战略角度，阐释了在中国式现代化的历史及其实

---

① 《邓小平文选》第 2 卷，人民出版社 1994 年版，第 358 页。

② 习近平：《在庆祝中国共产党成立 95 年大会上的讲话》，人民出版社 2016 年版，第 5 页。

践中，坚持和加强中国共产党的领导的历史机理和基本规律。中国共产党领导中国式现代化，这是在近代中国式现代化转型历史进程中自发选择的结果，也是在传统与现代竞争和对抗的历史脉络中自觉探索的结果，更是世界资本主义历史进程与传统国家治理结构之间竞争和对抗自主探索的结果。中国共产党领导中国式现代化的历史进程表明，建构现代国家并推动其实现现代化转型，这是中国式现代化合目的性与合规律性的有机统一。

坚持党的领导是推进中国式现代化事业的根本保障。坚持和加强中国共产党领导的重要性和必要性，指明了坚持和加强中国共产党领导的内在要求和实践路径。“中国共产党领导是中国特色社会主义最本质的特征，是中国特色社会主义制度的最大优势，是党和国家的根本所在、命脉所在，是全国各族人民的利益所系、命运所系。”① “最本质特征”的内在规律性表明，坚持中国共产党的领导，既是中国现代国家治理的核心要素，也是领导和推动中国国家治理现代化的动力和机制，其中，完善中国共产党领导制度体系是决定中国式现代化事业方向、道路和成败的关键因素，因为，领导制度、组织制度更带有根本性、全局性、稳定性和长期性。② 不同历史阶段，中国共产党的领导与中国式现代化事业之间的具体形态是动态变化的，中国共产党领导的基本内涵、运行机理和实践路径既一脉相承又有所区别。坚持党的领导，必须坚持和加强党的领导，让党的领导更加适应实践、时代和人民不断变化的实际需求。在中国式现代化实践中，坚持党的领导既具有理论和实践的统一性，也具有历史和现实的统一性。坚持党的领导既是中国式现代化的历史结论和历史经验，也事关中国式现代化的实践形态和未来发展。

---

① 《十九大以来重要文献选编》(下)，中央文献出版社2023年版，第378页。

② 《邓小平文选》第2卷，人民出版社1994年版，第333页。

### （二）新时代坚持和加强党的全面领导的基本内涵

关于中国共产党的领导，“存在不少对坚持党的领导认识模糊、行动乏力问题，存在不少落实党的领导弱化、虚化、淡化、边缘化问题，特别是对党中央重大决策部署执行不力，有的搞上有政策、下有对策，甚至口是心非、擅自行事”[①]等问题。新时代在推进全面从严治党战略的实践，坚持和加强党的全面领导是其根本性命题。其中，党中央聚焦坚持党对一切工作的领导、不断加强和改善党的领导的重大命题，坚持和加强党的全面领导的核心内容和实践重心是，“坚决维护党中央权威和集中统一领导，把党的领导贯彻和体现到改革发展稳定、内政外交国防、治党治国治军各领域各方面各环节”[②]。方法论上，党的二十大报告从全面系统整体等角度，将坚持党的全面领导，上升为坚持和发展中国特色社会主义的必由之路的至关重要的规律性认识。为更充分而有效地发挥党的全面领导这一最大政治优势、组织优势和制度优势，需要形成完善有力的制度体制机制，夯实严密的组织基础，形成有效的工作体系。

党的全面领导原则在中国式现代化实践中得到全面贯彻和实现全方位拓展，坚持和加强党的全面领导的内涵和外延也清晰显现。内涵上，党的领导本质上是治理结构、治理过程和治理结果的有机统一；外延上，党的领导涉及党和国家、社会、经济等各领域各方面各过程。时间上，党的领导贯穿于自其诞生以来的全部历史进程中；空间上，党的领导在组织和结构方面，实现了“东西南北中”的空间性结合，又在领域和行业方面，实现了“党政军民学”的一体化融合。横向上，党的全面领导在党政机构、企事业单位和群团组织等领域，形成内涵丰富和形态多样的领导结构和相

① 《中共中央关于党的百年奋斗重大成就和历史经验的决议》，人民出版社2021年版，第27页。

② 《习近平著作选读》第2卷，人民出版社2023年版，第222—223页。

关的领导制度体系。纵向上，党的全面领导在中央、地方和基层党组织的运行形态具有差异性和多样性。

第一，坚持党的全面领导的治理观念。中国共产党作为中国式现代化的坚强领导核心，充分发挥“党的全面领导”优势，实现“党善于领导”的目标，这是两大基本命题，要实现这两大目标，应从观念上明确党的全面领导的价值立场、治理理念和组织观念。其一，站稳人民至上的价值理念。“江山就是人民，人民就是江山”，这是中国共产党长期执政的基本原理和集体伦理。从观念上看，党的全面领导的主要任务是，将中国共产党立党为公、执政为民的集体伦理进行社会化，塑造党组织集体领导的先进性和个体成员的先锋性，在理论和实践、观念和行为方面，实现中国共产党的党性、党纪和党风的有机统一。其二，夯实制度化的治理理念。将人民至上的价值理念，充分转化为实践中的政治优势、组织优势和制度优势。党的全面领导应从制度化治理的角度入手，健全为人民执政、靠人民执政的各项制度，这是长期执政条件与现代国家治理对党的全面领导提出的现实要求。其三，明确规范化的管理理念。新时代全面从严治党战略的本质与核心内容，是完善民主集中制原则以及相关的制度、体制和机制。其中，核心任务是从组织理念上，规范和明确维护党中央权威和集中统一领导的最高政治原则，并将该理念原则融入全面从严治党的全过程。

第二，优化党的全面领导的治理结构。贯彻和落实党的全面领导原则，是建立在党的全面领导功能的整体性和治理结构的科学性基础上的。党的全面领导治理结构应围绕增强党的政治领导力、思想引领力、群众组织力和社会号召力的不同要求展开，其中，党的全面领导功能的整体性和结构的科学性，是建构“四力”的两大关键因素。一是党的全面领导组织功能的整体性。中国共产党的全面领导既是中国式现代化的内在要求，也是领导中国式现代化的动力条件。根据新时代党的领导“全面的、系统的、整体的”这一本质要求，从党的领导和自身治理双重角度，聚焦完善党的全面领导政治功能的统领地位，夯实中国共产党自身治理功能的基础地位。同时，顺应法治化的现代治理趋势，秉持法治化的现代治理原则，聚焦功能设置的科学化、功能完善的制度化和功能运行的规范化要求，优化党的全面领导的组织功能体系，完善支持党的全面领导的机构职能体系，实现党的领导功能的引领、执政功能的巩固以及管理功能的保障内在的有机统一。二是党的全面领导结构的科学性。根据“健全总揽全局、协调各方的党的领导制度体系”的目标和要求，“从持续健全党对重大工作领导的体制机制、加强党政机构科学设置和职能优化配置、提高部门履职尽责能力，更好发挥中央和地方两个积极性等方面”①，进一步优化党全面领导现代国家治理的结构，“推动党对社会主义现代化建设的领导在职能上更加科学合理、在体制机制上更加完备完善、在运行管理上更加高效”②，这是优化党的全面领导治理结构的内在要求。

第三，完善党的全面领导的制度体系。在中国特色社会主义制度体系中，党的领导水平和执政能力，主要是由中国特色社会主义制度体系的完善程度决定的。“中国特色社会主义制度是一个严密完整的科学制度体系，起四梁八柱作用的是根本制度、基本制度、重要制度，其中具有统领地位的是党的领导制度。党的领导制度是我国的根本领导制度”③。在中国特色社会主义制度和国家治理体系中，中国共产党的领导制度体系居于统领地位。因而，健全中国共产党“总揽全局、协调各方”的领导制度体系，应

① 《习近平关于中国式现代化论述摘编》，中央文献出版社2023年版，第62页。
② 《十九大以来重要文献选编》(下)，中央文献出版社2023年版，第94—95页。
③ 《习近平著作选读》第2卷，人民出版社2023年版，第284页。

将党的全面领导原则落实到国家治理的各领域各方面各环节。从党内纵向的领导关系看，完善维护党中央权威和集中统一领导的各项制度，是党内领导制度的内向要求。“维护党中央集中统一领导是具体的而不是抽象的，首先要落实到坚定维护党中央权威上，落实到增强‘四个意识’、坚定‘四个自信’、做到‘两个维护’的实际行动上”①，促进党中央和地方党组织之间的有效沟通，从而形成党组织纵向上的政令统一、运行顺畅、执行高效和充满活力。从党与其他主体的领导关系看，主要是完善党与人大、政府、政协、监察机关、审判机关、检察机关、武装力量、人民团体、企事业单位、基层群众自治组织、社会组织之间领导结构及其制度体系的科学和规范，“确保各级各方面在党的统一领导下，各就其位、各司其职、各尽其责、有序协同”②。

第四，夯实党的全面领导的政治责任。从现代治理角度看，政党责任的科学化和规范化，是新时代党的全面领导的应有之义。一方面，党的全面领导的政治责任。中国共产党的全面领导、长期执政和自我管理的政治身份和主体责任，建构其全面领导的政治责任具有多元的结构组成和多层的表现形式。其中，党的领导责任寓于执政责任和管理责任之中。新时代党的自我革命和全面从严治党的目标是，构建一个与领导中国式现代化事业目标相适应的现代责任政党及其责任规范体系。2019 年 4 月实施的《中国共产党党组工作条例》和 2019 年 9 月实施的《中国共产党问责条例》，分别对党委（组）全面履行领导责任与党委（党组）应履行的全面从严治党主体责任，从内容、程序与结果等方面进行明确规范。将中国共产党领导人民治理国家的使命驱动型的政治责任体系，逐步转向更加具有现代法

① 《坚持团结奋斗　贯彻落实好党的二十大重大决策部署》，《人民日报》2022 年 12 月 28 日。

② 陈希：《健全党的全面领导制度》，《党建研究》2019 年第 11 期。

理型的纪律规范体系，这是建构中国式现代化领导主体现代性的结构化要件，也是进行问责治理的制度化保障。

另一方面，党的全面领导的组织责任。作为世界上最大的政党，中国共产党自身的组成具有价值观念多元、党员规模庞大、组织结构复杂与政党文化丰富等大党治理的典型特征。“大党大国，既是我们办大事、建伟业的优势，也使我们治党治国面对很多独有难题”①。独特的政党责任和巨大的政党规模的双重性，意味着政党规模有多大，政党管理难度就有多大；管理难度越大，维护政党团结就越重要。政党责任是影响和支配政党的属性、功能、定位、组织和制度的基础因素，夯实党自我严格管理的组织责任，完善严密的党内法规体系，形成全方位党员管理的制度约束，构建适应时代需要的政党责任结构，这些都是党的全面领导在组织方面的建设目标。

## 二、新时代坚持和加强党的全面领导的政治机理

中国共产党作为中国式现代化的领导力量，党的性质宗旨、初心使命、信仰信念、政策主张，决定了中国式现代化的本质属性、时代内涵和实践要求。坚持和加强党的全面领导，是全面推进中国式现代化和实现中华民族伟大复兴的根本动力和组织保障。长期执政的地位、现代国家治理和现代政党治理，不仅构成坚持和加强党的全面领导的结构性条件，而且也从政治责任、制度体系和治理责任等方面，对坚持和加强党的全面领导提出新的治理要求。

---

① 习近平：《在党的十九届七中全会第二次全体会议上的讲话》，《求是》2022年第23期。

### （一）长期执政对党的全面领导的政治责任提出规范化要求

坚持和完善中国共产党的全面领导，是中国式现代化的现实条件和长期目标。中国共产党在内外环境、政治目标、执政能力、精神状态、组织结构、政治生态等方面，面临新老问题重叠和复杂交织的现状。新时代要有解决大党独有难题的清醒和坚定，核心是要把握大党的领导、执政和治理的内在关系及其规范化机理。大党之“大”集中表现为，党的成员和组织模式的超大规模性、党全面领导权力范围的广泛性、组织管理权力结构的严密性与政党主体责任的规范性。这意味着长期执政应从党的全面领导责任着手，进一步完善政党责任体系，这是党实现全面领导和长期执政的现实需求和制度要求。

第一，全面领导责任的嵌入和联结。随着党的全面领导从政治原则，逐步转化为嵌入现代国家和现代社会的治理结构和制度规范，党的全面领导和国家治理、社会治理、经济发展等领域之间，形成全面领导责任上的嵌入和联结。这种嵌入和联结主要围绕党的领导权力、执政权力与管理权力而展开，三者相互联系并相互影响，既要从法理渊源、运行方式和实际路径等方面进行区分，又要明确三者之间的内在统一。全面领导责任的运行和规范，主要是通过党内组织责任的规范化引领和推动实现的，同时，党的全面领导责任影响和决定着党内组织责任的变革方向和实际状态。中国共产党建构适应其全面领导的政党主体责任。通过政党内部责任体系的规范和完善，将党内责任作为规制性要素嵌入中国的国家治理、社会治理与经济治理等领域。“规范系统会对社会行为施加限制，但它们同时也赋予社会行动以力量，对社会行动具有赋权和使能作用”①，正是党的全面领

① ［美］W. 理查德·斯科特：《制度与组织：思想观念、利益偏好与身份认同》，姚伟等译，中国人民大学出版社2020年版，第67页。

导责任的引领、嵌入和联结，从而为现代国家治理责任体系的完善，提供了推动力量。随着中国共产党的全面领导，从传统政治责任向现代法理责任的转换，为中国现代国家责任体系建设提供了杠杆和支点，以负责任的政党建设带动现代国家责任体系建设，这是党以自我革命引领社会革命在责任建设方面的典型表现。

第二，长期执政责任的规范和协调。从现代执政角度看，科学执政、民主执政和依法执政，是中国共产党领导现代国家治理和现代社会治理的发展目标与内在要求。科学、民主和依法为长期执政责任建设指明了发展方向，从全面领导责任嵌入到实现与执政责任的高效联动，主要是通过两类治理结构的规范化实现的。一是党全面领导国家治理结构的规范化。长期执政责任的规范和协调，首要因素是中国共产党全面领导责任的规范化。横向上，党的全面领导责任，主要是通过党在组织、宣传、纪检、政法和军事等横向维度功能的分化实现的，纵向上，主要是通过“党的中央组织—地方党委—基层党委—党总支—党支部”的垂直组织传导的。这都表明，中国共产党是具有典型科层制特征的政党，与其他类型的组织特征相比，科层制组织“在明确性、稳定性、纪律的严格性及可依赖性诸方面，它都比其他形式的组织优越”①。现代科层制为大党领导、执政与管理提供了组织化与建制化的双重功能。二是各级党委领导下政府治理结构的规范化。新时代以来，随着党的全面领导在机构和职能方面的改革和完善，不仅形成了各级党委领导下的政府治理体系，而且政府体系内部的权责关系，通过党的全面领导责任的落实和加强，从原来纵向的压力型责任模式，逐步向整合型责任模式转变。

---

① ［德］马克斯·韦伯：《经济与历史　支配的类型》，康乐等译，广西师范大学出版社2004年版，第318页。

## （二）现代国家治理对党的全面领导的制度体系提出规范化要求

党的十九届四中全会《关于坚持和完善中国特色社会主义制度推进国家治理体系和治理能力现代化若干重大问题的决定》指出，中国特色社会主义制度和国家治理体系的第一个显著优势，就是“坚持党的集中统一领导，坚持党的科学理论，保持政治稳定，确保国家沿着社会主义方向前进的显著优势”，同时强调“健全总揽全局、协调各方的党的领导制度体系，把党的领导落实到国家治理各领域各方面各环节”[①]，国家能力和政府能力的双重趋势对党的全面领导制度体系建设提出规范化的要求。

中国共产党和社会主义是决定中国特色社会主义制度和国家治理体系属性的核心因素。“我们治国理政的本根，就是中国共产党的领导和我国社会主义制度。”[②]党的领导既是一种原则，也是一种结构，更是一种制度。“党是最高的政治领导力量”的定位和“党领导一切”的原则[③]，决定了党的全面领导制度体系建设的重要性和必要性。我们党坚持和完善中国特色社会主义制度，不断推进国家治理体系和治理能力现代化，形成包括中国特色社会主义根本制度、基本制度、重要制度等在内的一整套制度体系。其中，党的领导制度是根本政治制度。党的全面领导制度体系的规范化，要实现党的全面领导制度体系在结构、功能和过程等方面的深度融合，其中，融合的着力点就是，实现党的全面领导权力的法定化、领导结构的科学化、领导过程的规范化和领导结果的问责化。党的全面领导制度体系规范化的本质是，实现党的全面领导制度体系和运行过程的权责一体和权责一致。

---

① 陈希：《健全党的全面领导制度》，《党建研究》2019年第11期。

② 《习近平关于中国式现代化论述摘编》，中央文献出版社2023年版，第44页。

③ 同上书，第39页。

法治化是现代国家治理的发展方向和内在要求，全面依法治国的重心是加强和改善党的领导。党的全面领导原则与现代国家治理之间关系的制度化、规范化与程序化，这是党以自我革命引领伟大社会革命的关键所在。党的全面领导主要是“通过法定程序使党的主张成为国家意志、形成法律，通过法律保障党的政策有效实施”①，这是推进党的领导制度化的基本内涵，也是党的领导法治化的重心所在。其一，党的全面领导原则的制度化。随着党的全面领导原则融入国家治理体系，党的领导和组织原则以及相关的制度规范，相应成为支配国家治理体系的制度规范，形式集中表现为，以党章为统领的党内法规体系不仅是中国特色社会主义法治体系的重要组成，依规治党和依法治国有机统一原则，为党的全面领导原则的制度化，提供了实践路径，依规治党为进一步依法治国提供了牵引力，同时，依法治国也为依规治党提供了法治保障，两者的统一是党的全面领导原则制度化的核心要义。其二，党的全面领导过程的法治化。党要科学执政、民主执政和依法执政，本质是党的全面领导的法治化。新时代党的全面领导原则不仅在党章中得到彰显和规范化，而且党组的领导职责②与党委（党组）的监督职责③也在党内法规体系中，不断实现了原则、内容和程序方面的规范化。

党的全面领导的规范化是决定法治国家、法治政府与法治社会一体化建设的核心机制，坚持依规治党与依法治国有机统一，关键是党的领导的法治化，两者有效结合的具体表现是，党领导人民治理国家的民主原则被

① 习近平：《加强党对全面依法治国的领导》，《求是》2019 年第 4 期。

② “党组发挥把方向、管大局、保落实的领导作用，全面履行领导责任，加强对本单位业务工作和党的建设的领导，推动党的主张和重大决策转化为法律法规、政策政令和社会共识，确保党的理论和路线方针政策的贯彻落实”，见《中国共产党党组工作条例》（2019 年 4 月 6 日起实施）。

③ “党委（党组）在党内监督中负主体责任，书记是第一责任人，党委常委会委员（党组成员）和党委委员在职责范围内履行监督职责”，见《中国共产党党内监督条例》（2016 年 10 月 27 日起实施）。

转化为现代的法理型规范体系，塑造了国家、法治与负责制之间关系平衡的政治体系。①

（三）现代政党治理对党的全面领导的治理责任提出规范化要求

从政党治理的视角看，明确政党责任主体与塑造政党的主体责任，根本上应解决管党治党方面“宽松软”等长期存在的体制机制性问题。

第一，明确管党治党责任。在中国式现代化事业的开创、探索和实现过程中，中国共产党不仅要坚守崇高理想信念宗旨的引领，也要形成党严格自我管理的制度、体制、机制以及相关的责任体系。一方面，组织层面，完善组织管理的党内法规体系。构建内容丰富、结构严密和功能科学的党内法规体系，这是新时代党严格自我管理和内部治理的制度保障。同时，“健全党统一领导、全面覆盖、权威高效的监督体系，完善权力监督制约机制”②，这是党进行自我监督的制度保障，管理和监督构成了管党治党责任的内在机制。另一方面，个体层面，强化道德内驱型的自我管理。作为社会阶层的先进分子和理论上的先锋战士，应“带头参加改革开放和社会主义现代化建设，带动群众为经济发展和社会进步艰苦奋斗，在生产、工作、学习和社会生活中起先锋模范作用”③。这种党员的使命责任和个体意识的先进性不是自然而然就存在的，而是在党内政治生活和组织生活中形成的。管党治党责任的实现，主要是遵循组织他律和个体自律相结合的原则，进一步完善民主集中制原则和相关制度规范，锻造具有历史使命感和行动主体性的新时代高质量政党。

第二，责任主体对象的全涵盖。政党的责任主体主要包括数量庞大的

① ［美］弗朗西斯·福山：《政治秩序与政治衰败：从工业革命到民主全球化》，广西师范大学出版社2015年版，第31页。

② 《党的二十大报告辅导读本》，人民出版社2022年版，第59页。

③ 《中国共产党章程》，人民出版社2022年版，第26页。

党组织和成员。当前中国共产党的责任主体既多元又多层，党组织在企业、农村、机关、学校、医院、科研院所、街道社区、社会组织等基层，做到政党的组织分布与功能覆盖相结合。截至 2022 年 12 月底，中国共产党党员总数为 9804.1 万名，党的基层组织 506.5 万个，党组织覆盖率均超过 99.9%，基本实现应建尽建[①]。基数庞大的党员是政党“细胞”，党的干部是引领型力量，结构多样的基层党组织是战斗堡垒，中央党组织是决策型中枢，这四大因素构成百年大党组织样态。党的路线方针政策向下与向外传播的有效性是组织执行力的关键，各类党组织功能完善的履责体系是组织有效沟通的保障。核心是要实现政党责任主体的具体化与责任内涵的明确化，压实各类各级党组织在教育、管理、监督与服务等方面的主体责任。

第三，主体责任链条的闭环化。党的规范化建设的重心是确保其主体责任属性与履责模式的有机统一。实践中党内存在的管人管事管权缺环、制度建设缺失、监督责任缺位等问题，根本原因是党的主体责任建设的规范化程度不高所致，不同类型与层次的党组织主体责任出现“缺环”，不同过程中党组织与成员的主体责任链也存在“缺链”。健全党的自我革命制度规范体系主要从机制和过程入手。一方面，党内的巡视形成“发现问题与责任—找出深层次原因—提出意见建议—堵塞制度漏洞”[②]的监督机制，通过强化自身监督带动外部监督形成合力效应。另一方面，构建明确问责主体、划定问责对象、明晰问责情形、规范问责方式与完善救济渠道的闭环责任制，形成从“领导者的个人责任制”向“党委、纪委的集体责

① 中共中央组织部：《中国共产党党内统计公报》，中国政府网，https://www.gov.cn/govweb/yaowen/liebiao/202306/content_6889177.htm。

② 习近平：《论党的自我革命》，党建读物出版社、中国方正出版社、中央文献出版社 2023 年版，第 127 页。

任制”，再到“全体党员和党的组织整体责任制”的扩展[①]，实现责任主体覆盖的全面化、权责内容的明确化和权责关系的制度化，确保中国共产党能长期拥有成员个人目标让位于政党目标及其价值扩散的强规范化能力。从规制性视角看，坚持制度治党、依规治党，意味着规模庞大、结构严密的党内规矩对党组织和党员形成全方位的制度性约束，从而形成适应时代需要的政党内部责任结构。健全全面从严治党体系，本质是构建一个科学、规范与有效的现代政党责任结构，通过全面从严治党，中国共产党实现科学定责与有效问责，不断建构和完善严格自我管理的内部监督体系，并实现与其他类型监督的高效联动。

## 三、新征程中坚持和加强党的全面领导的实践路径

随着中国共产党全面领导原则的扩展，党全面领导的体制机制逐步完善，党引领社会革命的关系更趋规范和稳定。党自身治理的现代化与其领导国家与社会体制机制的现代化集中表现为，构建和健全全面从严治党体系、坚持和加强党的全面领导两方面。长期执政面临“四大考验”“四种危险”“四个不纯”的现实，中国共产党能否具备“及时发现和解决问题”的自我革命能力，这是党的全面领导及其自我革命实现可持续性的关键。当前，党以自我革命引领社会革命已从一种动员化的领导行为，分别从政党的观念、组织、制度和责任等角度，实现了治理对象的全方位覆盖，治理结构的全要素涵盖，治理行为的全过程治理，逐步发展为一套由现代化规范导向支配的价值理念、组织功能、制度体系和责任体系共同组成的稳定

① 李斌雄、张银霞：《基层党组织落实全面从严治党责任及其问责机制探讨》，《探索》2016 年第 1 期。

的领导结构。这意味着，中国共产党引领社会革命，正朝着理念的先进性、功能的规范化、结构的科学化和结果的问责化的方向发展。

## （一）回归马克思主义政党的先进性观念

党的全面领导首先是一种思想上的领导与引领，党内的思想建设是基础性建设。思想建设的本质是回归马克思主义的政党观念规范。党以自我革命引领社会革命在思想层面的要求，是重新阐释共产党人政治生活及其意义世界内在的规范化要求，构建与适应时代发展需要的先进性与纯洁性的价值观念。“马克思主义政党不是因利益而结成的政党，而是以共同理想信念而组织起来的政党”①，观念层面的先进与纯洁主要是明确政党生活中的共识性观念与规范性要求，即形成对马克思主义理想信念、共产主义远大理想和中国特色社会主义共同理想的认同，这是治理现代化在观念层面的核心要义。中观维度夯实党性观内蕴的政治规范，即要牢记中国共产党执政为民的根本宗旨，引导政党成员树立正确的世界观人生观价值观。要将上述两类政党集体观念规范转化为微观个体层面可具操作性的标准，这需要进一步完善党性锻炼及其相关机制，在党内政治生活与组织生活中形成政党新的集体观念与组织规范，促使政党和成员“炼出新的品质”，“造成新的力量和新的观念”，反过来又用这种“新的品质”“新的力量”“新的观念”来引领和推进对客观世界的改造②。

## （二）优化党的全面领导的功能性结构

要充分发挥党的全面领导的政治优势、组织优势和制度优势，在完善党的全面领导的结构基础上，应完善党的全面领导的功能性结构，即党组织的政治功能和组织功能。马克思主义政党组织优势建立在组织功能科学

① 习近平：《以党的伟大自我革命推动伟大社会革命》，《求是》2019 年第 19 期。
② 《马克思恩格斯文集》第 8 卷，人民出版社 2009 年版，第 145 页。

设置和规范运行基础上。影响政党质量的核心因素是党内政治生态，党内政治生活与组织生活高度相关。党内组织生活作为教育管理监督党员的基本形式，高质量的组织生活是塑造良性党内政治生态的基础，因而，组织建设重点要聚焦政党功能的设置与运行。一是政党功能的科学性依赖于健全的组织体系，包括组织设置、组织生活、组织运行、组织管理、组织监督等方面。在党领导国家与社会体制机制的现代化方面，主要是加强党在不同领域领导规范的科学性、不同领域选人用人机制的精准性。提升党内法规体系的周延性以及党内法规与国家法律体系的衔接性，是支持领导党与执政党的身份与地位的规范化保障。二是功能运行上，聚焦现代政党沟通规律，根据中央和国家机关、地方党委和基层党组织在组织体系中具有的功能与特点，重点规范和完善中央党组织的决策中枢型功能、地方党组织的承上启下型沟通功能，以及基层党组织的复合型功能，更好地实现政党内部的上下贯通与执行有力。

### （三）完善党的全面领导的制度体系

党内法规建设既是党自身治理现代化的集中体现，也是党的全面领导的制度保障。新时代党内法规从数量、功能与结构方面实现了系统集成。截至 2022 年 6 月 30 日，现行有效的党内法规共计 3718 部，其中，中央党内法规 221 部、部委党内法规 170 部、地方党内法规 3327 部，形成了由党章和党的组织法规、领导法规、自身建设法规、监督保障法规共同构成的、覆盖党的领导和党的建设各方面的制度法规组成的“1 + 4”党内法规体系①。功能上，组织法规侧重规范中央党组织、地方党组织、基层党组织、党的纪检机关、党组等不同主体的职责范围与边界，领导法规侧重规

① 《关于加强党内法规制度建设的意见》，《人民日报》2017 年 6 月 26 日。

范党在国家与社会领域内的领导行为，自身建设法规侧重党内的规矩体系和实践标准，监督保障法规侧重党的监督、激励、保障等方面建设。结构上，党内法规体系贯彻民主集中制原则，以党章为根本，以准则、条例等中央党内法规为主干，以部委党内法规、地方党内法规为重要组成部分，由各领域各层级党内法规组成的有机统一整体①。党的自我革命制度规范体系，更加突出理念的系统性、内涵的全面性、体制机制的科学性，进一步提升新时代党的全面领导和自身治理的现代化水平。

（四）夯实党的全面领导的责任体系

新时代中国共产党政党责任的内涵和外延实现了拓展，担负起引领方向、凝聚共识、促进发展、加强合作和完善治理五个方面的责任②。"大党独有难题"是当前中国共产党构建复合型责任体系的组织基础，"大党应有的样子"是政党的公共责任（外部责任）与组织责任（内部责任）有机统一的实践要求。两者共同导向的政党责任建设完善党的全面领导的责任规范体系，这是健全全面从严治党体系的核心机理。全面从严治党主要明确两类责任。从公共责任看，党的责任规范体系将宏观政治责任转化为具体化与可操作的领导责任、执政责任与管理责任，是强规范性建设的责任之基。从组织责任看，政党责任需分解化与分层化，厘清不同层级党组织的领导责任、主体责任和监督责任的内涵与边界，这是政党集体责任规范化的基本要求。从原则、内涵、标准与程序方面，将政党责任内涵予以明确化、要求具体化与结果问责化，将党组织的整体责任分解化与具体化、将各级党委的集体责任部门化与个体化，政党权力的可问责化是现代政党

① 中央办公厅法规局法规处：《夯实百年大党治党治国的制度根基——解读〈中国共产党党内法规体系〉》，《党建》2021年第10期。

② 《习近平著作选读》第2卷，人民出版社2023年版，第491—493页。

治理的内在机理与实践要求。

## 四、结语

对于中国这样的超大型发展中国家而言，一个成熟稳定的现代化政党，不仅是现代国家治理的核心要素，也是决定中国式现代化事业成败的决定性因素。新征程中坚持和加强“党的领导”的重大命题具有十分重要的理论意义和现实意义。从国家治理现代化和政党治理现代化双重视角看，党的领导和自身治理的现代化既有世界政党发展的共性，也因中国共产党在国家和政治生活结构中的地位与功能而具有特殊性。从长期执政角度看，政党治理理念的人民性、治理体系的科学性、治理组织的制度化和治理责任的可问责性，这是新时代坚持和加强党的全面领导现代化的内在要义。只有充分发挥党的领导的政治优势、组织优势和政治优势，才能确保中国式现代化锚定奋斗目标行稳致远，激发建设中国式现代化的强劲动力，形成凝聚建设中国式现代化的磅礴力量。

作者单位

中共上海市委党校科学社会主义教研部

# 中国共产党大兴调查研究的实践逻辑与现实效应

郭　根　吴　杨

党的十八大以来，以习近平同志为核心的党中央高度重视调查研究工作，深刻阐释调查研究的极端重要性，把调查研究摆在治国理政的战略位置。2013年，习近平总书记在武汉召开的省市负责人座谈会上指出："调查研究是谋事之基、成事之道。没有调查，就没有发言权，更没有决策权。"[①]2015年，习近平总书记在同中央党校县委书记研修班学员座谈会上再次强调："要把调查研究作为基本功。"[②]党的二十大报告提出"弘扬党的光荣传统和优良作风，促进党员干部特别是领导干部带头深入调查研究"[③]。2022年12月，习近平在中央政治局民主生活会上强调："要大兴调查研究之风，多到分管领域的基层一线去，多到困难多、

① 《加强对改革重大问题调查研究　提高全面深化改革决策科学性》，《人民日报》2013年7月25日。

② 《做焦裕禄式的县委书记　心中有党心中有民心中有责心中有戒》，《人民日报》2015年1月13日。

③ 习近平：《高举中国特色社会主义伟大旗帜　为全面建设社会主义现代化国家而团结奋斗——在中国共产党第二十次全国代表大会上的报告》，人民出版社2022年版，第68页。

群众意见集中、工作打不开局面的地方去，体察实情、解剖麻雀，全面掌握情况，做到心中有数。”[①]2023年3月，中共中央办公厅印发《关于在全党大兴调查研究的工作方案》明确在全党大兴调查研究是在全党开展的主题教育的重要内容，目标就是推动全面建设社会主义现代化国家开好局起好步。2023年4月，习近平总书记全面部署学习贯彻习近平新时代中国特色社会主义思想主题教育，将理论学习、调查研究、检视整改与高质量发展在学思想、强党性、重实践、建新功中一体推进，一以贯之。

党和国家关于调查研究的一系列重要指示和重要论述为新征程中在全党大兴调查研究、开展主题教育，做好推进中国式现代化的各项工作提供了基本遵循。中国共产党自成立之日起，就非常重视调查研究工作，始终以调查研究为“武器”，在中国革命、建设和改革的实践过程中上下求索，将马克思主义基本原理同具体实际相结合，同中华优秀传统文化相结合，不断发现新情况、解决新问题、取得新认识、推动新发展，形成具有中国特色、时代特征的中国化时代化马克思主义，开辟了中国特色社会主义道路。进入新时代，在全面建设社会主义现代化国家的新征程上，全党开展主题教育、大兴调查研究之风，这是加强和改进党的全面领导的必然要求，也是将我国制度优势转化为治理效能的重要途径，更是有效实现国家治理体系和治理能力现代化的内在规定。

① 《坚持团结奋斗　贯彻落实好党的二十大重大决策部署》，《人民日报》2022年12月28日。

## 一、大兴调查研究的实践定位：社会主义制度的属性规定了以人民为中心的调查研究工作理念

### （一）调查研究是马克思主义政党的传家宝

调查研究是马克思主义政党从事理论创新的鲜明特征，也是马克思主义政党的传家宝。马克思认为："研究必须充分地占有材料，分析它的各种发展形式，探寻这些形式的内在联系。只有这项工作完成以后，现实的运动才能适当地叙述出来。"① 恩格斯在《英国工人阶级状况》中也直言，"我抛弃了社交活动和宴会，抛弃了资产阶级的葡萄牙红葡萄酒和香槟，把自己的空闲时间几乎都用来和普通工人交往。"② 中国共产党自诞生之日起就始终坚持马克思主义实践观，坚持运用调查研究创榛辟莽，探索中国革命、建设以及中国式现代化的新道路。

毛泽东是中国共产党在党内大兴调查研究之风的开创者和典范实践者。在《"农村调查"的序言和跋》中，毛泽东指出："要了解情况，唯一的方法是向社会作调查。没有眼睛向下的兴趣和决心是一辈子也不会真正懂得中国的事情的"③。在领导中国新民主主义革命、社会主义革命和建设的过程中，毛泽东大力倡导调查研究，率先垂范，经常深入群众，走村串户，访贫问苦，同农民交朋友。他特别强调，调查者一定要有"放下臭架子，甘当小学生的精神"④。为发动农民参与运动，毛泽东对江浙、湖南等多地的农民实际情况、农民地区的政治经济状况进行了极为细致的调查研

---

①《马克思恩格斯文集》第 5 卷，人民出版社 2009 年版，第 21—22 页。

②《马克思恩格斯全集》第 2 卷，人民出版社 1972 年版，第 273 页。

③④《毛泽东农村调查文集》，人民出版社 1982 年版，第 15—16 页。

究，分析并撰写了《江浙农民的痛苦及其反抗运动》《湖南农民运动考察报告》等调研报告。“没有调查，没有发言权”[①]这一著名论断就出自毛泽东的《反对本本主义》。这是我们党关于调查研究的经典文献之一，全面系统地阐述了调查研究的方法论。社会主义革命和建设时期，毛泽东为解决“如何在中国这样一个贫困落后的农业大国建设社会主义”这一重大问题开展了多次调查研究，先后发表了《论十大关系》和《关于正确处理人民内部矛盾的问题》等文献，把调查研究中国的具体实际与马克思主义理论相结合，进一步丰富和发展了调查研究的内涵。这些论述至今仍是我们党立足中国国情、开展调查研究需要坚持的原则，也为新时代在全党开展主题教育、大兴调查研究之风提供了方法论指导。

在社会主义建设新时期，邓小平高度重视调查研究工作，继承和发扬了毛泽东的调查研究思想。十一届三中全会前，邓小平曾深入北方四省一市进行实地调研并发表了重要谈话，即“北方谈话”，在实践中有力推动了党和国家工作重心的转移，开启了中国特色社会主义现代化建设的新阶段。十一届三中全会之后，邓小平进行了大量调查研究，并适时提出在社会主义条件下发展市场经济的重要决策。1992年邓小平身体力行，到武汉、深圳、珠海、上海等地进行调查研究，并在沿途发表“南方谈话”，推动中国特色社会主义建设事业。

党的十八大以来，中国特色社会主义进入新时代，党和国家事业取得历史性成就、发生历史性变革。新形势新挑战新问题对党的执政能力和执政水平提出了更高的要求。习近平总书记多次对调查研究的重要性进行专门阐述，并作出了一系列重要讲话和指示。2012年，习近平在广东考察

---

① 《毛泽东选集》第1卷，人民出版社1991年版，第109页。

时指出："改革推进到现在，必须在深入调查研究的基础上提出全面深化改革的顶层设计和总体规划，提出改革的战略目标、战略重点、优先顺序、主攻方向、工作机制、推进方式，提出改革总体方案、路线图、时间表。"① "了解情况的渠道千条万条，但是调查研究要放在第一条，这是不可替代、不会失真的一条。通过二手材料了解情况是必要的，但不能代替亲身调研。"②"调查研究是我们党的传家宝，是做好各项工作的基本功。"③也正因为如此，习近平亲力亲为，跋山涉水访问14个集中连片特困地区，带头深入基层，深入群众开展调查研究。在实践中不断摸清实情、找准问题并针对性地提出解决方案，不断创新治理理念与治理方式，深入推进国家治理体系和治理能力现代化，不断推动中华民族复兴的伟大进程。

### （二）中国特色社会主义制度优势规定了以人民为中心的调研理念

马克思恩格斯在《共产党宣言》中提到："过去的一切运动都是少数人的，或者为少数人谋利益的运动。无产阶级的运动是绝大多数人的，为绝大多数人谋利益的独立的运动。"④ 这一论述深刻阐释了社会主义的本质是为人民谋福利。我国的社会主义是以人民为中心的社会主义，我国的社会主义制度"始终代表最广大人民根本利益，保证人民当家作主，体现人民共同意志，维护人民合法权益。"⑤ 我们党大兴调查研究必须坚持以人民为中心的理念，这是由中国特色社会主义制度规定的。

第一，坚持党的集中统一领导的制度优势标明了调查研究的人民立场。中国特色社会主义最本质的特征是中国共产党领导，中国特色社会主

① 《习近平关于调查研究论述摘编》，党建读物出版社、中央文献出版社2023年版，第19页。
② 同上书，第118页。
③ 《中共中央政治局召开民主生活会 习近平主持并发表重要讲话》，人民网，2017年12月27日。
④ 《马克思恩格斯文集》第2卷，人民出版社2009年版，第42页。
⑤ 习近平：《坚持和完善中国特色社会主义制度 推进国家治理体系和治理能力现代化》，《共产党员》2020年第3期。

义制度的最大优势是中国共产党领导，党是最高政治领导力量。只有坚持党的集中统一领导，才能确保国家始终沿着社会主义方向前进。中国特色社会主义制度是一个严密完整的科学制度体系，其中具有统领地位的是党的领导制度。党的十九届四中全会从十三个方面系统总结了我国国家制度和国家治理体系的显著优势，并将“坚持党的集中统一领导”置于首位，凸显了中国特色社会主义的制度属性，也破译了新时期七十多年来中国之治的成功密码。

习近平总书记指出：“人民是历史的创造者，群众是真正的英雄。人民群众是我们力量的源泉。”① 中国共产党自成立之日起始终坚持全心全意为人民服务的根本宗旨。毛泽东在《论联合政府》中就指出，“人民，只有人民，才是创造世界历史的动力”②。在革命和中国特色社会主义现代化建设的新征程中，以人民为中心，坚持人民至上的价值立场是我们取得历史性成就、发生历史性变革的重要经验和百年奋斗历程的深刻启迪，也是构建中国特色社会主义根本制度、基本制度和重要制度的根本遵循。“我们党没有自己特殊的利益，党在任何时候都把群众利益放在第一位。这是我们党作为马克思主义政党区别于其他政党的显著标志。”③ 历史上，我们推进各方面制度建设、推动各项事业发展、加强和改进各方面工作，都始终坚持人民至上，站稳人民立场，坚持党的领导，发挥党总揽全局、协调各方的领导核心作用。在以党的领导全面引领中国式现代化的新征程中，我们在全党大兴调查研究，仍然需要以人民根本利益为治国理政的出发点和落脚点，始终坚持人民至上的价值立场，坚决贯彻从人民群众中来，到人

① 《习近平著作选读》第 1 卷，人民出版社 2023 年版，第 62 页。
② 《毛泽东选集》第 3 卷，人民出版社 1991 年版，第 1031 页。
③ 《习近平谈治国理政》第 4 卷，外文出版社 2022 年版，第 53 页。

民群众中去的群众路线，“密切联系群众，经常深入基层、深入实际了解群众的所思所盼、所急所忧，把工作抓到群众心坎上，力戒形式主义、官僚主义”[①]，切实把调查研究成果转化为为群众办实事、解难题的具体行动。

第二，坚持人民当家作主的制度优势展示了调查研究的人民意愿。人民当家作主是社会主义民主与资本主义民主的根本区别。以私有制为基础的资本主义制度无法摆脱资本逻辑宰制的命运，就不可能真实反映广大人民群众的需求。植根于中国历史传统，扎根于中国大地，致力于破除私有制藩篱，解决民主政治生活中实际问题的中国特色社会主义民主政治，在人类历史上第一次实现了真正的、具体的人民当家作主。人民当家作主，贯穿国家制度设计与治理实践的各个环节。一方面，人民代表大会制度作为中国特色社会主义根本政治制度，直接关系到人民民主专政的实现，其“核心、灵魂、基石就是‘一切权力属于人民’”[②]。人民通过普选将全部国家权力委托给自己选出的代表组成各级人民代表大会统一行使，人民的“权力委托”构成各级国家机关的合法性基础。这就要求人大代表和国家机关工作人员忠实履行职责，对人民负责，为人民行使好国家权力。新中国成立以来的实践证明，人民代表大会制度是符合我国国情和实际、体现社会主义国家性质、保证人民当家作主、保障实现中华民族伟大复兴的好制度。另一方面，全过程人民民主是我国社会主义民主政治的本质属性。在中国特色社会主义制度下，有事好商量、众人的事情由众人商量，找到全社会意愿和要求的最大公约数，是人民民主的真谛。

坚持人民当家作主，发展人民民主，密切联系群众，紧紧依靠人民推动国家发展是我国国家制度和国家治理体系的显著优势之一。人民民主是

---

① 习近平：《论中国共产党历史》，中央文献出版社2021年版，第286页。
② 浦兴祖：《中华人民共和国政治制度》，上海人民出版社2005年版，第43页。

社会主义的生命，我国社会主义民主是维护人民根本利益的最广泛、最真实、最管用的民主。习近平总书记在党的二十大报告中指出：“必须坚定不移走中国特色社会主义政治发展道路，坚持党的领导、人民当家作主、依法治国有机统一，坚持人民主体地位，充分体现人民意志、保障人民权益、激发人民创造活力。”① 紧紧依靠人民推动国家发展，我们的制度才能保持与时俱进的活力，我们的治理才能保有自我革新的动力。在全党大兴调查研究也必须坚持倾听民意、问计于民，在协商中凝聚共识，在过程中反映人民意愿，更好反映人民呼声，解决人民实际问题，保障人民当家作主。

第三，坚持以人民为中心的发展思想的制度优势彰显了调查研究的人民主张。党的十九届四中全会强调，要坚持以人民为中心的发展思想，不断保障和改善民生、增进人民福祉，走共同富裕道路的显著优势。共同富裕是社会主义的本质要求，是人民群众的共同期盼。新中国成立初期，毛泽东就指出：“现在我们实行这么一种制度，这么一种计划，是可以一年一年走向更富更强的，一年一年可以看到更富更强些。而这个富，是共同的富，这个强，是共同的强，大家都有份”②。党的十八大以来，我们坚持和完善统筹城乡的民生保障制度，满足人民日益增长的美好生活需要，彰显了我们党治国理政的不变初心。

党的二十大报告强调：“中国式现代化是全体人民共同富裕的现代化”③。在全党大兴调查研究，就是围绕人民最关心最直接最现实的利益问题，特别是就业、教育、医疗、托育、养老、住房等群众急难愁盼的具体

---

① 习近平：《高举中国特色社会主义伟大旗帜 为全面建设社会主义现代化国家而团结奋斗——在中国共产党第二十次全国代表大会上的报告》，人民出版社2022年版，第37页。

② 《毛泽东文集》第6卷，人民出版社1999年版，第495页。

③ 习近平：《高举中国特色社会主义伟大旗帜 为全面建设社会主义现代化国家而团结奋斗——在中国共产党第二十次全国代表大会上的报告》，人民出版社2022年版，第22页。

问题开展调研，深入了解制约共同富裕的现实难点，剖析阻碍共同富裕的民生堵点，并形成具有针对性、现实性的具体对策，把调研成果落到实处，切实转化为提升群众满意度、幸福感的政策主张，实现好、维护好、发展好最广大人民根本利益，着力保障和改善民生，使改革发展成果更多更公平惠及全体人民。

## 二、大兴调查研究的实践逻辑：党的全面领导制度优势转换为推进中国式现代化的治国理政效能

党的十九届四中全会提出了“坚持和完善支撑中国特色社会主义制度的根本制度、基本制度、重要制度”①的重大命题，以根本制度、基本制度、重要制度为四梁八柱的中国特色社会主义制度体系的框架结构愈发清晰。党的领导制度是我国的根本领导制度，统领和贯穿经济建设、政治建设、文化建设、社会建设、生态文明建设和国防军队、祖国统一、外交工作以及党的建设等方方面面。站在推进中国式现代化新的历史起点上，面对复杂的形势和艰巨的任务，我们毫不动摇地坚持党的全面领导，开展主题教育、大兴调查研究，坚定不移推动党的全面领导制度优势全方位落实到各领域、各方面、各环节，应对重大挑战、抵御重大风险、克服重大阻力、化解重大矛盾，将党的全面领导制度优势转化为推进中国式现代化进程中的治国理政效能。

### （一）贯彻执行党的理论和路线方针政策框定了调查研究总要求

在全党大兴调查研究，需要坚持以习近平新时代中国特色社会主义思想为指导，全面贯彻落实党的二十大精神，紧紧围绕党的理论和路线方针

① 《中国共产党第十九届中央委员会第四次全体会议文件汇编》，人民出版社2019年版，第7页。

政策、党中央重大决策部署的贯彻执行，把以人民为中心的调研理念落到实处，深入基层、深入群众，发现问题、研究问题、解决问题，真正解群众所忧，为人民服务。

第一，大兴调查研究必须坚持党的群众路线。“历史和现实都告诉我们，密切联系群众，是党的性质和宗旨的体现，是中国共产党区别于其他政党的显著标志，也是党发展壮大的重要原因；能否保持党同人民群众的血肉联系，决定着党的事业的成败”①。党员干部特别是领导干部要坚持从群众中来，到群众中去的工作方法。扑下身子放下架子，沉到一线，深入群众，要学会“察言观色”“辨别真伪”，少讲多听，去倾听群众的想法和意见，留意群众生产生活中的问题，体察群众的困难疾苦，切实了解在上面难以看到、难以听到、难以想象到的真实问题和真实情况，从人民群众的实践中寻找解决问题的新思路，切实把调查研究成果转化为为群众办实事、解难题的具体行动，从而在此过程中得到群众的信任与认可。

第二，大兴调查研究必须坚持实事求是。实事求是是我们党的基本思想方法、工作方法、领导方法。毛泽东把实事求是形象地比喻为“有的放矢”②。这个“的”就是现代化建设过程存在的具体问题，就是人民群众生产生活中的难点、堵点、痛点，就是调查研究的对象。在调查研究的过程中，要始终坚持实事求是，一切从实际出发，不唯书、不唯上、只唯实。要坚决反对“作秀式”“脱节式”调研，防止带着结论去调研，防止发现问题却不解决问题，防止只调查不研究。因为“坚持实事求是，就要坚持为了人民利益坚持真理、修正错误”③。党员领导干部要深入基层，深入实际，

① 《习近平著作选读》第1卷，人民出版社2023年版，第123页。
② 《毛泽东选集》第3卷，人民出版社1991年版，第801页。
③ 《习近平著作选读》第1卷，人民出版社2023年版，第210页。

真正摸清实情、找准问题、分析原因、理清思路、制定对策，为人民群众解决实际问题，这样才能推动调查研究走深走实。

第三，大兴调查研究必须坚持问题导向。问题导向要求增强问题意识，聚焦实践遇到的新问题、改革发展稳定存在的深层次问题、人民群众急难愁盼问题、国际变局中的重大问题、党的建设面临的突出问题，不断提出真正解决问题的新理念新思路新办法。当前国内国际环境正发生的深刻复杂变化，我国发展正处于新的历史方位，面临着新的挑战和考验，要坚持问题导向引领调查研究方向，要着重关注中央部署和统一要求，着重关注与人民群众根本利益相关的问题，关注改革开放和社会主义现代化建设中的热点、难点问题，聚焦突出问题，解决深层次的矛盾。

第四，大兴调查研究必须坚持攻坚克难。“敢于斗争是我们党的鲜明品格。我们党依靠斗争走到今天，也必然要依靠斗争赢得未来。”①大兴调查研究，必须继续发扬斗争精神，既要敢于斗争，又要善于斗争，“在事关中国特色社会主义前途命运的大是大非问题上坚定不移，在改革发展稳定工作中敢于碰硬，在全面从严治党上敢于动硬”②。持续攻坚克难，在困难面前迎难而上，在斗争中磨砺意志练就真本领，在斗争中磨砺品质，增强推动高质量发展本领、服务群众本领、防范化解风险本领，让改革发展稳定各项任务落下去，让惠及百姓的各项工作实起来，切实推动调查研究工作提质增效，把调研成果转化为指导工作、战胜困难、推进改革的实际成效。

第五，大兴调查研究必须坚持系统观念。这充分体现了我们党对辩证唯物主义和历史唯物主义的深刻把握和科学运用。我国是一个发展中大

---

①《习近平谈治国理政》第4卷，外文出版社2022年版，第53页。

②《习近平著作选读》第1卷，人民出版社2023年版，第551页。

国，仍处于社会主义初级阶段，正在经历广泛而深刻的社会变革，推进改革发展、调整利益关系往往牵一发而动全身。因此需要坚持用普遍联系的、全面系统、变化发展的立场、观点、方法指导调查研究工作，深入到群众中去，实实在在沉下去，倾听人民群众的诉求，掌握好最真实的第一手资料，透过现象看本质，找准问题症结，深入剖析根源，提出解决方案。

（二）健全党的全面领导制度贯穿调查研究全过程

第一，完善党的领导体制机制，开展战略性、前瞻性调研，维护党中央权威和集中统一领导。

习近平总书记指出："要治理好我们这个大党、治理好我们这个大国，保证党的团结和集中统一至关重要，维护党中央权威至关重要。"[①]党的十八大以来，我们党干成了许多过去想干没干成的事，解决了过去想解决但未完全解决的难题，主要原因在于坚持和维护了党中央权威和集中统一领导。党是我们各项事业的核心，加强党对坚持和完善中国特色社会主义制度、推进国家治理体系和治理能力现代化的领导，最重要的就是要增强"四个意识"、坚定"四个自信"、做到"两个维护"，自觉在思想上政治上行动上同党中央保持高度一致，坚决维护党中央权威和集中统一领导。开展战略性、前瞻性调查研究，一是调查贯彻落实党中央决策部署和习近平总书记对本地区本部门本领域工作重要指示批示精神的主要情况和重点问题。就是"要体现在坚决贯彻党中央决策部署的行动上，体现在履职尽责、做好本职工作的实效上，体现在党员、干部的日常言行上。"[②]开展战略性、前瞻性调查研究，二是调查贯彻落实坚持党的政治领导，完善

① 《习近平谈治国理政》第2卷，外文出版社2017年版，第188页。
② 同上书，第255页。

党的领导体制机制，严守政治纪律，遵守政治规矩的情况和问题。习近平总书记强调："看一名党员干部特别是高级干部的素质和能力，首先是看政治上是否站得稳、靠得住。"① 各级党组织、领导干部要通过调查学习、政治历练和实践锻炼，不断提高政治定力和政治能力。开展战略性、前瞻性调查研究，三是调查贯彻落实把党的领导体现在治国理政各个方面各个环节的措施效果。通过调查研究，党员领导干部要改进工作作风，深入基层，了解新情况，掌握新问题，从人民群众中汲取智慧，通过前瞻性思考和战略性规划推进治国理政各项工作。各级党委（党组）要坚定调查研究的政治站位，用全局性视野、战略性眼光对事关党和国家发展的重大问题开展调研，针对新时代新情况，以敏锐的洞察力和预见性进行调研，及时提出新思想新观点和新办法，推动党的理论不断创新，推进党的事业持续进步。

第二，贯彻民主集中制，开展对策性、解剖式调研，提高党的执政能力和领导水平。

中国特色社会主义进入新时代，在目标任务、发展战略安排以及行动纲领等方面都对党和国家提出了新的要求。通过大兴调查研究，引导广大党员领导干部锤炼党性，认真落实民主集中制的各项具体制度，充分发挥党的领导核心作用，不断提高党的执政能力和领导水平。党的十九届六中全会审议通过的《中共中央关于党的百年奋斗重大成就和历史经验的决议》指出："治理好我们这个世界上最大的政党和人口最多的国家，必须坚持党的全面领导特别是党中央集中统一领导，坚持民主集中制，确保党始终总揽全局、协调各方。"②

---

① 习近平：《论坚持党对一切工作的领导》，中央文献出版社 2019 年版，第 204 页。

② 《中共中央关于党的百年奋斗重大成就和历史经验的决议》，人民出版社 2021 年版，第 65 页。

民主集中制是我们党的根本组织原则和领导制度，是激发党的创造活力、保持党的团结统一的根本保证。“我国国家制度实行民主集中制原则，具体体现为党的集中统一领导”①。一方面，落实民主集中制，开展调查研究要反对形式主义。比如，调查全面推进乡村振兴中的主要情况和重点问题，就要着力解决工作不实的问题。乡村振兴不是一句口号，讲究的就是一个“实”字，教育引导党员、干部要真正深入群众，真心依靠群众，真情关爱群众，真诚服务群众，改进工作作风，把功夫下到察实情、出实招、办实事、求实效上。“大兴调查研究之风，倡导求真务实精神，真抓实干，吹糠见米，出水方见两脚泥，切忌浮于表面、流于形式、隔山打牛，以作风的提振推动乡村的振兴。”②另一方面，落实民主集中制，开展调查研究，还要反对官僚主义。比如，调查推进共同富裕、增进民生福祉中的重大问题，巩固拓展脱贫攻坚成果、缩小城乡区域发展差距和收入分配差距的主要情况和重点问题，要着重解决在人民群众利益上不维护、不作为的问题，教育引导党员、干部深入实际、深入基层、深入群众，坚持民主集中制，虚心向群众学习，真心对群众负责，热心为群众服务，诚心接受群众监督，坚决整治消极应付、推诿扯皮、侵害群众利益的问题。③大兴调查研究，发挥好民主集中制的优势，通过开展破解复杂难题的对策性调研和典型案例的解剖式调研，在调查研究前了解难题、确定解决难题的思路，在调查研究中进一步发现问题，最终形成解决复杂难题的对策，推进对策落实，使难题得到有效解决。在遇到典型案例时，对其进行解剖式调查研究，在不同的典型案例中总结相似经验，找到本质规律，制定根本性

① 董德兵：《习近平关于民主集中制重要论述的核心要义和实践意蕴》，《马克思主义研究》2022 年第 3 期。

② 习近平：《论“三农”工作》，中央文献出版社 2022 年版，第 262—263 页。

③ 《习近平谈治国理政》第 1 卷，外文出版社 2018 年版，第 374 页。

的解决对策，转化为治理效能，不断提高党的执政能力和领导水平。

第三，完善反腐败长效机制，开展跟踪性、督查式调研，以党的自我革命引领社会革命。

党的十八大以来，以习近平同志为核心的党中央站在历史和全局的高度，科学准确地判断当今世界发展形势，坚定不移地在党内开展反腐败斗争，推进全面从严治党。为有效遏制腐败、铲除腐败滋生土壤，中国共产党毫不动摇地推动完善反腐败长效机制，以党的自我革命引领社会革命，找到了跳出历史周期率的“第二个答案”。在新时代新征程中，我国的发展形势越来越严峻，发展任务越来越艰巨，这就要求我们党通过开展跟踪性、督查式调查研究，始终在自我革命、解决自身难题中持续发力、久久为功。

开展跟踪性、督查式调研，就是要调查全面从严治党中的重大问题，落实党的领导弱化虚化淡化、党组织政治功能和组织功能不够强，干事创业精气神不足、不担当不作为，应对“黑天鹅”、“灰犀牛”事件和防范化解风险能力不强，形式主义、官僚主义，特权思想和特权行为等重点问题。以伟大自我革命引领伟大社会革命，以伟大社会革命促进伟大自我革命，确保党在新时代坚持和发展中国特色社会主义的历史进程中始终成为坚强领导核心。开展跟踪性、督查式调研，就是要坚持制度治党、依规治党，以党章为根本，以民主集中制为核心，完善党内法规制度体系，增强党内法规权威性和执行力，坚决执行坚持真理、修正错误，发现问题、纠正偏差的机制。通过过程性跟踪、常态化督查，不断总结新做法、发现新问题、提出指导性意见、做出针对性决策，确保各项工作落实见效。开展跟踪性、督查式调研，就是要深化研究，对那些具有普遍性和制度性的问题、涉及改革发展稳定的深层次关键性问题，以及难题积案和顽瘴痼疾等，研究透彻、找准根源和症结。开展调研课题完成情况、问题解决情况的督查督办和跟踪问效，实施过程跟踪和督查回访。加强对重大工作项目进行跟踪性调研，不定期地开展调研，及时掌握实施进度，紧盯工作项目的廉洁风险点，有效预防腐败问题的滋生。

## 三、大兴调查研究的现实效应：制度优势转化为治理效能的执行偏差及其矫治

全党大兴调查研究，要格外重视调查研究成果的转化，总结实践过程中的经验教训，将调查研究成果转化为正确的决策方案，转化为可执行的制度、法规等规范性文本，进而提升治国理政效能。但制度优势能否成功转化为治理效能，还要受到制度执行主体、制度体系自身、制度转化机制等关键性因素的现实制约。

### （一）制度优势转化为治理效能的执行偏差

第一，制度执行主体的行为偏差。党和国家是制度制定、决策执行的主体和实际推动者。由于执行主体的价值观和主观认知偏差，在一定程度上可能会降低制度执行的效率和效果。其一，执行主体的主观意识影响制度的执行。由于过分谋求和维护部门利益导致其价值观的偏离或扭曲，个别部门在错误政绩观的引导下，常常把“贯彻执行”等于“盲目应付”，人为地对制度、决策进行“剪裁”，将符合自身利益的制度严格落实，对于不符合自身利益的制度搁置不顾。对制度采取“弹性”执行，对于上级重视、社会关注的时间段，就加大执行力度，反之就放松执行力度，结果严重影响制度执行的成果，妨碍制度优势的发挥，消解了制度优势的转化。其二，执行主体的能力素养影响制度的执行。执行主体是具有主观意

识的人，制度执行的结果取决于执行主体意识和能力的高低。因为“行动只有发自于内心、驱动于思想，具有足够的自觉性、主动性、能动性，方能达致行动的预设目标”[①]。然而，一方面，执行主体对制度的主动意识和领悟能力存在差异，以主观随意的态度对待制度的执行，导致执行过程中存在偏离制度初衷的情况，从而妨碍制度执行的实效。另一方面，特定制度内容多为原则性、一般性的规定，无法涵盖所有方面和情况，需要通过调查研究，结合部门实际对制度进行细化，因地制宜、贯彻落实，使制度的执行更加具有针对性。如果执行主体只关注制度任务和政绩指标，被动应付上级任务，照本宣科，未将制度的贯彻落实与部门实际相结合，必然导致制度优势的发挥大打折扣。更有甚者，“现实生活中，组织不执行法规制度、个人不遵守法规制度的现象仍时有发生”[②]。总之，制度的生命力在于执行，执行主体如果尚未有效执行制度，那制度就犹如一纸空文，制度优势就无法发挥，更无法转化为治理效能。

第二，制度执行体系的组织偏差。我国正处于百年未有之大变局的关键时期，在实现中华民族伟大复兴的历史交汇点上，已经形成系统完备、科学规范的制度体系，国家治理制度体系已臻完善。然而，从纵向看，党中央顶层设计的科学建构和地方具体实施体系之间尚存在有效衔接的问题。发挥制度优势，首先要制定和完善科学合理的制度。我国的根本制度、基本制度和重要制度都是经过历史和实践检验过科学有效的制度。制度的顶层设计是党结合国家的发展战略和未来趋势制定的具有指导性、纲领性、全局性的宏伟蓝图。但是，各级地方相继出台的部分实施意见和具体细则有些却过于雷同，未能考虑到地方实际，缺乏针对性和创造性，在

① 段占朝、刘长秋：《思想建党视阈下党内法规制度执行力提升路径》，《阴山学刊》2020 年第 4 期。
② 王伟国：《增强党内法规权威性和执行力》，《民主与法制》2022 年第 41 期。

制度形态转化为政策形态，并在具体贯彻落实过程中则难免“失真”，科学性、合理性就难以保证，势必影响到制度的执行效果。从横向看，在制度执行的过程中，执行主体的职能交叉也会导致推诿、扯皮等问题。因此，如果缺乏充分的调查研究，没有掌握全面真实的一手资料，一些具体性的制度未得到适时的调整与修改，制度的科学性、合理性、有效性就会大大降低，制度的执行效果和治理效果也会大打折扣。

第三，制度执行评估的机制偏差。制度执行评估机制是检验制度优势转化效果的重要指标。制度优势的有效转化，不仅需要制度的有效执行，还需要依靠外部强制力的有效监督约束。科学合理的制度评估机制是提升治理效能的重要环节。然而，由于制度评估的科学性、严肃性要求，我国制度评估机制的构建尚处在起步阶段。目前，尽管《中国共产党党内监督条例》第26条规定：“党的各级纪律检查委员会是党内监督的专责机关，履行监督执纪问责职责，加强对所辖范围内党组织和领导干部遵守党章党规党纪、贯彻执行党的路线方针政策情况的监督检查。”① 但是党内制度、法规的执行和制度优势转化效果主要还是依靠各级组织和各级干部的自我评价、自我监督为主，缺乏外在刚性的体制机制约束。当然，一方面，不同地区的实际情况不同，无法用相同的一套客观的体系对制度转化效能进行评估，导致缺乏明确的评估标准；另一方面，对制度转化效能的评估因主观性差异会存在监督效果偏差。因此，对制度优势是否转化以及转化效率，缺乏相对客观的标准和长期的追踪评估，这也造成了治理效能难以衡量。同时，缺乏必要的反馈，监督效果也会相应受到影响。

---

① 法律出版社法规中心：《最新常用党内法规》第3版，法律出版社2017年版，第314页。

## （二）制度优势转化为治理效能的偏差矫治

第一，坚持和加强党的全面领导，为制度优势转化为治理效能提供政治保证。中国共产党是具有开创性的马克思主义执政党。历史和实践证明，坚持党的领导是实现中华民族伟大复兴的根本保障和必然选择。制度优势能否有效转化为治理效能离不开国家治理主体即中国共产党的领导，党在推动制度优势转化为治理效能过程中起着至关重要的作用。

一是加强党的思想领导，推进党的思想建设。各级党委政府要始终站稳政治立场，在党的集中统一领导下实现制度优势更好转化为治理效能。制度优势转化要抓住“关键少数”。正如学者所言，“一种好的制度必须掌握在具有相应能力的人手中并加以合理运用。……关键在于制度的执行者要‘掌握’并‘运用’好制度优势”①。一方面，党员领导干部要加强理论学习，坚定理想信念，厚实理论功底，自觉用党的创新理论成果武装头脑，不断提高自己的政治判断力、政治领悟力和政治执行力；另一方面，党员领导干部还要深入实践调查研究，坚持理论与实践相结合，与群众深入交流，分析新情况、解决新问题，不断提高自己的工作能力。二是加强党的政治领导，提升党的政治领导力。全党要坚决做到“两个维护”，坚定理想信仰，坚持中国特色社会主义道路。在制度执行过程中，充分发挥党总揽全局、协调各方的政治领导力。三是加强党的组织领导，贯彻落实党的路线方针政策。全党大兴调查研究，坚持推动调查研究工作的常态化、制度化，形成执行合力。“坐在办公室碰到的都是问题，深入基层看到的全是办法，高手在民间。”②党员领导干部要坚持问题导向，扎根一线，

① 韩庆祥：《以“制度优势”“治理效能”应对“新时代”“大变局”》，《马克思主义与现实》2020年第1期。

② 熊万胜：《社会治理，还是生活治理？——审思当代中国的基层治理》，《文化纵横》2018年第1期。

深入基层，深入群众考察民情，围绕基层工作重点、难点开展调查研究，主动发现新情况，适时提出针对性的办法，在增进民生福祉，提高人民生活品质方面下功夫、见实效。

第二，优化运行机制，为制度优势转化为治理效能提供组织支撑。优化制度体系，不仅要完善纵向上下不同位阶的制度规范的有效对接，实现纵向制度之间的贯通性，还要完善横向各部门之间不同功效的制度规范的有效协调，实现横向制度之间的耦合性。强化纵向制度之间的贯通性，就是要重点关注中国特色社会主义根本制度、基本制度、重要制度以及具体制度等不同位阶的上下级制度规范之间的无缝衔接。下级组织适时反馈人民群众对制度执行结果的评价与意见，上级组织及时做好制度体系的更新调整工作。通过调查研究的常态化、制度化，实现基层信息的真实反馈和有效沟通，更好地强化纵向上下制度之间的贯通，增强制度的适应性，促进基层更有效地发挥制度优势，转化治理效能。增强横向制度之间的耦合性，就是要优化制度体系，推动制度系统内不同性质功能的制度横向层面的有效协调。在制度设计和运行过程中，有效划分各部门的职能，尽量避免职能交叉，化解各部门之间的利益冲突，通过上下纵横联动，突破原有制度的功能瓶颈，推动制度体系良性运行，最大程度地发挥制度优势，激发治理效能。

第三，构建评估体系，为制度优势转化为治理效能提供制度保障。构建科学合理的制度优势评估机制，能够有效地衡量制度优势转化为治理效能的质量和效果。同时，也是修正党内法规制度建设实践中存在一定程度的“‘观赏性立法’、‘盆景式’法规、‘牛栏关猫’”[①]的制度设计弊端，纠

① 陈家刚：《党内法规制度建设评估：基本框架与技术路径》，《理论与改革》2020年第6期。

正制度实施绩效不佳的情况。一是加强制度优势转化为治理效能评估体系的顶层设计。加快出台制度评估体系，明确评估什么，谁来评估，如何评估等。二是明确制度评估量化指标。一方面，注重制度优势的转化过程，通过调查开展追踪评估，在每个环节设立相对客观可信的评估指标，为准确衡量制度优势转化为治理效能提供科学合理的依据；另一方面，评估不能停留在表面，停留在纸质报告上，在制度执行过程中要始终将广大人民群众的满意度、幸福感等主观感受作为衡量制度评估的重要指标之一。三是建立制度优势转化治理效能的奖惩机制。按照定性和定量指标，根据综合评估结果，坚持正向激励和反向惩戒相结合，正确发挥制度优势转化奖惩机制的良性作用，推动制度优势更好转化为治理效能。

作者单位

上海理工大学马克思主义学院

# 信息时代的数字治理与亲清政商关系的构建

孙 明 徐 颖

政商关系是优化营商环境、促进地区经济发展的重要因素，是解释中国经济奇迹与国家社会关系变迁的关键，也是检验我国经济体制改革成效和国家治理现代化的试金石。它涉及经济发展、反腐倡廉、国家治理现代化等重要议题，成为社会学、经济学、政治学研究的热点，受到社会各界的广泛关注。尤其是习近平总书记在 2016 年 3 月 4 日参加全国政协、民建、工商联界联谊会时提出构建以“亲”、“清”为核心的新型政商关系，并在 2022 年党的二十大报告中强调“全面构建亲清政商关系，促进非公有制经济健康发展和非公有制经济人士健康成长”，使政商关系研究迈入新的阶段。构建新型政商关系也成为高质量发展阶段的必然要求，是当代中国马克思主义政治经济学发展的逻辑体现。

本文聚焦数字政府建设和数字治理对构建新型政商关系的作用。我国数字政府建设进入 2.0 时代，随着现代信息技术如大数据、物联网、人工智能的高速发展，数字治理被赋予新使命和新动力，推动政府服务更加精准化、智能化。以政务服务为例，早在 2018 年，我国就迈入“互联网 + 政务服务”高质量发展的新阶段，移动互联网的铺开成为政府数字化转型的重要驱动力，数字智能技术的应用成为提升政务服务水平的源头活水，扎实深入的数据治理成为“互联网 + 政务服务”的攻坚工程。近年来，国务院出台一系列文件对“互联网 + 政务服务”工作进行指导部署，各省市“互联网 + 政务服务”创新实践持续推进。

在数字信息时代，依靠信息技术的赋能，政府治理和服务模式尤其是政商互动的制度环境、技术条件已经发生显著的改变。在此背景下，数字技术为构建新型政商关系、提升政商关系质量赋予新的动能。那么政府的数字治理推动构建新型政商关系的机制是什么，实践路径有哪些，结果如何？

## 一、数字治理赋能政商关系的机制

数字治理作为一种新的治理方式，是随着数字技术的广泛应用而诞生的。数字技术已经成为社会发展的重要动力，甚至产生了足以改变现有价值主张的颠覆性创新。[①] 数字化治理在推动生产要素和生产方式变革的同时，也推动了不同部门之间的协同整合，使社会结构和社会整体运行模式发生了变化。[②]

数字治理模式既包括“基于数字化的治理”，也包括“对数字化的治理”，两者相辅相成，紧密关联。[③] 数字治理的本质是数字时代和数字化

① 翟云、蒋敏娟、王伟玲：《中国数字化转型的理论阐释与运行机制》，《电子政务》2021 年第 6 期。

② 张成福、谢侃侃：《数字化时代的政府转型与数字政府》，《行政论坛》2020 年第 6 期。

③ 蔡翠红：《数字治理的概念辨析与善治逻辑》，《中国社会科学报》2022 年 10 月 13 日。

变革进程中的国家治理模式，它突破了以往信息技术应用与政府治理变革互为先决条件这一悖论，将治理的目标和方式从推动政府变革转变为以数字国家、数字社会和数字生活为基础，创造基于数据流动和使用的共同价值。① 基于数字赋能，政府的数字治理集合了基础设施云化、全触点数字化、业务在线化以及数据运营化的特点，体现了“互动理念的扁平沟通、政务数据的协同共享、精准服务的优化供给和科学决策的有效输出”等政府治理改革思维。② 数字治理被广泛运用于政府、市场、社会等诸多领域，推动现代化国家治理体系的构建。③ 信息技术革命已经呈现出鲜明的数字化特征，数字治理成为发展的重要动力④。

“互联网＋政务服务”就是推进数字治理的一个重要抓手，也是产生了显著社会效应的典型举措。早在2016年，全国“两会”的《政府工作报告》首次明确提出“互联网＋政务服务”概念。当年4月，国办转发发改委等十个部门共同颁布的《推进“互联网＋政务服务”开展信息惠民试点的实施方案》，这一构想正式进入实践环节。“互联网＋政务服务”，通过运用“互联网＋”技术和大数据系统来促进实现政府部门间、政府与社会间的数据共享，使政务服务渠道向多元一体化发展，让“群众跑腿”变成“信息跑路”、让“企业各处找”变成“部门协力办”，从而利于企业和群众处理事务。由此，企业和群众可以通过网络平台完成办理事项，可以平等使用一体化政务服务平台享受到网上预约、网上申请、网上查询、咨

---

① 杨国栋：《数字政府治理的理论逻辑与实践路径》，《长白学刊》2018年第6期。

② 沈费伟、诸靖文：《数据赋能：数字政府治理的运作机理与创新路径》，《政治学研究》2021年第1期。

③ 翟云、蒋敏娟、王伟玲：《中国数字化转型的理论阐释与运行机制》，《电子政务》2021年第6期。

④ 鲍静、贾开：《数字治理体系和治理能力现代化研究：原则、框架与要素》，《政治学研究》2019年第3期。

询投诉等相关服务，切实落实政务服务“一网通办”。

可以说，随着数字政府建设的不断深入，数据化、智能化的发展趋势越来越清晰，必然对政商关系产生影响。

### （一）营造数字化政商互动场景

自社会主义建设新时期以来，我国政府的施政方式逐步向“技术型”治理模式转型。① 过去几年，政府治理模式变革中，数字技术的应用是极具前沿性和代表性。构建系统化、标准化的数字化应用平台，是建设数字政府、实现数字治理赋能政商关系的基础；实现政务数据资源化，即实现跨层级、跨业务、跨部门的数据互联互通和资源共享，是实现政务服务数字化、智能化的重要前提。服务供给侧（政府）和需求侧（企业与民众）是数字政府的两大行为主体，需要将两个端口作为应用流量入口，将不同功能的复杂生态应用集约，降低使用者的应用难度；同时，生态应用通过嵌入两端，满足不同类型的业务需求，为政府部门人员和企业民众提供精准、快速、个性化的服务，这就使“传统政商线下互动”转变为“政商互动场景数字化”。

在此背景下，政企互动空间从线下逐渐走向线上，以数字化平台为互动场景，互动方式从“面对面”到“不见面”——这种新现象诞生于特定的时代和社会环境，郑春勇及其合作者总结了四个典型特征②：

第一，非接触式办公。“最多跑一次”改革在2020年之前就已经在我国部分省区市开始推行，只要材料齐全，就可以一次性将业务办理完成，这为实现无接触办公打下了坚实的基础。疫情发生之后，绝大部分企业都

---

① 肖唐镖：《中国技术型治理的形成及其风险》，《学海》2020年第2期。

② 郑春勇、张娉婷：《政商互动场景数字化的基本特征与实现路径——基于“亲清在线”平台的实践》，《中共济南市委党校学报》2021年第4期。

无法去线下现场服务窗口当面查看校验材料，所幸通过数字平台操作并将企业信用作为担保，顺利将事前审查改为事后审核，让许多涉企业务实现“跑零次”即可办理。

第二，双向实时互动。在日渐成熟的数字政企互动模式下，无论是基于智能机器人的全天候24小时在线服务，还是由服务窗口值班人员应答，都能及时回应企业的实际需求。机器服务与人工服务的双重保障，确保业务操作的快速与便捷。

第三，数字化场景丰富。政商互动中，关乎企业多项事务，涉及政府不同的部门。数字化平台实现环节的贯通，流程的重组，切实做到“一网通办”、一体化技术治理，并能显著提升政府审批、政策咨询、项目申报、补贴发放等日常工作的效率。

第四，面向企业而非个人。政商互动的数字平台以服务企业与企业家作为主要目标，一般不与企业雇员个人直接产生接触。换言之，企业法人是在数字平台的唯一服务对象。企业账户象征着其资格与身份，个人若要想与政府部门取得联系，就必须经过公司的转接。

（二）完善政府对企公共职能

数字技术可以有效推动政府职能转变，显著优化公共服务的质量。数字技术赋能够缓解组织惰性、信息茧房、数字鸿沟等问题造成的政府职能偏离或不足，将服务企业落在实处，使得营商环境优化和亲清关系的构建具有了抓手。

第一，让服务泛在可及，让企业随时随地办事。泛在可及，指打破时间和空间的限制，建立实时在线、渠道多元、跨域通用的政务服务系统，使企业在任何时间、任何地点都能享受到政府的各项服务。充分利用一体化政务服务平台，在服务项目规范化的基础上，构建一套线上线下全面融合的政务服务系统，各端联动和功能升级，实现线上线下服务同质，政务服务触手可及。同时，基于标准化的服务项目体系，加快推进政务服务从本地通办向跨区域通办的转变，使政务服务不受区域限制，实现无差别受理、同标准办理。①

第二，让服务智慧便捷，让企业一站精准办事。智慧便捷，指利用数字技术，以集成性政务服务系统为基础，打造“掌上办事”的新型服务模式，实现服务一站式集成、精准化直达、智慧化体验。从企业办事的角度来看，围绕企业准入到退出的整个生命周期，实现各类场景化应用“一端”集成、“网购式”办事；逐步实现对企业事前服务的主动推送、事中服务的精准导向、业务审批的高效分发以及事后评价的精细反馈；加强智能推送、智能问答、智能审批等服务模式的创新，使用户的服务体验更加丰富和优化。

第三，让服务公平普惠，帮助企业消除“数字鸿沟”。公平普惠，指政府通过提供普惠性、兜底性的服务来填补“数字鸿沟”，使所有的企业（尤其是中小微企业）都能在数字化平台上公平地享有公共服务。疫情以来，受冲击最大的就是量大面广的小微企业，如果说通过数字技术来精准供给金融服务是一种“外力”支持，那么数字赋能的最终目标将不仅仅是“金钱赋予”，而是要帮助提升小微企业的自我发展能力，培育其内在的活力和动能，促进其与政府共生共长、和谐互动。

### （三）多主体线上线下协同

地方政府以现代信息技术为基础，构建线上线下政务服务中心，一个

① 徐文光：《以数字化改革助力政府职能转变　提升政府履职科学化精准化智能化水平》，http://www.egovernment.gov.cn/art/2022/7/1/art_194_6379.html。

突出特征是多元主体共同参与，各部门协调联动。具体而言，将分散于政务大厅各个窗口的各项业务集中于网上办事平台，达成各部门、多事项、全流程的覆盖。依托强大的主导机构和支撑体系，整合机构资源、人力资源和数据资源，构建起“一站式”政务服务中心，将各部门的服务进行全方位、多层次的系统整合，使主导部门能够在决策引领和统筹协调方面扮演核心角色，消除各个部门之间的协调壁垒，增进了政府内部、政企之间、政民之间的沟通与互动。

此外，这种政企服务模式要求对线下服务大厅与线上平台的工作人员进行同步授权，从而保证资源的整合和跨部门协作的顺畅，实现实时的信息交流和互动。以国家政务服务平台为核心，加快推进全国政务服务大厅线上线下有效整合，使两者能够高效协同，推进公共服务方式的转变，确保服务在全流程的各个环节中能够无缝衔接，强化“四个统一”，即：接口入口统一、数据采集统一、身份标识统一以及服务路径统一。我国推进一站式服务的重点工作内容包括但不限于：推送公共服务的具体事项、业务流程等信息，实现部门内部工作的高效对接，实现企业（个人）与办事部门之间的良好互动，推动由过去线下办事大厅单向传递信息的传统模式向线上线下双向沟通互动的模式转变，实现企业（个人）与办事部门之间的良性互动。①

（四）重塑公共服务流程

通过“流程优化与重组”，数字化技术提高了企业家对政务服务的获得感。随着数字化的深入推进，新生事物的不稳定性也对政务协同提出了更高的要求，流程再造在此过程中扮演了重要的角色，成效显著。② 可以

① 杨冬梅、单希政、陈红：《数字政府建设的三重向度》，《行政论坛》2021年第6期。

② 罗强强：《中国数字政府研究：现状、演化与启示》，《辽宁行政学院学报》2021年第1期。

说，技术的工具性成为推进组织架构和流程（机制）重塑的重要动力。[①]政府采取协同治理的办法，以数字化的技术促进业务流程的优化[②]，减少处理各种数据承载的政府事务的次数，简化各种手续[③]；实现数据资源在不同系统和部门之间的整合与协同[④]，从技术上解决传统部门分割和资源分散的问题，降低数据的损耗，极大地提高企业的服务质量。

具体而言，政府引入现代企业业务流程再造的行动理念，来整合政府部门的组织机构，并以企业需求为导向，将服务流程进一步优化、办事程序进一步简化，切实向服务型政府转变。当前，政策直达服务（如免材料、系统审批、兑现秒到账等）对政企间的资源优化，起到明显的促进作用。[⑤]与此同时，“互联网+”环境之下政府流程重组的能力，在很大程度上源于“24小时在线”、信用承诺和数据协同等基础。所谓“24小时在线”，即通过在线数据、在线服务，实现需求在线直达、政策在线兑现、许可在线实现等；“信用保证/承诺”是指信用的闭环管理，从而保证其在执行过程的有效性；“数据协同”指的是通过城市大脑中枢系统，在不同领域将政务数据和公共数据进行整合、实现协同，使政策可测、可审、可评，从而使政府能够主动地提供服务，并实现行政审批的自动化。[⑥]

流程再造使得企业能够通过网络平台与政府部门进行沟通，而后台后

① 杨学敏、刘特、郑跃平：《数字治理领域公私合作研究述评：实践、议题与展望》，《公共管理与政策评论》2020年第5期。

② 陈振明：《政府治理变革的技术基础——大数据与智能化时代的政府改革述评》，《行政论坛》2015年第6期。

③ 鲍静、张永进：《政府部门数据治理：一个亟需回应的基本问题》，《中国行政管理》2017年第4期。

④ 钟裕民、许开轶：《大数据与政府管理创新：国内研究进展与研究展望》，《当代世界与社会主义》2016年第6期。

⑤ 宋淑溶：《数字技术对政商关系的影响与优化路径》，浙江工商大学2022年。

⑥ 徐越倩、宋淑溶：《数字技术对政商关系的影响机制研究——以杭州市“亲清在线”平台为例》，《电子政务》2021年第7期。

段则可以通过城市大脑的中枢系统，直接与各个部门和不同的业务系统进行数据协作，为企业提供各种服务。政府与企业之间可以全过程、随时随地进行沟通，政府工作人员在线为企业解答政策、审批等常见问题，对企业提出的咨询、诉求、疑难等第一时间作出回应，真正将企业线下咨询线上留痕的办事方式转变为线上全流程导航的办事方式，实现政府与企业之间的高效沟通。政府资源整合后的数字化、可视化、平台化、菜单化将得到进一步推进，政企互动渠道将得到有效增加。①

## 二、数字治理赋能新型政商关系的典型案例

### （一）浙江："亲清在线"数字平台

2020 年初，杭州市为了疫情防控工作与经济社会发展能够协同推进，提高"企业复工数字平台"和"杭州健康码"的应用成效，采取"清上加亲，在线互动"的理念，开创了一种全新的政企在线互动平台（简称"亲清在线"）②。全市各级部门的协同攻关下，"亲清在线"数字平台于 2020 年 3 月正式上线，同年 7 月完成全功能发布，将"数字治理"融入政府服务的全过程，通过线上平台兑现惠企政策，帮助和支持企业发展。

从功能来说，"亲清在线"数字平台作为杭州"城市大脑"系统的"核心成员"，不仅是政府服务网站，也不仅是一个移动的 App 软件，它具备高度一体化的特征。其前端功能是向企业和政府部门提供政策兑现、互动交流服务等功能；后端功能则是借助"城市大脑"中枢系统，实现政策

---

① 杨冬梅、单希政、陈红：《数字政府建设的三重向度》，《行政论坛》2021 年第 6 期；宋淑溶：《数字技术对政商关系的影响与优化路径》，浙江工商大学 2022 年。

② 杭州市人民政府·亲清在线 2.0，详见 https://qinqing.hangzhou.gov.cn/&wd=&eqid=c73bc0ff000160100000000464bf6fc6#/。

服务、在线互动、决策支持等功能，与杭州市各部门、区（县）业务系统进行数据协同。[①] 这项以数字技术赋能新型政商关系建设的探索实践，促进了“最多跑一次”改革的纵深发展，为杭州打造世界一流的营商环境提供了有力的支持。

**1.“亲清在线”数字平台的落地实践**

第一，企业诉求在线直达，从“上门收集”转变为“在线呼应”。以往面对企业的困难与诉求，政府往往采取“归集”的办法进行摸排；现在，基于数字化平台，企业通过网上“一键直达”政府，可以随时随地实现对接。以“在线申请蓝领公寓”服务为例，过去，企业需要到线下服务窗口提交多项材料，如企业法人身份证明、营业执照等，而入住人员则需要出示社保证明、无房证明等材料。从申请到入住，企业至少需要进行4次在场操作，完成7次材料提交，耗时长达半个多月。当前，企业只需在“诉求直达”版块选择“我要租房”，在线填写蓝领公寓租住需求，即可将租房区位、户型、套数以及租金等诉求在线传达给政府。政府在获取企业诉求后，将以更低的价格、更优的配套、更快的申请为相关企业的员工提供多种类型的保障型租房资源和市场化租房资源。不仅如此，平台租房还实现了网上申请、一键签约、当日入住：企业职工可以享有“先入住、后签约”服务，实现“当天办理、即刻入住”，在数据协同和信用承诺的赋能下进行。整个过程真正做到“跑零次”，企业和员工都不需要再去任何一个部门提交任何材料、办理相关文件。

第二，惠企政策在线兑付，从“层层拨付”转变为“瞬间兑付”。平

① 陈宇：《“亲清在线”数字平台重塑新型政商关系》，杭州，2020，No.579（05）：20—23；郑春勇、张娉婷：《政商互动场景数字化的基本特征与实现路径——基于“亲清在线”平台的实践》，《中共济南市委党校学报》2021年第4期。

台与税务、社保、住保、市场监管等部门进行数据的对接，实现政策即时兑付。“亲清在线”诞生于新冠疫情伊始，它的首要功能是把各项纾困惠企政策通过不见面、不间断的方式，快速精准地传递给企业和员工，帮助企业渡过难关。极大缓解过去政策落地过程中政企信息不对称、政策申报材料多、政策兑现程序繁等问题。

以中央财政下达的“两直”小微企业和个体工商户奖补政策为例。以前企业需提交缴税、缴纳社保、出口额、未列入经营异常名录等各种证明材料，再通过街道、区县市场监管局、市市场监管局的层层审核和资金的层层下拨，才能拿到补助资金，平均需要1—2个月才能完成兑付。而平台通过对政策流程的全面改造，做到了兑付全程在线，企业只需登录平台，一键就可完成审核兑付，不再需要企业提供一份材料、跑一次部门、耗费大量等待时效，真正实现“申报零材料、审批零人工、兑现秒到账”。

第三，行政许可在线审批，从“坐店等客”转变为“高效供给”。平台以实现各项政策在线“许可”为最终目的，是“最多跑一趟”改革的深化。比如，平台将人社、医保、公积金三项归口的“企业五险一金登记”合并，企业只需一次信息填报，就能同步完成所有报名事项，大大减少企业的办事环节和报批时间。同时，平台针对行政审批领域存在的主管部门多、业务系统多等问题，坚持“以联合为主，按需办事，整合办理”，以“一件事”联办为标准，将企业办理事项进行套餐组合，在线打破部门职能边界，结构性糅合重组业务流程，对各条线的审批系统进行迭代升级与整合对接，从而形成材料全程共享、信息实时反馈、系统无需切换的在线联审闭环，最大限度减少人为干预，为企业提供政府整体形象的一体化服务，实现“跑零趟”办结“一件事”的全过程。

第四，服务绩效在线评价，从“绩效后评”转变为“实时可测”。传统的线下模式对服务质量的评估机制并不完善，对政策效果的反馈并不及时。针对这一问题，平台构建了一个以企业评价为中心的在线服务评估系统，在线监测包括：服务满意率、政策兑付率、异议处理率等多种指标。采用“多维量化，实时可测”的数字评估机制，促进了服务品质的持续提高。借助在线评估，实现从“事后绩效评估”到“实时可测”的转变。让政策的实施情况始终处于被检查、被反馈的状态，有助于政府精准施策、及时优化。

第五，互动交流在线响应，从“被动回应”转变为“主动互动”。在平台上，审管工作人员将会变成“亲清店小二”专员，与人工智能客服搭档合作，实现对企服务的在线即时响应，从而帮助企业解决痛点难点问题。主动为企业打通获得服务的“最后一公里”，这是一次系统性重塑和升级政府服务企业理念的数字平台应用。“亲清店小二”专员与涉经行业管理部门及产业平台保持紧密合作，为企业提供包括社会保障、人才服务、置业服务、纳税服务、商事服务、投资项目审批服务在内的八大类服务；并通过网上咨询与线下走访相结合、窗口审批与上门服务相结合、分散服务与集中服务相结合、日常服务与专题破难相结合的多维度服务模式，实现政府对企业服务需求的实时获取、企业诉求与期待的主动回应、营商环境的持续优化。①

**2. 赋能结果：“亲清直达”的延伸与渗透**

“亲清在线”数字平台从“亲”和“清”两个字着手，是政府数字化转型的有力尝试，也是新时期重塑政商关系的全新探索。“亲清在线”数字平台的应用，构筑起“数字赋能”的服务治理新手段。经过近数年的实

① 《杭州市审管系统接续擦亮政务服务“第一窗口”品牌》，http://www.hangzhou.gov.cn/art/2022/7/8/art_812262_59060999.html。

践，“亲清直达”的服务理念和模式正在向越来越多的政务服务领域和政商交流场景延伸，政商关系趋于扁平化，平等互信、亲上加清的政商关系逐渐形成。

“亲清在线”数字平台的运用，规范政商互动边界，有助于营造“亲而有界”的政商关系。公平普惠的数字平台，减少行政权力自由裁量的空间，抑制权力的滥用，某种程度上筑起“不能腐”的防线。具体而言，以审批“机器换人”的方式对权力运作模式进行重构。通过平台的在线数据对政策审核和行政审批进行比对，避免人为干预，降低廉洁风险。另一方面，用数据筑起一道不敢腐的堤坝，实现“全程可查”。由此，每一笔政策兑付、每一项行政审批的数据，都能够借助区块链技术实现全程留痕，每一笔资金的流向、路径也都可以在线追溯。企业可以在线监督政府行为和服务，使政商关系变得更加扁平化，权力运行轨迹一览无余，权力行使过程变得更加透明，监督过程也更为便捷。①

“亲清在线”数字平台规范政商互动边界，双方按照规则履行各自的责任与义务，使不平等的政商关系向更平等的方向转变。具体而言，是通过“亲清”服务，实现政府服务从“坐店等客”到“互动平等”，政企沟通从“上门收集”到“网上呼应”，政策兑现从“层层拨付”到“一键支付”，都彰显了政商“平等”关系。另一方面，政商之间的“互信”关系体现在“信用承诺”的建构，在政策兑现、行政审批等事项，“亲清在线”采用了诚信互诺机制来简化业务流程。政府对信誉记录良好的公司给予全面的信任，激励企业珍惜信誉；建立以诚信为中心的事中风控、事后监管、联合奖惩机制，完善信用管理的闭环体系。此外，平台还推出“一键

① 苏慧婷：《扬州市“互联网＋政务服务”建设现状、问题与对策研究》，扬州大学2022年。

达”企业诉求、“面对面”政商沟通、“在线评”服务评价等线上功能，表明政府履行其公开承诺“民有所呼、我有所应”。民营企业的满意度评价成为政府工作导向和落脚点，有利于政府与企业真正建立平等的关系，双向承诺、彼此信任。

### （二）广东：“粤商通”移动服务平台

“粤商通”是广东省在全面构建“数字政府”的背景下，为探索数字化涉企政务服务而开启的一项实践，是广东支持市场主体生产经营的“新秘籍”。服务理念是：“深化商事制度改革，创新便民利企方式，激发市场经济活力”。该应用涵盖办业务、招政策、提诉求、筹资金、拓商机、招人才和粤商码等多项综合功能，是专属于企业的移动政务服务平台，有效提升企业服务移动化水平、助力优化营商环境。近四年来，“粤商通”覆盖市场主体“招商、开办、筹建、经营、退出”全生命周期，持续推动涉企数据的开放共享，倒逼业务流程重组，提高“一站式”移动服务的一体化程度，扩大“免证办”的业务范围。将涉及企业的政务服务、政策服务、公共服务等信息整合传输到移动终端；依托“数字政府”集约化平台，以数字治理为抓手，为企业提供“服务贴身、功能定制、内容管用”的掌上服务体系。①

#### 1.“粤商通”服务平台的落地实践

第一，多元服务“一站式”办理。“粤商通”平台首次实现了在同一App上将原本分散在政府部门不同层级的涉企服务事项进行汇集、整合，企业用户只需在移动端登录一次，即可畅享全流程一站式的高效办事体验。具体来说，“粤商通”平台包含新办企业、交易平台、发展助力、企

① 《粤商通：涉企移动政务服务平台》，详见 https://yst.gdzwfw.gov.cn/。

业日常四大商事主题，集成涉企的近千项高频事项，覆盖企业从开办到注销全过程。不仅如此，平台还对接省统一身份认证平台，快捷创建企业账号，从而实现企业和办事人员数据关联。

以“企业开办”为例，一次性办理企业开办所需的6个环节，最快半天领取营业执照，极大提高效率，实现“即办即营”。再比如“商标检索”功能，通过与省知识产权公共信息综合服务平台的数据进行对接，企业能够免费且实时地获得相关商标专利信息。比如，在注册前，企业可以提前了解商标注册的障碍；未使用前，可以通过该平台来防止侵权；使用过程中，可有效防止遭他人抢注，避免假冒品牌造成的负面影响；注册后，可以对品牌起到保护作用，防止别的企业与该品牌发生“不良沾边”关系。

第二，政务服务事项“免证办”。以往，由于涉企的证件种类繁多，企业线下办理时往往因为缺少各类证件或材料不充分导致办事效率低下，“粤商通”率先在全国范围内实现了线上线下“免证办”。“免证办”是依托数字政务大数据中心，全面联通各类基础数据库，开通企业办事涉及的高频电子证照服务，实现在线免证照即可办理高频事项、互通共享企业办事所需的电子证件，展现了互联网政务服务的流程简化、机制创新和技术保障。由此，企业在办理政务服务业务过程中，通过信息共享、数据比对获取的审批信息不再要求提交纸质材料，只需通过统一身份验证以及电子证照、电子表单、电子印章、电子签名等，即可完成证照查验、报送材料自动关联和项目信息自动填报。

粤商通免证办功能的推出，在很大程度上改变以往办事复印大量纸质材料、漏带资料办不成事等问题：一方面，它大幅简化办证程序，成为企业办事的“身份证”和“通行证”，减轻企业经营成本和心理成本，提高企业办证效率和用证便利化水平；另一方面，也降低线下工作人员的行政工作负担，提高政务服务的便利度和效率，有助于实现行政和市场资源的优化配置，进一步推进“放管服”改革的发展，推动政务服务从纸质化向电子化的转变，促进新时期政商关系变得更加亲近。

第三，营商信息精准通达。“粤商通”通过与“粤企政策通”平台对接，有效解决政企信息渠道不畅、不对称等问题，为企业统一政策发布、意见征集提供新的渠道。平台将为企业制定个性化的惠企政策，根据需求随时查询，提供涉企政策、政策解读、扶持资金申报通知等服务；同时，将相关部门出台的利企政策、审批结果、监管情况等信息及时反馈给相关企业，通过对大数据的智能分析，对企业提供个性化的推送和即时提醒，使企业实现服务“可发现”、“可理解”、“可使用”。以中小企业融资难为例，“粤商通”可以说是一种整合全省商业银行信用产品资源的“保姆式”金融产品咨询服务。支持开通相关订阅服务，以便企业对融资服务信息进行实时掌握。企业在选择融资产品时，可直接登录“粤商通”，系统汇总企业缴税、公积金缴纳、用电情况等信息，并提交给各金融机构加速审批，并将审批结果反馈给企业，以便企业能够及时了解贷款的进展情况。①

不仅如此，平台还开通了意见征集与咨询投诉渠道，企业可以将意见、建议、咨询、投诉等信息及时在“粤商通”中反馈给相关部门，建立起一种高效的政企沟通交流与评价反馈机制，实现政企双方零距离互动，真正做到公共服务贴身、企业功能定制以及业务内容有效，全面实现企业用户手机随身携带、商机随行提供。② 此外，“粤商通”还提供整合招投标、融资贷款、企业信用、中介机构服务等营商资讯，试图让信息服务成为引进先进生产力、推动现代产业发展、提升比较优势的重要抓手。

①② 《手机点点“粤商通”涉企事项掌上办》，详见 https://news.southcn.com/node_54a44f01a2/9798b1ad81.shtml。

### 2. 赋能结果：数智赋能“亲清粤商”

解决政商沟通难题，构建“清白”政商关系。“粤商通”数字平台建立的涉企信息集中公开和推送制度，通过设立统一的企业诉求大平台和处理中心，推陈出新并打造政企沟通新渠道，有助于构建清白透明的政商关系。“粤商通”通过设置诉求直达、互动交流模块，让企业可以在线直接留言，提出困难、需求和意见建议；同时，政府也可以通过该平台获得有关政策实施效果和改进意见，建立起信息的回路。政府因应企业需求，针对企业发展痛点、难点，搭建“企业需求提交—政策探讨与制定—政策实施”全过程管理，从而使政府和企业之间的交流变得更加便捷高效，进一步提升政企关系质量，促进打造透明廉洁政府、服务型政府。

针对懒政怠政，有效缓解“为官不为”难题。“为官不为”是一种不容轻视的“权力浪费式”的消极腐败现象，表现为消极履职、不思进取、推诿扯皮、办事拖沓，带来极大的负面影响。“为官不为”究其本质是失职渎职，延误经济发展、社会进步，侵蚀群众利益。[①]“粤商通”通过为企业提供多元服务“一站式”办理、政务服务事项“免证办”、意见征集与咨询投诉渠道等系统化在线服务，尤其是以完善“金融纾困”的企业资金流供给机制[②]，有效缓解懒政怠政的现象。

简而言之，“粤商通”通过建立“有互必应”的诉求响应全闭环、构建“掌上助企”的集约化服务模式、完善“金融纾困”的资金流供给机制、挖掘“数据赋能”的激发活力新环境等数字服务，理顺了技术与服务、政府与企业的关系，在聚合政务服务的基础上实现服务供给的系统

① 《广东省纪委书记批“不为”官：庸官躲官看官懒官木官》，详见 http://ku.m.chinanews.com/wapapp/zaker/sh/2017/03-24/8182223.shtml。

② 《粤商通 3 年上线 2873 项涉企服务》，https://baijiahao.baidu.com/s?id=1741930471647962997&wfr=spider&for=pc。

化、精细化、普惠化，打造高效便利的移动服务模式。让“数据多跑路、企业少跑腿”，实现具备数字时代特征的对企服务、支持和管理模式。这些有助于构建亲密平等的政商关系和工作机制，让政商关系变得既有温度又有厚度。

### （三）贵州：“贵商易”惠企一键通

“贵商易”（贵阳市企业服务统一平台）是由省大数据局牵头建设的全省企业综合服务平台和智能窗口，是贵阳市专门打造联结政府与民营企业的互联网服务端。该应用首创融通“政府、企业、金融机构、消费者”四端数据的对企服务新模式，旨在为更多贵州企业提供服务，实现“助企更易，护商更强”的目标。

经过数年的建设和发展，围绕“企业找政策、政策找企业”的功能核心，面向全省企业统一提供覆盖全生命周期的综合服务。“贵商易”创新开发“六找”服务，即：找政策、找政府（包括远程办事和便民投诉）、找市场（包括商品求购和服务求购）、找服务（包括买商品和买服务）、找人才（包括人才需求发布和专家智库）和找资金（包括转贷应急、股权融资和金融贷款）六大基础服务功能。①

#### 1.“贵商易”惠企一键通的落地实践

“贵商易”核心服务功能之一是“政策一键通”，即从广度、深度、精准度上对企业政策服务进行再延伸，主要由“政策计算”和“政策兑现”两部分组成，从而落实纾困惠企政策、打破部门壁垒、畅通信息渠道，为企业提供更加精准便捷优质的全方位政策服务。实现企业在线办理政务事项快捷便利，确保各项政策“应知尽知、应晓尽晓、应兑尽兑、应帮尽帮”。

①《“贵商易”贵州省企业综合服务统一平台使用手册》，详见 https://whhly.guizhou.gov.cn/xwzx/zwyw/202207/t20220707_75422103.html。

第一，“政策计算”实现企业与政策的精准匹配。“贵商易”平台已汇聚各级各部门出台的惠企政策，基本实现惠企政策“应上尽上”。① 包括各级政府及有关部门出台的8000多项优惠政策，涵盖信贷资质、产业扶持、人才激励等多项惠企政策，对部分有具体时限的政策进行详细解读。因此，企业登录“贵商易”平台进行企业名称录入，平台将对企业使用的所有政策进行自动测算和匹配，生成“智能匹配报告”并及时反馈给企业。报告中，将会详细呈现企业可申报的所有政策名目、政策适配度、政策适用范围、拟扶持资金额度、政策申报期限等信息。②

企业与政策的精准匹配，得益于平台基于大数据绘制的企业画像。平台利用企业数据对全省近400万市场主体进行精准的“画像”，在“一云一网一平台”支撑下，汇集11个政府部门、65类、总计2500多万条涉企信息，建立了一个市场主体数据库。③ 同时，创建政策标签体系，基于企业的精准画像，将企业需求和政府政策进行双向匹配。

第二，“政策兑现”实现不见面申报、不见面审核、不见面兑现。企业向“贵商易”平台上传所有申报材料，市、县两级相关部门在线审核验证，企业可及时收到反馈结果，实现惠企政策兑现的全流程一站式在线操作。可以说，“政策兑现”打通了政策落地的“最后一公里”，便于企业不出门就能完成政策申报，政策主管部门根据企业提交的申报资料，限时完成审核、公示、资金拨付等工作，让惠企政策一键直达企业。④

---

① 《贵阳市“政策一键通”让惠企政策一键直达企业》，详见 https://www.ndrc.gov.cn/xwdt/ztzl/xhyshj/dfdt/202110/t20211013_1299596.html。

② 《“贵商易”优化平台功能　助力企业纾困》，详见 https://www.gywb.cn/system/2022/05/15/041210238.shtml。

③ 《贵州省企业综合服务平台“贵商易”上线》，详见 https://gz.cnr.cn/gstjgz/20220529/t20220529_525841315.shtml。

④ 《“贵商易”让政策申报审核兑现“不见面”》，详见 https://baijiahao.baidu.com/s?id=1733042000598020846&wfr=spider&for=pc。

第三，为企业提供全方位一站式服务。“粤商通”App 为渠道在线受理企业的咨询、投诉等事项，确保 1 个工作日内完成企业对所反映问题的处理，3 个工作日内受理，10 个工作日内办结。线上市场服务涵盖多项服务，如：找土地、找厂房、找人才、找配套、找市场、找技术，打造“企业提需求、部门做分解、平台做撮合、机构来响应”的服务闭环；打造线上产业场馆，按照“7 + 1”重点产业进行分类、图文并茂地展示企业信息和产品信息，帮助企业找市场、找原材料，实现产业链的延伸和完善，从而解决企业拓展市场、降低成本的困难。

以“政策一键通”为核心的“贵商易”将进一步成为企业的“贴心管家”，成为企业心声的“倾听者、推进者”，充分依托贵州省和贵阳市的海量大数据资源，横向贯通市直各部门、纵向省市县三级政府，实现信息共享，重点帮助企业解决急难愁盼的问题。

**2. 赋能结果：“贵人服务”助力亲清政商关系**

“贵商易”的服务功能之一就是畅通政企沟通反馈渠道，解决“诉求难”的问题。通过打通民营企业家与服务中心实时互动和诉求表达的渠道，企业能够及时对企业在线反映的诉求进行回应，帮助企业解决发展中遇到的困难，以往“诉求无门”、“诉求回应慢、解决慢”的现象有了很大改观，政府职能部门的反应速度、办事效率、业务水平都得到有效提升。[①] 同时，为了提高服务企业质量，贵阳市政府还制定《“贵商易”一键服务响应工作流程》，实现“贵商易”平台“一键服务”与贵阳市涉企服务职能部门的有效衔接。面对企业诉求，政府部门能够及时响应、协调处理，让企业在线反映的诉求和在发展过程中遇到的难题能得到及时有效的

① 《贵阳：数据高速路助力民企高质量发展》，详见 https://cnews.chinadaily.com.cn/a/201911/18/WS5dd1f84fa31099ab995ec69c.html。

解决。

释放数据红利，解决“融资难”。“贵商易”是以贵阳市数据共享和交换为基础而诞生的数字平台，与多个政府部门的数据库连接，释放数据红利，帮助企业解决“融资难”问题，推动政府的助企政策落地实践。2022年，政府通过“贵商易”平台开通“抗击疫情金融服务直通车”，实现政银企线上线下互联对接，将千家企业（项目）的融资需求推送给专门的金融机构。贵阳市还推行“急事急办、特事特办”，对有生产条件但目前暂无法提供相关材料的企业，实施包容性监管，优化办事流程，切实贯彻“告知承诺、内容不足、事后补办”的方针，推动由“事前审批”向“事中事后监管”转变，全力帮助企业在最短时间内实现生产经营的顺利开展。

总体而言，“贵商易”数字服务平台比较成功地联结了政府（供给者）和企业（消费者），在助力政企发展的同时增进政商关系，对于中西部地区乃至全国的数字政企实践都有一定的借鉴价值。对于企业而言，“贵商易”使他们有了更便捷的向上反馈渠道，通过在线反馈或投诉，及时解决发展中的问题，有助于改善企业的经营现状，提高市场竞争力；对于政府部门，“贵商易”有利于政府及时把握当前企业的发展状况和问题，及时优化政策供给等一系列服务，使公共政策能够更加精准地发挥作用，有力推动市场主体发展。在此趋势下，政商关系更加亲密清白，政企互动更为高效。

### （四）三种模式的共性分析

浙江、广东和贵州三省的经济发展和基础建设水平不同，地方政府的治理也存在差异，但在数字治理赋能新型政商关系的实践模式上仍存在一些共性，下文从服务平台、机构变革、制度建设三个方面进行简要分析。

第一，基于数字技术构建对企服务平台。现代信息技术为政府职能转变与变革提供了新动能，信息技术的应用突破信息不对称难题，打通不同领域、层级、部门之间的协作壁垒，有效地解决政府传统治理过程中存在的观念、认知、互动等各方面的问题。在充分运用大数据中心、政务云平台、主体信息库的基础上，重塑服务流程，重构政府内部职能与业务逻辑，整合各种资源，这是数字政府建设和数字治理赋能的一种普遍做法。在浙江、广东、贵州三省案例中，为本地企业搭建专门化、集约化的数字服务平台，着力提高在线政务服务水平，高效精准地施策，既增进政商之间的亲密度、信任度，又使得政商互动公开透明。

第二，旨在提升政务效率的组织机构变革。政府的数字化转型与数字治理是一项系统性、整体性的工作，必须变革组织机构、体制机制。事实上，多数省份已经建立起专门的大数据管理部门，推进政府的数字化转型。在此基础上，组建由省级主要领导挂帅的数字化政府建设领导小组，实现资源的有效统筹，推动各地各部门积极开展创建工作，为政府的数字化转型提供强有力的支撑。比如，广东省对原省委、省政府各部门44个内设的信息化机构进行系统性的撤并和调整，先后成立“数字政府”改革建设工作领导小组、“数字政府”专家委员会和政务服务数据事务中心等，从体制源头上保障组织革新，形成上下贯通、技术与业务融合的集约化管理体制。

第三，加强基于顶层设计的数字治理制度建设。顶层设计是指“自上而下”的系统规划和战略布局，需要从最高层面寻求问题的解决办法。[①]以数字技术为基础的数字政府治理是一种“自上而下”的整体性治理改

① 竺乾威：《政府管理创新若干问题的思考》，《中国行政管理》2012年第2期。

革，政治及行政层面的领导力支持是实现数字化转型的关键。[①] 从地方政府层面来看，“最高层次”指的就是省级政府就数字治理工作方面所采取的战略规划。浙江、广东和贵州三个省份都非常注重顶层设计的制定与完善，大致含括如下三个方面：一是政务服务上，通过运用现代化的信息技术系统，推动政府管理系统的集成与运用，实现部门间协同运作，提升政务服务供给的质量与效率；二是在数据治理上，完善政府资源共享的机制以及数据交换的规范，在消除信息孤岛的同时，加强数据开放，对数据实行全生命周期管理；三是在政府职能创新上，在市场监管、公共服务等领域，运用数字技术手段，提高政府履职的能力。

三省实践模式显示，要实现基于数字技术的治理赋能（构建新型政商关系），离不开服务平台、机构变革和制度建设三方面的支撑。地方政府必须从理念和路线上充分明确改革目标：提高治理能力与服务水平，最终的落脚点是市场主体的获得感与满意度。与此同时，需要注意的是，我国的数字治理整体处于起步阶段，三省的实践模式也是因地制宜，并不存在最优解。无论是浙江、广东还是贵州，在数字政府的建设过程中，也存在数据开放共享程度不高、数据安全保护力度不足、专业技术管理团队缺乏、数据向下回流机制不完善等挑战。

## 三、基于赋能框架的优化建议

### （一）空间营造：提升数据安全

随着涉企业务从线下向线上转移，“企业少跑路、数据多跑路”得以

① 蒋敏娟、黄璜：《数字政府：概念界说、价值蕴含与治理框架——基于西方国家的文献与经验》，《当代世界与社会主义》2020 年第 3 期。

实现，但数据安全与隐私问题则无法绕开。数字化的服务流程诞生海量数据，涉及企业发展甚至商业机密；加上大数据也拥有较高的商业价值，如果处理不好将会产生严重的负面影响；在目前的运营模式下，如果不能有效整合、合理存储各类信息，市场风险是难以估量的。①进入数字时代，新型政商关系构建的保障在于在政府与企业的交往中加强监管，即做到“亲而有畏”。为了实现共建共治共享的良好治理生态，政府在对政务服务平台进行延伸和拓展的过程中，应注意将系统中的企业和个人隐私信息安全作为平台建设的第一要务。因此，面对数字技术给政府服务体系架构、系统实施和安全保障技术带来的极大挑战，要利用信息技术为政府监管部门赋能，持续加强维护信息安全的技术能力，进一步加强对企业和公民的隐私保护能力，建立安全且可靠的信息保障与管理制度。

一方面，提升政府监管的智能化与精准性。政府监管部门借助现代信息技术建立新型监管模式，即“事前管标准、事中管达标、事后管信用”，从而提升政商之间的清廉程度。通过将政府权力运行、政务咨询投诉、平台功能开发等内容全面纳入监管范畴，实行实时监控、即时反馈、网上预判、智能监控，进一步提升政府监管能力。同时，强调数字化系统的内部协同和监管功能，从具体服务产品、服务用户等方面明确政府干预边界，制定更为个性细致的管理原则、标准、规则和程序，实现灵活监管。②

另一方面，建立分类分级的数据安全保护体系。③政府机构必须按照法律和分类分级规则，对获取和产生的政府数据进行评估，科学合理设定开放属性，并及时调整更新。不过，对数据进行分类分级并不是政府的根

①③　宋淑溶：《数字技术对政商关系的影响与优化路径》，浙江工商大学2022年。

②　徐越倩、宋淑溶：《数字技术对政商关系的影响机制研究——以杭州市“亲清在线”平台为例》，《电子政务》2021年第7期。

本目的，关键在于针对不同类型和层次的数据建立不同的安全防护体系，从数据安全要求、应用环境要求、反馈要求等方面设置不同的数据开放要求。根据数据的敏感度差异，在数据采集、传输、保存、访问、共享、开放等过程中实施差异化的数据安全保护措施。换言之，政府应当运用新技术开展数据治理创新探索，充分管理所有公共数据，不仅应当妥善管理企业的商业数据，而且需要有效封存敏感隐私的个人数据，保护企业的信息安全，增进政商之间的信任度和清廉度。①

### （二）内容学习：明确惠企目标

当前“政企合作”作为政府治理数字化变革过程中的显著特征之一，在人才、资金、企业需求三个方面仍然存在“堵点”。一般而言，政府部门要解决前两项“堵点”的难度并不高，关键是如何精准对接市场的需求。实地调查显示，相当一部分一线政府服务人员时常会感到困惑：政府构建的互联网政务服务的应用场景，到底能在多少限度上回应民营企业的实际诉求？在这种政商互动场景的数字化转型过程中，如果从“易于管理”和“易于服务”两个方面来判断，那么首先应当强调的是“易于管理”，其次才是“易于服务”。换言之，我国已形成的数字政务应用场景，在功能上还略偏向于满足行政主体的创新需要。因此，要想进一步推进“互联网＋政务服务”的发展，必须强调惠企（便民）是数字治理的根本目标。地方政府与信息技术企业合作打造的数字化政商互动应用，要充分发挥惠企便民的作用，要根据企业、商户、企业员工的实际需求推进政企互动数字化转型。②对于新型政商服务系统而言，若想提高广大企业用户

---

① 宋华琳、郑琛：《论政府数据开放中的数据安全保护制度》，《中国司法》2022 年第 3 期。

② 郑春勇、张娉婷：《政商互动场景数字化的基本特征与实现路径——基于“亲清在线”平台的实践》，《中共济南市委党校学报》2021 年第 4 期。

的黏性、实现系统的可持续发展，必须确保惠企（便民）真正实现。

为了更好地实现这一目标，除了技术理性的发展和进步，还有在价值理性层面，必须充分理解“互联网＋政务服务”面临的基本矛盾，即企业（群众）对互联网政务服务日益增长的需求与发展不均衡不充分之间的矛盾，这也是一种潜在的政治压力。只有重新审视“互联网＋政务服务”建设的广度和深度，才能有效解决人民群众的在线办理需求，切实增强获得感。[①] 从广度来说，就是要丰富政企互动的应用场景，扩展线上服务的覆盖面，涵括企业用户全生命周期的所有需求主题，并且确保开设的线上服务项目都能够正常投入使用，持续优化企业办事体验，真正做到让企业（群众）“少跑腿”，让数据“多跑路”。从深度来说，就是要针对每一类企业服务进行精细化建设并及时更新，例如：惠企政策根据类别和时间清晰分类，融资贷款根据不同企业类型提供多元模式；对于小微企业要提供特殊惠企服务。

### （三）组织重塑：加强主体协同

处理好线上平台与线下窗口的关系，即处理数字政府治理与传统政府治理之间的关系。打造线上政务服务助力企业发展（即政商互动数字化转型），是为了与线下政企互动构成互补，两者是相辅相成的。因此，政府部门之间应尽力做到统筹兼顾，协调好各方面的利益关系。从而实现双轮驱动，构建“互联网＋政务服务”线上线下两端融合模式（OTO 模式），助力政企互动与企业发展。

首先，深入理解 OTO 模式的实践价值。在策略系统方面，为了积极发挥“互联网＋”的聚合效应，打破“诸侯割据”的现状，必须进一步完

① 翟云：《政府职能转变视角下“互联网＋政务服务”优化路径探讨》，《国家行政学院学报》2017 年第 6 期。

善顶层规划，强化整体统筹组织协调。其次，有效结合线上线下，准确厘清两者辩证统一的关系。线上服务既不能全部替代线下模式，也不是升级版的线下服务，更不是单纯地复制传统线下模式，而是多重改造和进步的成果，包括业务流程、资源共享和运营协同等。最后，需要准确把握 OTO 模式的整体推进路径。在政府服务供给从“政府端菜”到“百姓点菜”的转变过程中，OTO 模式必然经历“单一线下—线上线下独立运营—线上线下融合”的发展过程，从而产生出更加多元化、个性化、快捷化的服务业务形态，打破原有的单一化的供给模式。①

另一方面，协调府际关系，搭建数字化政商互动场景，既需要在横向各部门间有效整合，又不能忽略纵向各级政府的协调。② 在横向维度，需要加强区域合作。第一，积极调动资源，协助中西部地区开发线上数字服务平台，提高当地政务服务的水平，学习东部发达地区在政府服务平台建设和优化过程中的成功经验，来因地制宜地提供人力资源和基础建设等方面的指导与帮助，助力中西部政企互动数字化转型。第二，引导和支持中西部地区利用当地资源、地域特色进行政务服务创新，在提高政务服务质量的基础之上推动政府行政效率提升；并通过对当地企业和群众的需求开展相关调研，有针对性地联合有关部门对业务办理流程进行完善优化。③

在纵向维度，上级政府制定和发布大量政策文件，规范数字建设过程中的各项要求和规范，这成为下级政府能够有效行使权力、发挥职能的重

① 翟云：《政府职能转变视角下“互联网＋政务服务”优化路径探讨》，《国家行政学院学报》2017 年第 6 期。

② 郑春勇、张婷婷：《政商互动场景数字化的基本特征与实现路径——基于“亲清在线”平台的实践》，《中共济南市委党校学报》2021 年第 4 期。

③ 戚敬渊：《我国政务服务平台运行优化路径研究》，郑州大学 2021 年。

要依据。在数字政府的建设过程中，要加强法律规范和制度建设，厘清权力界限和职责范围，健全体制机制，通过合理的权力分配使得上级政府既能够保持权威性和统筹领导能力，也使下级政府在法律规定的范围内享有足够的自治权和行政权，充分发挥区域特色，协调好上级政府和下级政府之间的关系，打破沟通阻滞困境。

### （四）主体交互：优化供需匹配

供需互动视角强调数字技术对政府与企业、公民以及社会之间相互关系的影响。如果只从供给角度出发探讨政府部门如何数字化，容易忽略需求一侧的诉求，不免导致数字治理的结果与“为民”的目标发生偏离。① 我国现阶段数字政府建设在供给端发展较快，但企业（民众）的意愿、期望以及客户体验等，还没有得到充分反映。② 调查显示，一些城市的数字政府建设模式，从供给侧导向来看犹如陷入一种“技术决定论”怪圈，仿佛“数字政府只要进行建设，就会实现所有设想中的成效”，结果供需双方的匹配度始终无法得到提高。③ 基于此，数字政府必须不断修正发展视角，关注需求侧、引入供需互动视角，在数字政府的建设中形成需求与供给相匹配的机制，推动以政府为主导的数字政府建设向“协同共治”的方向发展。做到让企业和公众“点菜”，让政府精准把脉、精准识别最需要的人群及其最迫切的公共需求，解决公众的实际困难。④

这将要求依据移动互联网、云计算、人工智能等信息技术，及时、准确、全方位获取服务对象的需求信息，有效解决以往信息不对称问题；依

① 孟庆国、李晓方：《公共部门数字化转型：供需视角与转型深化》，《电子政务》2022 年第 5 期。

② 钟伟军：《公民即用户：政府数字化转型的逻辑、路径与反思》，《中国行政管理》2019 年第 10 期。

③ 郑跃平、孔楚利、邓羽茜、李楚昭、廖宸婕、杨学敏：《需求导向下的数字政府建设图景：认知、使用和评价》，《电子政务》2022 年第 6 期。

④ 《加速建设数字政府 撬动互联网与传统产业跨界融合》，详见 https://baijiahao.baidu.com/s?id=1690379099359009902&wfr=spider&for=pc。

据云服务平台强大的信息收集能力，以及高速快捷的信息处理、分析能力，匹配和配置公共服务供需；还要实现远程收集数据、远程监管、远程诊断、远程控制等，来保障政府和企业的数据安全和互动安全。

作者单位

同济大学政治与国际关系学院

# 全过程人民民主的综合评价体系建构

王建新

民主是全人类共同价值，但它是历史的、具体的、发展的，植根于各国的历史文化传统，成长于各国人民的实践探索和智慧创造。长期以来，西方垄断了民主的国际话语权，其主导的民主评价体系是“继‘大棒外交’‘胡萝卜外交’以及利用全球媒体推销‘普世价值’的‘扩音器外交’之后，以美国为首的西方国家掀起的又一轮所谓的‘软实力较量’，其实质是世界各国围绕软实力和政治影响力的竞争。”[①] 在西方的民主评价体系下，中国不可避免出现“失语”“挨骂”的被动局面。然而，事实却是，中国共产党始终不渝坚持民主，将人民民主视为社会主义的生命以及全面建设社会主义现代化国家的应有之义。党的二十大报告明确提出“发展全过程人民民主”是中国式现代化的本质要求之一，同时也强调要加快构建中国话语和中国叙事体系，推动形成同我国综合国力和国际地位相匹配的国

① 赵卫涛、张树华：《西方民主测量的理论局限与政治反思》，《政治学研究》2016 年第 4 期。

际话语权。党的十八大以来，全过程人民民主的提出与实践为突破“西方中心主义”的民主评价体系提供了可能。

## 一、西方话语体系下的民主评价

民主一词源于希腊文“δημοκρατια”，意指人民的统治。这里的“民”是一个多数概念，指代平民，在古代与“君主”、“寡头”并列为统治的潜在主体。自诞生之日起，思想家对民主的批判和反思就不绝于耳，比如柏拉图认为民主是“极端自由导致极端奴役”，孟德斯鸠批评民主“与单一暴君一样可怕”，等等。直到卢梭提出“人民主权”后，民主才开始被广泛接受，逐渐成为权力的合法性来源，并由政治实践转变为一种价值载体。不过无论是古代还是近代，人们更多的是从本质上理解民主，其具体的形式和标准则鲜有探讨。直到熊彼特 1942 年基于代议制的研究出版了《资本主义、社会主义与民主》一书，民主才有了现实的、可辨别的定义：“民主方法就是那种为作出政治决定而实行的制度安排，在这种安排中，某些人通过争取人民选票取得决定的权力。”① 由此，民众选举就开始成为现代民主的最小定义或评价标准。讽刺的是，在熊彼特看来，民众选举并没有实现“人民的统治”，而是合法化了“精英的统治”。不过，罗伯特·达尔批评熊彼特对民主的评价过于简单和悲观，他认为民主是一种“多头政体”，即民众在多个竞争性的精英集团中进行自由选举，进而避免“人民的统治”受到精英统治的侵蚀。由此，现代民主的评价标准由“选举”一维转向“竞争—参与”二维，达尔还给出了六条具体的标准：一是

① ［美］约瑟夫·熊彼特：《资本主义、社会主义与民主》，吴良健译，商务印书馆 1999 年版，第 395—396 页。

自由、公正、定期的选举，二是自由表达的权利，三是信息自由，四是结社的自由，五是包容广泛的公民身份[①]。达尔的民主评价标准受到广泛认可，并掀起民主评价的浪潮，西方也从此时逐渐掌握了民主的国际话语权。总的来看，西方民主评价体系可以分为量表型、分类型、客观指标型以及民意型四种[②]。

### （一）量表型民主评价体系

量表型民主评价体系首先建立标准的民主模型，然后降维分解为若干具体的问题或指标。针对每一个问题或指标，都有不同程度的回答及其对应的分值，再将所有分值基于一定原则加总后得到总分，每个总分对应着相应的民主程度。简言之，量表型评价体系是用标准民主的尺子去衡量现实的民主。量表型民主评价体系由达尔开创，至今成为最常用的民主评价方式，代表性的量表型评价体系有自由指数、政体指数、民主指数。自由指数由号称"独立的、致力于在世界范围内推广民主的监督组织"自由之家创立。其因覆盖面广、测评时期长（自 1972 年起）、更新频率高（年度更新）等基本特点而受到广泛关注。自由指数由政治权利和公民自由两个一级指标构成，政治权利包括选举过程、政治多元化和参与、政府功能等 10 项问题；公民自由包括表达与信仰自由、结社与组织权利等 15 项问题，每项问题均采用值域为［0，4］的赋分方法。经过一定的换算原则计算出最终的指数分，指数分为 1 至 2.5 的是自由，3 至 5 的是部分自由，5.5 至 7 的则是不自由。政体指数由美国马里兰大学特德·罗伯特·科尔发起的，第一代数据发表于 1975 年，目前已更新到第五代数据（Polity V），记录和

---

① 参见［美］罗伯特·达尔：《论民主》，李风华译，中国人民大学出版社 2012 年版。

② Tod Landman, Julia Hausermann, Map-Making and Analysis of the Main International Initiatives on Developing Indicators on Democracy and Good Governance, Final Report, University of Essex-Human Rights Centre, July 2003, pp.4—10.

监测 1800 年以来 167 个国家政权的变化。政体指数从政治参与的竞争性和规则性、行政人员录用的竞争性和公开性、对行政长官的约束五个方面进行赋分评价，获得了由 –10 到 +10 的 21 分量表，其中得分为 –10 至 –6 的为独裁政体，–5 至 +5 的为混合政体，+6 至 +10 的为民主政体。民主指数由英国《经济学人》杂志创设。该指数由选举多元、公民自由、政府运作、政治参与、政治文化五个一级指标构成，其后又对应 60 个问题。大部分问题由“是 / 否”或“是 / 一半 / 否”的答案选项构成，并分别赋予“1/0”或“1/0.5/0”的分值。然后将每个一级指标下的所有问题分值加总乘以 10 再除以问题数目便是该项一级指标的得分。由此，一级指标的值域均为［0，10］。最后指数由所有一级指标得分加权平均合成。

（二）分类型民主评价体系

分类型民主评价体系秉持一种简单的二元论方法，按照一种民主“或全有或全无”的假定将不同政体划分为民主制或非民主制。其中，民主制必须满足一定的最低条件。如熊彼特以民众选举作为民主的最低条件。不过这一标准过于简化而遭到不少质疑。普热沃斯基及其三位学生创建的“民主–独裁”数据库（DD index）为民主国家设定的最低标准包括：（1）行政长官必须通过选举产生；（2）立法机构必须通过选举产生；（3）如果符合以上标准则必须有一个以上的党派；（4）政权则必须有充分的变化。他们基于此将世界上不同的国家、地区的政体简单地划分为民主和独裁两种基本类型。

（三）客观指标型民主评价体系

客观指标型民主评价体系试图选择一系列客观指标而非主观感受来评价民主，比较有代表性的是万哈宁民主指数。万哈宁民主指数由芬兰赫尔辛基大学塔图·万哈宁（Tatu Vanhanen）教授 2000 年创立。该指数参考了罗伯特·达尔的多头政体模型，但采用客观指标分别测量竞争和参与两个维度。以较小团体在议会或总统选举中所占的比重来代表竞争性，具体的计算方法是100减去最大党派的得票百分比。至少30%的竞争比率才算是民主。在同一选举中，以总人口为基数，用参与民主选举的人数的百分比来代表参与性。至少20%的参与比率才算是民主。万哈宁民主指数是竞争性指数和参与性指数相乘再除以100，进而得到最终的民主评价。

（四）民意型民主评价体系

民意型民主评价体系起始于阿尔蒙德和维巴的《公民文化：五个国家的政治态度和民主》，主要是通过调查、访谈等方式了解公民对民主的感知水平以及观点态度，进而评价一个国家的民主水平。比较有代表性的包括全球晴雨表调查和世界各国价值观调查。比如亚洲晴雨表调查会设计“人们在自由和公平的选举中选择政府领导人”“人们可以自由地表达自己的政治观点”“选举中多党竞争”等问题选项；世界各国价值观调查会设计“人们能够通过公投改变法律”“女人和男人享有同等权利”等问题选项。受访者被要求选择符合民主的选项，进而测量出该国的民主状况。

当然，除了上述四种类型之外，还有一些民主评价体系借助多种指数进行间接测量，已试图达到客观的评价。如英国伦敦大学学院的詹姆斯·梅尔顿与其团队创立的“统一民主得分”采用贝叶斯统计测量模型，对现存的12家民主测量指数，特别是自由之家的指数、政体数据系列和万哈宁民主指数进行了综合。英格尔哈特等人则用自由之家的数据乘以世界治理指数的“法治”程度得出他们所谓的“有效民主指数”①。

① Amy C. Alexander, Ronald Inglehart & Christian Welzel, “Measuring Effective Democracy: A Defense”, International Political Science Review, 33, 2012, pp.41—63.

## 二、西方民主评价体系的局限与反思

民主虽然产生于西方，但却是全人类的共同价值。因应冷战对抗的需要，西方主导发明了民主评价体系，试图用西式民主的标准来评价全世界的民主。“国际组织大多为西方发达国家所控制，其评估体系也多为西方专家学者研制，即使研制人员主观上努力想做到‘价值中立’，最终的评估标准也难免受西方中心主义价值观的影响。”① 这种影响在科学性、系统性、民主性、多样性上均有体现。

### （一）科学性不够

科学的民主评价体系应该满足穷尽且互斥、直接且精准、主客观结合的要求。西方民主评价体系一方面过于简化，仅考虑诸如选举等单一的指标测量民主；另一方面又过于复杂，加入了很多重叠和冗余的指标，且很多指标并非测量民主本身，而是测量经济、社会、文化领域的。《经济学人》民主指数的 60 个指标中，设计了诸如“选民参加全国选举的比率”、“公民的政治参与度”、“成人识字率”等问题。很显然，前两者高度重合，第三个问题测量的是教育水平而非民主程度。在西方民主评价体系中，主观性方法的运用占据绝对的优势地位。正如迈克尔·科皮奇和简·托雷尔批评的那样：“民主指数只能提供大约 100 个国家的数据，而且没有可比性和规律性。至于其余 60 多个国家（人口约占经济学人情报社所调查国家人口总数的一半），这类数据只能由相关专家估算或认定。”② 这些主观性

---

① 俞可平：《国家治理评估：中国与世界》，山东人民出版社 2009 年版，第 5 页。

② Michael Coppedge, Jan Teorell, A New Approach to Conceptualizing and Measuring Democracy, Paper Presented by Michael Coppedge and Jan Teorell at the 3rd International Conference on Democracy as Idea and Practice, University of Oslo, Norway, 12—13 January 2012, pp.5—8.

的赋值方法其实很难排除意识形态的干扰。

## （二）系统性不足

民主是一项复杂的政治制度，也是一个不断发展的政治过程，当然也会产生不同的政治效果。因此，评价民主必须是系统性地评价。西方的民主评价体系更多停留在制度的应然规范层面，而对运行过程和民主效果则鲜有考量，如政体指数判定民主的各项指标主要集中在体制设定方面，不涉及制度绩效。基于应然规范层面制定的民主评价体系只能是片面的。一方面，这种民主评价体系测量的只是某国民主与西方民主相差多少，而非该国民主实际是什么样貌。另一方面，这种民主评价体系忽略了一些负效应指标。如西方普遍将自由选举视为民主评价的标配，却忽略了西方选举背后的无序、金钱政治等。由此观之，西方的民主评价体系难以真实、持续地反映现实中各国政体的全貌与动态。

## （三）民主性较低

国际上具有广泛影响力的民主评价体系不仅测量的是西方的民主观，而且测量的是精英的民主观。制定民主评价体系的有三类主体：一是以学者或学术研究机构为主体，这是最主要的理论源头和实践主体；二是以政府间国际组织为主体，其多以二手资料为基础，存在指标宽泛、针对性不强的问题；三是以非政府组织为主体，“长期以来，由它们进行的民主测量及其最终报告在国际社会始终保持着极高的曝光度和强大的话语权威。”[①] 然而以其中的自由之家为例，其董事会成员的政治立场多属于保守主义，而且其运营预算的近80%都不同程度地来自美国政府。西方精英制定民主评价体系，然后再寻找精英进行评价获得测量数据，最终只会得到

---

① 赵卫涛、张树华：《西方民主测量的理论局限与政治反思》，《政治学研究》2016年第4期。

“不民主的民主评价”。

（四）多样性欠缺

西方的民主评价体系忽视了其他非西方国家的民主传统与政治发展实践。虽然自由之家对中国的民主评价不高，但是如果将中国民众对民主的主观感受——政治幸福感纳入民主评价体系之后，将与自由之家的测评结果存在显著的偏差。① 因为民主是历史的，一个国家的民主制度是在这个国家的社会历史条件下形成的，植根于本国的历史文化传统，成长于本国人民的政治实践探索和智慧创造。“当询问个体‘民主是什么’或是让其对民主的某些原则进行判断时，个体首先感知并注意到了‘民主’这一概念并暂时存储于短时记忆之中，接着将输入概念与日常学校教育、亲身经历或是媒介宣传所获得的既存知识进行联系，编码与解读相关信息后存储于长时记忆中，同时运用启发法、隐喻、动机性推理等方式对‘民主是什么’进行判断，进而形成对民主概念的获取与表达。”② 也就是说，要想获得一个国家真实的民主评价结果，必须将该国的民主认知观纳入考量范围。

西方中心主义必然导致民主“测不准”“测不全”，然而西方依旧大力推广他们的民主评价体系，原因在于其有独特的政治功用。一方面，西方的民主评价体系是意识形态的宣传工具。其主要表现在：（1）通过年度报告的形式展现出来的，借助现代媒体发布的平台进行广泛宣传，如新闻发布会、社交媒体分享、官方网站免费下载。民主评价报告还会以纸质出版

① Tang, Wenfang. 2017.《如何测量中国民主：关于民主与政治幸福感的讨论》( Measuring Democracy in China: A Discussion on Democracy and Political Happiness ), Issue 1, No.10, National Academy of Development and Strategy, Renmin University of China。

② 马得勇、黄敏璇：《可得性与一致性——认知心理学视角下中国民众民主观再审视》，《探索与争鸣》2021 年第 19 期。

物的形式，输往全球各地，有的甚至会翻译成多国语言进行宣传。（2）西方不仅在国内进行大肆宣传民主评价结果，而且经常在外交活动等正式场合中进行推广。（3）民主评价机构在各国均有分支机构，用于数据的搜集、价值的宣传和报告的发布等。（4）通过学术渠道进行扩散，这是一种更隐蔽的方式。民主评价报告为学者的社会科学研究提供直接的经验材料和数据，而后将其运用到著作文章的发表，政治意识形态就在知识层面和精英群体中被广泛传播开来。另一方面，西方的民主评价体系也成为外交政策的重要参考指标。其主要事实有：（1）"人权评估指数"已经成为美国人权外交的参照系，很大程度上决定了美国外交"敌我之分"的标准；（2）"民主指数"为西方世界进行政治干预提供客观意见，西方会选择性地扶植非民主国家的代理人进行政治上的颠覆；（3）西方国家以"清廉指数"得分情况来决定是否对一个国家和地区进行投资或者投资数量；（4）世界银行的"全球治理指数"被风险评级机构及非政府组织等用来评估所实践的项目成效，被各国决策者用作分配价值亿万美元对外援助的参考，如美国政府启动的"千年挑战账户"项目。由此看出，西方的民主评价体系不但误导着各国的民主认知，也限制着人类民主的发展空间，影响着国际政治秩序。所以有必要打破西方民主评价体系的话语禁锢，而中国全过程人民民主的提出与实践为此提供了可能。

## 三、中国全过程人民民主的提出及其实践

2014 年，党的十八届四中全会通过《关于全面推进依法治国若干重大问题的决定》，提出"建立基层立法联系点制度，推进立法精细化"。基层立法联系点是各联系点所在基层单位与人大常委会法制工作部门合作的一

个重要纽带，旨在拓展人民参与国家政权建设的深度和广度，畅通基层人民群众直接参与国家立法，是中国民主制度的重要实践形式。截至 2023 年 7 月，31 个省级人大常委会设立 556 个基层立法联系点，304 个设区的市（州）人大常委会设立 5984 个基层立法联系点，全国三级基层立法联系点总计 6573 个。全国人大常委会法工委先后通过基层立法联系点，就 176 件次法律草案、立法规划稿征求群众意见建议 23500 多条，有 3100 多条被研究吸纳；我国现行有效的 299 件法律中，有 146 件征求过联系点意见。群众的意见建议直接传递至最高国家立法机关，被写进法律。2019 年 11 月 2 日，习近平总书记考察首批基层立法联系点之一的上海市长宁区虹桥街道基层立法联系点，强调："我们走的是一条中国特色社会主义政治发展道路，人民民主是一种全过程的民主，所有的重大立法决策都是依照程序、经过民主酝酿，通过科学决策、民主决策产生的。"这是首次将"全过程"作为人民民主的内在特征提出来。2021 年 3 月通过的《全国人民代表大会组织法》修正草案与《全国人民代表大会议事规则》修正草案，明确写入"全过程民主"。2021 年 7 月 1 日，习近平在庆祝中国共产党成立 100 周年大会上强调："尊重人民首创精神，践行以人民为中心的发展思想，发展全过程人民民主，维护社会公平正义。"① 三个月后召开的第一次中央人大工作会议上，习近平对"全过程人民民主"的内涵、特点和优势进行系统阐述。2021 年 11 月，"全过程人民民主"进一步被写入党的历史决议，并成为习近平新时代中国特色社会主义思想"十个明确"的重要内容之一。2022 年 10 月，党的二十大强调，全过程人民民主是中国式现代化的本质要求之一，并从加强人民当家作主制度保障、全面发展协

① 习近平：《在庆祝中国共产党成立 100 周年大会上的讲话》，人民出版社 2021 年版，第 12 页。

商民主、积极发展基层民主、巩固和发展最广泛的爱国统一战线等四个方面进行了系统部署。

从2019年基于新时代立法实践首次提出，到2021年上升到整个政治建设的层次，然后到第一次中央人大工作会议上系统的理论建构，再到党的二十大进行系统部署，“全过程人民民主”在理论与实践的辩证运动中不断得到发展。习近平总书记指出：“我国全过程人民民主实现了过程民主和成果民主、程序民主和实质民主、直接民主和间接民主、人民民主和国家意志相统一，是全链条、全方位、全覆盖的民主，是最广泛、最真实、最管用的社会主义民主。”① 全过程人民民主不仅有完整的制度程序，而且有完整的参与实践，构建起覆盖960多万平方公里土地、14亿多人民、56个民族的民主体系，实现了最广大人民的广泛持续参与。

### （一）全过程人民民主的制度安排

我国形成全面、广泛、有机衔接的人民当家作主制度体系。（1）实行人民民主专政的国体，坚持国家的一切权力属于人民，保证人民依法管理国家事务，管理经济和文化事业，管理社会事务。（2）实行人民代表大会制度的政体，人民代表大会代表人民统一行使国家权力，具有立法权、监督权、决定权、任免权，各级国家行政机关、监察机关、审判机关、检察机关都由人民代表大会产生。人大代表来自人民，横向上，来自各地区、各民族、各方面、各阶层；纵向上，全国、省、市、县、乡五级都有人民代表大会，通过各种形式和渠道向党和国家反映人民群众的意见建议。（3）坚持和完善中国共产党领导的多党合作和政治协商制度，呈现“共产党领导、多党派合作，共产党执政、多党派参政”的和谐党际关系。中国

① 习近平：《在中央人大工作会议上的讲话》，《求是》2022年第5期。

共产党和各民主党派、无党派人士以会议协商、约谈协商、书面协商等形式，就国家和地方重大政策和重要事务进行协商。中国共产党自觉接受各民主党派、无党派人士的民主监督，且后者在国家政权中均占一定职位。人民政协是专门协商机构，各党派团体、各族各界人士通过全体会议、常委会会议、主席会议、专门委员会会议、专题协商会议、协商座谈会议等，开展提案、委员视察考察、专题调研、反映社情民意等经常性工作，对国家大政方针、经济社会各领域重要问题，在决策之前和决策实施之中协商提出意见建议。（4）巩固和发展最广泛的爱国统一战线，坚持大团结大联合，广泛凝聚共识，统筹做好民主党派和无党派人士工作、党外知识分子工作、民族工作、宗教工作、非公有制经济领域统战工作、新的社会阶层人士统战工作、港澳台统战工作、海外统一战线工作和侨务工作。（5）坚持和完善民族区域自治制度，各少数民族聚居的地方实行区域自治，设立自治机关，行使自治权。155 个民族自治地方的人民代表大会常务委员会中，均有实行区域自治民族的公民担任主任或者副主任；民族自治地方政府的主席、州长、县长或旗长，均由实行区域自治的民族的公民担任。（6）坚持和完善基层群众自治制度，在基层党组织的领导下，成立村（居）民委员会，依法直接行使民主权利，依法管理基层公共事务和公益事业，实现自我管理、自我服务、自我教育、自我监督。企事业单位建立以职工代表大会为基本形式的民主管理制度。

### （二）全过程人民民主的实践形态

从民主实践上看，全过程人民民主把民主选举、民主协商、民主决策、民主管理、民主监督贯通起来，涵盖经济、政治、文化、社会、生态文明等各个方面。（1）民主选举。在中国，只要年满 18 周岁、依法享有政治权利的中国籍公民都平等享有选举权和被选举权。在国家机构选举、村（居）委会选举、企事业单位职工代表大会选举中，一人一票、票票等值，不受金钱操控。按照普遍、平等、直接选举和间接选举相结合以及差额选举、无记名投票的原则，选民直接选举产生县乡两级人大代表，县级以上人大代表由下一级人大选举产生。各级国家机关领导人员均由同级人大选举产生或者决定任命。村（居）民依法定期选举产生村（居）民委员会成员。在企事业单位中，职工代表由全体职工通过民主选举产生。改革开放以来，中国先后进行 12 次乡级人大代表直接选举、11 次县级人大代表直接选举，选民参选率均保持在 90% 左右。（2）民主协商。在实践中，民主协商的渠道包括政党协商、人大协商、政府协商、政协协商、人民团体协商、基层协商、社会组织协商等，而具体的途径和方式包括提案、会议、座谈、论证、听证、评估、咨询、网络、民意调查等。（3）民主决策。在人大立法方面，法律立项要召开座谈会、听证会、论证会等，法律草案起草要广泛听取公众意见和专业人士建议，法律草案公布要通过网络和新闻媒体向社会各界广泛征求意见。基层群众通过基层立法联系点，直接参与法律草案的起草、立法调研、修改论证、立法后评估等多个环节。在政府施策方面，对即将实施的重大决策和各方提出的重大决策建议听取各方面意见；在决策启动环节，人大代表、政协委员通过建议、提案等方式提出建议，公民、法人和其他组织提出书面建议；在决策研究制定环节，通过座谈会、公开征求意见、听证会、问卷调查、实地走访等方式，广泛听取社会各界特别是直接关系人的意见和建议；在决策草案公示环节，通过政府网站和各类媒体，公布决策草案及其说明材料；在决策最终确定环节，按照民主集中制原则，在集体讨论的基础上作出决定；在决策后评估阶段，听取社会公众意见，吸收人大代表、政协委员、人民团体、基层组织、社会组织和专家等参与评估。（4）民主管理。我国法律保障人民享有知情权、参与权、表达权、监督权。在城乡社区民主管理方面，由村（居）民讨论制定村（居）民自治章程、村规民约、居民公约等，明确规定村（居）民的权利和义务，村（社区）各类组织之间的关系和工作程序。在企事业单位民主管理方面，依托厂务公开制度、职工董事制度、职工监事制度开展民主管理。（5）民主监督。中国构建起一套有机贯通、相互协调的监督体系，包括人大监督、民主监督、行政监督、监察监督、司法监督、审计监督、财会监督、统计监督、群众监督、舆论监督等。

作为一种制度模式，全过程人民民主既有鲜明的中国特色，也体现全人类共同价值，为丰富和发展人类政治文明贡献了中国智慧、中国方案。习近平总书记指出："要加快构建中国话语和中国叙事体系，用中国理论阐释中国实践，用中国实践升华中国理论，打造融通中外的新概念、新范畴、新表述，更加充分、更加鲜明地展现中国故事及其背后的思想力量和精神力量。"全过程人民民主也为打破西方话语霸权，提升中国民主政治话语权提供了空间。

## 四、构建全过程人民民主的综合评价体系

关于全过程人民民主的研究已经很多，大多集中在理论阐释、实践研究、中西比较、意义贡献等，而关于话语建构和评价体系的研究则较少。习近平总书记关于民主的重要论述为构建全过程人民民主的综合评价体系提供了理论指导。

习近平指出："民主同样是各国人民的权利，而不是少数国家的专利。一个国家民主不民主，要由这个国家的人民来评判，而不能由少数人

说了算！”这阐明了民主评价应该遵循的多样性和民主性原则。同时，习近平还用“八个能否”、“四个要看、更要看”阐明民主评价应该遵循的科学性原则。“八个能否”指“评价一个国家政治制度是不是民主的、有效的，主要看国家领导层能否依法有序更替，全体人民能否依法管理国家事务和社会事务、管理经济和文化事业，人民群众能否畅通表达利益要求，社会各方面能否有效参与国家政治生活，国家决策能否实现科学化、民主化，各方面人才能否通过公平竞争进入国家领导和管理体系，执政党能否依照宪法法律规定实现对国家事务的领导，权力运用能否得到有效制约和监督。”①“四个要看、更要看”指：“一个国家民主不民主，关键在于是不是真正做到了人民当家作主，要看人民有没有投票权，更要看人民有没有广泛参与权；要看人民在选举过程中得到了什么口头许诺，更要看选举后这些承诺实现了多少；要看制度和法律规定了什么样的政治程序和政治规则，更要看这些制度和法律是不是真正得到了执行；要看权力运行规则和程序是否民主，更要看权力是否真正受到人民监督和制约。”②此外，习近平总书记还强调“民主不是装饰品，不是用来做摆设的，而是要用来解决人民需要解决的问题的。”这意味着民主评价要坚持效果导向，秉持系统性原则，并因此提出了“四个能够”、“六个切实防止”的标准。“四个能够”指“能够有效保证人民享有更加广泛、更加充实的权利和自由，保证人民广泛参加国家治理和社会治理；能够有效调节国家政治关系，发展充满活力的政党关系、民族关系、宗教关系、阶层关系、海内外同胞关系，形成安定团结的政治局面；能够集中力量办大事，有效促进现代化建设各项事业，促进人民生活质量和水平不断提高；能够有效维护国家独立

① 习近平：《在庆祝全国人民代表大会成立60周年大会上的讲话》，人民出版社2014年版，第16—17页。
② 习近平：《在中央人大工作会议上的讲话》，《求是》2022年第5期。

自主，有力维护国家主权、安全、发展利益，维护中国人民和中华民族的福祉。”① “六个切实防止”指“切实防止出现群龙无首、一盘散沙的现象”“切实防止出现选举时漫天许诺、选举后无人过问的现象”“切实防止出现党争纷沓、相互倾轧的现象”“切实防止出现民族隔阂、民族冲突的现象”“切实防止出现人民形式上有权、实际上无权的现象”“切实防止出现相互掣肘、内耗严重的现象。”②

本文在反思西方民主评价体系的基础上，以习近平总书记关于民主的重要论述为指导，结合中国理论与实践，遵循科学性、系统性、民主性、多样性的原则，尝试构建全过程人民民主的综合评价体系（见下表）。在横向上，分为民主供给、民主实践、民主效果，其中民主供给测量的是制度规范层面，主要以文本规定为数据来源，民主实践测量的是制度运行层面，主要以各要素主体按照规定落实的程度，民主效果测量的是制度的效能层面，采用主客观评价相结合的方式。纵向上的选举、协商、决策、管理、监督在民主供给、民主实践、民主效果上均有体现。

**全过程人民民主综合评价体系**

<table>
<tr><th></th><th>民主供给</th><th>民主实践</th><th>民主效果</th></tr>
<tr><td rowspan="6">选举</td><td rowspan="2">是否有宪法和选举法保障选举权</td><td rowspan="2">成年公民是否均能参加选举</td><td>选举对于民主的重要程度</td></tr>
<tr><td>每个选民在选举中能起多大作用</td></tr>
<tr><td rowspan="2">人民代表是否由选举产生</td><td rowspan="2">选民参与率</td><td>人民代表履职绩效</td></tr>
<tr><td>人民代表的社会信任度和满意度</td></tr>
<tr><td rowspan="2">国家机构领导是否由人民代表大会选举产生</td><td>横向上选举产生的领导占所有国家机构领导的比率</td><td>国家机构的工作绩效</td></tr>
<tr><td>纵向上选举国家机构领导的层级数</td><td>国家机构的社会信任度和满意度</td></tr>
</table>

① 习近平：《在庆祝全国人民代表大会成立60周年大会上的讲话》，人民出版社2014年版，第18—19页。

② 同上书，第21—22页。

续表

| | 民主供给 | 民主实践 | 民主效果 |
| --- | --- | --- | --- |
| 选举 | 人民是否能直接参与基层选举 | 选民参与率 | 基层组织的工作绩效 |
| | 是否依法保障差额选举 | 实行差额选举的层级数 | 领导层是否有序更迭 |
| | | 实行差额选举的职位数 | 竞争者之间是否出现恶意竞争或严重分化 |
| | | 差额选举比率 | 当选者是否比未当选者更符合民意 |
| | 是否依法保障选举公平 | 是否一人一票，同票同权 | 选举过程是否存在金钱、权力、关系等因素影响 |
| | | 是否采用无记名 | 未支持当选者的选民在选举后是否受到干扰 |
| | | 选举是否置于监督之下 | 选民是否普遍掌握选举过程的信息 |
| | 是否依法保障人民的罢免权 | 罢免的范围是否与选举的范围相同 | 人民行使罢免权的成功率 |
| | | 换届期间人民行使罢免权的次数 | 成功罢免是否普遍消除人民的不满 |
| 协商 | 是否有专门的协商机构 | 政治协商会议界别分布是否广泛 | 协商对于民主的重要程度 |
| | | 政治协商会议中非执政党成员比率 | 政协委员在国家政治生活中起多大作用 |
| | | 政治协商会议中非执政党成员担任国家机关领导职务比率 | 政协委员的履职绩效 |
| | | 政治协商会议开展协商的频率 | 政协委员的社会信任度和满意度 |
| | 是否提供充分的协商机会 | 国家各个层级和各个组织之间是否广泛开展协商 | 协商是否凝聚共识，避免分裂 |
| | | 提案、会议、座谈、论证、听证、评估、咨询、网络、民意调查等协商途径的使用效率 | 协商过程是否平等、有序、真诚的 |
| | | 人民参与协商的比率 | 国家工作中吸纳协商结果的比率 |
| | 是否保障全面的协商 | 协商的议题是否具有广泛性 | 协商结果是否普遍让民众满意 |
| | | 协商是否贯穿公共决策的全过程 | 协商是否提高公共政策的质效 |

续表

| | 民主供给 | 民主实践 | 民主效果 |
|---|---|---|---|
| 决策 | 是否要求人大“开门立法” | 各级人大是否提供广泛的渠道吸纳社会各界参与立法 | 人民对参与立法渠道的知晓程度 |
| | | 立法的法律类型是否具有广泛性 | 人民对立法信息的知晓程度 |
| | | 社会各界参与立法全过程的人数 | 人民是否能够充分地提出意见建议 |
| | | 社会各界在立法全过程中提出的意见建议数量 | 人民意见建议被采纳的比率 |
| | 是否要求政府“开门问策” | 各级政府是否提供广泛的渠道吸纳社会各界参与决策 | 人民对参与政府决策渠道的知晓程度 |
| | | 政府决策的事项是否具有广泛性 | 人民对政府决策信息的知晓程度 |
| | | 社会各界参与政府决策过程的人数 | 人民是否能够充分地提出意见建议 |
| | | 社会各界在政府决策全过程中提出的意见建议数量 | 人民意见建议被采纳的比率 |
| 管理 | 是否保障公民参与公共事务管理 | 在国家事务、经济和文化事业、社会事务中吸纳民众参与管理的件数或次数 | 公共管理绩效 |
| | | 参与公共事务管理的民众数量 | 公共管理是否民主的、科学的 |
| | 是否保障少数民族区域自治权 | 是否设置少数民族区域自治机关 | 少数民族区域与其他民族、中央政府之间的关系 |
| | | 自治机关中少数民族的比率 | 少数民族群众对自治的满意度 |
| | | 是否保障少数民族公民享有平等自由权利以及经济、社会、文化权利 | 少数民族区域经济社会发展速度 |
| | 是否保障基层群众自治权 | 基层群众是否组建自治组织 | 基层群众之间以及组织与当地政府之间关系 |
| | | 自治组织是否自主制定规则 | 自治组织的生产、服务和管理绩效 |
| | | 自治组织是否自主管理全面事务 | 基层群众对自治组织的满意度 |

续表

| | 民主供给 | 民主实践 | 民主效果 |
|---|---|---|---|
| 监督 | 各国家机构是否具有相应的监督权限 | 监督机构与被监督机构沟通交流的频率 | 被监督机构发生权力滥用事件的频率 |
| | | 监督机构对被监督机构启动监督程序的次数 | 被监督机构的权力滥用是否依法受到处罚 |
| | 是否保障人民的监督权利 | 公共信息是否充分公开 | 权力部门隐瞒或造假信息的程度 |
| | | 是否提供明确的监督途径 | 群众敢于监督、相信监督的程度 |
| | | 群众对权力滥用行为进行曝光、举报、批评的次数 | 群众对于处理结果是否满意 |
| | 监督内容对象是否全面 | 人民能否对所有权力部门和人员进行监督 | 所有权力部门和人员是否依法运用权力 |
| | | 人民能否对作风、财务、政策、活动等公共领域进行监督 | 人民对权力部门和人员的满意度 |

当然，本文只是构建全过程人民民主综合评价体系的初步尝试，合理性还需要进一步的理论检验，可行性还需要进一步的实践检验。但这种努力将有积极的意义。一是推进理论创新，构建中国自主知识体系，提升中国在国际学术界的话语权和影响力；二是坚定制度自信，完善人民当家作主制度体系，推进国家治理体系和治理能力现代化；三是指导实践工作，发展全过程人民民主，为中国式现代化提供制度依托；四是保障群众利益，维护人权和公民权利，更好满足人民对美好生活的向往。

作者单位

华东政法大学马克思主义学院

# 立足“两个结合” 培育践行社会主义核心价值观

姚莉萍

党的二十大报告指出：“社会主义核心价值观是凝聚人心、汇聚民力的强大力量。”① 当下中国正处于大变革、大发展的崭新时代，面对世界范围思想文化交融交锋、价值观较量的新态势，立足“两个结合”（把马克思主义基本原理同中国具体实际相结合、同中华优秀传统文化相结合）追溯社会主义核心价值观的本源，窥探其对西方价值观念的积极扬弃，从而思忖新时代培育践行社会主义核心价值观的重要启示，意义非凡。

## 一、社会主义核心价值观的追本溯源

社会主义核心价值观作为当代中国精神的集中体现和中国人的精神符号，是在马克思主义理论指导下，在中华优秀传统文化滋养中，以谱写新

① 习近平：《高举中国特色社会主义伟大旗帜 为全面建设社会主义现代化国家而团结奋斗——在中国共产党第二十次全国代表大会上的报告》（2022 年 10 月 16 日），人民出版社 2022 年版，第 44 页。

时代中国特色社会主义绚丽华章为时代契机所凝练而来的强大精神动力，它决定着人们以什么样的姿态去开创新生活。

第一，社会主义核心价值观源于马克思主义科学真理的理论涵养。马克思主义是我们立党立国、兴党兴国的根本指导思想，它所追求的实现人的自由全面发展的价值目标，正是党的根本价值追求所在。马克思主义揭示了人类社会发展的规律，为人类解放和人的自由全面发展指明了方向。坚持和发展马克思主义，必须同中国具体实际相结合。马克思主义中国化时代化的理论成果蕴含着丰富的思想观念、价值理念，多层次、全方位地诠释了中国特色社会主义的本质特征和价值追求，为中国社会的发展指明了航程。进入新时代，在马克思主义科学真理的指引下，我们党审时度势，既深刻总结历史经验，又对当下作出正确研判，还对未来进行科学谋划。当下的中国正朝着建设社会主义现代化强国和实现中华民族伟大复兴的新征程迈进，这是全国各族人民的共同利益和美好愿望的集中体现，也是新时代中国特色社会主义共同理想的有力彰显，这意味着全体中国人民和中华民族对团结奋斗有着共同的价值认知，对实现中国梦有着共同的价值追求。因此，新时代培育践行社会主义核心价值观离不开实现中华民族伟大复兴奋斗目标的激励，以中国式现代化全面推进中华民族伟大复兴中国梦的实现，也需要发挥社会主义核心价值观凝聚价值共识的重要作用。

第二，社会主义核心价值观源于中华优秀传统文化的丰厚滋养。“问渠哪得清如许，为有源头活水来。”习近平总书记用“源头”来形容中华优秀传统文化，将其作为培育践行社会主义核心价值观的立足点，不仅形象贴切，而且入木三分。“每一个国家的核心价值观都有其产生发展的特殊的文化基因，一个国家的核心价值观必须同这个民族、这个国家的历史文化相契合。”[①] 中华文明作为世界上最悠久和最灿烂的文明之一，是流淌在中华民族内心深处的精神血脉，潜移默化地影响着中国人的思维方式，构成社会主义核心价值观的文化基础。从古至今，中国人都尊奉仁者爱仁，讲求天人合一，追求修身齐家治国平天下的道德修为。其中，爱国主义是中华民族精神的核心，“先天下之忧而忧、后天下之乐而乐”的忧患意识，“天下兴亡、匹夫有责”的责任担当，“人生自古谁无死、留取丹心照汗青”的民族气节……爱国主义始终是维系中华民族团结的精神纽带。中华民族历来也重视个人修为，君子当“三省吾身”、君子要“慎独”这些在古代自我修身养性的价值观念，业已成为当代中国人为人处事最基本的道德信念。

因此，追本溯源，无论是儒家文化中的“仁义礼智信”，还是道家文化中的“清静无为”，抑或革命文化和社会主义先进文化中以伟大建党精神为源头的精神谱系，都饱含着厚重的历史文化底蕴，彰显了中华文明突出的连续性，社会主义核心价值观源源不断地从中汲取着能量。其中，“‘富强、民主、文明、和谐’是中华优秀传统文化中‘自强不息’‘以民为本’‘以文化人’‘以和为贵’等思想的创造性转化，‘自由、平等、公正、法治’是中华优秀传统文化中‘道法自然’‘天人合一’‘允执厥中’‘隆礼重法’等思想的创新性发展，‘爱国、敬业、诚信、友善’是对中华民族几千年传承下来的传统美德的继承创新”[②]，这无不体现了社会主义核心价值观与中华优秀传统文化的一脉相承。源浚者流长，根深者叶茂。绵延五千多年的文化进程孕育出的中华优秀传统文化浩瀚精深、灿若繁星，它

① 习近平：《青年要自觉践行社会主义核心价值观——在北京大学师生座谈会上的讲话》(2014 年 5 月 4 日)，《人民日报》2014 年 5 月 5 日。

② 戴木才：《论坚定社会主义核心价值观自信》，《马克思主义研究》2018 年第 8 期。

深深根植在中国人内心，形成了中国人看待世界、看待社会、看待人生的独特价值体系、文化内涵和精神品质，是我们在世界文化激荡中站稳脚跟的根基所在。因此，如何在批判、继承和创新的基础上发挥中华优秀传统文化对社会主义核心价值观的重要源泉作用，是新时代培育践行社会主义核心价值观的题中之义。

第三，社会主义核心价值观源于中国特色社会主义伟大实践的生动指引。马克思说过：“人的思维是否具有客观的真理性，这不是一个理论的问题，而是一个实践的问题。”[①]社会主义核心价值观源于中国特色社会主义的伟大实践又指导着实践。在新中国成立特别是改革开放以来的长期探索和实践的基础上，我们党成功推进和拓展了中国式现代化，它既有各国现代化的共同特征，更有基于自己国情的中国特色，充分彰显了中国特色社会主义道路、理论、制度、文化的强大生命力和巨大优越性，极大提升了人民的民族自尊心和自豪感。随着中国式现代化的不断推进，中国的国际竞争力明显增强，国际地位显著提升，在国际舞台中逐渐掌握了话语权、赢得了主动权，但中国始终以推动人类共同发展为己任，搭建“一带一路”桥梁，构筑休戚与共的人类命运共同体，为解决世界问题贡献中国方案和中国智慧。由此，社会主义核心价值观不仅是对坚持和发展中国特色社会主义这一时代课题进行的价值阐释，集中体现了在中国特色社会主义伟大实践中锻造而成的优良品格，包含着为中华民族谋复兴的价值目标；而且，它还站在人类命运共同体的高度形成对全体人类的价值关切，有着为世界和平与发展以及为全人类进步事业而奋斗的价值追求，并积极寻求着全球范围的价值共识。

---

① 《马克思恩格斯文集》第1卷，人民出版社2009年版，第503—504页。

2023年6月2日，习近平在文化传承发展座谈会上指出，“两个结合”是我们取得成功的最大法宝。其中，“结合”的前提是彼此契合，“结合”的结果是互相成就，“结合”筑牢了道路根基。鉴于此，作为社会主义核心价值观理论渊源的马克思主义是魂脉，作为历史渊源的中华优秀传统文化是根脉，我们要用马克思主义来“激活”中华优秀传统文化的优秀因子，推进中华民族现代文明的构建。首先，“激活”指的是什么？“激活”是让马克思主义成为中国的，中华优秀传统文化成为现代的，让经由“结合”而形成的新文化成为中国式现代化的文化形态。其次，为什么能“激活”？中华优秀传统文化中具有讲仁爱、重民本、守诚信、崇正义、尚和合、求大同的精神特质与科学社会主义的价值主张具有高度契合性，中华文明从民本到民主、从九州共贯到中华民族共同体、从万物并育到人与自然和谐共生、从富民厚生到共同富裕的跨越正是基于契合而实现的现代转型。第三，又该如何“激活”呢？“激活”强调点燃并激发活力，要在充分解放思想的基础上牢牢把握住思想和文化的主动，在马克思主义世界观和方法论的指引下，在中国大地的广阔文化空间，充分运用中华优秀传统文化的宝贵资源来回应中国当代现实问题，充分彰显出文化主体性。习近平总书记指出：“在五千多年中华文明深厚基础上开辟和发展中国特色社会主义，把马克思主义基本原理同中国具体实际、同中华优秀传统文化相结合是必由之路。”[①] 因此，“结合”是在探索中国特色社会主义道路中得出的规律性认识，同样地，“结合”也赋予中国特色社会主义道路更加宏阔的历史纵深和更加深远的文化根基，筑牢了道路根基，奠定了社会主义核心价值观的实践基础。

① 习近平：《在文化传承发展座谈会上的讲话》，《求是》2023年第17期。

## 二、社会主义核心价值观的积极扬弃

社会主义核心价值观除了有对中国传统价值观的守正创新，也有对西方价值观的积极扬弃。西方倡导的现代工业文明在实现全球扩张的同时使得资本主义价值观成为被“普遍奉行”的价值观念体系，而我国在建设社会主义市场经济和推进中国式现代化的进程中，需要与西方文明的价值观念对话，才能融入世界文明的进程。社会主义核心价值观对西方价值观念的借鉴可追溯至空想社会主义者提出“人人平等、个个幸福”的社会理想和价值目标，在此基础上，积极扬弃、批判吸收了资本主义崇尚的“自由、民主、法治”等核心价值观。我们没有因为现代意义上的“自由、平等、民主、法治”等价值理念被西方包装成“普世价值”，就把它们作为西方专属的概念，相反，它们作为人类共同价值被纳入社会主义核心价值观，这是中国当代价值观的巨大进步，也体现了对西方优秀文化的借鉴和超越。

以“自由”为例，西方思想史上对“自由”的阐述颇丰。古希腊哲学家最早涉猎自由问题，并把它与人性、道德、理性联系起来；中世纪自由被引入神学领域，并着重探讨自由意志、信仰与自由的关系；文艺复兴时期，有了关于自由与善恶的论争；而近现代以来，卢梭提出了“人生而自由却无往不在枷锁之中”的论断，孟德斯鸠将自由区分为哲学上和政治上的自由，康德、黑格尔则相继提出“先验的自由”和“否定的自由”。到了马克思主义这里，不再像以往的哲学家那样抽象地谈论自由，而是回归到现实生活，从生产实践和生产交往关系出发对自由进行考察。至此，“自由”才有了科学完整的内涵，这包括：其一，自由是对“必然”即客观规律的认识和对客观世界的改造，正确认识客观规律是获得自由的前提；其二，自由是历史不断发展的产物，它建立在一定的社会经济基础之上，是一定阶级利益的反映，超越阶级的自由是不存在的，因此，资本主义社会中的“自由”作为资产阶级利益的反映，是少数统治阶级利益的表达，实质上是多数人的不自由；其三，人要获得真正的自由，只有依靠实践活动去改变资本主义生产关系，建立一个“以每一个个人的全面而自由的发展为基本原则的社会形式”[①]。因此，马克思主义视域下的“自由”不仅是一个认识问题，同时也是一个实践问题。

将“自由”纳入社会主义核心价值观，正是汲取了西方价值观特别是马克思主义自由观所赋予自由的科学合理的内涵。首先，作为一种价值取向，社会主义自由是多数人的、真正意义上的自由，社会主义的本质是解放和发展生产力、消灭剥削、消除两极分化，因此，社会主义倡导的自由，需要最大程度地解放和发展生产力，破除一切不自由的社会关系，实现绝大多数人在物质和精神上的富足。其次，作为一种价值目标，它旨在达到一种自在和谐的社会状态——自由不是放任、为所欲为，而是积极主动地履行责任和义务、遵纪守法，广泛地享有权利并使用权利，以实现更高层次的自由。第三，作为一种理想信念，它既是指实现从必然王国到自由王国的超越，也是指实现人的自由而全面的发展——这是对共产主义远大理想拥有执着追求的深刻体现。当然，我们也要清醒地认识到，我国正处于并将长期处于社会主义初级阶段，要实现“自由”这一理想信念不是一蹴而就的，它需要我们坚定信念和信心、不盲目崇拜和效仿西方，沿着中国特色社会主义道路自信地走下去。

当然，不论是“自由”还是“平等、民主、法治”等价值理念本就是

① 《马克思恩格斯文集》第5卷，人民出版社2009年版，第683页。

人类社会共同追求的目标，将其纳入社会主义核心价值观虽然在一定层面来讲是在马克思主义理论指导下对西方价值观的积极扬弃，但绝非直接照搬西方那一套、搞西方化，也绝不认同西方宣扬的所谓“普世价值”。这是因为，社会主义核心价值观与西方价值观虽在字面上相同，但其内涵是有本质区别的。西方资本主义价值观是建立在生产资料私有制基础上的，认为只有资本主义市场经济才能保证其价值观的实现。相反，中国的社会主义核心价值观建立在生产资料公有制的基础之上，“社会主义的自由是马克思所讲的摆脱了阶级剥削和压迫的、以‘人的全面而自由的发展’为原则的自由；社会主义要求的平等是劳动人民共同占有生产资料、消灭阶级剥削和对立、消除两极分化、走共同富裕道路的平等；社会主义的民主是坚持民主集中制下的人民民主、协商民主；社会主义的法治是坚持党的领导、人民当家作主和依法治国有机统一的中国特色社会主义法治。”① 相比而言，西方资本主义价值观体现的是以“个人”为出发点的“自由主义”精神，强调“私”字；而社会主义核心价值观体现的是以“集体”为出发点的“整体主义”精神，强调“公”字。西方资本主义社会的一切政治、经济、文化发展都是在极力维护“自由主义”这个核心价值，而社会主义核心价值观倡导的“整体主义”精神，从浅层次上讲是以“家”和“国”为整体，从深层次上讲是以整个“世界”为整体，追求大同。

## 三、社会主义核心价值观的培育践行

价值观是文化的核心要素，社会主义核心价值观作为文化软实力的灵

---

① 戴木才：《论坚定社会主义核心价值观自信》，《马克思主义研究》2018 年第 8 期。

魂，是决定文化性质和方向的深层要素。因此，培育践行社会主义核心价值观是中国特色社会主义文化建设的核心议题。进入新时代，我国发展在加速演进的世界百年未有之大变局中面临新的战略机遇，同时也在全球经济复苏乏力、局部冲突频发中遭遇新的动荡变革，这使得文化强国建设既面对重大时代机遇又遭遇严峻挑战。一方面，中国特色社会主义进入新时代取得了举世瞩目的重大成就和重要变革，经济的高质量发展、文化软实力的提升和全社会文明程度的提高，使得文化自信显著增强、精神面貌更加奋发昂扬，这为培育践行社会主义核心价值观奠定了坚定的物质基础和精神基础；另一方面，国际局势日趋复杂，世界范围思想文化呈现出交融交锋、价值观较量的新态势，西方正在加大对我国的意识形态渗透、抢占价值观领域的话语权，他们大肆鼓吹“普世价值”、丑化中国国家形象和污名化中国共产党的领导，既严重损毁了国际社会上其他国家民众对中国的认知，也在一定程度上动摇了被混淆视听的部分中国民众对党的领导和中国特色社会主义的信心，这不啻是对培育践行社会主义核心价值观的最大挑战。

鉴于此，党的二十大报告在“推进文化自信自强，铸就社会主义文化新辉煌”部分将“培育践行社会主义核心价值观”作为新时代文化建设的重点工作进行部署，并明确指出，“用好红色资源，深入开展社会主义核心价值观宣传教育……用社会主义核心价值观铸魂育人，完善思政工作体系……坚持依法治国和以德治国相结合，把社会主义核心价值观融入法治建设、融入社会发展、融入日常生活”①。这些重要论述既体现了自党的十八大以来从“培育和践行”到“广泛践行”社会主义核心价值的重要嬗

① 习近平：《高举中国特色社会主义伟大旗帜　为全面建设社会主义现代化国家而团结奋斗——在中国共产党第二十次全国代表大会上的报告》（2022年10月16日），人民出版社2022年版，第44页。

变，更加突出了“广泛”二字，也为新时代培育践行社会主义核心价值观引航开路。

一是深入开展社会主义核心价值观宣传教育。培育践行社会主义核心价值观不是一蹴而就而是潜移默化的过程，不可急于求成，也不可浅尝辄止。深入开展社会主义核心价值观宣传教育，需要运用一切资源、畅通一切渠道，将其融入国民教育和宣传思想工作的全过程，并通过制度设计以及法律、规章和政策的并用，实现社会主义核心价值观宣传教育工作的常态化开展和长效化推进。

深入开展社会主义核心价值观宣传教育，首先要明确重点内容，以增强针对性。党的二十大报告提及要弘扬以伟大建党精神为源头的中国共产党人精神谱系，用好红色资源，深化爱国主义、集体主义、社会主义教育。一百多年来，中国共产党带领中华民族、中国人民创造了举世瞩目的辉煌成就，正是得益于在此过程中凝聚形成的以伟大建党精神为源头的中国共产党人精神谱系。它作为中国共产党人独特的精神标识，是中国共产党战胜各种艰难险阻、取得一个又一个伟大胜利的精神丰碑，既有历史的穿透力，又有精神的感召力。以此为宣传教育的重点内容，引导人民体悟精神谱系中蕴含的真理力量、实践伟力、人格魅力和历史智慧，帮助人民铸牢信仰之基、积聚奋进伟力、守初心担使命和把牢历史主动、历史自信，能够极大增强人民对社会主义核心价值观的认同。正如2020年9月8日习近平总书记在全国抗击新冠肺炎疫情表彰大会上所说的：“唯有精神上站得住、站得稳，一个民族才能在历史洪流中屹立不倒、挺立潮头。同困难作斗争，是物质的角力，也是精神的对垒。”① 其次，要创新宣传教育

① 习近平：《在全国抗击新冠肺炎疫情表彰大会上的讲话》，《人民日报》2020年9月9日。

方式，以增强实效性。社会主义核心价值观的培育践行是将内心信念转化为现实行为的过程，其中，基础研究提供的理论支撑固然重要，但在此基础上，创新宣传方式、转换宣传话语、丰富宣传载体，以兼顾理论灌输与情感渲染的、既贴合大众又具有启发性的方式加以宣传教育，可以收获更佳的效果。当下也是网络技术发达的新时代，宣传教育避不开网络空间，如何加强监管使得网络运营者、相关企业肩负起社会责任来，从而在科学合理地使用正向算法逻辑的同时兼顾社会主义核心价值观、道德、法律等内容就显得尤为重要。第三，要丰富宣传教育活动，以增强广泛性。中国的红色资源极为丰富，各地可以因地制宜地运用好本土红色历史资源，组织开展红色实践活动、理想信念主题教育活动，同时依托志愿服务、讲座展览、先进典型宣传和党史学习教育等，来深化爱国主义、集体主义、社会主义教育，激发人们的情感共鸣。

关于如何加强社会主义核心价值观的宣传教育，2013 年中共中央办公厅发布的《关于培育和践行社会主义核心价值观的意见》① 中就有明确指示，如深入开展中国特色社会主义和中国梦宣传教育，把社会主义核心价值观学习教育纳入学习计划、纳入宣讲内容等；新闻媒体要发挥传播社会主流价值的主渠道作用；建设好社会主义核心价值观的网上传播阵地，推动中华优秀传统文化和当代文化精品网络化传播、做好重大信息网上发布、形成良好的网上舆论环境、集聚网上舆论引导合力；以及，发挥精神文化产品育人化人的重要功能，让不同类型文化产品都成为弘扬社会主流价值的生动载体；等等。例如，近年来主旋律电影赢得了票房与口碑的双丰收，这些讴歌党、讴歌祖国、讴歌人民、讴歌英雄的精品力作，因其

① 《关于培育和践行社会主义核心价值观的意见》，人民出版社 2013 年版。

具有集体记忆、精神共振、家国情怀等显著特征，正逐渐发展成为兼顾艺术和市场的“新主流”大片。其中，有讲述小人物成长为孤胆英雄的《战狼》，有体现国际视野的《湄公河行动》《红海行动》，有用江湖世界重新呈现红色经典的《智取威虎山》……每一部影片都展现出新时代主旋律电影叙事模式的转变，将一个个能够触动观众心弦、引起观众共鸣的中国故事娓娓道来，社会主义核心价值观也以润物细无声的方式融入其中，达到非常好的宣传教育目的。除此之外，秉承着“赏中华诗词，寻文化基因，品生活之美”宗旨的《中国诗词大会》节目在不知不觉中已经播出六季，它作为一档全民参与的诗词节目，聚焦忠孝、仁义、爱国等中华优秀传统文化主题，以此激发观众的参与性，引导观众领会中华诗词文化的精髓，引发观众的极大共鸣。中国诗词既是中华文化在语言文字上的浓缩精华，更是几千年来中国人精神风貌的最好彰显。其实从《朗读者》《国家宝藏》到《上新了故宫》，从《唐宫夜宴》《洛神水赋》到《只此青绿》……近年来随着一批优秀文化节目的兴起和播出，中华优秀传统文化纷纷走出“故纸堆”，以新颖时尚的方式“飞入寻常百姓家”，老百姓对于继承和发扬中华优秀传统文化的认同度也越来越高。由此，透过传统文化之美来映照社会主义核心价值观，通过火出圈的优秀文化节目进行宣传教育，收效甚佳。

二是完善思政工作体系，推进大中小思政教育一体化建设。党的二十大报告提出，用社会主义核心价值观铸魂育人，着力培养担当民族复兴大任的时代新人。这一要求，为新时代完善思政工作体系，推进大中小思政教育一体化建设提供了根本遵循，并指明了方向和思路。青少年阶段是人生中的“拔节孕穗期”，最需要精心引导和栽培。为了实现培育时代新人的目标，要将社会主义核心价值观融入教育教学全过程，广泛拓展青少年培育践行社会主义核心价值观的有效途径，当好学生的引路人。正如中共中央办公厅发布的《意见》指出的："强调深化未成年人思想道德建设和大学生思想政治教育，构建大中小学有效衔接的德育课程体系和教材体系，推动社会主义核心价值观进教材、进课堂、进学生头脑。"为此，早在2014年4月3日教育部就发布《关于培育和践行社会主义核心价值观进一步加强中小学德育工作的意见》，从"充分体现时代性，加强中小学德育的薄弱环节""准确把握规律性，改进中小学德育的关键载体""大力增强实效性，夯实中小学德育的基本保障"三方面对中小学的德育工作进行规范以实现培育践行社会主义核心价值观的目的。

思政工作是做人的工作，是一切工作的生命线，它内容丰富、牵涉面广且复杂繁琐，而青少年恰恰是价值观尚未固定、容易受到各种思想文化影响而产生情绪变化和思想波动的群体，因此思政工作仅靠思政教育这种单一方式和课堂教学这个单一渠道很难达成，它需要多个部门共同参与、共同建设，并在组织健全、机制完备和功能强大的体系中展开。这也是缘何"三全育人""五育并举"等理念在大中小学被广泛提及与全力推行的原因所在。毋庸讳言，思政工作体系的健全和完善是一项系统工程，也是一项长期任务，既要在发挥好思政课主渠道作用的同时坚持思政课和课程思政"两手抓、两手硬"①；又要持续探索家庭、学校、政府、社会四方协同育人机制，建立起一支包含思政课教师、专职辅导员、行政管理干部、导师等在内的思政工作队伍，协同发挥不同岗位、不同类别思政工作人员的

① 思政课是思政教育的主渠道，是"显性思政"的关键所在；专业课是"隐性思政"的主阵地，是思政教育在专业育人领域的延伸与拓展，二者犹如"协同育人"的双翼，不可偏废。习近平总书记在2016年全国高校思想政治工作会议上指出，"要用好课堂教学这个主渠道，思想政治理论课要坚持在改进中加强，提升思想政治教育亲和力和针对性，满足学生成长发展需求和期待，其他各门课都要守好一段渠、种好责任田，使各类课程与思想政治理论课同向同行，形成协同效应。"（引自：习近平：《把思想政治工作贯穿教育教学全过程　开创我国高等教育事业发展新局面》，《人民日报》2016年12月9日）

育人功能，发挥科研、管理、服务和社会实践的协同育人效应，形成育人合力；以及，实现思政课与思政育人资源的“双协同”，通过挖掘社会实践资源，建博物馆、纪念馆、革命遗址等教学实践基地，丰富育人资源、拓展育人空间，让思政“小课堂”与社会“大课堂”结合，努力构建“大思政”格局并善用之。

大中小学思政教育一体化建设也是一项崭新的工作。2022 年 4 月 25 日习近平总书记在中国人民大学考察调研时指出：鼓励各地高校积极开展与中小学思政课共建，共同推动大中小学思政课一体化建设。“一体化”建设的关键在于“立体化”、“整体化”建设，要使点线面构成立体并能形成合力；“一体化”建设的目的在于承续衔接，协同育人，因此推进大中小学思政教育一体化建设应在实现大中小学思政工作的统筹协调、有机协同与有效配合上重点发力。“面对较长的育人‘时间线’和青少年不同年龄段的特点，亟须通过构建多方参与的协同机制，弥合现有思政引领在不同学段衔接性、贯通性不足的问题，在载体、方法、人才、资源和评价体系等方面，汇聚家庭、学校和全社会的育人合力。”① 一是体制机制上，要建立健全大中小思政教育协同管理机制和平台，保障各地各级各类学校在统一规范的领导体制和管理机制中开展思政工作，各守其责又相互衔接，各司其职又相互贯通；二是教育教学规划和目标上，要结合各学段学生的实际状况、学段特征来考量教材内容的连贯性、学生成长阶段的连续性、教学队伍的联动性和评价体系的完整性，在教学理论研究上打破学术壁垒，推进跨学科交叉研究，明确各学段的教学规划和目标；三是教学实践环节上，要加强大中小各教学机构间的沟通协作，保障各种思政元素之间

① 杨宝光：《协同推进大中小学思想政治教育一体建设》，《中国青年报》2023 年 3 月 8 日。

的畅通转化与协同，促进各种教育资源的合理使用，通过搭建平台，开展集体备课、教学研讨、专题培训、资源共享等活动，帮助各类教师把握教学重点，推进各学段教学目标的实现。

三是将社会主义核心价值观融入法治建设、社会发展和日常生活。社会主义核心价值观不是仅仅停留在口头上的价值理念，而是要落实到实践中去的价值引导，只有将它真正贯穿于法治与德治的方方面面、经济社会发展的各个领域，才能发挥其作用。

第一，将社会主义核心价值观融入法治建设，是推进社会主义核心价值体系建设的重要手段，更是培育践行社会主义核心价值观的一项重要举措。习近平总书记强调，“在推进依法治国进程中，必须大力弘扬社会主义核心价值观，弘扬中华传统美德，培育社会公德、职业道德、家庭美德、个人品德，提高全民族思想道德水平，为依法治国创造良好人文环境。”[①] 也就是说，一方面将核心价值观蕴含的人民意志以及能够鲜明体现核心价值观要求的道德规范上升为法律，另一方面将核心价值观转化为行为规范和制度规范融入到社会发展的日常管理之中，从而实现将社会主义核心价值观的核心要义以法律条文的方式应用到国家治理体系和治理能力现代化建设的方方面面；反之，通过强化法律法规的价值导向和国家治理现代化的价值旨归，也能够为社会主义核心价值观的培育践行保驾护航。

第二，将社会主义核心价值观融入社会发展各方面是一项基础性、战略性的任务，关乎新时代我国的文化软实力建设，关乎社会和谐稳定和国家长治久安，更加关乎社会主义意识形态的凝聚力和引领力。尽管社会发

① 中共中央文献研究室：《习近平总书记重要讲话文章选编》，中央文献出版社、党建读物出版社 2016 年版，第 210 页。

展的各领域、社会主义现代化建设的各环节在发展内容和建设任务上各不相同，但培育践行社会主义核心价值观的要求都是一致的，需要体现在“五位一体”各方面建设的政策制定和实施之中，需要“深化拓展精神文明创建活动，加强职业道德建设，开展行风评议，规范行业行为，彰显正确价值导向，使社会主义核心价值观在本行业本领域深深扎根……综合运用教育引导、舆论宣传、文化熏陶、政策制定、制度保障等方式，使自觉践行社会主义核心价值观在全社会蔚然成风。”①

第三，将社会主义核心价值观融入日常生活，引领人们在日常生活中养成好品行同样是培育践行社会主义核心价值观的重要举措。价值观就是一种生活态度，关涉人们的生活经验、生活需求、生活体验。一种价值观要真正发挥作用，必须融入社会日常生活，让人们在实践中感知它、领悟它，从而认同他、践行它。社会主义核心价值观就与人们在日常的生活方式有着千丝万缕的联系，日常生活作为核心价值观落地生根的场域也寄托着人们对美好生活的向往。因此，如何通过营造良好的生活情境、社会氛围、社会风气，以大众化的传播手段，以广大民众喜闻乐见的通俗话语，讲述贴近民众生活、内心和情感的身边“小人物”的英勇事迹等，将社会主义核心价值观转化成淳朴的家风、民风、乡风，引导广大民众在践行核心价值观时努力从自我做起、从生活中的点滴小事做起，从而让社会主义核心价值观成为人们日常生活中不可或缺的基本遵循，变成可亲可近可学的价值取向，最终实现社会主义核心价值观的日常化和生活化。

一言以蔽之，“一个民族、一个国家的核心价值观必须同这个民族、这个国家的历史文化相契合，同这个民族、这个国家的人民正在进行的奋

① 商志晓：《在培育践行社会主义核心价值观上下功夫》，《红旗文稿》2022 年第 24 期。

斗相结合，同这个民族、这个国家需要解决的时代问题相适应”[①]。面对当下价值观念和社会思潮的纷繁复杂，要巩固马克思主义魂脉在意识形态领域的指导地位、厚植文化自信之中华优秀传统文化根脉、夯实全党全国各族人民奋斗中国特色社会主义的思想基础，迫切需要我们立足“两个结合”，以马克思主义及其中国化时代化的创新理论凝心铸魂，建设具有强大凝聚力和引领力的社会主义意识形态，扩大主流价值观念的影响力；需要我们传承中华优秀传统文化、弘扬中华传统美德，提炼展示中华文明的精神标识和文化精髓，增强中华文明传播力影响力；需要我们凝聚起更广泛的价值共识和共同的价值追求，增强实现中华民族伟大复兴的力量。当前我国发展处于新的动荡变革期，国际敌对势力正在加紧对我国实施西化分化的战略图谋，这就更加需要我们振奋起精气神，以培育践行社会主义核心价值观为依托，建设全民族的精神家园、增强全民族的精神纽带、铸就自立于世界民族之林的中国精神，从而积聚起实现中华民族伟大复兴的强大力量！

作者单位

同济大学马克思主义学院

① 习近平：《青年要自觉践行社会主义核心价值观——在北京大学师生座谈会上的讲话》（2014 年 5 月 4 日），《人民日报》2014 年 5 月 5 日。

# 共同富裕目标下数字经济“劳动关系新样态”及其治理逻辑 *

王宝珠

伴随着数字劳动过程的新变化，数字劳动过程中的劳动关系也呈现新样态。那么，相较于工业经济雇佣劳动制度，数字劳动过程的劳动关系具有什么新特征？厘清这一特征及其背后原因，对于建构数字经济时代和谐劳动关系、推动共同富裕取得扎实性进展有着重要作用。本文尝试以全体人民共同富裕为目标，厘清数字经济和谐劳动关系的建构逻辑，提出构建数字经济和谐劳动关系的政策设计。

## 一、数字经济“劳动关系新样态”的特征分析

数字劳动过程的新变化已然引起数字经济“劳动关系新样态”的产

---

* 上海市哲学社会科学规划青年课题“数字经济下劳动过程的新变化及其对劳动关系的影响研究”（项目号：2020EKS001）。

生。与传统工业经济的雇佣劳动关系相比，数字经济劳动关系呈现新的变化。“去劳动关系化”是数字劳动过程劳资关系的典型趋势。所谓“去劳动关系”是指对一种经济契约型劳动交换方式的描述或遮蔽，其实质是去除雇佣或从事从属性劳动的束缚。[①]“去劳动关系”状态下的数字雇佣劳动呈现“不完全劳动关系”新样态。

### （一）数字经济下劳资关系新样态：不完全劳动关系

传统工业经济绝大部分劳动者与企业的劳动关系为劳动关系，即劳动者与用人单位依法签订劳动合同后劳动者与用人单位之间产生的法律关系。[②]劳动关系脱胎于雇佣关系，劳方与资方的生产资料通过雇佣劳动结合，在劳动过程中劳资双方之间具有一定的组织性、从属性、稳定性。劳动者接受用人单位管理，从事用人单位安排的工作，成为用人单位的成员，从用人单位领取劳动报酬并受到劳动法保护。[③]近年来，数字经济迅猛发展，平台经济已经成为我国数字经济发展的中坚力量。但是由于平台用工形式相比传统雇佣经济更为新颖、复杂、灵活，现行法律法规调整难以完全适应时代发展新变化，平台为方便管理与逃避责任不直接与劳动者签订劳动合同，导致依托平台工作的劳动者大多呈现出“不完全劳动关系”，劳资权责边界模糊化是其主要特点。

众包劳动、按需劳动是以数字平台为中介的典型的雇佣劳动。众包是指某公司或机构把本该由员工执行的工作任务，通过网络平台，以自由自愿的形式外包给非特定的大众。众包相当于“超级外包”，只要劳动者接入平台，算法就可以对劳动者的劳动过程进行全程、实时记录并同步传递给雇主。按需劳动，即根据市场需求，劳动者利用数字平台将闲置生活资

① 胡磊：《网络平台经济中“去劳动关系化”的动因及治理》，《理论月刊》（武汉）2019年第9期。

②③ 财政部会计资格评价中心：《经济法基础》，经济科学出版社2017年版，第376页。

料转化为生产资料的行为。如民宿主通过类似于 Airbnb 的平台将自己的闲置房屋租出去，或是车主利用闲置的私家车进行网约车工作等活动。

众包劳动、按需劳动作为典型的雇佣劳动，却不具备典型的劳动关系，呈现“不完全劳动关系”新样态。一是由于劳动者对平台存在弱从属性，即平台为节约成本几乎不与其签订劳动合同，现行法律法规难以保护；二是平台用工的弱稳定性，劳动者的社会保险参保率低，缺乏社会保障；三是劳动者的弱组织性，缺乏工会或组织保障其权益不受损害，对平台分配和管理制度缺少话语权。

以上三点导致平台劳动者与平台呈现出“不完全劳动关系”形态，从而致使劳资权责边界模糊化，其根源还是在于平台。一是平台加入后，雇主多样性导致雇佣关系模糊，平台担责不清；二是平台尽可能地分解管理过程，将各项工作分配给不同的外包公司，无法进行具体责任判定；三是对于外包劳动，平台多基于算法制定收入，采用计单工资制，对收入没有作出明确规定，存在一定模糊性。以上三点导致劳资权责边界模糊化，以至难以进行准确的劳动关系判定。根据调查发现，至 2021 年底，有 160 万名外卖专送骑手疑似被注册为个体工商户，这意味着骑手与平台、站点之间的雇佣关系变成合作关系，如果出现问题，缺乏法律保障这些骑手的权益。①

### （二）数字经济下劳劳关系新样态：结构分化与向下流动

除劳资关系外，劳动者与劳动者之间的关系（以下简称“劳劳关系”）是劳动关系的另一重要维度，在数字经济下劳劳关系也发生新变化。

#### 1. 劳动者之间的结构分化

根据劳动的复杂程度，劳动可被区分为简单劳动与复杂劳动。生产劳动

---

① 徐森、陈欣怡：《我们应聘过骑手，打过卧底电话，看了 1907 份判决，最后拼出了这部外卖平台进化史》，北大法宝：https://baijiahao.baidu.com/s?id=1765651309473116795&wfr=spider&for=pc。

者也因此可以被区分为从事简单劳动的普通劳动者和从事复杂劳动的核心劳动者。在数字经济时代，依据劳动者在数字技术研发与运用中的分工，可以将其划分为核心劳动力与普通劳动力。核心劳动力主要依靠脑力劳动进行，负责算法的创新与改进，属于高技能劳动力；普通劳动力不掌握数字技术，主要依靠平台与算法进行工作，以重复性、标准化的劳动维持生计。

核心数字劳动力获取高收入的同时往往面临高解散风险、高劳动强度。一般而言，为了稳固其内部核心劳动力，企业会给予员工较高福利待遇，如高薪资与股权激励，与其他技术含量低的劳动者相比，他们在劳资谈判中具有议价优势。“网络效应”使得互联网企业具有“先发优势”，为了稳固地位，获取更高的经济效益，数字企业面临巨大的竞争压力，使得核心劳动力进行高强度加班，以求不断更新、优化算法与相应数字技术。当数字企业经济效益不强时则通过裁员与降薪等措施降低损失，导致其内部员工不稳定、流动性强。总体而言，平台内部核心劳动力高风险和高收益并举。

“无聊且情绪消耗大，几乎无需任何专业资质，整个人都会被嵌入尚未自动化的算法结构中。”① 不稳定、低薪、易替代是普通数字劳动力的特点。数字监督技术与算法程序的不断更新与使用，劳动不再局限于特定的物理空间场域，数字企业将任务重重分解，外包、分包给不同劳动者以节约成本，需缔结契约的劳动关系往往被任务导向型的临时合约关系所取代。这些普通数字劳动力属于非正式员工，无法享受正式员工应享受的各种薪资和福利，且由于大量临时合约甚至一次性用工合同的签订，呈现出

① ［德］莫里茨·奥滕立德：《数字工厂》，黄瑶译，中国科学技术出版社 2023 年版，第 8 页。

不稳定的工作状态；由于工作内容简单、有较强替代性，普通数字劳动力议价能力较弱，收入较为低廉，并且随着越来越多的产业后备军的加入，市场趋于饱和，收入继续呈现下降趋势。

总体而言，核心数字劳动力由于工作技术含量高，可替代性差，能够获得更多薪酬；而普通数字劳动力的收入则因工作简单，具有强重复性，呈现低水平状态。由于核心数字劳动力与普通数字劳动力创造价值差异巨大，两者在劳动结构分化的过程中也产生了极大的收入分化。

**2. 劳动者“向下流动”趋势**

从经济社会发展实践来看，劳动者往往呈现“向上流动”的趋势。“生产的不断变革，一切社会状况不停的动荡，永远的不安定和变动，这就是资产阶级时代不同于过去一切时代的地方。”① 在资本增值逻辑下，随资本流动是劳动者获取更多发展机会，谋求更高收入的主要方式。英国古典经济学家威廉·配第早在 17 世纪就观察到“工业的收益比农业多得多，而商业的收益又比工业多得多。”② 这种产业之间的经济效益差异使得劳动力由低收入产业向高收入的产业流动。1940 年，科林·克拉克进一步验证了配第的看法，即不同产业相对收入的差异，促使劳动力向高收入部门流动。③ 配第—克拉克定律成功解释劳动力的流动方向，一般而言为“向上流动”，即从低收入向高收入流动。然而，伴随着数字经济的快速发展，实际上劳动者却呈现出“向下流动”的趋势，这种“向下流动”不仅发生于普通数字劳动者，核心数字劳动者亦有此种威胁。

就普通数字劳动者而言，行业人员趋于饱和与频繁流动导致的专业积

① 《马克思恩格斯选集》第 1 卷，人民出版社 2012 年版，第 403 页。

② ［英］威廉·配第：《政治算术》，陈东野译，商务印书馆 2014 年版，第 20 页。

③ Clark Colin, 1940, “The Conditions of Economic Progress”, London：Macmillan & Co. Ltd., pp.338—339.

累缺失是其“向下流动”的诱因。一方面，从行业来看，尽管诸多数字企业发展初期处于红利期，收入可观，从而引致大量普通数字劳动者进入，但实际上行业红利期十分短暂，随着行业不断发展，内外部竞争压力大，各大数字企业便设法通过不断改进技术，从而降低对普通数字劳动者的劳动力需求以节约成本，因此诸多数字企业面临人员饱和窘境，普通数字劳动者或接受更低薪资或选择离开。另一方面，从劳动者来看，普通数字劳动者初次工作时大多因缺乏技术、资金而从事“劳动力密集型”数字劳动，由于工作任务被一步步拆解，且在智能系统控制下，劳动者只需依从系统指令从事简单化、重复性的工作，这类工作对劳动者的能力要求低，不利于劳动者积累专业技能。就业稳定性、连续性的缺乏与专业技能的缺失不利于普通数字劳动者的自身发展，导致其不得不频繁流动寻找其他同质化工作，普通数字劳动者依靠体力劳动导致的低议价能力使得收入下降，从而陷入死循环，面临向下流动的威胁。

就核心数字劳动者来看，高解散风险与高竞争压力构筑了其“向下流动”的可能。一方面，数字企业为了维持其在行业的地位与优势，不断扩展新业务，并通过不断进行业务重组维持竞争力，但随着业务的完成，不少核心数字劳动者面临业务组解散的风险与裁员的威胁，不利于员工自身稳定性。另一方面，企业内部竞争压力大导致对核心数字劳动者工作要求十分严苛，且经常进行高强度劳动加班，不利于劳动者身心健康与未来发展。以上两方面使得核心数字劳动者内部结构非常不稳定，人员变动频繁，只能通过跳槽、离职以寻求新的工作机会。但现实中，头部互联网企业寥寥可数，员工人数相对固定，除去少数拥有资源、新技术、人脉的核心数字劳动者有机会进行向上流动外，剩下的大多数难以面对不稳定的工作与激烈的竞争，最后不得不妥协从而向下流动，越来越多的核心数字劳动者选择悄然离开互联网“大厂”，选择其他更低收入但是相对稳定的小型数字企业，或被裁员后待业谋求其他发展机会。

## 二、共同富裕目标下数字经济和谐劳动关系的建构逻辑

扎实推进共同富裕与数字经济发生发展叠加，数字经济赋能共同富裕，将从财富创造和财富分配两个维度深刻影响共同富裕。数字经济发展将极大地促进生产力并创造丰富的物质和精神财富满足人民美好生活需要，为促进共同富裕奠定强大的物质基础，这一点毋庸置疑，但是数字经济发展是否必然导致共同富裕则有赖更系统更有效的机制设计和制度建设。中国特色社会主义的最终目的是实现共同富裕。“富裕”中的“富”意指收入用于补偿劳动力生产和再生产后的剩余的积累。实现共同富裕的必要条件是大力发展生产力，创造大量的剩余，这是数字经济时代促进共同富裕实现实质性进展的物质基础。但纵观人类发展史，每一次技术进步的结果都是财富的进一步集中，造成贫富差距进一步扩大。因此，只有劳动者也能够分享剩余，才能构建数字经济和谐劳动关系，才能促进共同富裕目标取得实质性进展。

### （一）数字经济发展为共同富裕奠定物质基础

马克思曾说：“剩余价值的生产是资本主义生产的决定的目的，同样，富的程度不是由产品的绝对量来计算，而是由剩余产品的相对量来计算。”① 剩余产品是含有剩余价值的那部分产品。剩余，与社会发展规模及质量正相关，没有剩余则难以谈论社会发展。创造大量剩余的前提条件

① 马克思：《资本论》第1卷，人民出版社2004年版，第265页。

是，能够创造和积累大量的社会财富。随着数字技术的发展与数据要素的运用，劳动生产率得以提高，生产力得到进一步解放和发展。

第一，数据要素的无限性使其突破传统物质要素有限性的约束，随着数字技术的不断突破，缩短非劳动时间，并增加劳动时间，即在一定程度上突破劳动过程中的两对矛盾，极大促进财富创造。劳动过程中始终存在着两对矛盾——人类需要的无限性与满足需要能力（生产力）的有限性的矛盾和人类需要的无限性与劳动时间的有限性之间的矛盾。① 第一对矛盾的解决或是要求增加生产要素数量，或是要求人们必须在有限的劳动时间内提高生产效率以生产出更多的产品。第二对矛盾要求劳动时间的增加或者劳动效率提升下相对劳动时间的增加。其次，可以缩短劳动中断时间，即通过数据信息监控可以直接减少设备检修、调研时间等。借助分散用户的客观数据分析结果，劳动者可以迅速作出研判，提升决策速度，进而提升劳动过程效率。

第二，数字技术的渗透性和数据要素的裂变性使数据可以同时被无限应用于多种场景，即打破时空限制，产生价值倍增效应。工业经济时代下资本物化的机器或者技术通常只能被固定于物理空间，在某一时间只能被运用于某一种产品的生产，只有等某一任务完成之后，才能够继续执行其他任务。然而，数据要素则不同。就空间维度而言，数据的使用价值多重性意味着不同经济主体可以根据其经济活动的目的从同样的数据中解读出不同的信息，进而应用于多种创新场景。从时间维度来看，数据能够被不同生产过程同时使用，进而突破传统要素在时间上的“队列性”② 问题。因

① 王朝科、程恩富：《经济力系统研究》，上海财经大学出版社2011年版，第124页。

② “队列性”，指在面对多任务时，对于任务的接收和执行具有严格时间序列，队列中的任务接收与完成遵循先进先出的原则，且单一任务执行具有时间独有性和排他性。

此，数据要素化不仅可以促使经济活动形成规模效应，还可以规避因要素数量不足而导致的失调问题。

第三，数字空间的形成和数据要素的融通性不仅可以打破不同区域间的物理空间阻隔以促进均衡发展，而且可以突破不同经济环节之间的传输障碍以缩短流通时间，从而促进剩余价值量的增加。融通性使得数据可以突破物理空间的限制，将分布于不同物理空间的劳动者、消费者通过虚拟网状互联的方式集聚于数字空间，不仅可以使得劳动者展开无固定地点的劳动，而且可以将计算机机房等硬件设施设立在发展相对落后的区域。数据要素可以有效破除传统要素在不同区域的空间阻隔，这样不仅可以激发这些区域的增长潜力，也可以促进不同区域之间的均衡发展。进一步而言，数据要素的融通性特征可以使得不同经济环节的信息瞬时传输，互联互通。尽管流通过程不能够生产剩余价值，但是流通时间的缩短，可以加快资本周转。在单次周转利润率不变的条件下，增加周转次数，可以生产更多的剩余价值。与此同时，生产者可以借助平台搜集的数据，通过区域、用户群体等特征提前形成商品供给的预布局，形成更加精准的投放和配送，真正实现根据需求而生产，进而极大降低“惊险的跳跃”的风险。①

### （二）共享剩余视域下数字经济和谐劳动关系的建构逻辑

如果劳动者不能参与剩余的分享，那最终只能走向两极分化。一般而

① 基于上述分析，从不同部门分类来看，运用数字技术和数据要素促进剩余价值量的增加可以囊括为两个方面：一是通过对生产领域相关实体产业部门劳动者非劳动时间的缩短、劳动时间的增加来增加剩余价值的生产；二是通过对流通领域相关部门流通时间的缩短来增加资本周转速度，进而促进剩余价值量的增加。但值得注意的是，一般情况下数字经济促进流通时间的缩短必须以某产品的社会生产未出现大规模产品过剩的情况为前提。假定社会中因有众多竞争的大规模生产方式的厂家而导致某种产品生产过剩，那么，此时通过数据匹配抑或平台应用以促进产品销售可能对社会整体的资本周转来说作用并不大。未来，随着“大规模”生产模式逐渐转向“个性定制”生产的过程，形成数据、平台搭配定制化生产的生产模式，产品流通时间将被极大降低，也可以在一定程度上避免生产过剩的情况。与此同时，可以发现，数字技术与数据要素的运用所带来的大量社会剩余增加仍然主要来自相关实体产业部门劳动者的劳动。

言，商品价值是由不变资本（C）、可变资本（V）和剩余价值（M）构成。不变资本必须用于补偿生产过程中消耗的生产资料，从理论上来看，可变资本和剩余价值则构成分配对象。可变资本实际上是劳动力再生产成本，作为成本范畴的可变资本并不应该构成分配对象，而应当是劳动力成本的补偿对象，但在实践中其被视为收入并被蒙上了劳动者参与分配的神秘面纱，剩余价值被分割为产业利润、商业资本的商业利润、生息资本的利息以及土地资本家的地租，全部被资本家占有。① 一旦劳动者被剥夺了参与剩余价值分配的权利，就失去了积累的基础。

实现全体劳动者的共同富裕，必须将剩余作为分配对象，作为研究分配问题的逻辑起点。人们在探寻长期失业与经济失调的根本原因时往往遗漏掉一个重要的因素就是加速的技术进步，尽管技术进步使得生产力提高，财富增加，但如果只有一小撮人拿走新增的大量财富，而其他人依然相对贫困，那么，技术进步带来的财富增长对于平均收入毫无意义。② 因此，要以全体人民共同富裕为目标，构建数字经济和谐劳动关系，应充分发挥政府和数字平台企业对劳资关系的政策支持和技术支持机制。（见下页图）

## 三、构建数字经济和谐劳动关系的政策分析

要使技术进步所新增的财富能够促进全体劳动者共同富裕，必须辅以行之有效的分配理论以及相应的分配制度安排，并实现从理论层面的剖析到实

① 王朝科、王宝珠、冒佩华：《收入分配理论创新：缘由·方法·突破点》，《上海经济研究》2021 年第 1 期。

② ［美］杰瑞·卡普兰：《人工智能时代》，李盼译，浙江人民出版社 2016 年版，第 10 页。

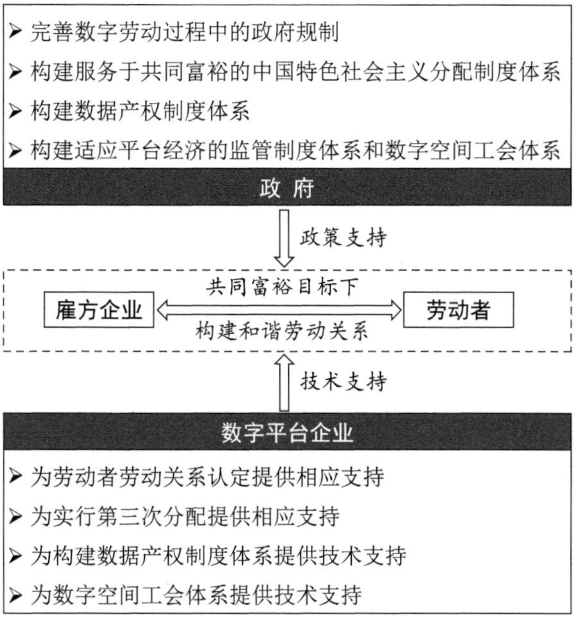


**数字经济和谐劳动关系建构机制图**

践层面的真正落实。基于全体人民共同富裕目标下数字经济和谐劳动关系的建构逻辑，本文尝试从完善数字劳动过程中的政府规制、构建服务于共同富裕的中国特色社会主义分配制度体系、构建数据产权制度体系、构建适应平台经济的监管制度体系和数字空间工会体系等四个方面入手，提出缓解数字经济劳资矛盾、劳劳分化等问题，促进和谐劳动关系的政策建议。

### （一）完善数字劳动过程中的政府规制

如前所述，“不完全劳动关系”是数字劳动过程新变化中劳动关系的典型特征。党的二十大报告强调，“健全劳动法律法规，完善劳动关系协商协调机制，完善劳动者权益保障制度，加强灵活就业和新就业形态劳动者权益保障。”[①] 劳动关系的不完全状态不利于劳动者权利保障，因此，完

① 习近平：《高举中国特色社会主义伟大旗帜　为全面建设社会主义现代化国家而团结奋斗——在中国共产党第二十次全国代表大会上的报告》，人民出版社2022年版，第48页。

善数字劳动过程中的政府规制是首要任务。

首先，通过建构适用于数字经济时代新型劳动形式的劳动关系认定方法和原则，不断完善平台劳动者的劳动关系认定标准，建立数字劳动者权利保障机制。在“不完全劳动关系”样态下，与“完全劳动关系”挂钩的“劳动安全卫生权”“休息权”“职业发展权”等诸多劳动权利难以得到保障，但如果“不完全劳动关系”依照“完全劳动关系”进行立法也会存在诸多问题，将致使企业用人成本大幅提升，从而用人单位可能会铤而走险“隐蔽用工”，劳动者的合法权益将会更加难以获得保障，因此需明确“不完全劳动关系”下的劳动者的法定权益。在劳动关系从属上，“不完全劳动关系”劳动者的从属性强于“无劳动关系”但又弱于“完全劳动关系”，因此对于“不完全劳动关系”劳动者，劳动从属性或无或完全的“二分法”不再适用，需要构建基于“自主劳动—弱从属劳动—强从属劳动”的“三分法”劳动关系认定和劳动者权益保护制度。① 在以劳动法以及相应劳动条例为基础确立“不完全劳动关系”权益保障外，还可参照国外“灵工”（gig labor）“不稳定劳工”（precarious labor）权益保障的做法，并结合国内实际，根据具体数字行业用工特点，分类指导各行业制定“不完全劳动关系”下的劳动者权利保障机制。

其次，政府应不断探索并完善“不完全劳动关系”劳动者在数字劳动过程中的社会保险制度。城镇职工的社会保险包括五险，即养老保险、医疗保险、失业保险、工伤保险与住房保险，由于“不完全劳动关系”遮蔽，事实上，劳动者难以纳入城镇职工社会保险。现行保险制度以社会保险法和相应保险条例为依据建构，保障对象是已建立劳动关系并办理过相

① 胡磊：《“不完全劳动关系”的生成机理、运行特点与治理取向》，《经济纵横》2022 年第 10 期。

关参保手续的劳动者。处于“不完全劳动关系”的劳动者多数属于灵活就业，劳动关系认定难，因此用人单位不为其缴纳保险或缴纳不全的情况普遍存在。因此，政府应当就具体情况制定“不完全劳动关系”劳动者的社会保险，先进行试点，并逐渐推广。一是易发生职业伤害的行业，应当优先推进专属“不完全劳动关系”的工伤保险，其他社保项目可分步跟进，如参与路面交通运输，易暴露于交通事故风险的网约车与外卖行业可优先进行职业伤害劳动保障试点。二是应当建立健全多层次多行业的社会保障体系。数字劳动新业态就业下包罗众多行业，其中又存在诸多职业，不同行业与职业千差万别。因此可根据不同数字行业与具体职业的情况调整“不完全劳动关系”劳动者的参保费率和参保方式，设置多行业、多层次、多选择的参保缴费标准与社保缴费周期，健全社保待遇完善机制与“多缴多得，长缴多得”的激励机制，借以提高平台劳动者参加职工社会保险积极性。①

最后，政府还需引导数字企业重视自身持续发展，降低数字劳动者的就业风险。一方面应促进数字企业用工规范化，部分企业利用数字劳动新形态下“不完全劳动关系”尚无适用法的法律漏洞以减少用工成本，这些行为短期内为企业带来利益增长，但为企业的信任危机爆发埋下隐患，用工合规化有助于企业持续稳定的发展；另一方面，对于众多普通数字劳动者而言，频繁流动而致的专业技能积累缺失不利于劳动者发展，因此应在兼顾“不完全劳动关系”劳动者的劳动保障与企业发展的基础上，鼓励企业与政府联合为劳动者开展职业技能培训，降低劳动者就业风险的同时，企业也能保持内部员工稳定性，不论是劳动者还是企业都能实现长稳发

① 胡磊：《“不完全劳动关系”的生成机理、运行特点与治理取向》，《经济纵横》2022年第10期。

展，一举两得。

## （二）构建服务于共同富裕的中国特色社会主义分配制度体系

社会性质决定分配理论，分配理论决定分配制度和分配政策进而决定分配的结果。马克思在《哥达纲领批判》中指出，“消费资料的任何一种分配，都不过是生产条件本身分配的结果；而生产条件的分配，则表现生产方式本身的性质。”① 中国特色社会主义经济的根本目的是实现全体人民共同富裕。党的十九届四中全会审议通过的《关于坚持和完善中国特色社会主义制度、推进国家治理体系和治理能力现代化若干重大问题的决定》指出：公有制为主体、多种所有制经济共同发展，按劳分配为主体、多种分配方式并存，社会主义市场经济体制等社会主义基本经济制度，既体现了社会主义制度优越性，又同我国社会主义初级阶段生产力发展水平相适应，是党和人民的伟大创造。“三位一体”的中国特色社会主义基本经济制度是中国特色社会主义科学制度体系的重要内容。将“按劳分配为主体、多种分配方式并存”的分配制度上升为基本经济制度，一个重要意义在于其既是坚持、发展社会主义的需要，也是贯彻“以人民为中心”的发展思想、实现共同富裕这一社会主义根本目的的需要；另一个重要意义在于解决长期存在的分配不公、贫富差距持续拉大的问题，为实现第二个百年目标奠定制度基础、提供制度保障。

要使得数字经济所增加的财富惠及所有劳动者，必须构建与之相匹配的财富分配制度。分配理论创新是分配制度改革的理论依据。中国特色社会主义必须坚持按劳分配为主体、多种分配方式并存的收入分配制度。首先，根据市场机制、注重效率进行初次分配。以实现全体人民共同富裕为

① 《马克思恩格斯选集》第3卷，人民出版社1995年版，第306页。

目标，分配对象就只能是剩余产品。分配制度说到底是围绕谁有权参与分配（分配主体）这个中心，由分配什么（分配对象）、分配标准（分配尺度）以及最终要实现的目的（两极分化抑或共同富裕）等构筑的系列制度安排，以实现共同富裕为最终目标，劳动者理应拥有参与剩余产品分配的天然权利，即使在非公有制经济中同样具备实行按劳分配的条件。将数据作为生产要素参与分配，体现了数字经济时代数据要素对财富创造的巨大作用，是中国特色社会主义分配制度与时俱进的结果，是我国分配理论与实践交互创新的体现。我们必须在中国特色社会主义分配制度的框架下，在分配体制机制设计中呈现数据要素参与分配的科学规定，就关于数据生产过程涉及的主体而言，具体包括：分配主体——所有分散用户、平台企业与数据劳动者（有权参与按要素分配的主体）；分配客体——数据要素带来的剩余（分配对象）；分配原则——数据要素权利与贡献。应对分配主体的权利边界规定等方面作出完善、科学且有效的制度安排。不可否认的是，数据要素带来的剩余增加源于各类实体产业部门劳动者的价值创造，在实体产业部门劳动者创造出剩余价值后，被平台企业以垄断租金的形式提取。因此，考虑促进全体人民共同富裕的中国特色社会主义的最终目的，数字平台涉猎的实体产业部门劳动者也应当分享部分剩余（比如，提高工资），平台企业应减少其垄断加价和佣金。其次，注重公平，进行再分配。数字平台的兴起无疑带来了数字劳动过程劳动关系的新样态，如前述分析，劳动者因“不完全劳动关系”样态，平台企业对劳动者的保障权益或者说劳动者的责任保障主体并不明晰，相关部门应加快完善社会保障体系，依照零工经济按单交易的特点制定相应的社会保险制度。[①] 最后，

① 吕景春：《数字经济下共享型和谐劳动关系的建构机理与实现路径》，《马克思主义研究》2023 年第 2 期。

充分运用募集、捐赠和资助等方式，发挥第三次分配的补充作用。在数字经济与实体经济深度融合的过程中，劳动者也面临着技能升级的要求，这就要求工人不断提升自己，否则会因数字技术发展导致技术性失业，免费技能培训是可取之道。与此同时，劳动者在数字经济时代的技能提升也能够在一定程度上缓解劳动者与劳动者之间的分化问题以及劳动者向下流动的趋势。由此可见，构建服务于全体人民共同富裕的中国特色社会主义分配制度体系，共享数字经济发展成果，进而缓和劳资矛盾以构建和谐的数字劳动关系，有助于推动全体人民共同富裕取得扎实性进展。

（三）构建数据产权制度体系

目前，用户对于个人数据被利用的情况知之甚少，甚至未意识到个人信息自决权，但随着大数据的广泛运用与深度挖掘，公众的数据意识会不断增强，应该以严格的法律保障机制处理好数据深度利用与个人数据保护之间的矛盾。① 但在实践中，一方面由于数据量难以精准量化，另一方面由于分散用户难以与平台企业组织有效谈判，因此，应当以政府为主体构建协调机制并加强相关法制建设。

一是完善数据产权的法律制度，建立数据保护、公开、交易、侵权认定、法律救济等方面的系统产权保障体系。我国已经进行卓有成效的探索。2021 年 8 月 20 日第十三届全国人民代表大会常务委员会第三十次会议通过《个人信息保护法》，开启我国个人信息保护法治的新篇章，其中第四章明确规定“个人在个人信息处理活动中的权利”。比如，第四十四条指出，“个人对其个人信息的处理享有知情权、决定权，有权限制或者拒绝他人对其个人信息进行处理；法律、行政法规另有规定的除外。”此

① 李政、周希禛：《数据作为生产要素参与分配的政治经济学分析》，《学习与探索》2020 年第 1 期。

外，2021年6月第十三届全国人民代表大会常务委员会第二十九次会议通过了《数据安全法》，对数据分类分级管理以及相关主体的数据安全保护义务进行明确规定。

二是探索有效的数据产权实现形式。[①]比如，对于数据难以量化问题，在明确分散用户所有权的基础上，政府可以建立国家统一数字账户平台，用户可以使用在国家统一数字账户平台中注册的账户链接至企业软件，政府可以凭借企业平台中注册并使用的国家统一账户数量和数据，与相关平台企业签订有限使用与收益分配协议，进而保障分散用户的原始数据权益。对于政府开发供社会管理和公共服务的公共数据，从法律上确定公共数据的国家权属，推进有序开放、合理使用。[②]

（四）构建适应平台经济的监管制度体系和数字空间工会体系

习近平总书记指出："要坚持正确政治方向，从构筑国家竞争新优势的战略高度出发，坚持发展和规范并重，把握平台经济发展规律，建立健全平台经济治理体系。"[③]在"不完全劳动关系"状态下，劳资之间的关系界定模糊，劳动安全保障缺失，劳动者很难组织有规模和话语权的实体工会体系。因此，为保障劳动者的权益，一方面，要构建适应平台经济的监管制度体系，为促进平台剩余共享提供保障；另一方面，要组建数字空间工会体系，保障劳动者权利，构建和谐数字劳动关系。

一是构建适应平台经济的监管制度体系。如前所述，数字平台在获得市场支配地位后，往往会采取系列手段无形中获取垄断利益。因此，必须

---

① 戚聿东、刘欢欢：《数字经济下数据的生产要素属性及其市场化配置机制研究》，《经济纵横》2020年第11期。

② 何玉长、王伟：《数据要素市场化的理论阐释》，《当代经济研究》2021年第4期。

③《推动平台经济规范健康持续发展　把碳达峰碳中和纳入生态文明建设整体布局》，《人民日报》2021年3月16日。

拓展更新适应数字平台经济的《反垄断法》和《反不正当竞争法》，有效遏制大型平台复合体和平台生态系统的跨行业垄断、攫取垄断利益等行为，包括限制第三方访问或链接、未经用户允许采集隐私数据、维持平台生态系统间数据闭环等意图排除竞争、巩固自身跨行业垄断地位的行为等。① 然而，不可否认的是，传统的金融监管体系和原则是建立在监管技术相对固定的基础之上而形成的最优监管体系和原则，面对科技和金融的二元融合的平台经济已经显得力不从心，亟待依靠大数据、云计算、人工智能、区块链等技术构建科技驱动型监管体系，在克服目前监管乱象的同时，助益政府监管能力建设。②

二是组建数字空间工会体系。尽管“不完全劳动关系”的状态使得平台企业与劳动者之间的权责关系模糊，但并不意味着平台企业可以不履行责任，劳动者的权益理应受到应有的保障。工会作为能够保障劳动者利益并与资方抗衡的组织，在“不完全劳动关系”状态下似乎难以履行职责。为适应数字经济时代，相关部门应当推动构建数字空间的线上工会体系，一方面，劳动者应做好线上工会的登记工作，有工会组织可依靠；另一方面，数字空间线上工会组织应帮助劳动者与平台、雇主进行集体协商和谈判，维护劳动者的合法权益。

作者单位

上海外国语大学马克思主义学院

① 谢富胜、吴越：《平台竞争、三重垄断与金融融合》，《经济学动态》2021 年第 10 期。

② 杨东：《监管科技：金融科技的监管挑战与维度建构》，《中国社会科学》2018 年第 5 期。

# 中国式现代化的绿色能源基因

刘大炜

## 一、全球气候变化与能源转型

自第一次工业革命以来，人类的生产生活方式发生了巨大的改变，对传统化石能源的滥采、滥用使得以二氧化碳为代表的温室气体被大量排放。受人为二氧化碳大量排出的影响，大气、海洋、冰冻圈和生物圈发生剧烈变化，全球范围多个地区极端天气频发。

1988 年，为加深对全球气候变化问题的了解，世界气象组织和联合国环境规划署建立了政府间气候变化专门委员会（IPCC）。IPCC 在其发布的第二次评估报告中指出，过去一个世纪里，全球表面平均温度上升 0.3 ℃到 0.6 ℃，全球海平面上升 10 到 25 厘米。[①] IPCC 警告，若不在 21 世纪

① IPCC SAR WG1（1995）, Houghton, J.T.; Meira Filho, L.G.; Callander, B.A.; Harris, N.; Kattenberg, A.; Maskell, K.（eds.）, *Climate Change 1995: The Science of Climate Change*, Contribution of Working Group I to the Second Assessment Report of the Intergovernmental Panel on Climate Change, Cambridge University Press.

末将升温限制在 2 ℃，自然世界和人类社会都会面临严重的后果。[①] 因此，经过一系列谈判，全球 195 个国家和地区组织代表于 2015 年 12 月在联合国气候变化大会上通过《巴黎协定》，一致决定到本世纪末把全球变暖幅度控制在 2 ℃以内，并努力将升温幅度限制在 1.5 ℃以内。各方承诺以“自主贡献”的方式，分阶段实现有关目标。

限制升温的关键在于减少温室气体排放。据估计，为实现控温目标，全球人为二氧化碳排放必须在 2030 年下降 45%，并在 2050 年左右达到“净零排放”[②]。值得注意的是，在全球温室气体排放中，能源领域的排出约占四分之三[③]。因此，要实现“净零排放”的目标，各国不仅需要在国际交往中达成环保共识、划分减排责任，还应当在国内实施积极有效的能源转型措施。当前，对世界各国而言，持续扩大可再生能源的开发和应用力度、逐步降低对传统化石能源的依赖惯性迫在眉睫。

## 二、中国能源转型与绿色能源发展

历史上，“富煤、贫油、少气”一直是我国能源结构的基本国情。2000 年以前，由于现实资源与科技水平的限制，我国能源消费结构基本以化石能源为主，其中煤炭占比长期超过 70%，水电等可再生能源占比则不

---

① IPCC AR5 WG3（2014）, Edenhofer, O.; et al.（eds.）, *Climate Change 2014: Mitigation of Climate Change*. Contribution of Working Group III（WG3）to the Fifth Assessment Report（AR5）of the Intergovernmental Panel on Climate Change（IPCC）, Cambridge University Press.

② IPCC（2018）. *Global Warming of 1.5 ℃: IPCC Special Report on impacts of global warming of 1.5 ℃ above pre-industrial levels in context of strengthening response to climate change, sustainable development, and efforts to eradicate poverty*（1 ed.）. Cambridge University Press.

③ IEA（2023）, *Net Zero Roadmap: A Global Pathway to Keep the 1.5 ℃ Goal in Reach*, IEA, Paris https://www.iea.org/reports/net-zero-roadmap-a-global-pathway-to-keep-the-15-0c-goal-in-reach, License: CC BY 4.0.

到 10%[①]。

2000 年以后，为了应对环境污染问题与能源安全问题，我国开始大力开发可再生能源，并制定《可再生能源法》和《可再生能源发展规划》等一系列法律法规。此后，随着《可再生能源发电全额保障性收购管理办法》等保障措施的出台，可再生能源电力消纳保障机制稳步实施、市场化竞争性配置有序推进、监测预警机制逐步完善、事中事后监管进一步加强。

在国家政策的大力支持下，多批能源工程推进建设。其中，西北部省份充分发挥沙漠戈壁荒漠地区光照充足、风能富集的资源优势，围绕风电、光伏、光热等产业，打造大型风电光伏基地；山东半岛、长三角等地依靠丰富的海上风力资源，打造五大海上风电基地集群；川滇黔桂、藏东南以水电基地为依托，建设两大水风光综合基地。此外，各省份还陆续出台相关政策，积极推进风电和光伏发电分布式开发。

大力推进可再生能源工程建设的成果是显著的：截至 2023 年 6 月，全国水电装机 4.18 亿千瓦，风电装机 3.9 亿千瓦，太阳能发电装机 4.71 亿千瓦，生物质发电装机 0.43 亿千瓦，可再生能源发电总装机突破 13 亿千瓦，达到 13.22 亿千瓦，同比增长 18.2%，约占我国总装机的 48.8%。[②]

在此过程中，我国化石能源消费比重持续下降，水电、核电、风电等新兴能源比重不断上升。到 2022 年，原煤的消费占比已从 2000 年的 68.5% 下降到 56.2%；包括水电在内的清洁能源消费占比则从原来的 7.3% 上升到 17.5%[③]。2022 年，全国可再生能源发电量已达 2.7 万亿千瓦时，占

① 参见 1999 年《中国统计年鉴》。

② 《我国可再生能源发电总装机突破 13 亿千瓦》，中国政府网，https://www.gov.cn/govweb/lianbo/bumen/202307/content_6893309.htm。

③ 参见 2023 年《中国统计年鉴》。

全部发电量的 30.8%。①

然而，以光电、风电、水电为主的可再生能源在生产、供应、消纳的能源生命周期中存在波动性、间歇性、不稳定性等天然缺陷。因此，在今后的能源转型过程中，需要将传统化石能源与可再生能源的特点结合互补。例如，如何发挥煤电在可再生能源发展过程中的“调峰”作用将是今后我国火力发电政策的重点。未来，多能融合发展必将成为我国绿色能源转型的新潮流与大趋势。

## 三、国内：绿色能源赋能中国式现代化

### （一）风光无限：中国式现代化的绿色能源基因

中华文明历来崇尚天人合一、道法自然，追求人与自然和谐共生。庄子曾言：“天地与我并生，而万物与我为一。”而汉代董仲舒也在《春秋繁露》中说“天人之际，合而为一。同而通理，动而相益，顺而相受，谓之德道”，强调人与自然之间整体有序的和谐状态。

新中国成立后，中华优秀传统文化中人与万物共同存在、统一于大自然的生态观念被继续传承下来，并焕发出新的生机。毛泽东于 1956 年提出“绿化祖国”的口号，强调“要使我们祖国的河山全部绿化起来，要达到园林化，到处都很美丽，自然面貌要改变过来”②；邓小平把环境保护确定为基本国策，并提倡使用清洁能源，以减少环境污染，实现可持续发展；江泽民强调要正确处理经济发展同人口资源环境的关系，努力开创

① 《国家能源局关于 2022 年度全国可再生能源电力发展监测评价结果的通报》，国家能源局，http://zfxxgk.nea.gov.cn/2023-09/07/c_1310741874.htm。

② 《中国共产党生态文明建设思想的历史逻辑》，中国共产党新闻网，http://theory.people.com.cn/n1/2017/0122/c40531-29040513.html。

生产发展、生活富裕、生态良好的文明发展道路；胡锦涛指出要树立全面、协调、可持续的发展观，改变以往高污染、高消耗、低产能的以破坏生态环境为代价的增长方式，正确处理经济发展同人口、资源、环境的关系。

党的十八大以来，以习近平同志为核心的党中央领导集体更加关注中国式现代化过程中人与自然的和谐共生。习近平总书记强调，“绿水青山就是金山银山”、“保护生态环境就是保护生产力，改善生态环境就是发展生产力”。这些论断体现了中国式现代化的发展特色：经济发展与环境保护是辩证统一的。因此，在 2021 年，我国将碳达峰、碳中和纳入生态文明建设整体布局，推动绿色发展、循环发展、低碳发展。

绿色经济是可再生能源发展的核心内容，也是建设资源节约型、环境友好型社会的必然举措。在科学发展观和“两山”理论的指引下，我国抓住了可再生能源发展的历史性机遇，推动能源结构加速转型，并借助后发优势实现弯道超车。中国已成为全球可再生能源发展的领跑者，在技术研发、生产组装、应用等全产业链都取得领先优势。

其中，光伏行业持续向好，高校、企业合力推动技术创新，促使产能不断释放。例如，武汉大学物理科学与技术学院柯维俊教授、方国家教授团队创造性提出天冬氨酸盐酸盐一体化掺杂策略，为进一步提升电池性能找到新途径①；天合光能自主研发无损切割技术，从而大幅提升组件效率②。受益于核心技术的突破，2023 年上半年，中国光伏产业链主要环节产量均实现高速增长，多晶硅、硅片、电池、组件产量再创新高，同比增

① 《光伏板块技术持续突破》，中国电力网，http://www.chinapower.com.cn/tynfd/sckx/20231204/226663.html。

② 《中国光伏“领跑”全球　核心技术引领行业进入黄金赛道》，中国科技网，http://stdaily.com/index/kejixinwen/202401/abf3b60bc09649a78e240ccca73cf0b8.shtml。

长均超过65%[①]。

同样，风力发电行业也不断突破技术壁垒。2023年，由东方电气集团联合中国华能研制的全球单机容量最大、叶轮直径最大的海上直驱风电机组在福建福清下线，该机组每年输出的清洁电能可节约标准煤2万余吨、减少二氧化碳排放5.5余万吨[②]。在技术创新和相关政策的大力支持下，我国风电产业领跑全球：截至2023年6月底，我国风电装机3.89亿千瓦，连续13年位居全球第一[③]。

后发优势凸显历史性机遇，能源转型呼唤绿色发展，绿色生产、生活方式支撑绿色经济发展。以大力发展绿色经济为特征的中国式现代化正不断打破我国环境污染、资源短缺的困境，为中国式现代化打上鲜明的绿色烙印。

### （二）西电东送：中国式现代化中的能源区域协同

长期以来，我国的能源分布状况与消纳需求错位。一方面，西北和东北地区的煤炭、油气等传统化石能源储备丰富，但其自我消纳的能力较低；另一方面，中东部地区，特别是沿海地区的能源消纳需求极大，但能源禀赋不足，是能源匮乏区。

因此，在相当长一段时间内，为了支持东部地区的经济发展、协调区域能源结构，我国采取了"西气东输"、"西煤东运"、"西电东送"的策略。其中，"西气东输"历经20年的建设，已经开展到四线工程。工程不仅畅通塔里木、柴达木、陕甘宁和四川盆地等蕴藏的国内天然气资源传送路途，还连接了境外中亚管道。据《中国天然气发展报告2022年》数据显示，西

① 《技术创新为中国光伏产业高质量发展装上"加速器"》，新华社，https://baijiahao.baidu.com/s?id=1776075912068307808&wfr=spider&for=pc。

② 《台风狂，海浪狠，"全球最大"照样稳！央企再次突破关键核心技术壁垒！》，国务院国资委新闻中心，https://baijiahao.baidu.com/s?id=1782450945692149651&wfr=spider&for=pc。

③ 《中国光伏风电产业何以领跑全球——中国高质量发展透视》，《经济参考报》2023年8月21日。

气东输管道系统自建成以来，已累计输送天然气约 7500 亿立方米。①

可再生能源崛起后，西北部得天独厚的自然环境使其成为清洁能源宝库。在太阳能资源方面，西北地区地处高原，云层稀薄，阳光直射时间长，太阳能辐射量是全国最高的区域之一；在风能资源方面，西北地区高大的山峦和广袤的平原形成天然的风力发电场所；在水力资源方面，西北地区河流密布，地势落差大。此外，西北地区地广人稀、土地成本低，这为大规模的可再生能源开发和基础设施建设提供了便利条件。

党的十八大之后，国家出台一系列支持政策，为西北地区的可再生能源产业提供宝贵的政策红利。在中央层面，国家能源局下成立西北能源监管局，并于 2016 年制定西北区域新能源发展规划及运行监管，以推动新能源发电合理运行。在地方层面，西北地区各地方政府对光伏发电、风电和水电等可再生能源项目给予财政补贴、税收优惠等措施，大大降低项目投资成本，加速可再生能源的开发利用。

在各方的大力推动下，西北地区新能源发展迅速。据国家电网西北分部统计，近十年来，西北新能源装机规模增长 10 倍，达 1.57 亿千瓦。新能源累计发电量 1.3 万亿千瓦时，可满足全国居民 1 年的全部用电需求②。而通过电网将这些可再生能源电力输送到东部沿海地区，可以实现东西部地区绿色发展的双赢。不仅如此，西北地区能源产业的迅速发展还为当地提供大量就业岗位，并拉动当地经济增长。在这个意义上，东部实现了对西部的反哺。

可以看到，具有中国特色的西煤东运、西气东输、西电东送等大型能

① 《中国天然气发展报告（2022）》，国家能源局，http://www.nea.gov.cn/2022-08/19/c_1310654101.htm?eqid=f897d29600000be90000000664362223。

② 《西北电网新能源装机规模达 1.57 亿千瓦 2025 年预计突破 3 亿千瓦》，每日经济新闻，https://baijiahao.baidu.com/s?id=1753604499227842610&wfr=spider&for=pc。

源调配工程，既是党中央立足全国发展大局、应对能源分布与消纳两极化困境的实际举措，又是推动区域协调发展的重要抓手。而西电东送这一伟大工程，为西部省区把电力资源优势转化为经济优势提供新的历史机遇，改变了东西部能源与经济不平衡的状况，充分地体现党中央提出的“东西部协调发展，共同富裕，共同进退”的战略构思。

### （三）脱贫攻坚：中国式现代化与能源公平

能源是支撑全体人民共同富裕的重要物质基础。如何以能源工程为抓手、增强民众生产生活的用能便利度是每个时代都需要面临的重要课题。

早在20世纪，可再生能源就为助力无电地区贫困人口脱贫贡献了力量。1996年，为响应“世界太阳能高峰会议”所提出的倡议，同时解决国内部分地区的用电问题，我国决定推行“光明工程”，通过开发利用风能、太阳能等新能源为那些远离电网的无电地区提供电力。1997年5月，“光明工程”进入实施阶段。2002年到2006年，国家又先后实施“送电到乡”“送电到村”，以及“无电地区电力建设”等国家计划，解决了偏远地区上千万人口的用电问题。其中，青海省“送电到乡”惠民工程涉及青海省6州1市22县112个无电乡村，工程总装机容量2715千瓦，解决了1.5万户农牧民、5.5万人的基本生活用电问题①。

党的十八大以来，以光伏、风力、水利等为代表的可再生能源成为兼顾经济效率与社会公平、促进全体人民共同富裕的新力量。2016年，国家发展改革委等联合印发《关于实施光伏发电扶贫工作的意见》②，指出在光照资源条件较好的地区因地制宜开展光伏扶贫，每户人家都可以通过地面

① 《青海“送电到乡”惠民工程纳入行业专业化管理》，中国政府网，https://www.gov.cn/jrzg/2009-04/02/content_1276162.htm。

② 《关于实施光伏发电扶贫工作的意见》，中国政府网，https://www.gov.cn/xinwen/2016-04/02/content_5060857.htm。

光伏、屋顶光伏、大棚光伏等多种方式发电。“自发自用、多余上网”的模式既符合精准扶贫、精准脱贫战略，又符合国家清洁低碳能源发展战略；既有利于扩大光伏发电市场，又有利于促进贫困人口稳收增收。

自政策出台以来，光伏扶贫工程为多地贫困户创造了良好的收入。截至 2019 年底，我国光伏扶贫建设任务已经全面完成，累计建成光伏扶贫电站规模 2636 万千瓦，惠及 415 万户，大概每年可产生发电收益 180 亿元。光伏扶贫电站，村级电站是主体，约有 8.3 万座，覆盖 9.23 万个村，其中有 5.98 万个村是建档立卡的贫困村。① 光伏扶贫通过发电上网电价优惠、收益合理分配、创新运维商业模式，带动贫困户增收致富、转型就业，实现扶贫、生态双赢②。

作为我国产业扶贫的精品工程和十大精准扶贫工程之一，光伏扶贫具有资源普及、运维简便、收益稳定的三大特点。对于那些除风、光、水之外资源匮乏的地区，新能源扶贫无疑是最好的创收方式。甘肃省通渭县副县长吕中甚至表示：“光伏扶贫确实对于通渭县的脱贫攻坚发挥了决定性的作用”③。可见，在中国式现代化的进程中，大力发展可再生能源，对西部地区，特别是贫困农村的人们来说，具有脱贫攻坚、乡村振兴、共同富裕的重大意义。

## 四、国际：形塑气候变化国际体制

除了在国内大力发展可再生能源，推动技术创新与产能提升，我国

①③ 《光伏扶贫：建设任务全面完成，扶贫方式广受欢迎》，国家能源局，https://www.nea.gov.cn/2020-10/30/c_139478911.htm。

② 《中国落实国家自主贡献成效和新目标新举措》，中国政府网，https://www.gov.cn/xinwen/2022-11/12/5726372/files/23fcb19ad06246b3b8d5876608684856.pdf。

还积极参与国际气候变化谈判，形塑“后巴黎时代”国际气候变化体制走向。

（一）落实国际协定

2016 年 4 月，中国签订《巴黎协定》，承诺在 2020 年前实现碳强度下降 40% 至 45% 的目标，并使非化石能源占一次能源消费比重达到 15% 左右①。同年 9 月，全国人大常委会批准我国加入《巴黎气候变化协定》，中国正式成为协定缔约方之一。为履行协定承诺，我国积极制定各项政策措施，以制度支持为保障，从控制重点行业排放、大力发展绿色交通等方面探索低碳绿色的发展模式、减少温室气体排放。

在制度建设层面，中国将应对气候变化的相关工作纳入“十三五”经济社会发展规划，构建起以规划纲要为主的政策体系。例如《“十三五”节能减排综合工作方案》和《“十三五”控制温室气体排放工作方案》等明确节能减排和控制温室气体排放的目标、任务、要求及各部门分工，并以目标责任考核制度作为严格落实减排目标的制度保障。与此同时，中央和地方层面还成立应对气候变化及节能减排工作领导小组，以统筹协调任务的推进。

在具体举措层面，我国首先控制重点行业排放，通过组织实施国家重大工业专项节能监察，推动企业依法依规合理用能；其次，我国建立起全国碳排放交易市场，将温室气体控排责任压实到企业，利用市场机制发现合理碳价，引导碳排放资源的优化配置②；此外，我国还大力发展绿色低碳产业，支持新能源汽车研发、生产与销售，并通过投建“综合智慧零碳电

① 《我国提前完成2020年碳减排国际承诺》，中国政府网，https://www.gov.cn/xinwen/2019-11/28/content_5456537.htm。

② 《中国应对气候变化的政策与行动》，中华人民共和国国务院新闻办公室，http://www.scio.gov.cn/ztk/dtzt/44689/47315/index.htm。

厂”，优先消纳“风、光、水”等产生的“绿电”，实现真正的零碳[①]。

在习近平生态文明思想指引下，我国碳减排事业取得举世瞩目的伟大成就。在开展碳交易地区，碳排放总量和强度实现了双降。2020年，中国单位GDP二氧化碳排放比2005年降低48.4%，相当于减少二氧化碳排放约57.9亿吨，超额完成对外承诺的应对气候变化的行动目标[②]。

然而，中国并未止步于此，而是采取更有力的政策措施，为《巴黎协定》贡献新的力量。2020年，习近平主席宣布，中国将更新和强化国家自主贡献目标，力争于2030年前使二氧化碳排放达到峰值、2060年前实现碳中和；到2030年，中国单位国内生产总值二氧化碳排放将比2005年下降65%以上，非化石能源占一次能源消费比重将达到25%左右，森林蓄积量将比2005年增加60亿立方米，风电、太阳能发电总装机容量将达到12亿千瓦以上。[③]

为此，中共中央、国务院于2021年发布《关于完整准确全面贯彻新发展理念做好碳达峰碳中和工作的意见》和《2030年前碳达峰行动方案》，明确碳达峰碳中和工作的时间表、路线图和施工图。各部委还出台能源、工业等重点领域与行业的实施方案，与各省区市制定的地区碳达峰实施方案共同构成“1 + N”政策体系中的一部分。未来，中国还将继续落实《巴黎协定》，与各方一道推进应对气候变化的多边进程。

### （二）助力全球减排事业

除了落实国际协定，中国的光伏、风力发电产品还出口到欧洲、美

---

① 《推动能源转型　关注绿色未来》，国家能源局，http://www.nea.gov.cn/2023-10/27/c_1310747689.htm。

② 《我国提前完成2020年碳减排国际承诺》，中国政府网，https://www.gov.cn/xinwen/2019-11/28/content_5456537.htm。

③ 《中国落实国家自主贡献成效和新目标新举措》，中国政府网，https://www.gov.cn/xinwen/2022-11/12/5726372/files/23fcb19ad06246b3b8d5876608684856.pdf。

洲、亚洲的多个国家，为全球能源转型贡献中国力量。

国务院新闻办公室2021年发布的《中国应对气候变化的政策与行动》白皮书指出，截至2020年底，中国多晶硅、光伏电池、光伏组件等产品产量占全球总产量份额均位居全球第一，连续8年成为全球最大新增光伏市场。2023年，中国机电产品进出口商会发布的《中国光伏产业对外发展白皮书》表明2012年至2022年十年间，中国光伏组件已出口到全球200多个国家和地区，为全球贡献了70%以上的产量①。而根据国家能源局的统计数据，我国仅2022年出口的风电光伏产品就为其他国家减排二氧化碳约5.73亿吨，合计减排28.3亿吨，约占全球同期可再生能源折算碳减排量的41%。②

此外，中国可再生能源学会风能专业委员会的统计数据显示，至2021年底，中国风电机组累计出口到42个国家和地区，已出口的风电机组共计3614台，累计容量达964.2万千瓦。总体来看，我国风电机组零部件及整机产量已占据全球50%以上市场份额，关键零部件的产量占全球市场的70%③。同时，中国新能源汽车产业迅速发展，至2022年末，我国新能源汽车累计推广1033.4万辆，全球市场份额提升至65%的新高④。

中国光伏组件、风电机组等之所以有如此庞大的出口数量，关键在于中国的新能源产品具有低成本与高品质的双重优势。中国太阳能光伏成本

① 《国家能源局：中国光伏产业为全球市场供应了超过70%的组件》，新华网，http://www.xinhuanet.com/photo/2021-03/31/c_1127279659.htm。

② 《推进“一带一路”绿色共建，助力全球可持续发展》，光明网，https://www.gmw.cn/xueshu/2023-11/01/content_36934730.htm。

③ 《武钢委员：“中国速度”创造了风电崛起“神话”!》，《人民政协报》2022年9月30日。

④ 《我国采取更加有力的政策和措施，持续推进绿色低碳发展　落实“双碳”行动　共建美丽家园》，中国政府网，https://www.gov.cn/xinwen/2022-06/15/content_5695701.htm。

比印度低10%，比美国低20%，比欧洲低35%。2021年中国风科技的风电整机平均价格约为3700元/千瓦，比丹麦Vestas低38%。[①]因此，从整体来看，中国大幅摊薄了全球新能源等绿色赛道的产业研发与制造成本，有力地推动了全球碳减排的进程。

（三）对外绿色能源援建

作为负责任的大国，中国始终秉持构建人类命运共同体崇高理念，通过技术支持、工程建设、咨询服务等方式积极援助多个国家和地区开展清洁能源建设与转型。

2011年以来，中国与广大发展中国家开展应对气候变化南南合作。中国累计安排约12亿元，与35个国家签署40份合作文件，通过建设低碳示范区、援助光伏发电系统和照明设备、新能源汽车、清洁炉灶等物资，帮助有关国家绿色能源转型，同时为近120个发展中国家培训了约2000名应对气候变化领域的官员和技术人员。[②]

"一带一路"合作倡议提出后，中国积极推动与沿线国家的绿色发展合作，与32个国家建立能源合作伙伴关系，还与一百多个国家共同建设有关太阳能发电、风电、水电、热电等领域的重点项目，共享节能环保、新能源汽车、清洁制造、光伏、水电等领域的关键技术和成功经验。

例如在非洲，中国东方电气集团国际合作有限公司于2019年承建埃塞俄比亚阿伊萨风力发电站项目，为当地发展注入绿色动能[③]；2022年6月，中国能源建设集团天津电力建设有限公司援中非光伏电站项目——萨

---

① 《中国新能源大发展为全球绿色转型作出重大贡献》，《中国经济时报》2023年3月27日。

② 《中国应对气候变化的政策与行动》，中华人民共和国国务院新闻办公室，http://www.scio.gov.cn/ztk/dtzt/44689/47315/index.htm。

③ 《"让埃塞俄比亚东部戈壁沙漠焕发出新的生机"》，光明网，https://m.gmw.cn/baijia/2022-06/28/1303018078.html。

卡伊光伏电站实现并网发电[①]。此外，坦桑尼亚鲁菲吉河下游的朱利诺水电站是坦桑尼亚在建总装机容量最大的水电站，也是中国一次性出口容量最大的水电项目。

在亚洲，由中国国家电投建设的哈萨克斯坦札纳塔斯风电项目不仅缓解了哈萨克斯坦南部地区缺电现状，还为哈萨克斯坦能源体系“去碳化”目标发挥了示范引领作用。而由三峡集团投资开发的巴基斯坦卡洛特水电站，每年可提供约 32 亿千瓦时的清洁电能，可满足约 500 万人口用电需求，据估计，每年可减少二氧化碳排放量 350 万吨[②]。此外，古巴比那尔德里奥省的太阳能发电站、柬埔寨戈公省的达岱水电站、越南河内市垃圾焚烧发电厂等都是我国对外绿色能源援建的典型项目。

“一带一路”合作倡议提出的十年里，中国主要电力企业累计完成投资额 3000 万美元以上项目 119 个，总金额 221.7 亿美元；签订电力工程承包合同约 997 个，总金额 1544.5 亿美元。特别是 2021 年以来，新能源投资数量占比显著上升，保持在 50% 以上。到 2022 年，新能源成为中国电力行业对外投资项目数量最多的领域，约占 58%。其中，太阳能发电 8 个项目，投资金额为 13.31 亿美元；风电 6 个项目，投资金额为 5.19 亿美元。[③]

中国庞大的资金投入与先进技术的分享，为合作国家的能源结构向高品质、清洁、多样化方面转型发展创造了新动力。正如柬埔寨电力公司发电部主任纪·毕瑟说，“柬埔寨在过去很长时间里，90% 的电源都是化石

① 《通讯：送给非洲兄弟的礼物——中国援建光伏电站缓解中非共和国用电难》，新华网，https://baijiahao.baidu.com/s?id=1738072529660241423&wfr=spider&for=pc。

② 《“一带一路”绿色发展启迪世界》，光明网，https://www.gmw.cn/xueshu/2023-10/12/content_36886867.htm。

③ 《推动能源转型　关注绿色未来》，国家能源局，http://www.nea.gov.cn/2023-10/27/c_1310747689.htm。

能源，但是现在我们有超过 50% 的电力供应是来自可再生能源。”这正是因为在过去四年里，中国每年都会在柬埔寨投产一个水电站。①

在全球气候变化的严峻形势下，中国主动承担气候变化任务、积极推进国际能源多边合作，通过共建“一带一路”推动全球资源的协调利用和绿色经济的共同发展，为全球低碳转型提供新的机遇和动力，展现出善谋划、敢担当、负责任的大国形象。

## 五、结语

习近平总书记在党的二十大报告中指出，中国式现代化是人与自然和谐共生的现代化，尊重自然、顺应自然、保护自然，是全面建设社会主义现代化国家的内在要求。这一重要论断基于我国的基本国情，从中华民族长远的利益出发，深刻把握了保护与发展的辩证统一关系，实现了对西方现代化发展道路的科学扬弃和全面超越。

回望过去，人与自然和谐发展的理念深深地刻在中华传统文化里，也刻在中国共产党历届领导人的伟大思想中。从毛泽东的“绿化祖国”到习近平的“两山论”，党中央对生态环境与人类文明关系的思考延续至今，孕育发展成为中国式现代化的绿色能源基因。如今，我国正以习近平生态文明思想为指导，贯彻新发展理念，以经济社会发展全面绿色转型为引领，以能源绿色低碳发展为关键，坚持走生态优先、绿色低碳的发展道路，从而为实现人类可持续发展、确保人类生生不息奠定坚实基础。

实践证明，绿色能源发展不仅是中国经济社会高质量发展的鲜明底

① 《推动能源转型　关注绿色未来》，国家能源局，http://www.nea.gov.cn/2023-10/27/c_1310747689.htm。

色，也是中国负责任大国的情怀与担当。我们要深刻领会习近平生态文明思想，拥抱能源转型与绿色发展的大好春天，为全面建设社会主义现代化国家奠定坚实基础！

作者单位

华东政法大学政府管理学院

# 以文明交流互鉴推动构建人类命运共同体

施　璇

当今世界百年变局加速演进，世界风起云涌，人类又一次站在了历史的十字路口。世界向何去？人类的命运会走向何方？为了回答这一世界之问、历史之问、时代之问，习近平总书记提出构建“人类命运共同体”理念，为彷徨求索的世界人民点亮前行之路，为各文明共享繁荣发展描绘美好前景，为各国携手共建家园贡献中国方案。文明交流互鉴是维护世界和平的“稳定器”，是推动人类共同进步和的“动力泵”，是消除敌对隔阂、播撒和平理念的“播种器”，也是推动构建人类命运共同体的有效途径。以文明交流互鉴推动构建人类命运共同体的理念，不仅是对世界难题给出的哲学回答，也不仅是对人类前途命运所做的理论构建，还是一个需要我们全体为之不懈奋斗的实践事业。上海社会科学院哲学研究所多年来组织国际哲学奥林匹克中国选拔赛并带队赴海外参赛，以哲学作为桥梁促进文明互鉴，以奥赛为平台加强国际交流，以学生为使者讲好中国故事。组织参加哲学奥林匹克的意义不在于比赛，而是用哲学搭建文明交流互鉴的桥梁提供构建人类命运共同体的鲜活案例与生动实践。

## 一、构建人类命运共同体

和平还是战争？发展还是衰退？开放还是封闭？合作还是对抗？如何回答这些问题，关乎人类前途命运。人类命运共同体理念是以习近平同志为核心的党中央就人类未来发展提出的“中国方略”，其宗旨是在追求本国利益时兼顾他国合理关切，在谋求本国发展中促进各国共同发展。

### （一）人类命运共同体理念的发展历程

人类命运共同体理念最早出现在党的十八大报告中。十八大报告指出：“人类生活在同一个地球村，生活在历史和现实交汇的同一个时空，越来越成为你中有我、我中有你的命运共同体”，“要倡导人类命运共同体意识，在追求本国利益时兼顾他国合理关切”。习近平就任总书记后首次会见外国人士就使用了“命运共同体”的表述。他在2012年12月5日同外国专家代表座谈时指出，“我们的事业是同世界各国合作共赢的事业。国际社会日益成为一个你中有我、我中有你的命运共同体”。

自此之后，习近平总书记在国内外的各种场合中频繁提到“人类命运共同体”这一概念，并对人类命运共同体理念的深刻内涵不断做出精辟的论述和深入的阐释。在2013年3月底，习近平首次以中国国家主席的身份出访俄罗斯，在莫斯科国际关系学院发表演讲，突破双边关系范畴，用“人类命运共同体”概念向世界讲述对人类文明走向的中国判断。习近平在出席2015年博鳌亚洲论坛时，提出“通过迈向亚洲命运共同体，推动建设人类命运共同体”的倡议。同年9月28日，在第七十届联合国大会上，习近平发表题为《携手构建合作共赢新伙伴，同心打造人类命运共同体》的重要讲话，首次在国际重大组织中阐述人类命运共同体理念的核心思想，讲话指出：“当今世界，各国相互依存、休戚与共。我们要继承和弘扬联合国宪章的宗旨和原则，构建以合作共赢为核心的新型国际关系，打造人类命运共同体。”习近平2017年1月18日出席达沃斯经济论坛时，在联合国日内瓦总部发表题为《共同构建人类命运共同体》的讲话，提出“共生、共存、共治、共享、共建”的五大全球治理主张。之后，人类命运共同体理念继续出现在党的十九大报告和二十大报告中。人类命运共同体概念还被写入宪法，2018年3月11日，第十三届全国人民代表大会第一次会议通过的宪法修正案，将宪法序言第十二自然段中“发展同各国的外交关系和经济、文化的交流”修改为“发展同各国的外交关系和经济、文化交流，推动构建人类命运共同体”。

人类命运共同体理念日益深入人心，被国际社会普遍认可。越来越多的国家和人民认识到，这一理念超越利己主义和保护主义，打破了个别国家唯我独尊的霸权思维，符合全人类共同利益，反映了世界人民追求和平、正义、进步的心声，对于推动各国团结合作、共创人类美好未来具有重要意义。南非总统拉马福萨，在2018年7月26日的金砖会晤上，以“共同走向人类命运共同体更加光明的未来”为蓝图畅想金砖国家未来第二个“金色十年”。此外，人类命运共同体理念也被写进联合国许多重要文件之中。2022年11月1日和3日，联合国大会裁军与国际安全委员会（联大一委）先后表决通过“防止外空军备竞赛的进一步切实措施”、“不首先在外空放置武器”、“从国际安全角度看信息和电信领域的发展”三项决议，其中均写入中国提出的人类命运共同体理念。这是人类命运共同体理念连续六年写入联大一委决议。

### （二）人类命运共同体理念的现实依据

习近平总书记提出的“人类命运共同体”理念是对历史大势、全球挑战、时代呼唤的现实回应，为全人类的美好未来贡献出的中国方案。

首先，人类命运共同体理念是应对历史大势的中国智慧。全人类都生活在一个地球之上，所有国家都共存于一个世界之中，地球是全体人类同一的也是唯一的家园。在这一现实基础之上，人类已经发展到命运休戚与共、深度交互关联、彼此相互依存的现况。在这种情况下，各国、各民族之间的联系和依存日益加深。没有一个国家或一个民族可以成为孤岛。不论人们身处何国、有何信仰、是否愿意，实际上已经处在一个命运共同体之中。全人类已经成为一个一荣俱荣、一损俱损的命运共同体，这已经是无可争辩的现实状态，是不以人的意志为转移的客观情况，也是不可阻挡的历史大势。全人类的命运休戚与共是确定的，但命运休戚与共的全人类会走向何方却是不确定的。习近平提出的人类命运共同体理念就是应对这一历史大势给出的中国智慧。

其次，人类命运共同体理念是面对全球挑战的中国方案。当今世界面临着百年未有之大变局，全球发展深层次矛盾突出，恃强凌弱、巧取豪夺、零和博弈等霸权霸道霸凌行径危害深重，和平赤字、发展赤字、安全赤字、智力赤字加重，人类社会面临前所未有的挑战。粮食安全、资源短缺、气候变化、网络攻击、人口爆炸、环境污染、疾病流行、跨国犯罪等全球非传统安全问题层出不穷，对国际秩序和人类生存都构成严峻挑战。各种新旧问题与复杂矛盾叠加碰撞、交织发酵。人类社会面临前所未有的挑战，不稳定、不确定、难预料成为常态。习近平提出的人类命运共同体理念就是中国面对全球挑战给出的可行方案。

最后，“人类命运共同体”理念是直面时代呼唤的中国回应。全球越来越多的有识之士清醒地认识到人类命运休戚与共的历史大势，认识到严峻的全球挑战迫在眉睫，认识到值此危难之际迫切需要一种以应对人类共同挑战为目的的全球性方案。这样的认识已经逐渐转变为国际共识，这样的需求就是我们时代最迫切的呼唤。习近平提出的“人类命运共同体”理念正是对这一时代呼唤给予的中国回应。

总之，面对不可阻挡的历史大势、格外严峻的全球挑战、迫在眉睫的时代呼唤，中国向全世界、为全人类提出了一套顺应历史潮流、符合时代特征、解决全球难题的中国方案，即“人类命运共同体”理念。“人类命运共同体”理念符合中国人民和世界人民的根本利益，反映人类社会共同的价值追求，顺应世界人民对美好生活的向往。“人类命运共同体”理念主张各国人民携手共建持久和平、普遍安全、共同繁荣、开放包容、清洁美丽的世界，为国际关系确立了新思路，为全球治理提供了新智慧，为国际交往开创了新格局，为美好世界描绘了新愿景。

### （三）人类命运共同体理念的理论超越

人类命运共同体理念具有丰富深刻的思想渊源与文化传承，既继承了马克思主义的思想理念，又携带中华优秀文化的传统基因，还吸收了西方全球理念的探索精华，是对马、中、西三大哲学思想的传承与超越。

其一，人类命运共同体理念是对马克思主义哲学的继承与发展。“人类命运共同体”理念有着极为丰富的思想来源，马克思哲学是其中最为核心和关键的理论源泉。马克思主义哲学是一种站在人类历史高度看待世界与人类的哲学，清楚地认识到各国孤立状态的历史终结，在历史唯物主义基础上，主张人类必须联合起来应对共有的重大难题。“人类命运共同体”理念坚守马克思主义“魂脉”，继承它的核心精神、历史眼光、世界视野与人类关怀，发展它的“自由人联合起来”的思想，在新时代高举和平、发展、合作、共赢的旗帜，以全人类的共同幸福为目标，胸怀天下，为世界和平发展构建人类命运共同体。

其二，人类命运共同体理念是对中华优秀传统文化的传承与弘扬。中华文化自古就秉持“以和为贵，和而不同”、“和衷共济、和合共生”的伦理价值，奉行“己所不欲，勿施于人”、“ 亲仁善邻、讲信修睦”的处事之道，追求“协和万邦、万国咸宁”、“天下和平”的国际关系，憧憬“天下一家”、“美美与共、天下大同”、“大道之行，天下为公”、“天人合一”的美好世界。人类命运共同体理念牢牢把握住中华优秀传统文化这一“根脉”，是从中华文明的五千年精神家园中结出的饱满丰硕的果实，为世界提供的中国智慧。

其三，人类命运共同体理念是对西方优秀文明成果的吸收与超越。西方文明中也蕴含着人类命运共同体的思想萌芽。早在古希腊时期，一些哲学家就开始以城邦为基础探索人类互相保持和谐生活的可能性。斯多亚学派就有“世界城邦”、“世界公民”的设想，其学派中的芝诺主张“人人皆兄弟姐妹”。柏拉图的“城邦共同体”、西塞罗的“法律共同体”、卢梭的“契约共同体”、康德以及黑格尔的“伦理共同体”等思想都是西方哲学家的早期探索。人类命运共同体理念超越了这些“虚假共同体”理论，取其精华、去其糟粕，是反映全人类的普遍愿望和共同心声的真正的共同体理念。

总之，习近平总书记提出的人类命运共同体理念是马中西哲学的理论超越，它既是对马克思主义哲学的继承与发展，又是对中华优秀传统文化的传承与弘扬，还是对西方优秀文明成果的吸收与超越。人类命运共同体理念是马克思主义中国化的重要理论成果，凝聚了中外文明优秀成果，吸收了世界人民的历史智慧，是中国为全人类应对全球问题、寻求共同利益、认同共同价值提供的中国方案。

## 二、以文明交流互鉴推动构建人类命运共同体

关于如何推动构建人类命运共同体，习近平总书记指出："推动构建人类命运共同体，不是以一种制度替代另一种制度，不是以一种文明替代另一种文明，而是不同社会制度、不同意识形态、不同历史文化、不同发展水平的国家在国际事务中利益共生、权利共享、责任共担，形成共建美好世界的最大公约数。"文明交流互鉴是维护世界和平的"稳定器"，是推动人类共同进步的"动力泵"，是消除敌对隔阂、播撒和平理念的"播种器"。因而，文明交流互鉴是推动构建人类命运共同体的有效途径。

### （一）文明的多样性是世界的客观现实

人类社会自形成以来，就发展出了千姿百态、丰富多彩的文化形态。世界文明的多元化与多样性是不可否认的客观现实。联合国教科文组织于2001年发布的《世界文化多样性宣言》强调文化多样性是人类的共同遗产。《宣言》指出："文化在不同的时代和不同的地方具有各种不同的表现形式。这种多样性的具体表现是构成人类的各群体和各社会的特性所具有的独特性和多样化。"

关于世界有多少种文明类型，学者提出了不同看法。德国历史学家斯宾格勒（Oswald Spengler）把世界文明分为八个类型：古典、西方、巴比伦、中国、埃及、墨西哥、阿拉伯和印度。美国政治学家亨廷顿（Samuel P. Huntington）也把当代世界文明分为八类，即西方文明、中华文明（最初称儒教文明）、伊斯兰文明、俄罗斯文明、日本文明、印度文明、拉丁美洲文明和非洲文明。俄罗斯哲学家丹尼拉维斯基（N. Danilevsky）把世界文明分为十类：埃及文明；叙利亚、巴比伦、腓尼基、卡尔丹族或古代

闪族文明；中国文明；印度文明；伊朗文明；希伯来文明；希腊文明；罗马文明；新闪族或阿拉伯文明；日耳曼、罗马或欧罗巴文明。英国历史学家汤因比（Arnold Joseph Toynbee）则把世界历史上的文明分为这样几类：埃及、苏美尔、米诺斯、古代中国、安第斯、玛雅是直接从原始社会产生的第一代文明；赫梯、巴比伦、古代印度、希腊、伊朗、叙利亚、阿拉伯、中国、印度、朝鲜、西方、拜占庭是从第一代文明派生出来的亲属文明；波利尼西亚、爱斯基摩、斯巴达和奥斯曼是中途夭折停滞的文明。尽管学者们对于文明的具体划分有着不同的主张和见解，但毫无疑问的是，文化的多元性是人类历史发展的客观结果，文明的多样性是当今世界的客观现实。

文明的多样性是文明交流互鉴的前提，为文明交流互鉴提供了可能性与必要性。习近平总书记于 2018 年 11 月 17 日在亚太经合组织工商领导人峰会上发表主旨演讲，他指出："我们共同居住在同一个星球上，这个星球有 200 多个国家和地区、2500 多个民族、70 多亿人口，搞清一色是不可能的。这种差异不应该成为交流的障碍，更不能成为对抗的理由。不同文明、制度、道路的多样性及交流互鉴可以为人类社会进步提供强大动力。"

### （二）文明交流互鉴推动人类发展繁荣是人类的历史规律

人类文明的多样性和差异性是现实。不同文明之间的接触，既有可能导致某个文明的墓碑，也有可能成为人类进步的里程碑，就看人们如何选择。面对这一现实，存在三种选择：一是文明自闭。然而，"和实生物，同则不继"，一个文明如果故步自封、自我限制，不同其他文明交流，那么它就会失去活力，就会停滞不前，等待它的就只有走向衰落的结局。二是文明冲突。当一个文明遇到与自己不同的文明，如果无法以开放包容的心态与之交流互鉴，只想着“唯我独尊”，那么势必走向战争，结果往往是某种文明的消亡，甚至是两败俱伤。三是文明互鉴。唯有文明之间交流互鉴，才有和平相处，才有繁荣发展。文明的交流与互鉴是世界各国各民族和平发展的推动力。

不同文明之间的交流互鉴极大地推动了人类的发展与繁荣。人类文明的形成、发展、进步与繁荣都离不开文明交流互鉴，这是历史规律。世界各个文明以及中华文明的演进历史都揭示出并且证明了这一历史规律。从历史上看，有太多曾经辉煌一时的文明在文明自闭与文明冲突中逐渐消亡，而现存的重要文明无一不是在与其他文明的交流互鉴中成长进步、繁荣发展。

整个西方文明其实是在不同文明交流互鉴中逐渐形成和发展起来的，西方文明的历史就是一部文明交流互鉴史。希腊文明借鉴埃及文明，罗马文明借鉴希腊文明，阿拉伯文明借鉴罗马文明，中世纪的欧洲文明借鉴阿拉伯文明，文艺复兴时期的欧洲文明借鉴阿拉伯文明保存并传回的古希腊和古罗马文明，然后在一步步的交流借鉴中才有了如今的所谓的西方文明。在这一过程中，中国四大发明的传入也推动了欧洲文艺复兴和大航海时代的开启。可以说，离开了文明交流互鉴，就没有如今的西方文明。

### （三）在文明交流互鉴中发展繁荣是中国的宝贵经验

中国大地上生长出来的中华文明，同样也是在与其他文明的交流互鉴中成长发展起来并最终成就了如今的伟大。在文明交流互鉴中发展繁荣是我们宝贵的历史经验。

文明交流互鉴是中华文明千年延续的历史脉络。中华文明经历了五千多年的历史变迁，始终在继承创新中不断发展，在应时处变中不断升华。中华文明是在中国大地上产生的本土文明，也是不断借鉴一切优秀文明成果而形成的开放文明。从历史上的佛教东传、“伊儒会通”，到近代以来的“西学东渐”、新文化运动、马克思主义和社会主义思想传入中国，再到高水平对外开放，中华文明始终在兼收并蓄中历久弥新，在海纳百川中推陈出新，在开放包容中永续发展。

文明交流互鉴也是我们党百年奋斗的历史经验。我们党团结带领全国各族人民为争取民族独立、人民解放和实现国家富强、人民幸福而不懈奋斗，已经走过百年光辉历程。我们党在这伟大历程中，更加注重文明交流与互鉴，吸收一切文明优秀成果，带领人民百年奋斗，谱写出中华文明五千年历史上最恢宏的史诗。交流借鉴其他优秀文明成果，体现了我们党的宏大格局与历史担当。

文明交流互鉴是中华民族气质品格的历史体现。海纳百川的胸襟、开放包容的胸怀是我们中华民族的精神气质，是刻在中华民族血脉中的优秀品格。习近平总书记指出，中华文明的博大气象，就得益于中华文化自古以来开放的姿态、包容的胸怀。正是由于中华民族有着海纳百川、开放包容的气质品格，才能始终不断借鉴一切优秀文明成果，从中汲取丰厚养料，使中华文明存续不断、生生不息、革故鼎新、创造辉煌。

#### （四）以全球文明倡议推动文明交流互鉴

2023 年 3 月，习近平总书记在中国共产党与世界政党高层对话上提出全球文明倡议。这是中国继“全球发展倡议”“全球安全倡议”后提出的又一国际重要倡议。全球文明倡议以“四个共同倡导”为主要内容，为推动文明交流互鉴、推动构建人类命运共同体提供了中国方案。

第一，共同倡导尊重世界文明多样性。世界文明的多样性是客观现实。倡导尊重世界文明的多样性，就是要承认、认可这一客观现实，以宽广胸怀理解不同文明的价值，推动不同文明互相尊重。文明相互尊重，就必须摒弃某种文明的一家独大、唯我独尊的傲慢与偏见，而是平等地对待、重视、尊敬每一种文明对自身发展道路的探索。

第二，共同倡导弘扬全人类共同价值。2015 年 9 月，习近平主席在第七十届联合国大会一般性辩论时提出“和平、发展、公平、正义、民主、自由，是全人类的共同价值，也是联合国的崇高目标。”需要强调的是，中国提出的全人类共同价值，不是西方提出的那一套唯我独尊的虚伪“普世价值”，而是对世界各国人民普遍认同的价值理念的最大公约数，体现了人类命运共同体的价值追求。

第三，共同倡导重视文明传承和创新。每种文明的传承者都应当保持文化自信，在继承中创造发扬自己的文明，让各种文明的优秀传统文化在现代化进程中创造性发展，让自己的文明获得新的活力，继续屹立在世界文明之中。

第四，共同倡导加强国际人文合作交流。人类社会越发展越需要加强文明之间的交流互鉴。不同国家之间的人文合作交流是推动文明发展、社会进步的重要途径。文明只有以海纳百川的胸怀打破文明壁垒，以兼容并收的态度吸取其他文明的优点，才能在不同文明的交流互鉴中取长补短、高质量发展。所有文明都应当以相互尊重的态度平等交往、文明互鉴、各美其美、美人之美、美美与共。

## 三、以文明交流互鉴推动构建人类命运共同体的生动实践

响应习近平总书记提出的以文明交流互鉴推动构建人类命运共同体的理念，上海社会科学院哲学研究所多年来组织国际哲学奥林匹克中国选拔赛并带队赴海外参赛，以哲学作为桥梁促进文明互鉴，以奥赛为平台加强

国际交流，以学生为使者讲好中国故事。国际哲学奥林匹克大赛的意义不在于比赛，而是不同文明之间交流互鉴的鲜明例证；我们组织选拔参赛的意义也不在于活动本身，而是用哲学搭建文明交流互鉴的桥梁提供推动人类命运共同体的生动实践。

（一）哲学做桥梁，促进文明互鉴

国际哲学奥林匹克（International Philosophy Olympiad，简称 IPO 或“奥哲”），作为国际科学奥林匹克的一种，同国内知名度极高的奥数一样，是规格高、历史长、影响广的国际赛事。“奥哲”是由国际哲学团体联合会（FISP）和联合国教科文组织（UNESCO）共同主办，每年由一个国家承办的面向全世界中学生的国际比赛。这项国际赛事自 1993 年至今举办了 31 届，已经有 50 多个国家参与这项比赛，在国际上有着极大的影响力。

与奥数等理科类奥林匹克大赛所不同的是，“奥哲”不仅是一场国际比赛，更是一座文明互鉴的桥梁。“奥哲”是哲学的国际奥林匹克，而哲学的独特性决定了它的根本性质是一场文明互鉴、文化交流、思想碰撞的活动。哲学曾经一度被视作西方文明的独有产物，但这种看法已逐渐被淘汰。哲学是全体人类智慧的结晶，是所有文明的精华，是时代精神的体现。因此，哲学绝不只是西方的哲学，中国的哲学在其中占据一席之地并且随着中国的崛起以及中华文明影响力的激增而占据越来越重要的位置，这一点如今已成为国际共识。

国际哲学奥林匹克竞赛组委会完全认同这一哲学理念，致力于把“奥哲”建成不同文明交流互鉴的国际舞台。根据国际哲学奥林匹克组委会的官方文件，“奥哲”的目标并非决出哪位选手“更高、更快、更强”，其宗旨在于培养学生的创新思维和反思能力，鼓励莘莘学子在思想上展开国际交流。具体包括以下六项目标：一是推进中学生的哲学教育，提高中学生对哲学的兴趣；二是鼓励在全世界范围开展全国性、区域性和地方性的哲学竞赛；三是促进批判性、探究性和创造性思维的发展；四是促进对科学、艺术和社会生活的哲学反思；五是培养对现代世界问题进行伦理反思的能力；六是通过鼓励不同国家的年轻人之间的知识交流和确保个人接触的机会，促进和平文化。最后一条也是最为关键的目标。

文明互鉴与文化交流既写入了“奥哲”的宗旨与目标中，还体现在大赛形式与内容的方方面面。以考题为例，近些年来，中国哲学已越来越频繁地作为考题出现。2022 年的考题就出自《老子》第三十三章“知人者智也，自知者明也”。此外，孔子、孟子、庄子、柳宗元的哲学思想也都成为过考题。其中，孔子思想格外受到重视和偏爱，至少出现过 3 次以上。

随着中国文明影响力的提升以及中国学生在“奥哲”舞台上展现风采，中国哲学的魅力已经感染了越来越多的外国学者和学生，他们对中国文化的兴趣、好感与认同也日益增长。比如，国际哲学团体联合会的主席卢卡·斯卡兰蒂诺（Luca Scarantino）教授在第二十七届奥哲大赛的开幕式致辞中，就忍不住大谈他参加于中国北京举行的亚洲文明对话大会的收获与体会。他热情洋溢地赞扬了习近平总书记演讲中提到的相互尊重、包容、开放、相互学习的能力以及“天下”等思想，他说：“让我真正感到惊讶的是，他反复强调哲学教育，或者说 paideia，以及这种教育同塑造全球相互尊重的世界之公民的相关性。特别是，他邀请大家将中国视为更大世界的一部分并且是与之相关的一部分。在我看来，现在确实是时候将我们的日常生活看作属于一个更大的‘天下’了，并学会将我们自己视为一个更加广泛的人类社会的一部分，这个人类社会是由不同的文化、遗产与文明组成的。”

可以看到，正如上海社科院哲学所原所长方松华研究员指出的那样，“‘奥哲’的意义不只在于比赛本身，而是不同国家之间文明互鉴的鲜明例证”。我们应当继续以“奥哲”为舞台，用哲学搭建思想交流的桥梁，促进文明交流互鉴。

（二）奥赛为平台，加强国际交流

按照国际哲学奥林匹克大赛组委会的规定，除了承办国可以派出10名学生外，每个国家最多只能派出2名学生参赛，所有参赛选手都需要经过国内选拔，这个选拔活动应当由国际哲学团体联合会（FISP）的成员单位组织和监管。上海社会科学院哲学研究所，作为国际哲学团体联合会的成员单位以及“奥哲”在中国的授权组织方，自2012年起开始组织国际哲学奥林匹克的中国选拔赛（简称“奥哲中国赛”），带领中国队赴海外参加国际比赛，并取得巨大进展。

从报名的人数来看，2012年至2016年间报名人数只有个位数，2014年与2015年甚至无人报名。2017年开始报名人数突增有20多位学生报名，哲学所也从那时开始举办“奥哲中国赛”来选拔能够代表中国队海外出战的选手。随后，报名人数每届迅速递增，还不时有海外学子专门回国参赛。2024年正式报名参加“奥哲中国赛”的学生达到55位，咨询的人数则远超这个数字。

从比赛成绩来看，2012年至2016年间，中国队的选手并未获得任何奖项，排名都在50名以外，最佳成绩是2016年的57名。这一情况在2017年发生改变，有一位选手获优异奖。此后，中国队参加的每一届国际哲学奥林匹克大赛都有斩获。2019年更是取得突破，除了优异奖之外，上海学子林燕盈夺得银牌。这是中国在国际哲学奥林匹克大赛中获得的第一块奖牌，实现了该赛事的零的突破。

从媒体宣传来看，2012 年至 2018 年间几乎看不到“奥哲”的相关报道。然而，随着中国学生在国际哲学奥林匹克大赛中首次夺得奖牌的消息传回国内，《解放日报》《文汇报》等主流媒体发表独家报道，引起巨大反响，各大知名媒体纷纷转载。方松华研究员的评论文章一经发布，在短短两三天内，阅读点击就超过 40 万条。宣传的效果是惊人的，“奥哲”的热度快速升高，直接结果就是之后的咨询报名人数激增，为选拔出优秀选手赴海外比赛得奖创造了更加有利的客观条件。

2024 年 1 月 23 日，第三十二届国际哲学奥林匹克大赛中国选拔赛在上海社会科学院哲学研究所举行。这是疫情之后的第一届“奥哲中国赛”。来自北京、重庆、杭州等地以及上海本地的 55 位中学生通过初审，正式报名参加此次大赛，展开激烈角逐。由复旦大学、华东师范大学、上海交通大学以及上海社会科学院哲学研究所的 8 位专家学者组成评委团，经过严格细致地多轮评分。最终，12 位学生分别获得一、二、三等奖。

“奥哲中国赛”的意义也不只在于选拔本身，上海社科院哲学所致力于把它打造为国际人文交流的新平台、文明交流互鉴的新途径、演绎上海精彩的新窗口。习近平总书记在上海考察时要求上海加快建成具有世界影响力的社会主义现代化国际大都市，他强调要贯彻新时代中国特色社会主义文化思想，深化文化体制改革，激发文化创新创造活力，大力提升文化软实力。为了回应习近平总书记的殷切期待，“奥哲中国赛”不但提供向全国学生展现上海的机会，是学子们思想交流与碰撞的舞台，更是面向世界、展现上海、展现中国的绝佳平台。通过这一平台，不但可以实现中国哲学与中华文明“走出去”，而且还可以让世界各国的年轻人“走进来”。为此，多位专家建议上海可以申请承办国际哲学奥林匹克大赛，以东道主的身份展现今日上海的风貌、展现现代中国的辉煌。我们将继续打造这一平台，将它建设为国际人文交流的平台，促进文明交流互鉴，增强我国的国际影响力。

（三）学生当使者，讲好中国故事

历届“奥哲中国赛”的选拔方式基本上完全模仿国际赛，第三十二届国际哲学奥林匹克大赛中国选拔赛也不例外，它既是一次选拔赛，也是一次模拟考。参赛学生必须从四道题目中选择一题作为主题，使用英语、法语、德语或西班牙语，在三个小时之内完成一篇哲学论文。学生可以手写也可以使用电脑，使用电脑写作时只能使用 word 或 wps，不能联网、不能使用手机、不能使用电子词典等应用软件。所有论文全文中不允许出现任何个人相关信息，参赛学生从签到核实身份信息开始，就使用参赛编号来代表，直到最后的颁奖仪式才会出现姓名。

2024 年的“奥哲中国赛”特别邀请了自复旦大学哲学学院、华东师范大学传播学院与哲学系、上海交通大学哲学系以及上海社科院哲学所的 8 位专家学者组成评委团。评委的评分主要依据以下五个维度：主题的相关性、对主题的哲学理解、论证的说服力度、融贯性以及原创性。经过两轮分组评议与综合评议，评委最终给出获奖名单。在之后举办的闭幕式暨颁奖典礼中，颁发一等奖 2 名，二等奖 4 名，三等奖 6 名，共计 12 名参赛学生获奖。

“奥哲中国赛”的比赛显然难度不低，上海社科院哲学所副所长成素梅研究员称其为“难度最高、智慧程度最高的比赛”，原所长方松华研究员表示“其难度之大，往往令年长的学者也望而生畏”。然而，这样的高难度并未阻挡参赛学生的高质量发挥。仅仅用了三个小时，参赛学生全都使用外语完成了哲学论文的写作。其中大多数的论文都紧扣主题、条理清晰、论证有力、语句通畅，令评委老师连连发出赞叹，对参赛学生的外语水平和哲学功力赞不绝口。与此同时，有限的奖项名额又令评委老师痛惜不已，只能做出异常艰难的抉择。最后选出的获奖者固然格外优秀，但落选者也绝非失败者。所有参赛者展现出他们对古今中外哲学思想的纯熟把握能力、极强的外语写作能力以及较为深厚的人文素养，可以说他们代表了国内中学生哲学的最高水平，其中大部分学生都达到参加国际大赛的标准。

本届获一等奖的两位学生将作为中国队成员，于今年 5 月同中国队领队一道前往芬兰赫尔辛基参加第三十二届国际哲学奥林匹克大赛。同往届中国队成员一样，这两位学生不仅是为国出赛的选手，更是文明互鉴与文化交流的小使者。他们将在国际哲学舞台上，向全世界展示中国中学生的整体素质、良好形象与思想气度，用世界都听得懂的语言讲述中国故事、传播中国价值、展现中国风貌、激扬中国精神、彰显中国实力，在文明交流与互鉴中推动构建人类命运共同体。

**作者单位**

上海社会科学院哲学研究所

# 中华民族现代文明的历史渊源与未来指向

周展安

习近平总书记在文化传承发展座谈会上指出，只有全面深入了解中华文明的历史，才能更有效地推动中华优秀传统文化创造性转化、创新性发展，更有力地推进中国特色社会主义文化建设，建设中华民族现代文明。

习近平提出建设中华民族现代文明，是建立在对中华优秀传统文化的深刻认识的基础之上的。如他所说，中华优秀传统文化有很多重要元素，它们共同塑造出中华文明的突出特性。对此，我们既可以就这些重要元素进行独立的考察，从理论上阐发其深刻含义，也可以结合历史的脉动，在一种广阔的历史关联中，探讨其渊源与流向。本文尝试从历史的角度对中华优秀传统文化之整体脉动加以分析，进而阐释中华民族现代文明的历史渊源与未来指向。

## 一、中华优秀传统文化的内在逻辑及其在明清之际的突进

中华民族现代文明有深厚的历史渊源。这需要从长时段的历史视野出

发，去考察中华优秀传统文化。为了尽可能将问题聚焦，本文将主要从宋明至清代的思想发展为线索来进行考察。孔子曾提出“质胜文则野，文胜质则史，文质彬彬，然后君子”(《论语》) 的说法。文与质可以说是理解中国历史与思想之特征的关键概念，“文质彬彬”就是中华传统文化的内在追求。但“文”与“质”在孔子以后的历史的发展过程中并不能总是保持一个平衡互补的状态。具体到宋明以来的历史，则可以说宋明思想尤其体现了“文”的特点，而清代思想尤其体现了“质”的特点。

宋代在中国历史上具有转折性的意义。以文质来论，宋以前的中国思想更倾向于是一种注重现实，注重“质”的思想，如《易传》所说“作《易》者，其有忧患乎”、《尚书》所重的“正德利用厚生”、孔子的“未知生，焉知死”等皆其显证，法家对实际、实利、形势的分析更不必说。但是，经历了秦汉以后的发展，到了宋代，特别是从宋到明这近七百年的时间里，中国思想的超越性一面得到突出的发扬。子贡在夫子那里“不可得而闻”的“性与天道”，在宋明理学则是寻常事，“穷理尽性以至于命”是宋明理学展开的基本路径，张载所谓“万物皆有理，若不知穷理，如梦过一生”①、程颐所谓“学莫大于知本末终始。致知格物，所谓本也，始也；治天下国家，所谓末也，终也”②、朱熹编《近思录》以“道体”为首卷而以“为学大要”继之都可以见出；在夫子那里认为“则吾岂敢”的“圣与仁”，在宋明理学家则是为学之最大宗旨，濂溪所说“圣希天，贤希圣，士希贤”为宋明理学家之共同蕲向，宋明理学亦可谓是希圣希贤之学，张载昌言“为天地立心，为生民立命，为往圣继绝学，为万世开太平”、陆九渊赋诗“仰首攀南斗，翻身依北辰，举头天外望，无我这般人”尤其能

① 张载：《张载集》，中华书局 1978 年版，第 321 页。

② 程颐：《伊川先生语十一》，收入《二程集》，中华书局 1981 年版，第 316 页。

见出其气魄之大；以穷理尽性立学，以希圣希贤立人，施之于历史与现实情势之判断，则必以“天理之正”为准绳，依“三代”而贬汉唐，认为“千五百年之间，正坐如此，所以只是架漏牵补过了时日。其间虽或不无小康，而尧舜三王周公孔子所传之道，未尝一日得行于天地之间也。”① 宋明理学并非对现实漠不关心，相反，对现实危机的承担正是他们的特色，但是他们和现实的关系是外部性的，历史、现实是他们以“天理”、“义理”为立脚点加以审视的对象，因此常处于被否定、有待于向上振拔的位置。

宋明理学中这种“激昂向上，求圣人用心处”② 的趋势至王阳明而达到高峰。所谓高峰，不仅指阳明对“良知”之学的精深发挥，而尤其见之于阳明将“闻性与天道”和“希圣希贤”的可能性赋予士大夫群体之外的“愚夫愚妇”，从而指示了“满街尧舜”的图景。如黄宗羲所说：“自姚江‘指点出良知人人现在，一反观而自得’，使人人有个做圣之路。故无姚江，则古来之学脉绝矣。”③ 焦循也说：“紫阳之学，所以教天下之君子；阳明之学，所以教天下之小人。”④ 而阳明之能推动宋明理学进入一个新境地，在于他以“成色”而非“分两”来论“圣人”：以才力而论，人人或有差等，但以成色而论，则人人无有不同。阳明对宋明理学的推进不单是个人义理与功夫精进的表现，更有丰富的社会内容，是为回应明代社会新的变动而产生的。这一新的变动就是明代“庶民社会”的形成，其内容包括：社会流动性的增强，社会身份等级的松动，民众力量的上升，功利化、欲望的解放导致的社会风尚的奢靡化、道德的沉沦感和人情之浇薄等等。而

① 朱熹：《寄陈同甫书》（六），收入《陈亮集》，中华书局1974年版，第301页。
② 朱熹：《朱子语类》，卷一一三，中华书局1986年版，第2748页。
③ 黄宗羲：《明儒学案》卷一〇，中华书局1985年版，第178页。
④ 焦循：《雕菰集》卷八，中华书局1985年版，第123页。

阳明学就是针对这种“庶民社会”带来的秩序崩塌而试图将欲望化的、孤绝的个体重新编入既定的伦理秩序当中，重新赋予其道德可能性的一种努力。在这个意义上，阳明学，尤其是“良知”的发现作为“礼教再编成”的表现，成为一个具有“文明史意义的事件”，是“中国文明突破了某种历史和精神困境的结果。”[①]一面是秩序崩解的庶民社会的形成，一面却是迎头而上的对普遍成圣之道路的指示，两相对照，更能见出阳明学空前的意义。

但是，同样无法忽视的是，阳明学包括泰州学派的讲学并没有真正挽救庶民社会到来导致的秩序崩解，不仅如此，即阳明学本身也逐渐成为危机的一部分。这一点，随着明朝的灭亡而更加被确认了。阳明学是宋明理学这“激昂向上”学脉的高峰，但同时也显示了其极限。这种极限性在明末清初陈确、顾炎武、傅山、王夫之、颜元、李恕谷等人的思考中有充分的表现。清初诸大儒的新颖性在于对“现实”的更加重视，更加清晰地采取眼光向下的态度来趋近“现实”，并尝试立足乃至内在于“现实”来展开思考。概括来说，这是一种由“文”而“质”的思想。

相比于宋明儒之以“天理”、“义理”来俯瞰、审视现实，清初诸儒开辟了把握“现实”的新天地。他们反思的起点、进路、程度等各有不同，但在向着“现实”下沉、趋近这一点上是一致的。这主要体现在如下几个方面：首先是对“现实”之本体地位的哲学奠基。王夫之是这方面的代表。其次是对“人欲”的肯定性论述。陈确是这方面的代表。最后，向着“现实”下沉尤其是指对现实社会、政治尤其是民众生活的倾力思考。颜李学派尤其能体现这一点。

---

① 张志强：《“良知”的发现是具有文明史意义的事件——“晚明”时代、中国的“近代”与阳明学的文化理想》,《文化纵横》2017 年第 4 期。

随着清朝统治的稳定，进入清中期以后，学术界渐为考据学的风气所掩。但清初诸儒开创的向着“现实”下沉的趋势未尝断绝，且创生为更自觉的形态。依时间先后之序，约可分三条线索来略加梳理。首先，是考据学阵营内部出来的戴震（1723—1777）及其影响。其次，是对清代汉学宋学同下针砭的章学诚（1738—1801）及其影响。最后，是常州学派开辟的今文经学潮流。概括来说，以上依时间而列出的三条线索也可以说立体地构成三个层次。今文经学脉络是经学内部的革新，其所注目的主要是统治阶层的变革，从庄存与的以“大一统”来强化中央权力到龚自珍的“自改革”再到康有为的协助光绪帝变法等皆是。经学是其表，政治是其里，在政治的危急时刻，则经学甚至可以不论；章学诚的脉络是经学和史学之关系的革新，其关心的是学术界的风气与走向，而与政治关系颇远。章学诚的“学术岂易言哉”①的叹息可见出“学术”在其心中之分量。即使对政治有关心，这一关心也必以坚实的学术为基底，这一点到清末的章太炎就更加清楚。就学者所处的承上启下位置而言，这个脉络也可以说注目于社会的中间阶层；戴震的脉络是理学的革新，常被归为“反理学”的潮流。但如上文指出，戴震的反理学不仅是理学乃至学术内部的革新，更是从理学乃至学术向外迈出一步，注目于现实生活，而尤其是现实生活中的民众。他对欲、情、道等的再解释可谓是为“民众”社会地位的确立奠定理论基础。刘师培在其思想最激进的1907年在《天义》上撰文介绍戴震，关注的是戴震对中国社会中君、父、夫和臣、子、妻之间的不平等结构，②章太炎评价戴震，尤其注重其“具知民生隐曲”、“专务平恕，为臣民愬上

① 《与孙渊如观察论学十规》,《章学诚遗书》，文物出版社1985年版，第640页。

② 去非（即刘师培）:《戴东原先生学说》,《天义》第3卷，1907年7月10日。收入《天义·衡报》，万仕国、刘禾校注：中国人民大学出版社2016年版，第230—231页。

天”[①]，都是戴震的真正知音。

综合起来说，经文经学脉络关注的是现实之上层，章学诚的脉络关注的是现实之中层，戴震的脉络关注的是社会的下层。这不同层次的对于现实的关注、向着现实的下沉，也同时导引、对应着晚清以来中国政治、社会的变动。曾有学者指出：“中国革命思想的萌芽，不出于全部民众中事实的需求，而由于少数青年之情感的冒险；而指导这少数青年从事革命之学术思想，则又不是出发于美国独立与法国革命的理论，而是出发于中国固有的常州经今文学派与浙东史学派的学术。”[②]这一论断可谓卓识，但还可以继续分辨，即常州今文经学派和浙东史学派之作用于中国近代以来的社会有先后之别，具体说，就是今文经学导引、对应着“戊戌变法”，而章学诚所属的浙东史学导引、对应着“辛亥革命”。并且这里还想指出，今文经学和浙东史学尚不足以说尽“中国革命思想的萌芽”，相比之下，戴震的脉络更具有“辛亥革命”也不能消化的能量，这也是刘师培在奋力介绍社会主义、无政府主义思想的时刻阐释戴震学说的原因。戴震从哲学上论证“卑者、贱者、幼者”的社会地位，在逻辑上通向共产革命中对于被压迫阶级主体地位的确认，远不是“理学—反理学”的框架所能容纳。这一脉络在今天也有继续激活的意义。

## 二、中华民族现代文明的当代特质

中华民族现代文明是对中华优秀传统文化、革命文化、社会主义先进

① 章太炎：《释戴》，《太炎文录初编》，上海人民出版社2014年版，第122页。

② 周予同：《康有为与章太炎》，收入朱维铮编：《周予同经学史论》，上海人民出版社2010年版，第72页。

文化的融合创造的结果。这就是说中华民族现代文明不是将以往的文化成果简单相加，而是在新时代的历史条件下对以往优秀文化的有机发展。中华优秀传统文化、革命文化、社会主义先进文化等也不是相互隔离的，而都是中国的优秀文化在不同历史条件下的呈现。依据这个贯通性的视野，才能真正理解“文化自信”的意义。也才能为我们的“四史”即中共党史、新中国史、改革开放史和社会主义发展史奠定更深厚的历史基础，将中国共产党“为人民谋幸福、为民族谋复兴、为世界谋大同的实践史”关联到自身优秀文化的脉动之中。也因此，阐释中华民族现代文明不能只是表面化地总结这种文化的外观，更应该深入历史，深入现实，从理论的、哲学的角度去加以把握，从而把对中华民族现代文明之特质的课题奠基在对“新时代”之特质的理解之上。

党的二十大报告指出，新时代十年的伟大变革，在党史、新中国史、改革开放史、社会主义发展史、中华民族发展史上具有里程碑意义。“新时代”这一命名不仅构成我们国家政治、经济、文化、社会、生态等各方面具体建设的基本历史条件，也具有深远的文明史意义。而作为创造新文明之主体的“中国”将越来越鲜明地成为一个意蕴深远的理论概念，成为我们向远方眺望的基本视野，由这种视野出发的新时代社会主义文化，也将具有越来越鲜明的纵深感，并最终在客观上将自身发展成为文明史意义的史诗。

作为一个发展中国家，中国是在长期承受了西方发达国家惯性依赖的资本扩张、军事扩张而导致的历史重负的情况下谋求自己的发展道路的，在现时代，则以构建人类命运共同体的意识深刻反思了西方现代性的限度。新时代中国的发展需要以广阔的历史哲学的眼光来加以透视，从世界文明进程的角度进行总结，以把握新时代所包含的创造新文明的努力。黑格尔曾写出属于他自己时代的《历史哲学》，置身于新时代的我们，也应该写出属于我们这个时代的新的历史哲学。

关于“新时代”的文明史意义，可以从推进“一带一路”建设等实践中加以总结，也可以从构建人类命运共同体思想和党的十九大、二十大报告等理论创造中进行阐释。关于“新时代”，党的十九大报告指出：“中国特色社会主义进入新时代，意味着近代以来久经磨难的中华民族迎来了从站起来、富起来到强起来的伟大飞跃，迎来了实现中华民族伟大复兴的光明前景；意味着科学社会主义在二十一世纪的中国焕发出强大生机活力，在世界上高高举起了中国特色社会主义伟大旗帜；意味着中国特色社会主义道路、理论、制度、文化不断发展，拓展了发展中国家走向现代化的途径，给世界上那些既希望加快发展又希望保持自身独立性的国家和民族提供了全新选择，为解决人类问题贡献了中国智慧和中国方案。”

依据这里的表述，我们可以从两个层面来具体认识“新时代”的文明史意义。第一，从实现中华民族伟大复兴的角度来认识“新时代”，这包含了一种从内部将自身构建为一个文明体的努力。在时间的逻辑上，意味着新时代的中国是自觉将“过去”、“现在”、“未来”包含在一个连续的系统当中；在价值的逻辑上，则意味着新时代的中国以更高的理论视野将启蒙、革命等精神资源统合。而能完成这两方面统合的，只能是“文明”这个角度。第二，从中国智慧和中国方案对于其他民族和国家、对于人类之贡献的角度来认识“新时代”，是从世界范围来把握中国发展道路之新颖性。新时代中国特色社会主义为世界发展之路提供新的经验，这不是单一的经济或者政治发展道路的选择问题，而是整体性的新文明的创造。

整体性的新文明的创造就是中华民族现代文明的主要指向。它是全新的、指向未来的，又是对过去的文明成果进行了辩证综合的结果。鲁迅曾以“人国”的崇高目标而期待于未来的新中国，这种“人国”乃是“外之既不后于世界之思潮，内之仍弗失固有之血脉，取今复古，别立新宗”[①]的结果，将“古”、“今”、“内”、“外”加以统合，在逻辑上正通向以科学社会主义通达中华民族伟大复兴之光明前景的征途，是中华民族现代文明的预告。

新时代不是一个抽象描述，不是仅仅作为理想的投射，而是在对国内和国际政治、经济、地缘等方面加以系统分析之后得出的现实概括。当下中国，正面临新的发展契机，同时面临新的内外压力。走自己的道路、把握自身的“中国性”，在当下是多种力量交织融合推动的结果：中国目前的发展程度达到了历史上的新高，中国在经济、政治、外交、社会建设、文化建设等各个方面的发展需要在理论上加以深刻总结，中国崛起的实际状况要求在文化思想上的自觉自信；近些年来国际形势的巨变，全球化保守情绪的蔓延，尤其是美国在国际舞台上日益保守化的倾向迫使我们清醒认识国际的竞争态势，在“美国秩序”之外来思考自身的角色和使命，在实力政治独大的态势中重新思考合作交流和普遍主义的可能性。

基于以上认识，关于新时代中国的崭新形态，可以从新颖性、融通性、开放性三个维度来把握。

新时代中国具有充分的新颖性。这种新颖性既是相对于中国固有历史而言的，也是相对于当前世界格局而言的。所谓新颖性，就是指既定观念和解释模式在中国当前的发展面前普遍失效这一状况。当代中国之发展的具体内容尚在涌现之中，对此可以见仁见智，但这一发展无法被附会于任何其他时代，也无法被附会于任何其他发展模式，或为学术界所公认。现

① 《文化偏至论》，原载1908年8月《河南》月刊第七号，收入《鲁迅全集》第1卷，人民文学出版社2005年版，第57页。

代与传统、普遍与特殊等二元论的话语模式都无法涵盖当代中国的发展路向。当我们用着既定模式或任何规范化理论去解释中国的时候，似乎总有“貌似”而无法“神肖”的问题，总有一些现实从既定模式中溢出而成为无法解释的剩余物。理论界也在热议哲学社会科学话语体系的创新问题，但说到底，这种话语体系的创新应该是一直处于过程之中而没有终点的。

新时代中国具有充分的融通性。融通性的一个重要特点就在于把时间意义上的“当代”、“现代”、“古代”叠加在一起，让不同的时间概念及其所附带的价值彼此交织而产生一个深度。在过去的20世纪中，有三次历史界标，也是意识到自己的“当代性”的时刻。其一是“五四”。这是一个以“觉悟”来标示自身的时代，“觉悟”意味着断裂。陈独秀写《一九一六年》称此前的历史都是古代史，新的历史从1916年开始。其二是建立新中国。和“五四”之在思想觉悟层面体现“当代性”不同，新中国成立更意味着一整套制度的落实，其对于同时代的自觉意识更具有丰富的历史内容。胡风1949年写作长诗《时间开始了》具体而微传达了这一意识。其三是改革开放。这同样是对同时代产生强烈自觉意识的时刻。但是，以上三次界标都是以否定的形式呈现的，即都是通过对此前时代的否定来展开自身的。而今天的“当代性”却是以黑格尔所说“合题”的方式对此前的所有时间及其历史内容加以综合和融通。所有的时间和价值维度同时出场，多维的时间被叠加、浓缩在同一空间。

新时代中国具有充分的开放性。首先，这源于整个国家自上而下所确立的高远的奋斗目标及为实现一系列目标付出的艰苦努力。全面建成小康社会、夺取新时代中国特色社会主义伟大胜利、实现中华民族伟大复兴的中国梦、深入推进党的自我革命、构建人类命运共同体等是这系列奋斗目标中有代表性的内容。其次，这也因为当代中国置身于地缘政治冲突频仍的国际格局之中，斗争正未有穷期。当前世界多极化趋势明显，大国战略博弈日益加剧，地缘政治斗争暗流涌动。亚洲—太平洋板块正成为全球战略角逐的中心地带。秉承独立自主的外交路线且国力持续上升的中国将在这种战略博弈中承受更大的压力。战略博弈背后更是文明冲突。在愈发失序和野蛮化的国际格局中如何承担和发扬自己的文明传统，是中国需要长期思考的问题。在国际舆论战中，如何将辩护性论述和对议题的自主性设置结合起来也同样是难题。最后，前面说当代中国具有综合性，但综合不是一劳永逸的，综合不是所有维度之张力的消弭，而是一个持续融合的过程。

新时代中国的上述特质促使思想文化领域也必须在异质性、综合性、开放性中来加以推进。它的特点，也同样要从异质性、综合性、开放性的角度来把握。而“中国”、“新时代”、“社会主义”这三个概念就构成当前思想文化的关键词。所有的文化建设应该围绕这三个关键词来进行。在这三个关键词中，“中国”又是最具核心性的，因为新时代和社会主义特点也都融于“中国”当中。不仅如此，上文分析的文质彬彬、向下超越等等，也都融于“中国”中，是“中国”之为“中国”的题中应有之义。“中国”也就成为最富有文明内涵的一个理论概念。实际上，在当前，这已经成为一个基本现实。近些年来在思想学术界围绕“中国”的各种思想论争日益密集，边疆、族群等成为学术界的热门话题，所有这些都在彰显“中国”或者说“中国性”问题作为当代文化之枢纽地位的性质。

具体来说，思想文化领域的讨论大约可分为三类：第一类是以“传统中国”为内核的“中国性”论述。它强调“传统中国”独特的政治和生活智慧，在当下主要表现为传统复兴的一般潮流，包括政治儒学、礼学等近些年来的复兴，也包括天下论和新天下主义的系列论述。属于这类论述的思想倾向并非同调，但一改五四以来忽略传统的态度，向“传统中国”取法则是一致的。第二类是以“革命中国”为内核的“中国性”论述。它特别强调中国在20世纪中的经验和理论成果，革命儒学、新革命史、新社会史等是其在学术上的主要表现。这类论述对于革命的态度也并非同调。但在将“革命”作为正面分析对象上有一致之处。需要指出的，强调对革命的正面分析，并非意味着对传统和现实的排斥，反而强调以革命来接引对传统和现实的解释，比如革命儒学就试图在广义的革命脉络中来理解儒学，将传统中国和20世纪中国进行对接。第三类是以“现实中国”为内核的“中国性”论述。应该说，这是目前影响最大的一种中国性论述。它构成当下中国人的集体无意识。这主要源于这些年来中国各个方面的发展成果而出现。

以上三类论述在细部上、在具体的某个思想潮流中有时表现出竞争、冲突的关系，有各自势力的消长起伏。但在整体来看，这三者并非出于相互排斥的关系。因为“现实中国”的巨大发展的积极意义，以及在日益恶劣的国际环境中为了守护这种发展而产生的共同体意识，上述三类“中国性”论述可以说正处于一种逐渐融合的态势中。这种融合的态势之形成有思想讨论促动的原因，但更主要是来自中国自身的发展。所有这些，构成我们认识中华民族现代文明建设的现实条件，从中我们可以进一步认识其当代特质。

## 三、中华民族现代文明的未来指向

就如习近平总书记指出的：“文化自信是更基础、更广泛、更深厚的自信，是一个国家、一个民族发展中最基本、最深沉、最持久的力量，没有高度文化自信，没有文化繁荣兴盛就没有中华民族伟大复兴。”文化自信是立足自我的选择，当我们放眼世界，则这种文化自信又会提升为更具普遍意义的文明自信。因此，中华民族现代文明的繁荣发展，也必然是以具有世界意义的新文明创造。

“新时代”具有深远的文明史意义，但是，这并不是说当中国进入新时代之后，就化解了所有的矛盾和问题，以一种文明的完成时态而存在了。新时代对于新文明的创造是一个正在展开的过程，这个未有穷期的动态过程包含着一种内在的张力，即它一方面在本质上表现为纠正乃至超越既有文明进程的创造性和超越性，另一方面又在具体的现实问题上表现出一系列的矛盾。对后者的宏观概括，就是党的十九大报告中关于我国社会主要矛盾已经转化为人民日益增长的美好生活需要和不平衡不充分的发展之间的矛盾的表述。从这个角度来说，为新时代社会主义文化繁荣发展提供助力，并不只是锦上添花的问题，而首先是一个直面现实矛盾的问题。这里想以文学发展为例来做些具体分析。

立足于现实中的各种矛盾和问题来展开文学世界，这是 20 世纪中国文学的传统，也是当下文学的基本特点。置身社会矛盾的漩涡，将自己的笔投向现实问题的更深处，揭示人心的丰富和丰富的痛苦，这应该是作家的底线，也是作家良知的根本体现。直面矛盾，直面现实，从文学内部思考同时代的重大问题，也正是 20 世纪中国文学的基本传统。在新时代，社会主要矛盾内容的转化会带来文学题材和美学形态的变化，比如从乡土文学到都市文学的消长、生态文学和科幻文学的涌现等等，但是，“真诚地深入地大胆地看取人生”、“写出国人的灵魂”这些由鲁迅所开辟的伟大的现实主义精神仍将是新时代作家须臾不可忘记的创作指南。而且，随着人民智慧的提高、人民在物质和精神生活上更普遍更深入的要求的提出，也由于生产力不充分尤其是不平衡的状况的存在，社会矛盾给人的内心刻下的印痕更为深隐也是可能的。这就更要求新时代的作家继续“真诚地深入地大胆地看取人生”。

“新时代”对于当下文学带来的挑战还表现在作家如何在自己的作品中，去触及乃至包含“新时代”所具有的文明史意义这一议题。而当我们意识到作为一种整体性的新文明的担纲者只能是“中国”这一综合性的主体的时候，则问题又转化为新时代的作家如何在自己的作品中理解和阐释“中国”，抑或是如何以“中国”，更准确地说，如何以“文明中国”为基本视野来展开自己的作品世界。

回顾过去一个多世纪的现代文学，我们会发现，作为一个文明体的“中国”，或者说“文明中国”并没有成为文学界和思想界自觉的思考课题。就文学创作和批评的传统而言，我们思考的多是个人、阶级、性别、地域、民族、城乡。的确，20世纪中国作家和批评家在思考和书写个人、阶级等等议题的时候，可以说从来没有忘记过“中国”，或者说他们思考的终点往往都是“中国”。但是，这里的“中国”更多情况下并不是作为一个文明体的“中国”，不具有自身文明内涵的理念。当作家在书写个体的时候，是在内心深处把个体的价值、个体的自由作为书写的出发点的，当作家在书写阶级的时候，是把受苦的阶级当作一个价值自足的共同体来看待的，同样，当作家在书写乡土的时候，往往是立足于乡土的价值而对之产生深深的眷恋。但是，在大多数时候，“中国”并不具有这样的内在价值，这里的“中国”往往可以被置换成“中国人”、“作为民族国家的中国”、“疆域的中国”、“多民族的中国”、“作为生活世界的中国”等实证性的对象。再换个角度说，20世纪的中国文学，基本是在作为一个框架或者说容器的“中国”内部展开的文学，是对这个框架内部的个人或者群体的书写，而此框架本身却并没有成为作家自觉描写的对象。“中国”可以表现为人，可以表现为山川大地，可以表现为辽阔的疆土，也可以表现为悠久的历史，但是，综合来看，对于“中国”的书写呈现为一种发散性的状况，“中国”基本并没有作为一个融贯的理念，更很少作为一个文明体来得到呈现。

文学写作中，“中国”视野的缺席，根本来说，并不是作家的责任，而是由近代以来中国社会发展的基本状况所决定的。在近代以来的大部分时间里，我们目睹和体验的是过去、现实、未来的相互辩论，是传统、启蒙、革命的相互否定，是各种主义的频仍更迭。在这样的状况当中，寻找对立面，弃一取一是常态。由此，片面的深刻是可能的，但真正融贯性的思考则难得。置身于如此情境中的中国文学也必然难以获得一个整全性的视野。

经过一百多年的努力，中国社会进入了“新时代”，如上所说，新时代并不是凝固的没有矛盾的状况，但“新时代”的确足够提示我们“新文明”创造的帷幕已经打开，“文明中国”的意义正在凸显出来。对于作家来说，如何在直面社会矛盾的同时，把握住“新时代”的张力结构，从而对于“新时代”的文明史意义，对于“文明中国”的内在价值产生自觉意识，进而写出具有纵深感的作品，是不能不思考的课题。

习近平总书记曾提出，希望作家写出中华民族的新史诗。创作中华民族新史诗，不是要回避当下中国社会存在的矛盾，而是要在直面矛盾的基础上，更深入地去把握所有这些矛盾得以展开的“新时代”的内在本质，用中国古代的语言说，是“新时代”包含的“理”和“势”。而要把握时代内部的“理”和“势”，必然不能只是停留于个人的直觉和经验，不能囿于自己的生活天地。针对着以“知解力”为主要特征从而只能孤立地把握事物的“散文意识”，黑格尔高扬了“诗”尤其是“史诗”这一文类——这也同时是一种思维方式，认为在史诗中有着更具统一性的表现“民族理想”乃至“人类精神”的东西。这与他强调“现实”不是直接给予的东西，而是“实存和过程的统一”，是“事物展开过程中的必然性”的思路相一致，都是强调重要的是在不忽视实存的前提下去把握事物的本质，这一思路也为马克思所继承。把握事物的本质，把握时代的本质，这本是老生常谈，但是，至少就文学而言，要在写作中把握到所谓“本质”是何其艰难的事情。在“新时代”的历史条件下，似乎是不期然而然，然而又是作为“事物展开过程的必然”，中国走到了“新文明”的入口处，实体性的中国亦从而获得了一个将自身理念化为“文明中国”的契机，把握住这一契机，向历史的深处也同时是未来的深处眺望，或许应成为当前作家的使命。

作者单位

复旦大学马克思主义研究院

第四编

# 推进中国式现代化需要牢牢把握的重大原则

当今世界百年未有之大变局加速演进，推进中国式现代化，会遇到各种可以预料和难以预料的风险挑战、艰难险阻甚至惊涛骇浪，必须增强忧患意识，坚持底线思维，做到居安思危、未雨绸缪，准备付出更为艰巨、更为艰苦的努力。习近平总书记在党的二十大报告中明确了前进道路上必须牢牢把握的五个重大原则：一是坚持和加强党的全面领导，二是坚持中国特色社会主义道路，三是坚持以人民为中心的发展思想，四是坚持深化改革开放，五是坚持发扬斗争精神。这五条重大原则饱含着我们党长期奋斗的成败得失，体现了我们党迈上新征程的清醒自觉，以这五条重大原则为根本遵循推进社会主义现代化建设，赋予中国式现代化相比于西方现代化的显著优势，为我们从容应对各种风险考验，以中国式现代化全面推进中华民族伟大复兴提供了根本遵循。

# 高质量党建引领支撑高校社会服务模式创新研究

## ——“分科”走向“分层”与“协同”模式

连燕玲

回应社会需求、服务国家战略、提升地方发展能级是教育应有之义[①]。实现教育服务经济社会发展大局，高校要在卓越服务中坚守扎根中国大地，对接国家战略、回应时代所需，立足地区办学、服务本地城市发展的信念。未来在新一轮科技革命实现重大突破的窗口期，在“双碳”战略、生态文明建设、乡村振兴、数字中国成为未来目标的重要起点期，高校要实现卓越服务，利用高校的人才、资源、信息、文化、技术和智库优势，实现卓越服务于国家战略和地方发展，提升服务国家战略和地方发展的能级，助力推进国家及区域经济社会的高质量发展。

① 《高校如何为国家战略服务——全国政协委员为高校服务经济社会发展建言献策》，http://edu.people.com.cn/n1/2018/0314/c1053-29867322.html。

## 一、高校高质量党建引领下的社会服务指导原则

高校高质量服务国家战略和回应社会需要（以下简称“高校卓越服务”），应坚持以下四个总体指导原则：

第一，以“双一流”高校为建设基础，增强卓越人才服务能力。以“立德树人”、“卓越育人”为根本任务，建立健全学生发展支持体系，构建“学科领域—学科群—学科”的“双一流”建设体系，强化基础研究，推动学科交叉，推进重大前沿部署，努力为解决“卡脖子”问题做出贡献。强化教育服务国家和地区发展战略建设的支撑作用，通过教育服务与人才培养推动高校服务科技创新、支撑战略性新兴产业的能力。以高等教育发展最大程度释放创新人才、科技型人才、国际化人才的红利①。

第二，以地区重点产业为攻关方向，提升卓越知识服务能力。高校只有在服务国家的历史进程中才能成就一流的高度，为解决全人类共同面对的重要问题做出贡献。高校应发挥自身的创新策源地功能，实现高校智力优势与城市发展双向赋能。充分发挥学科优势，主动融入地方发展，积极对接地方经济社会发展需求，大力推进产学研合作，发挥高校“思想库”“智囊团”作用。通过参与地方政府决策咨询、提升科技成果转化能力。加强一流学科群对地方经济发展的重点服务与支撑，围绕城市发展进行社会服务战略布局②③。

① 《关键在于“创新人才培养”和“创新服务国家”》，http://news.sjtu.edu.cn/mtjj/20210305/142665.html。

② 申国昌、程功群：《中国特色新型教育智库的角色定位及建设路径》，《华东师范大学学报（教育科学版）2018年第6期。

③ 《共商·共探：高校智库建设座谈会在清华大学举办》，https://www.tsinghua.edu.cn/info/1177/84349.htm. 2021-05-24。

第三，以发展重点难题为重要抓手，打造卓越协同发展能力。高校在建设中需要关注民生，努力为共建共治共享的社会发展新局面发挥作用。以多方协作探寻解决社会矛盾的新方法、新路径。推动教育协同，以长三角一体化为深化方向，以援疆、援藏为重点深化对口交流，为实现共同发展和共同富裕提供力量。以构建联合实验室、跨区域中心建设、校地联合等方式，推动科普服务、智库服务、技术服务等的辐射效应，实现跨地区协同发展与共建共享，打造“新型研发机构运营管理、科技成果转化服务、科技人才中介服务和科技产业投孵运营”全链条科创服务校地合作平台。

第四，以国家发展战略为长期重点，实现卓越前瞻引领能力。一流大学不仅引领科学技术的进步，更要引领思想文化的创新。高校服务全国发展，需要立足全局，谋划未来。为实现未来的前瞻性发展提供创新策源支持和改革对策支持。在“双碳”战略、生态文明建设、乡村振兴、双循环、中西部崛起以及“一带一路”等当下及未来的国家战略中发挥重要作用。实现高校在“双一流”建设中不断提升社会影响力和国际影响力，与城市发展同频共振，与国家战略呼吸相通。

## 二、高校高质量党建引领下的卓越服务金字塔模型

基于高校卓越服务的以上总体指导原则，本文提出如下高校卓越服务的战略金字塔规划模型和卓越服务新模式（见图 1）。高校社会服务围绕国家战略和地区经济发展战略需求，从基于单个学科或学院的“分科模式”转向基于学科集群的“分层卓越服务模式”和“协同卓越服务模式”。

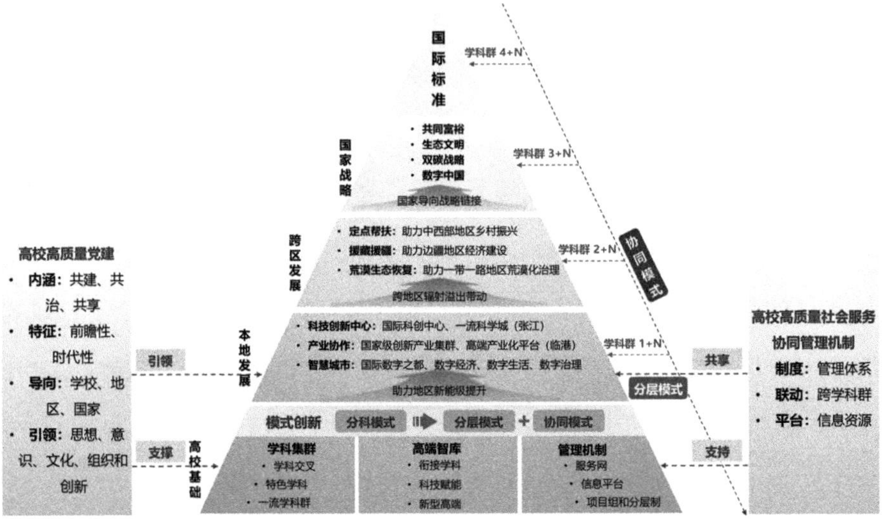


图 1　高质量党建下的卓越服务战略规划和新模式

### （一）高校高质量党建在卓越社会服务中的引领机制

高质量党建要与高校社会服务事业的高质量发展进行深度融合，新时代高校社会服务需要围绕国家战略和地区经济发展战略需求，助力本地区新能级的提升，带动跨地区辐射溢出，最终以实现国家战略导向为目标，服务国家战略。而要实现这些高质量社会服务目标，高校需要始终坚持以“高质量党建”为引领，坚持五大“引领”——思想引领、意识引领、文化引领、组织引领和创新引领的总体指导原则，支撑高校社会服务模式从基于单个学科或学院的传统“分科社会服务模式”，转向基于学科集群的“分层社会服务模式”和“协同社会服务模式”。

党建工作决定着高等教育事业的政治方向，为高等教育事业科学发展提供思想和组织保证。推动高校党建与高等教育事业发展深度融合，以高质量的党建引领推动高校为党育人为国育才、实现高质量发展。新时代背景下高校“高质量党建”具有独特内涵和特征，五大引领支撑机制影响高校社会服务的高质量开展，持续为“高质量党建”融合“高校社会服务”

事业发展的新模式——高校党建引领支撑下的社会服务创新模式（简称“高校高质量服务模式”），奠定思想引领和组织保障。

新时代下高校中“高质量党建”具有以下几方面特征：（1）内涵：强调高质量党建在推动高校社会服务活动中的“共建”“共治”和“共享”作用；（2）特征：强调高质量党建的时代性、前瞻性、紧迫性和引领性，即党建要融入高校事业发展的各个环节，包括本课题强调的高校要勇挑重担，聚焦国家战略需要，体现高校服务国家战略和地区发展能级的时代性、前瞻性、紧迫性和引领性。（3）导向：强调高质量党建始终坚持引领学校、地区和国家的发展导向。（4）引领：强调高质量党建通过五大“引领”——思想、意识、文化、组织和创新引领，支撑高校社会服务模式的创新，以及推动高校高质量社会服务活动的开展（见图2）。

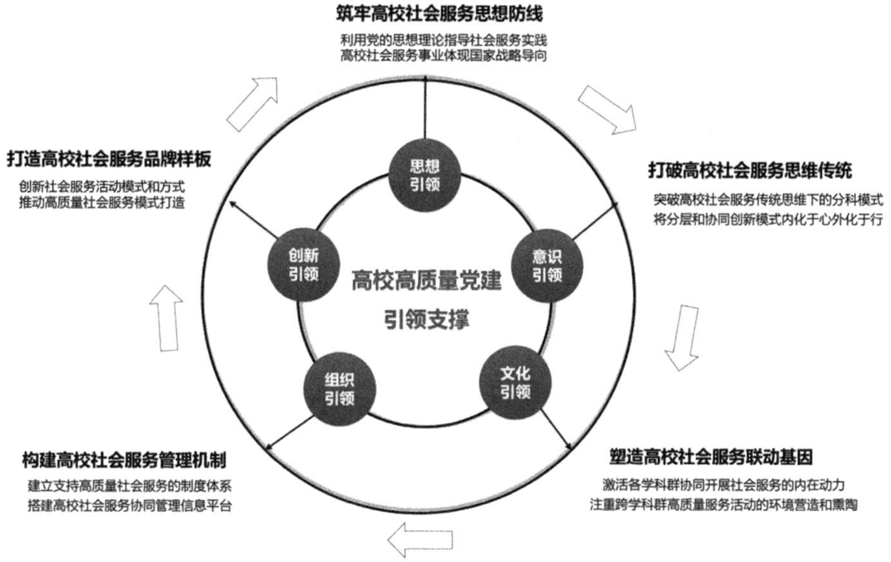


图2 高质量党建对高校社会服务模式创新的五大引领支撑机制

高质量党建引领支撑社会服务模式创新的五个机制如下：（1）思想引领，筑牢高校社会服务的思想防线。强调利用党的思想理论指导高校社会服务实践，高校社会服务事业充分体现国家战略和地方经济发展的导向。思想引领也确定了本课题的总体指导原则，是提出高校高质量党建和社会服务深度融合的战略金字塔规划模型的指导原则。（2）意识引领，打破高校社会服务思维传统。突破高校社会服务传统思维下的分科模式，将分层和协同创新模式内化于心外化于行。（3）文化引领，塑造高校社会服务联动基因。强调激活各学科群协同开展社会服务的内在动力，注重跨学科群高质量服务活动的环境营造和熏陶，为高校社会服务的新模式——“分层”和“协同”模式打造提供文化基因。（4）组织引领，构建高校社会服务管理机制。强调建立支持高质量社会服务的制度体制、管理机制、人才、考核体系，搭建高校社会服务协同管理信息平台。（5）创新引领，打造高校社会服务品牌样板。强调创新社会服务活动模式和方式，推动高质量社会服务模式的样板品牌打造。

（二）高校高质量党建引领支撑高校社会服务模式的创新

高校的社会服务并不缺具体的实际案例，然而当前高校社会服务都是基于单个学科、某一学院或学部，甚至是某一个系等为单位（传统“分科”模式）开展的分散性的社会服务活动。这些社会服务活动呈现系统性缺乏、资源信息不互通、人财物投入重复、活动质量不高等问题，尤其高校社会服务活动缺乏价值引领。众多高校社会服务活动是可以融合打通、共建共享、协同推进以及更好地聚焦地区和国家发展战略，具有更高的价值导向。高校需要以高校党建为引领，嵌入党建思想，为高校社会服务引领价值方向，本文提出两种新的高校高质量服务模式：基于学科集群的分层模式（见图3）和协同模式（见图4）。

平行分层模式：某一学科群基于自身学科集群优势，以高校高质量党建为引领，服务于某一层面（符合自身学科群发展特点）的国家战略或地

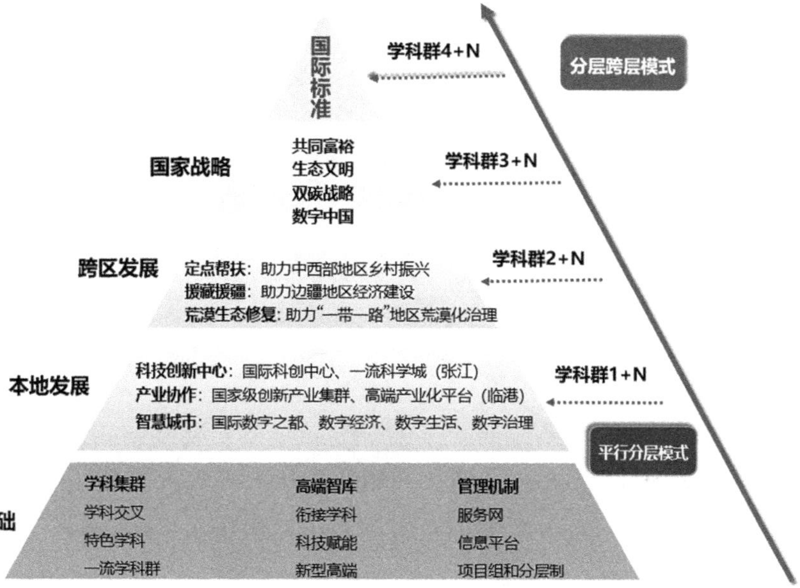


图3　高校高质量党建引领支撑下的社会服务模式创新：基于学科群的分层模式

区发展战略。

跨层分层模式：某几个学科群基于总体学科集群优势，以高校高质量党建为引领，服务于某一层面（符合自身学科群发展特点）的国家战略或地区发展战略。

协同模式：高校内部学科群间的协同或高校间学科群的协同，通过学科集群协同优势，以高校高质量党建为引领，服务于某一层面（符合学科群协同发展特点）的国家战略或地区发展战略。

### （三）高质量党建引领支撑下的社会服务协同模式及实施举措

该部分主要立足重大国家发展战略和上海2025年的发展规划目标，指出各高校（以上海高校为例）需要以国家战略为导向，以服务本地区高质量能级提升（以张江和临港新片区打造为例）为出发点，探索上海高校高质量党建引领支撑下的社会服务模式，构建基于学科群的协同服务模式。该模式强调突破单一学校内部的学科群，构建起跨高校学科群（以及跨高校学科群党建）的社会协同服务的实践经验和行动方略。打造高校高质量党建引领支撑下的“基于学科群的社会服务协同模式”的样板案例，为其他高校党建和社会服务工作融合协调提供经验和实现路径。

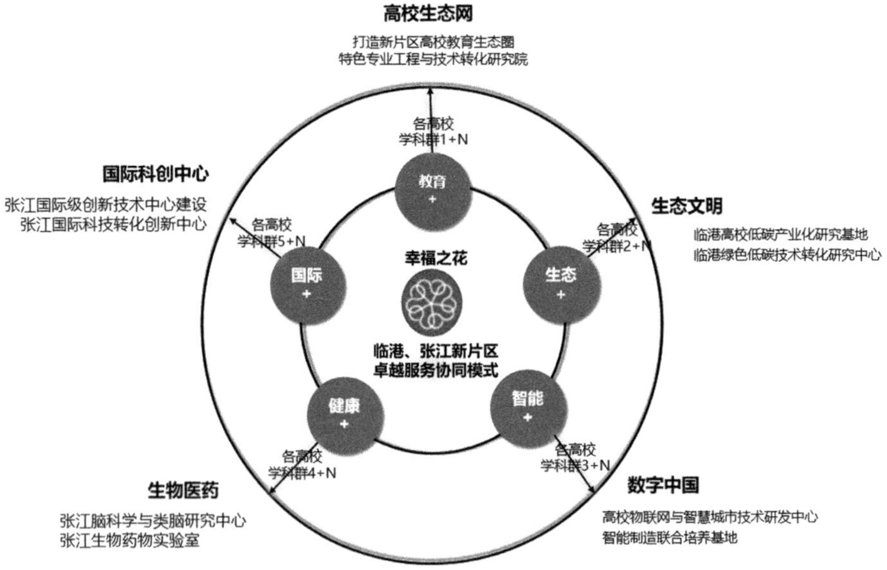


**图 4　高校高质量党建引领支撑下的社会服务新模式：协同模式**

## 1. 高校基础搭建

学科集群。响应国家战略实施学科交叉协同发展，紧跟国家战略和结合地方经济发展，顺势而为、谋势而动、乘势而上，紧抓“双循环”、“双碳”战略、生态文明建设、乡村振兴、数字中国等布局，挖掘学科发展潜力和机遇。遵循未来、交叉、创新的发展理念，推动实施“1 + N”重大学科建设计划。立足办学特色与优势打造优势学科集群[①]，打造一批在国内具有领先地位、在国际上具有卓越影响力、能够发挥引领带动作用

① 《华东师范大学以国际化提速双一流建设》，https://70.ecnu.edu.cn/info/1012/2021.htm。

的一流学科群，通过一流学科群的建设带动学科整体提升，推动一批优势特色学科率先进入世界一流。基于优势学科集群服务国家和地方经济发展。围绕国家“双循环”、“双碳”战略、生态文明建设、数字中国战略，以及上海2035年建成具有世界影响力的社会主义现代化国际大都市，国际经济、金融、贸易、航运、科技创新中心和文化大都市功能全面升级，基本建成令人向往的创新之城、智能之城、人文之城、生态之城等目标，发挥优势学科集群的作用，形成以核心学科专业群为牵引、支撑学科专业群为保障的学科专业体系。高校应紧紧围绕国家和地方重大战略布局做好服务工作，充分发挥学科和人才优势，主动融入国家和地区发展战略，构建多学科融合的教育、人才、技术等创新体系，在重要领域取得突破。

协同育人。根据教育部办公厅2020年发布的《教育部产学合作协同育人项目管理办法》，通过政府搭台、企业支持、高校对接、共建共享，深化产教融合，促进教育链、人才链与产业链、创新链有机衔接，以产业和技术发展的最新要求推动人才培养改革[①]。培养人才主动服务国家经济社会发展需要，服务战略性新兴产业发展需要，服务新工科、新医科、新农科、新文科建设需求，深化企业与高校产学合作，促进培养目标、师资队伍、资源配置、管理服务多方协同，培养支撑引领社会发展需要的高素质专门人才。

高精尖复合型人才培育与国家和地区经济战略发展精准对接，围绕国家“双循环”、“双碳”战略、生态文明建设、乡村振兴、数字中国战略等，探索精准对口的产教协同育人模式，校企共建创新人才培养中心、实

---

① 《教育部办公厅关于印发〈教育部产学合作协同育人项目管理办法〉的通知》，http://www.moe.gov.cn/srcsite/A08/s7056/202001/t20200120_416153.html。

施创新人才培养计划、开展拔尖创新人才培养，全面提升符合战略发展的新型精准型复合人才的供给。

高端智库。（1）立足世情国情省情贴近决策需求：立足国家和地区经济发展战略，以高校智库的质量建设为导向和抓手，顺应经济高质量发展的现实需求，把智库建设重点放在提高研究质量、推动内容创新上。依据学科集群发展优势，加快布局科学、特色鲜明、定位清晰、规模适宜的行业智库体系，为文化、科技等领域创新发展提供决策参考和智库支持。紧扣“高等教育要努力发展新工科、新医科、新农科、新文科”的“四新”建设目标，立足新发展阶段、新发展理念、新发展格局推进符合国家和地方发展的新型高端智库建设。（2）融合前沿科技赋能高端智库发展：研究方法更加注重理论、政策和实践相结合。未来智库研究必须工具手段多元化、定性定量结合，不断提高针对性、精准性，将人工智能与大数据方法融入高水平科技智库建设，实现知识数字化、政策分析数字化、平台建设数字化等，注重高端智库的科技赋能。围绕国家“双循环”、“双碳”、生态文明建设、共同富裕、乡村振兴、数字中国等战略，以及地方经济发展需要建立高端智库[①]。（3）衔接学科学术人才实现创新发展：打造高端智库要坚持问题导向与目标导向相统一，为经济发展提供高质量智库咨询服务需要构建种类齐全、梯队衔接的人才体系，打造具有地方特色的人才和学术高地。构建具有中国特色的学科体系、学术体系、话语体系，全面把握研究课题复杂性、研究方式综合性、研究成果实用性，使研究成果符合时代需要、贴近决策需求，加强现实问题研究与国家和地区战略相协作。

① 周慎：《聚焦前沿科技　布局人工智能智库》，http://news.cssn.cn/zx/bwyc/202104/t20210422_5328255.shtml。

### 2. 提升本地区高质量发展新能级

（1）聚焦上海发展战略[①]

在“十四五”发展基础上上海再奋斗十年，国际经济、金融、贸易、航运和科技创新中心和文化大都市功能全面升级。在新发展格局中成为国内大循环的中心节点、国内国际双循环的战略链接，对内对外开放两个扇面枢纽地位进一步巩固。2021—2035 年上海发展计划：①国际经济中心的综合实力提升，全球高端资源要素加快集聚，要素市场的国际影响力显著增强。②提升上海国际金融中心能级，加快陆家嘴—外滩—北外滩金融要素集聚。③国际贸易中心枢纽能级实现全面跃升，优化重点商贸集聚区功能布局，高水平建设临港新片区和虹桥商务区。④建设全球领先的国际航运中心，北外滩、陆家嘴—洋泾、吴淞、外高桥、临港—洋山、虹桥、浦东机场七大航运服务集聚区的要素集聚度和显示度获得提升。⑤科技创新策源功能加快跃升，关键技术攻关取得重大突破。形成以张江科学城为核心，各具特色、多样化的科技创新空间网络体系。张江综合性国家科学中心的集中度和显示度进一步提高，全力保障重大科技创新项目落地。依托临港新片区和长三角一体化示范区，形成创新协同发展新高地。

高校基础学科（学科群构建）、人才培养（学科群复合人才）、产学研（学科群协同）等应与上海本地区战略发展相匹配，为上海卓越城市建设和未来战略规划提供科学支撑。

（2）对接空间规划战略

以临港新片区、张江科学城、虹桥商务区、长三角一体化示范区作为

---

① 《上海市国民经济和社会发展第十四个五年规划和二〇三五年远景目标纲要》，https://www.shanghai.gov.cn/cmsres/8c/8c8fa1641d9f4807a6897a8c243d96ec/c70c2c6673ae425efd7c11f0502c3ee9.pdf。

上海落实国家战略、巩固对内对外开放两个扇面枢纽地位、更好服务全国发展大局的战略承载区。东部以临港新片区和张江科学城为核心，联动浦东枢纽，成为驱动上海未来发展的新引擎和发动机，显著提升国际竞争力。西部以虹桥商务区和长三角一体化示范区为核心，辐射带动长三角地区更高质量一体化发展。

新片区的建设需要充分发挥高校优势，建立区校合作机制，拓展资源共享互融，创新人才培养模式，充分利用高校服务社会、辐射区域经济发展的职能，更好地服务临港、张江科学城、虹桥商务区、长三角一体化示范区等新片区的建设。

（3）高校协同服务战略

• 科技创新中心

积极对接上海具有全球影响力的科技创新中心的建设，紧紧围绕国家战略，按照以全球视野、国际标准建设张江科学城、提升科创中心集中度和显示度的要求，积极对接上海科创中心建设，调整张江校区功能布局，在张江科学城建设高精尖科技创新中心，充分发挥高校综合性学科和科技优势，凝聚全球力量，解决综合性重大科学问题和前沿核心技术问题。

对接上海科创中心、临港新片区、长三角一体化，共建创新创业中心、国家级技术创新实验室，促进临港、张江国际科创中心建设、创新研究平台、创新平台建设、创新人才培养、攻克关键技术。协同攻关安全攸关领域核心软件“卡脖子”技术，为上海构建一流科学城提供服务。

• 产业协作

产学协作，助力上海高端产业（生物医药、集成电路、人工智能）引领功能的提升，加快释放发展新动能；校企协同，联手打造国家级创新产业集群（促进六大重点产业集群发展：电子信息、生命健康、汽车、高端设备、新材料、现在消费品），投身技术“卡脖子”行业的核心基础的研发。携手临港，共同打造高端产业化创新平台，加快科技成果转化和产业化，形成有示范效应产业生态。构建多学科多领域产学研相结合的工程与应用技术研发平台，加快推进科技成果产业化，促进临港地区科技成果转化高地和智能制造中心建设。

依托国家可信嵌入式软件工程研究中心等6个国家与省部级研究基地，与本地企业共建校企合作基地，实施面向嵌入式软件和大型工业软件领域的设计、产品实现与工程服务，为学生提供可信嵌入式软件、工业互联网以及工控安全的实践环境。将行业领域的案例场景贯穿于软件开发整个生命周期，形成面向安全攸关行业领域的知识架构，构建特色示范实践平台；提高学生的创新及解决实际问题的能力。形成系列化校企课程、国产软件教材等资源，向相关高校与行业企业开放并共享。

加强校企协同，构建行业领域的知识体系和行业标准。邀请企业资深工程师直接参与相关课程的讲授和实践指导，产出一系列国产软件教材、线上课程、并向社会开放。依托企业实践项目，打通课堂实验项目和课外实践活动。有序开放共建企业教学实验室，建立学生课外实践活动基地，梳理打通校企合作课程群实验，并培育其中的优秀方案作为课外实践活动项目，鼓励学生参与校内外相关竞赛和企业前沿技术探索项目。强化产教协同，改进和完善人才培养手段。与本地企业共建实践基地，鼓励学生直接参与企业一线的研发项目，投身“卡脖子”核心基础软件的研发。

- 智慧城市

城市的数字化转型已成为全球主要大都市的共识。当下智慧城市不仅已成为学术界的研究热点，也是提升城市管理水平的主要手段。上海将全面推进城市数字化转型，加快打造具有世界影响力的国际数字之都，推进数字技术赋能提升“五个中心”建设。高校加快构建智慧城市研究中心，发挥高校智库作用，构建智慧城市指数，对如何推进智慧治理、智慧基础设施、智慧经济、智慧服务、智慧创新和智慧声誉等方面的建设提供政策建议。构建信息智能学科群，推进物联网与智慧城市技术开发与应用，提高城市数字化治理水平。

（4）服务国家战略发展

• 共同富裕

实现共同富裕是社会主义的本质要求，也是乡村振兴的总要求。2021年中央一号文件提出“全面推进乡村振兴，加快农业农村现代化”。从宏观视角，乡村振兴包括产业振兴、人才振兴、文化振兴、生态振兴等，这五大振兴是实现共同富裕的必由之路。高校既是乡村人才振兴的“蓄水池”，也是产业振兴的动力源①。未来高校要持续培养一批学农、爱农、服务三农的新型人才，解决乡村振兴人才短缺的瓶颈问题。用科技创新重塑农业生态、推进农业转型升级，将科研方向定位在“三农”发展的实际问题上，把科研价值定位在农村经济社会发展的贡献度上，用知识与智慧为乡村振兴“铸魂”。

积极利用自身实际，发挥旅游学科优势，实现多方位的乡村振兴。比如在高校帮扶寻甸项目中②，以红色旅游项目为载体，弘扬红色文化；深挖红色文化内涵，提升红色旅游品质；以红色旅游为驱动，繁荣乡村经济，推进乡村振兴；以乡村经济为支撑，完善红色旅游基础设施建设；以乡村文化促进乡村文明建设，推动乡村经济和谐发展，进而推动乡村振兴的发

① 操海群：《以乡村“五大振兴”助力实现共同富裕》，https://m.thepaper.cn/baijiahao_15379223。

② 寻甸一般指寻甸回族彝族自治县。寻甸回族彝族自治县是云南省昆明市辖县，地处云南省东北部，是滇东北之要冲，沪昆铁路和昆曲、嵩待高速公路从县内经过，境内乡乡通了柏油路，交通比较便捷。

展思路。

弘扬红色文化，发展红色旅游，繁荣乡村经济，推进乡村振兴，构建“三育”机制：

育人，强化乡村振兴人才支撑。乡村振兴，人才振兴是关键。坚持把乡村人力资本开发放在首要位置，吸引各类人才在乡村振兴中建功立业。华东师大作为汇聚大量人才与科技资源的智力高地，有能力，也有义务为乡村振兴建设一支重要人才力量，应从增强学生内在动机、丰富学生外部体验两个方向着手，做好引导和培育工作。

育智，培育乡村创新创业带头人。培育创业创新带头人，“育智”不可或缺，用信息时代的商业文明新思维升级农民，鼓励培育当地的生产能手和经营能人立足本地、创新发展。培训提高一批、吸引发展一批、培养储备一批，推动构建一支有文化、善经营、会管理的新型职业人才队伍，使他们在农村天地大施所能、大展才华、大显身手。

育业，助力乡村产业数字化发展。发挥科技创新资源与人才优势，大力支持农业生产中的大数据、云计算、人工智能等应用，大力发展乡村电商。建立青年技术服务队，服务当地产业发展，支持以寻甸为代表的特色农业产业和养殖业的电商平台打造，帮助乡村连接国内外大市场，帮助农业提升效率，激活乡村更多人才返乡电商创业。

- 生态文明

党的十八大提出建设生态文明并把生态文明建设纳入中国特色社会主义事业“五位一体”总体布局，十八届三中、四中全会就生态文明制度体系和法律制度做出重大部署。党的十九大进一步指出，推进生态文明建设要践行“两山”理论不动摇。森林是陆地生态系统的主体，关系着国家生态安全，是生态文明建设根本性、全局性、关键性环节。森林经营既是国际森林问题的核心，也是长期以来我国林业建设的短板。习近平总书记明确指示要实施森林质量精准提升工程，为全面加强森林经营工作指明了方向。

“两山”理念引领美丽乡村建设，构成生态文明建设的主基调，成为全国人民对于生态文明的共识，也为国民经济绿色发展指明了方向。高校作为人才、学科、科研和文化高地，应当义不容辞地服务国家战略，为生态文明建设提供强大的智力支持。推动绿色发展，促进人与自然和谐共生作为“十四五”时期的一项重大任务被提出。

高校具体协同服务工作的开展，聚焦于以下几个方面：

（1）加强森林经营工作，推动森林经营的理念和方式转变，推进森林质量精准提升，深入践行绿色发展理念，推进建设生态文明和美丽中国。夯实理论研究和应用实践基础、搭建合作平台，强化森林技术研究和专业技术人才培养、引进国际合作，强化生态恢复技术提升。作为以科研观测为底色的高校研究单位，为地方提供高质量服务，需要“立足理论技术，紧跟国家战略，切中地方需求，创新服务举措，构建共赢局面”。

（2）高校应充分发掘专家智库资源，发挥学科和人才优势，推动建设一批环境治理、污染防治等领域的顶尖学科。高校科研工作者要加强创新研究，组建高水平研究团队，致力于开发生态文明建设领域重大成果，并积极推进科研成果的转化，强有力地助推生态文明建设。

（3）创新人才培养模式，培养生态环境领域的高层次复合型人才。通过课程教学、社会实践、价值引领等方式，提升责任情怀，积极引导青年学子关注和投身国家生态文明建设。

（4）践行“两山”理念还应高度重视生态扶贫，坚持扶贫开发与生态保护协同开展，充分利用贫困地区的特色资源，努力把生态优势转化为经济优势。高校应当创新方式方法，发挥自身的科技、智力和人才优势，精准对接定点帮扶地区，积极实施生态帮扶，建设科技协同创新平台，选派专业技术人才去地方挂职，为当地探寻绿色生态发展新路径，增强产业发展活力，让“绿水青山”变成拉动经济产业发展的“金山银山”。

（5）打造服务生态文明建设国家战略的样板，以生态文明建设理念为指导，围绕国家重大战略实施，立足自身现有优势，聚焦难点重点问题，全面推进服务区域生态文明建设工程，深化区域生态治理战略合作，发出高校声音，提出高校方案，为建设美丽中国不断注入活力。

- “双碳”战略

践行国家“双碳”战略，推进碳达峰碳中和重大研究布局；制订碳中和科技创新行动计划方案；筹建碳中和研究院；建成一批引领世界碳中和基础研究的顶尖学科；打造一批碳中和原始创新高地，形成碳中和战略科技力量。推动学校在碳中和平台建设、科技创新、师资队伍和人才培养等领域的发展，共同为绿色发展和碳达峰、碳中和目标注入强大动能①。

高校碳中和科技创新行动计划总体目标②如下：（1）近期目标。利用3—5年时间，在高校系统布局建设一批碳中和领域科技创新平台，汇聚一批高水平创新团队，不断调整优化碳中和相关专业、学科建设，推动人才培养质量持续提升，实现碳中和领域基础理论研究和关键共性技术新突破。（2）中期目标。通过5—10年的持续支持和建设，若干高校率先建成世界一流碳中和相关学科和专业，一批碳中和原创理论研究和关键核心技术达到世界领先水平，为实现碳中和打下坚实基础。（3）远期目标。立足

① 《“四度”聚力办实事　卓越发展开新局》，https://m.thepaper.cn/baijiahao_15537178。

② 《教育部关于印发〈高等学校碳中和科技创新行动计划〉的通知》，http://www.moe.gov.cn/srcsite/A16/moe_784/202107/t20210728_547451.html。

实现碳中和目标，建成一批引领世界碳中和基础研究的顶尖学科，打造一批碳中和原始创新高地，形成碳中和战略科技力量，为我国实现能源碳中和、资源碳中和、信息碳中和提供充分科技支撑和人才保障。

全国已有清华大学、四川大学、华东理工大学、温州大学、西南石油大学、福建师范大学等多所高校在碳中和领域有重大布局，组建了碳中和研究院与相关技术创新团队，未来将与产业深度结合，服务社会经济发展转型。

• 智能中国

构建信息智能学科群，突破“卡脖子”技术难题，强化国家战略科技力量。建设国家重大科技创新平台，不断开展更多自主关键技术突破和创新，培养国家高端工程科研人员，围绕国家“安全可信、自主可控”战略，为智能中国、中国智能制造发展做出应有的贡献。提升三大能力：基础核心软件开发能力、自主可控瓶颈突破能力、国际前沿知识创新能力。

## 三、高校高质量党建引领支撑下的社会服务协同管理机制

构建高校高质量党建引领支撑下的社会服务协同管理机制，为高校社会服务创新模式的打造提供共享和支持保障，高校要在高质量党建引领下从以下三个维度构建社会服务协同管理机制：制度（管理体制创新）、联动（跨学科群联动）和平台（信息资源平台）。通过该三个维度为高校高质量社会服务提供“共享”和“支持”机制。具体举措包括：

学校层面：建立对接服务国家战略和地区发展的“服务网”和“区域图”；支持高质量社会服务的制度体系；导向鲜明的项目评价机制；智能高效的项目资源信息平台（项目库、信息互通、共享协同）；专业化的管

理队伍和服务支持等。

教学科研单位层面：以“学科群”打造“项目群”，集中优势力量推动高质量项目管理；形成分级分类“项目梯队”管理机制，将高质量服务项目分为：国内外尖端、跨区发展、本地发展、高校基础几个方面进行管理；协同各教学科研单位优质校友资源，构建高质量服务人才培养机制；构建长期有效的为各地方各领域提供专业人才支撑的服务机制。

| 序号 | 项目名称 | 项目简介 | 项目类别 | 项目梯队 | 对接党组织 | 对接学科群 | 对接项目方 | 项目服务期 | 当前状态 | 项目需求 |
|---|---|---|---|---|---|---|---|---|---|---|
| 1 | AAAA | AAAA | 乡村振兴 | 国家战略 | 工商管理党支部 | 工商、生态、教育、化学 | AAAA | 2021-2022 | 执行中 | 需要环境专业团队研究乡村污水处理 |
| 2 | BBBB | BBBB | 生态文明 | 国家战略 | 生态环境党支部 | 生态、化学、软件、教育 | BBBB | 2021-2025 | 执行中 | 需要化学专业团队研究绿色低碳森林养护 |
| 3 | CCCC | CCCC | 产学协作 | 地区经济 | 软件技术党支部 | 软件、生态、工商、经济 | CCCC | 2021-2028 | 执行中 | |
| 4 | DDDD | DDDD | 智库服务 | 地区经济 | 工商管理党支部 | 工商、生态、教育、化学 | DDDD | 2021-2029 | 执行中 | |
| 5 | EEEE | EEEE | 区域合作 | 跨区发展 | 工商管理党支部 | 工商、生态、教育、化学 | EEEEE | 2020-2024 | 执行中 | |

**图 5　高校高质量党建引领支撑下的社会服务协同管理资源信息平台**

## 四、总结

习近平总书记高度重视党的建设对于高等教育发展的重要意义，高校党建工作不仅是党的建设新的伟大工程的重要组成部分，也是高校社会服务工作的重要引领，要加快“推动高校党建与高校事业发展深度融合”，进一步指出“高校要勇挑重担，聚焦国家战略需要，要立足服务国家区域发展战略，提升教育服务区域发展战略水平”。本文紧跟新时代高校党建和高校社会服务工作的难点、重点和热点，具有前瞻性和针对性，为高校高质量党建的开展、推动高质量党建工作模式的创新，以及新时代党建作用的发挥提供新的观点、思考和突破点，更为高校在服务国家战略和推进地方经济高质量发展方面的研究提供新的视角、思路和样板案例。

高校只有在服务国家的历史进程中才能成就一流的高度，为解决全人类共同面对的重要问题做出贡献。新时代下高校结合高质量党建和高质量社会服务发展的现实，探索高质量党建引领支撑高校社会服务模式创新，通过打破传统高校“分科模式”的社会服务模式，构建高质量党建引领支撑下的“高质量党建+分层模式”和“高质量党建+协同模式”，以此努力为共建共治共享的社会发展新局面发挥作用。以基于学科群的“党建+社会服务”多方协作的方式，推动高校内部和高校间的社会服务工作协同模式的构建，协同服务国家战略和推动地区经济高质量发展。

作者单位

华东师范大学经济与管理学部

# 数字赋能中国治理能力现代化：社会主义道路

周佳雯

新时代的快速发展，促使产业结构不断优化升级，数字技术成为21世纪的重要标签，人工智能、大数据以及互联网等技术不断变革，正在加速创新、泛在融合和深化应用，经济社会正在向网络化、数字化、平台化、社交化、生态化和智能化方向演进，传统的经济增长模式与生产方式被打破，正为价值提升、生活提档、产业升级和治理现代化全面赋能。我国经济正进入高质量发展阶段，党的二十大报告作出加快建设数字中国的重要部署。建设数字中国是数字时代推进中国式现代化的重要引擎，是构筑国家竞争新优势的有力支撑。《数字中国建设整体布局规划》提出："以数字化驱动生产生活和治理方式变革，为以中国式现代化全面推进中华民族伟大复兴注入强大动力。"

## 一、数字赋能治理能力现代化的发展趋向

21世纪，新兴产业异军突起，科学技术发展迅速，以新一代信息技术

为推动力的数字化变革正在世界各地迅猛发展。数字化变革不仅为传统产业注入新生机，也给各国政府在治理体系的搭建上提供了更多的选择。近年来，世界各地对于治理数字化变革的影响给予积极关注，很多国家将治理数字化作为国家数字战略的关键支点，投入了大量的人力、物力和财力。

### （一）数字化引领系统治理和源头治理

如今，政府需要考虑如何运用数字技术搭建适合本国国情的框架，将高新技术更好地融入国家治理体系，两者的融合对治理体制的全局性和系统性变革具有深刻影响，并且能够保证“事后治理”向“事前预防”转变数字技术的蓬勃发展，不仅赋予治理方式更多的变化，而且能够支撑起构建完备的整体治理框架，以科学、规范、有效的方式，引导有关部门对治理进行深入思考，开展治理数字化发展总体安排和系统筹划，以便充分展现中国特色社会主义治理体系的优势。同时，政府事务、监测预警风险管控等基础能力在数字技术的支撑下，可以更加主动、精准地识别并分析问题，减少以往治标不治本的现象发生。

### （二）数字化驱动治理模式呈现平台化变革

社会治理体系平台化发展的趋势越来越明显，一些平台（例如微信、支付宝等）方便了人们的日常活动，一部分关键信息和节点已经逐步向数字平台转移，对于服务的过程、组织框架和外部的治理能力都有着很大的提升，并且有利于实施数字化协同治理和柔性化办公，这将进一步推动精简政府机构的步伐，推动政府机构的扁平化改革。通过数字化治理平台，部门与部门之间缺乏沟通的现状将得到明显的改善，信息共享数据互通、业务协同的局面将得到有效缓解，并且可以通过平台将社会的各个方面串联起来，提高政府办公的协同化水平，扩大政府治理体系的覆盖范围。

政府部门通过搭建有效的信息传递渠道，建立快速响应的反应机制减少信息在中间层级的流动，加强了决策的及时性。

### （三）数据开放共享正加速构建社会治理共同体

数据现今充斥于人们生活的方方面面。通过数据的挖掘、集成，提炼出有价值的信息，对于政府、社会组织、公众等主体都非常重要。在现代化治理体系中，社会个体不再只是单纯的信息提供方，而是转变为治理主体在数据分享者的基础上多了一个新身份。在其价值观的基础上，一方面追逐群体利益，一方面创建出全新的社会治理格局，真正实现人人尽责、人人有责。如今，面对社会各个主体对于各种数据的渴求，各个政府部门正在加紧制定数据确权、流通和交易等政策，力求建立规范、可靠的数据管理和交易体系。随着数据开放程度的进一步扩大，除政府之外的各个管理主体都可以通过分析数据获得所需的信息，这无疑有利于开创主体之间开放合作的新局面，且主体之间的交流也会随之增多，有效的沟通机制将初步形成，多元主体参与社会管理的协同机制将进一步完善。在数字治理设定标准日趋完善的情况下，以数据为基础的多功能公共治理框架逐步被搭建起来。

## 二、我国数字赋能治理能力现代化的主要成效

### （一）推动大数据技术产业创新发展

中国互联网络信息中心针对国内网络实际发展情况进行调研，最新的《中国互联网络发展状况统计报告》显示，国内工业互联网基础设施仍不健全，“5G+ 工业互联网”正在飞速成长。一方面，工业互联网网络体系快速壮大，全国 5G 行业虚拟专网超过 1.6 万个。工业互联网标识解析

体系完成国内大部分省区市的覆盖要求，31 个省份包括其中。据调查现有 240 余家工业互联网平台已成功渗透，可以认为我国已经初步建立层次丰富的工业互联网平台体系，具有专业水平出色、个性鲜明以及综合性的特点。另一方面，融合应用现象频繁出现，“5G+ 工业互联网”成为社会发展的重要助力。2023 年第一季度，我国成功推出的工业互联网试点示范项目数量多达 218 个，如公关服务平台、5G 工厂等，“5G+ 工业互联网”实现质的飞跃和发展。

（二）构建以数据为关键要素的数字经济

近年来，数字经济发展对经济总量增长和经济结构优化产生正面效应，贡献水平不断提升。2023 年，我国数字经济发展取得新的突破，我国数字经济规模超过 50 万亿元，总量稳居世界第二，占 GDP 比重提升至 41.5%①。从发展速度来看 2023 年中国数字经济达 16.2% 的高位增长，高于同期 GDP 名义增速 3.4 个百分点，占 GDP 的 39.8%，成为中国经济发展的重要引擎。同时，数字经济的结构也持续优化。一方面，数字产业化实力进一步增强，数字技术新业态层出不穷；另一方面，产业数字化深入发展，工业互联网、智能制造等全面加速。不仅有效加快国家产业升级，同时推动了产业优质发展和进步。

（三）运用大数据提升国家治理现代化水平

近几年，我国各地政府纷纷开通网上政务服务平台，关注线上线下的联动合作与协同，打造出新的集成融合模式。该模式下政府能够将线上与线下功能进行互补，实现无障碍对接，保证整个过程的高效性与透明度，排队预约、网上申报、审批（审查）等工作实时完成。与此同时，主张基

① 《中国城市数字经济发展报告（2023）》，中国信息通信研究院联合发布。

层服务网络化，将以移动终端、互联网自助终端为主的政务服务人口渗透于基层，充分发挥数据的优势作用，减轻群众办理时间，提高工作效率，实现“一网通办”，让群众少跑腿。在“数字政府”建设上，广东地区颇见成效，当地政府接连推出“粤省事”小程序、“粤商通”涉企移动政府服务平台等多个服务窗口，打造政企同步合作、综合推进以及管运独立的高效“数字政府”，提供一个更加可靠、合理的营商环境；浙江省则是利用“浙里办”、“浙政钉”等应用，全力打造数字经济一号工程，踏踏实实给群众创建便利条件，稳步推动互联网政务服务建设工作落地，如今这些工作初见成效。

（四）运用大数据促进保障和改善民生

近年来，人工智能识别、区块链等数字化技术广泛应用于公共安全、生态环境治理和自然资源监管等领域，促进城乡群众同步共享信息社会便利。农村网络基础设施基本实现全覆盖，农村数字经济新业态新模式不断壮大。截至 2023 年 6 月，我国农村网民规模超过 3 亿，5G 网络覆盖所有地级市城区、县城城区；2023 上半年全国农村网络零售额达 1.12 万亿元；农村在线教育普及率为 22.5%，农村在线医疗普及率为 22.8%，数字惠民服务扎实推进，互联网助力农村展现新气象。另外，信息无障碍能力越发强化，不断加深互联网应用的适老化改革。1735 家主流常用网站和手机 App 完成适老化改造。一批优秀改造案例在全国推广应用，持续温暖“快时代”中的“慢人群”。

（五）系统制订数字治理政策与规划

党的十八大后，我国颁布多项关于数字技术助力国家治理的新计划，大数据、互联网 +、云计算、人工智能、5G 技术以及区块链等技术成为国家发展不可或缺的重要技术手段。不难发现，在数字化技术的推动下，国家制度体系实现了新的跨越和升级，两者相互融合，创建出效果突出、系统性强且能够有效连接的治理体系，这也是国家现代化治理体系建立的必经之路。关于现代化信息技术推动国家治理的文件规划并不是独立运作的，这些文件存在鲜明的系统性，是国家对未来发展的具有前瞻性与科学性的部署和规划。自1999年起，中国政府上网工程正式拉起序幕，信息技术对于国家治理的贡献至关重要，从初步进场、逐渐适应，到发挥作用、进行系统性规划等，信息技术在不断优化与改变。数字治理的优势在于能够最大程度发挥技术作用，实现与治理的有效协同。

我国数字治理立法主要体现在数据层面，且呈现“地方反哺中央”的趋势。现有关于数据共享的规范性文件主要为——《政务信息资源共享管理暂行办法》。《数据安全法》是针对数据开放领域制定的一项文件，此条例围绕政务数据安全与开放列出多达一整个章节的规定，以此作为政务数据工作参考。在安全领域，《网络安全法》《数据安全法》《个人信息保护法》对数据安全提出较为全面的要求，并有部分法规、规章和规范性文件对其进行细化。此外《民法典》《刑法》《电子商务法》《治安管理处罚法》《未成年人保护法》《侵权责任法》对个人信息保护和入侵计算机信息系统行为有个别规定。

在地方层面，由于数据已经成为重要市场要素，政府试图推动大数据资源、技术与实体经济深度融合。2016年后，国家陆续规定8个地区与省市展开大数据综合实验，并将其作为国家级大数据综合试验区，这些地区包括上海、重庆、内蒙古、河南、贵州、珠江三角洲以及京津冀地区等。国家工信部下发《大数据产业发展规划（2016年—2020年）》，规划要求未来还要进一步扩大大数据综合试验区工作范围。地方政府在大数据立法方面进行先行先试。贵州、天津、海南、上海、深圳等地纷纷开展促进大数据发展的立法工作。我国第一个国家大数据综合试验区设在西南部的贵州省，该地区的大数据立法相比其他地区更为完善，针对大数据安全、共享以及发展应用等颁布对应的法规条例，成为地方法规中的领先者，如《贵州省大数据安全保障条例》、《贵州省大数据发展应用促进条例》、《贵阳市政府数据共享开放条例》。

## 三、我国数字赋能国家治理现代化面临的问题和挑战

党的十八大后，中央与地方政府积极落实数字治理任务，全力推动数字政府建设等工作，其中比较有代表性的是广东数字政府建设的政企合作模式，浙江全面深化数字化改革和“最多跑一次”改革推进政府数字化变革，上海“一网通办”和“一网统管”改革全面推进城市数字化转型，针对创新平台建设推出规划与管理新方案，尽管这些地区成为各地的领先模范，起到良好的带头作用，但是改革过程中难免存在各种不足，这种不足是治理转型工作中必然经历的。

### （一）数字赋能国家治理现代化的体系化建设有待加强

一是关于数字治理方面的体系文件以及制度缺失。现如今，我国政府部门中存在职能安排不合理的现象，多个部门掌握一定的信息化管理职能，如科技委员会、经济和信息化委员会、政府办公厅、发展和改革委员会审批改革办公室，整个管理机制运行效率低，缺乏一定的整合能力。信息化建设资金获取渠道过多，项目审批机制不合理，以至于存在信息对接失效、沟通不畅的情况。

二是文件内容过于笼统，缺乏详细的规定和要求。正是因为文件细化程度不足，导致地方数字政府推进工作不一。碍于文件制度的规范性不

足，数字政府管理体制问题重重，严重影响数字政府治理工作高效推进。中央部门针对国内情况制定具有指导性的管理体制，地方政府可参照地方现状利用手中权限，在中央管理体制架构下进一步完善和细化。这种情况下，经济水平高的地区可凭借自身资源加速数字化政府建设工作，对应的管理体制更为完善。经济水平落后的地区因资源不足，导致自身管理体制难以进一步发展。

（二）数字赋能国家治理现代化的协同推进的机制尚待确立

数字治理工作需要依托于技术与基础设施完成，它是推动数字治理业务落实的根本，也是保障数据应用架构系统有序运行的外部支撑。但是，因为政府部门规划不合理，没有进行统一设计，导致各地政府的信息化建设工作彼此独立，未形成统一局面。各部门、各地区数字治理工作进程相去甚远，彼此的标准设定不同，影响后续的一体化整合工作。另一方面，业务架构开发与目标规划缺乏适配性，无法实现有效衔接，各部门之间的职责问题没有一个主力单位进行协调和整理。人才缺失也是影响数字治理工作的一个重要因素，尤其是缺少熟悉政府工作流程并且技术能力出色的复合型人才，促使企业与政府部门沟通效率低。不仅如此，由于机构改革改变了固有架构，降低了业务规划目标精准度。除此之外，地方政府部门规范化水平低、面对各项事务无法统一安排。浙江省对省级机关单位进行重新梳理整合，以“八统一”为标准，提高条线事项处理的科学性与有效性。广东省对部门事项进行分类分级处理，但不足之处在于事项划分的精细度不高，没有针对要件事务进行“最小颗粒度”划分，未能针对不同地区设定统一的事项标准。上海主张实行“一网通办”改革，此次改革关于服务需求的把握度不高，未深挖和了解实际需求点，影响用户体验，尤其是供需不同的用户。不仅如此，市、区政府各层级网办事务规范度与统一性不足，包括网办事务流程、数量以及事项等，对应指导也缺乏规范性，信息支撑度较低。

### （三）数字赋能国家治理存在秩序困境与改革瓶颈

一是数据立法等制度建设仍亟须完善。一方面，数据权属不明晰。《民法典》针对数据网络虚拟财产相关规定提出："法律对数据网络虚拟财产的保护有规定的，依其规定"，然而当前法律中对于数据权属问题未有详细规定。数据涉及的所有、使用、交换等一系列权利都处在模糊地带，使得相关部门和企业的数据收集使用、开发、交换等行为存在极大法律风险。另一方面，政务数据开放开发难以推动。目前缺少完整的数据价值管理和交易体系，包括数据价值评估、数据成本管理、数据交易规则等，对数据开发利润分配也缺乏合规指导。而政务数据属于国家重要资源，是无形资产，没有明确规则，政务数据开放开发极有可能导致国有资产流失。

二是政务信息化衍生出的数据无法有效共享。一方面，信息系统的连通性差，数据资源无法互通共享。当前国家工商部、海关税务部等部门系统都是自建系统，省数据中心集中处理，地方政府若要获取数据，需要向上一级进行申请，然后经过一系列流程获取并共享，这种模式耗时耗力，效率低下。另一方面，各个部门之间缺乏统一的异构系统数据标准，并且数据质量相差各异，数据流通性与共享性较差，存量资源较多，关于生产系统的实时性数据不足。更重要的是，数据归集后使用效果不佳，主要原因是缺乏科学规划，以至于数据治理始终得不到显著进步。

三是政务系统条块强弱不一。各业务部门在信息共享方面表现较好，但是部门之间的横向信息共享能力不高，地区政府创建的平台众多，如政务云平台、大数据平台、数据共享交换平台等，但是这些平台与条块系统整合难度大，城市级的数字治理支撑平台和系统无法发挥应有作用，对城市级数字化治理的深入开展支撑不够。

## 四、更加敏捷高效、协同有力提高数字赋能国家治理现代化水平

从本质上看，数字治理即是“数字时代和数字化生存中的国家治理或公共治理”，在治理能力建设过程中，治理范式与治理思维需要进一步创新。因为治理能力现代化建设与国家治理结果息息相关，治理能力应与治理体系相互促进，共生发展。在数字时代，需要从国家战略的高度出发，以系统思维巩固发展数字技术底座，充分发挥数字技术的优势作用，为国家治理现代化建设提供助力，着重加强关键领域的治理体系数字赋能工作，有效促进国家治理与数字技术彼此渗透融合，利用制度优势提高治理效能。

一是加强数据治理和基础设施建设，深化治理行为构建的战略基础将数字治理与社会治理、国家治理相融合，在行为构建上协同互生，相互叠加。在“新基建”进程中加快推进公共数据开放与共享的基础设施建设，在公共数据的收集与整合、大数据平台的建立、公众数据隐私保护和信息安全保护体系建设方面建立制度保障。行政与立法部门做好法规调研工作，尽快完善相关立法，尤其是健全公民隐私权益保护以及信息安全等方面的法律。同时，制定国家和地区层面相融合的发展战略，并保持战略的连贯性和稳定性。各城市可以因地制宜地制定数字治理应用与推广的实施方案，信息化程度高的城市公共设施升级换代快，应该制定数字治理应用的战略规划，编制行之有效的解决方案，重视差异化，避免同质化，形成特色化。

二是深度耦合数字经济建设，保障数字治理可持续发展。从数字产业

化、产业数字化和数字化治理三大体系入手，加快创造信息互通的条件，在政策上鼓励数字产业的发展，助力培育数字经济。加大对传统存量领域的关注度与重视度，在传统产业中引入数字经济，实现两者有效融合。利用数字治理技术的广泛应用，为新时代经济结构的战略转变、高素质就业结构的转变和智能技术的创新运用创造条件与环境。培育新的产业链，推动新旧动能接续转换，促进产业结构的重构和升级，让数字经济成为助推经济高质量发展和社会治理效率变革的加速器，以产业建设推动能力建设。

三是创新数字治理机制，增强城市治理的敏捷性、协同性和多样性。一方面，优化顶层设计，促进政府部门之间的信息互联互通。借助政务云系统建立大数据中心，科学处理各项数据工作，实现数据存储、整理与分析高效集成，推出公共安全视频图像共享平台，互助互补，打破信息壁垒，加速数据信息交流、共享和应用。充分引入市场化机制和社会自治机制，提升对治理需求的快速响应能力和治理决策的协同能力。寻找有助于信息共享的机制制度，制定更为完善的利益协调保障机制，为公共数据资源协调提供充分的外部保障。突出目标导向、需求导向和问题导向，引导企业挖掘公共数据的潜在价值，实现公共数据的高效和高质量利用真正做到以应用培育产业，以产业发展促进科技创新的良性发展，促进创新效应的外溢与扩散。

四是注重治理机制的风险防控，提防数字治理的风险与陷阱，数字治理的技术手段存在数据失真、运算失效、数据独裁、结果预判冲击基本伦理、威胁数据安全等诸多问题。需要特别关注和预防庞大数据引发的各种风险，如随意使用和异化数字资源，因数据断裂与封闭衍生出的虚假性统计结果、数字伦理、显著性检验问题等。治理过程中应注意公众权益问题，群众与治理息息相关，弱势群体与边缘群体处于劣势地位，很难拥有自己的空间正义，利益诉求得不到彰显，最终居于受益范围之外。因此，技术手段和社会公正的并轨，区域协调和人群普惠等问题也应得到足够重视。

**作者单位**

上海立信会计金融学院国际经贸学院

# 促进高质量充分就业　保障最基本的民生

## ——聚焦高校毕业生就业

徐丽红

习近平总书记在党的二十大报告中指出："实施就业优先战略。就业是最基本的民生。强化就业优先政策，健全就业促进机制，促进高质量充分就业。"这是党中央牢牢把握我国发展的阶段性特征对就业工作作出的重大战略部署，进一步强调了就业在增进民生福祉中的重要性，提出了就业的新目标，并指明了实现这一目标的路径，为做好新时代新征程就业工作提供了根本遵循。就业的战略定位，经历了从"就业是民生之本"，到"就业是最大的民生"，再到"就业是基本民生"的发展变化。二十大报告提出的就业是最基本的民生，是对就业在"增进民生福祉，提高人民生活品质"中的新定位。

就业问题是当代中国在现代化建设进程中遇到的重要难题。高校毕业生又是我国就业工作中重点关注的特殊群体。马克思主义关于科学社会主义的理论体系中包含着就业理论。由于历史条件的制约，马克思主义就业理论与当代中国的现实就业问题存在一定程度的差异。但梳理马克思主义就业理论，可以帮助我们分析当前我国存在的就业问题的深层次原因，遵循马克思主义就业理论，可以从中寻找解决我国当下就业难题的方略。

## 一、马克思主义就业理论与中国社会就业问题

马克思主义创始人虽然没有专门关于就业问题的著作，但马克思主义关于科学社会主义的理论体系中包含着就业理论。由于马克思主义经典作家不可能预知社会主义革命最终是在帝国主义统治链条薄弱环节的一国或数国首先取得胜利，所以社会主义并没有按照马克思、恩格斯设计的方案平稳地演进。中国即是如此。所以，马克思主义就业理论与中国社会的就业现实之间必然出现一定程度的不协调。

### （一）马克思主义就业理论

首先，马克思主义就业理论从属于社会主义必然代替资本主义的客观规律的理论。在马克思主义关于科学社会主义的理论体系中，就业问题是资本主义制度的产物，其根源在于资产阶级对超额利润的追求和失去生产资料的劳动人口需要通过就业谋生。具体来讲，在马克思主义创始人看来，资本家阶级为了追求利润最大化，在资本竞争的压力驱使下，他们不断加速资本积累，提高资本有机构成，通过采用优良的技术装备等方式提高劳动生产率，使得用于雇佣劳动力的可变资本的部分不断降低，于是既有的大批工人从生产岗位上被排挤出来，形成了失业的“产业后备军”。在生产资料资本主义私有制下，由资本家追逐最大化利润和彼此之间激烈竞争所推动的社会化大生产不顾社会生活的实际需求盲目发展，以至于

经常超出劳动人民有支付能力的购买力的需求。以个人利益至上的资本主义生产关系难以有效制约社会生产的巨大浪费，也暴露出资本主义生产方式已“无法继续驾驭这种生产力”。由于在资本主义制度的框架内，周期性的经济危机难以消除，所以必须实行生产资料公有制的社会主义、共产主义制度取而代之，并通过计划经济的形式配置各种经济资源，以消除资本主义生产无政府状态下导致供需失衡和生产过剩的无序竞争。由于计划经济包含着有计划地培养、配置劳动力资源，因此，在社会主义、共产主义制度下，应当能够从根本上消除“产业后备军”，使所有处于劳动年龄的社会成员都有劳动岗位。即在公有制和计划经济体制下，“通过大工业所达到的生产力的大大提高，才有可能把劳动无例外地分配于一切社会成员”①。

其次，马克思主义就业理论与经典作家关于社会主义、共产主义制度下收入分配问题的思考紧密联系在一起。马克思主义经典作家认为，在社会主义制度下，个人消费品实行“按劳分配”；在共产主义制度下，个人消费品实行“按需分配”，但两者的前提都是社会成员的“各尽所能”。然而，要“各尽所能”必须有“各尽所能”的劳动岗位。经典作家已经将社会主义社会所有处于劳动年龄的社会成员都参加劳动或者说都有适当的就业岗位作为前提隐含在“各尽所能、按劳分配”的命题中了。也就是说，马克思主义经典作家关于共产主义制度下社会成员参与社会劳动的预想基于以下三个方面。第一，劳动者已经打破分工的限制，可以自由选择职业。正如马克思、恩格斯所说：人们“奴隶般地服从分工的情形已经消失”②。“在共产主义社会里，任何人都没有特殊的活动范围，而是都可以在

① 《马克思恩格斯选集》第3卷，人民出版社1995年版，第525页。
② 同上书，第305页。

任何部门内发展，社会调节着整个生产，因而使我有可能随自己的兴趣今天干这事，明天干那事。”① 第二，通过缩短劳动时间使每个社会成员都能参加社会劳动，从而使每个社会成员都能获得全面发展。马克思、恩格斯曾经说，“个性得到自由发展，并不是为了获得剩余劳动而缩减必要劳动时间，而是直接把社会必要劳动缩减到最低限度，那时，与此相适应，由于给所有的人腾出了时间和创造了手段，个人会在艺术、科学等等方面得到发展。”② 其实，这也正是我国解决就业问题时可以借鉴之处，这一点后面阐述。第三，劳动不再是社会成员谋生的手段，而成为生活的第一需要。马克思在《哥达纲领批判》中论述共产主义社会高级阶段实现“各尽所能、按需分配”的条件时，强调“劳动已经不仅仅是谋生的手段，而且本身成了生活的第一需要”③。因此，可以看出，在马克思主义创始人看来，在共产主义社会里社会成员的劳动已不受分工的限制，而是能够自由选择和更换劳动岗位；生产资料的全社会所有和生产力的高度发达，能够大大缩短劳动时间，让每个社会成员在自由选择劳动岗位的同时，个人能力获得全面发展，社会成员的劳动已经不仅为了谋生，而是成为展示个人才能、为社会做贡献的第一需要。可见，在马克思主义经典作家这里，劳动就业不再是谋生的手段，就业不再是民生之本，“摆脱了盲目的力量的统治，自觉调节他们和自然之间的物质变换”④，实现“真正的自由王国”，实现社会成员全面自由的发展才是“民生之本”。但这是有前提条件的，只有当生产力高度发达，物质财富的来源充分涌流，社会才能够实行“按需分配”，社会成员具备了自觉从事各种社会劳动的能力和素养，劳动才不

① 《马克思恩格斯选集》第3卷，人民出版社1995年版，第85页。
② 《马克思恩格斯选集》第46卷（下），人民出版社1980年版，第218—219页。
③ 《马克思恩格斯选集》第3卷，人民出版社1995年版，第305页。
④ 《马克思恩格斯选集》第25卷，人民出版社1974年版，第926页。

再是谋生的手段，每个社会成员随时可以选择就业，也可以随时选择不就业，但无论就不就业，都会尽自己的能力在随时可能选择的劳动岗位上施展自己的才能，作出自己的贡献。

（二）中国社会就业问题

马克思主义就业理论从属于社会主义必然代替资本主义的客观规律的理论，与经典作家关于社会主义、共产主义制度下收入分配问题的思考紧密联系在一起。事实上是，社会主义革命最终在帝国主义统治链条薄弱环节的一国或数国首先取得胜利，全世界所有国家没有同时进入社会主义，且进入了社会主义阶段的国家不断受周围发达资本主义国家的影响无法“独善其身”。我国是遵照马克思主义理论建立的社会主义国家，但马克思主义的就业理论并不能解释目前社会主义中国遭遇的就业问题。

新中国成立后，实行公有制和计划经济，国民经济和工业化进程遵行指令性计划，加之广大农村在不计农业劳动生产率高低的情况下容纳了巨大的农业劳动力群体，就业问题并不明显。

改革开放后，实施以公有制经济为主体、多种所有制经济共同发展，将指令性的计划经济改革为社会主义市场经济。按照商品经济的规律降低生产成本，提高企业竞争力，极大地解放了生产力。但中国也由于经济体制改革出现劳动力过剩问题。改革开放的深入，产业结构升级，科学技术大量转化为现实生产力，各行各业劳动生产率不断提高，中国劳动人口中出现劳动力总量富余。正如，习近平总书记 2014 年在中央财经领导小组第七次会议上指出，在加快实施创新驱动发展战略的过程中要处理好创新和就业关系。我国发展面临双重矛盾，一方面要加快创新、形成新的增长动力，另一方面加快创新必然引起技术落后企业关停并转，带来相当数量的失业。

## 二、高校毕业生就业问题及成因分析

如果说，产业结构升级对之前不少在岗人员产生的影响是失业的话，那么，对高校毕业生就业则带来更为深重的影响。

### （一）就业难：高校毕业生就业问题的现实表征

1977年中国恢复高考后的二十多年，高校就业政策随着经济和社会的发展几经变革，但高校毕业生就业并没有成为问题。在计划型经济体制下，高等教育实行高度集中的计划性管理方式，国家及各级政府部门采取“统一招生、统一分配”政策。伴随着改革开放的深入推进，以及经济体制改革向教育领域的渗透，1985年起国家开始对大学生就业政策进行变革，开始初步适应商品经济的要求转变就业模式，实行“双向选择”为指导方向，“需求与供给见面”为基本形式的就业政策。伴随着社会主义市场经济体制改革进程的不断推进，1993年起国家实行少数毕业生由国家安排就业，多数学生“自主择业”的就业制度。2000年教育部将由新中国成立以来一直用于大学毕业生就业的“派遣证”改为大学毕业生就业的“报到证”，结束了以往大学毕业生主要由国家负责计划、分配的历史，开启了市场导向、公平与效率并重的阶段，鼓励并积极推进自主创业，建立了“市场导向、政府调控、学校推荐、学生与用人单位双向选择”的就业机制。至此，大学生一直被社会称为“天之骄子”，就业从未成为问题。

中国高校毕业生就业问题始于高等教育扩招。在国际社会高等教育大众化的发展趋势影响下，1999年教育部发布《面向21世纪教育振兴计划》，高等学校开始全面扩招。尽管国家在实施高等教育扩招的同时也预判并部署了毕业生就业工作，但随之而来并逐年加剧的高校毕业生就业难成为不争的事实。

高校毕业生就业难。1999 年全国普通高校毕业生人数为 84.76 万，之前的毕业生增长人数非常缓慢。高等教育扩招后，2001 年起中国高校毕业生人数增长速度加快。毕业生绝对数量的增加造成彼此间的竞争。但就业难并没有在扩招后立即显现出来，毕竟社会对青年就业还有一定的容纳空间。随着时间的推移，既有的就业容纳量逐渐减少。毕业生人数不断增加，再加之产业结构的调整，经济下行、就业需求疲软，高校毕业生的就业问题逐渐显现。2014 年、2015 年起出现大学生“慢就业”现象，近十年日益明显。随着高等教育的扩招，中国高等教育出现了过度教育现象，过度教育弱化了人力资本的作用。劳动力市场上拥有高等教育背景的劳动力数量超过了经济社会发展所能吸纳的劳动力数量，高校毕业生就业成为社会热点问题和难点问题。当然，毕业生不想身体力行也是就业过程中出现的现实问题。大学毕业生就业难与制造业等企业招工难并存，“有人没活干、有活没人干”成为就业市场的实际困境。

高校毕业生“缓就业”“慢就业”凸显。大学生“慢就业”是指大学生告别“毕业即工作”的传统模式，毕业后延缓就业的现象。随着经济社会的发展、家庭经济条件的优渥，对于“00 后”来说，传统就业已经不是毕业后的唯一选择，就业不再是生存问题。在就业难、高质量就业更加难的情况下，近三成毕业生选择自由职业和“慢就业”①。近年越来越多的毕业生有升学的愿望，以期提高学历在下一轮就业竞争中赢得筹码。“前程无忧”发布的《2022 届高校毕业生秋招行情》显示，超半数的本科毕业生表示有考研的打算，且其中绝大多数在第一次考试失利后选择暂不就业，来

① 戚茜曦：《后疫情时代高校毕业生高质量就业策略》，《经济研究导刊》2022 年第 27 期。

年再次报考。在考研大军之外，还有一支立志考公务员的大军。在中国的现有体制内，考取公务员，进入体制内工作始终是诸多学生和家长的首选。如同考研一样，近年不少毕业生考公务员第一次考试失利后也选择暂不就业，以保留应届生身份翌年再次报考。后疫情时代毕业生求稳的心态更强，升学、进体制内工作成为更多毕业生的选择。诚然，也有部分毕业生面对激烈的就业竞争索性报以“佛系”心态暂不就业。

当然，受新冠疫情的影响，为数不少的企业受到冲击，高校毕业生面临短期内接受就业的渠道减少和用人单位提供岗位急剧下降的状况，毕业生就业雪上加霜。

（二）结构性矛盾：高校毕业生就业问题的逻辑成因

随着高等教育的扩招，经济社会的发展，尤其创新驱动发展战略的实施，就业领域结构性矛盾日益加剧。科技进步和创新创造了许多新的业态，但劳动力难以适应，造成了大量结构性失业。大学生就业难成为整体结构性就业难中最为典型的表现。

一是高校人才供给与就业市场需求失衡。从供给结构来看，纵向层次结构上，中国高校本科、研究生扩招、专科缩减的发展模式，使本专科人数呈现均衡结构，高学历层次毕业生相对过剩。高校培养人才的学历层次结构应该取决于经济社会发展对人才学历层次的需求。中国产业结构正处在转型期，经济结构调整正在进一步加深。但是，从工业化社会向信息化社会、创新型国家的转变是一个长期的过程。旧的产业经济结构停留在相对低端的层次，对应的经济增长方式创造的多是生产性岗位，且这类企业在萎缩或转型升级中，大学生群体作为相对高端的就业群体，可以就业的岗位少。但是，新兴产业和高技术密集型产业所需的人才素质和能力，高校所培养的大学生又存在一定的差距。“从世界高等教育发展的经验看，科学合理的高等教育层次结构应该在研究生、本科和专科层面构成金字塔状”。[①] 中国高等教育的发展不仅违背了世界高等教育发展的基本规律，而且违背了自身经济社会发展对人才的需求。从近年高校人才供给的横向专业结构来看，文科类专业毕业生人数持续增长，理工科专业毕业生人数持续下降；基础性学科毕业生人数持续增长，应用型学科毕业生人数持续下降。[②] 高校人才培养的专业结构应该与经济社会发展水平、产业行业结构对人才的需求结构相一致。从中国所处的发展阶段来看，经济社会的发展对理科类和应用型学科人才有更多的需求。中国高校文科和基础性学科毕业生数量的增多、理工科和应用型学科毕业生数量的减少与经济社会发展及产业行业结构对人才的需求是不符合的。纵向层次结构和横向专业结构上高校人才供给与就业市场需求的失衡必然导致就业难。

二是劳动力市场供给与毕业生就业需求失衡。早在 20 世纪 70 年代，多林格（P. Doeringer）和皮奥里（Michael J. Piore）基于美国劳动力市场的特点，在研究高工资群体和低工资群体以及失业者之间的关系时，全面阐述了劳动力市场分割理论，将劳动力市场划分为大公司、大企业和大机构主导的主要劳动力市场及对应小公司、小企业职业岗位的次要劳动力市场。中国同样存在劳动力市场的分割。中国劳动力市场分割除具有西方劳动力市场分割的普遍特点外，还夹杂了城乡二元体制和户籍制度等体制性、制度性因素，从而呈现城乡二元分割和体制内外二元分割的嵌套。在中国，主要劳动力市场，即通常所说的体制内单位，包括国家机关、党群组织、企事业负责人、专业技术人员等。该类工作一般工资高、条件好、稳定性强、有保障、晋升机会多，但岗位有限，往往带有户籍的限制；而

① 曹洪军：《论大学生就业的供给侧结构性改革》，《学术论坛》2016 年第 5 期。
② 曹洪军：《普通高校本科毕业生就业的专业结构性矛盾》，南京大学出版社 2013 年版，第 104—106 页。

次要劳动力市场，即通常所说的体制外单位，主要包括生产运输工人、商业服务业工作人员，以及农、林、牧、副、渔业劳动者等。该类工作往往待遇低、环境差、不稳定、晋升机会少。从流动性来看，前者向后者流动容易，而后者向前者流动几乎不可能。同时，由于户籍制度的存在，城市户籍和非城市户籍毕业生在劳动力市场中享有的福利和权利存在着很大的差别。在如此这般劳动力市场的制度性分割下，主要劳动力市场呈现远远大于次要劳动力市场的优势和吸引力。高校大学毕业生作为相对高端的就业群体，带着对高等教育投资的期待，必然青睐主要劳动力市场。即使一时无法进入主要劳动力市场，他们宁愿等待时机再行进入，也不愿在次要劳动力市场先行落脚。高校毕业生就业压力被浓缩到了主要劳动力市场这一狭小的空间。中国劳动力市场的制度性分割带来劳动力市场供给与毕业生就业需求失衡，就业难必然无法避免。

三是社会主要矛盾转变，高校毕业生就业观念嬗变。随着经济的发展，社会的主要矛盾发生转变。在富足的物质生活和优渥的经济条件下，就业不再是谋生的手段，高校毕业生就业观念嬗变，大学生期待更高质量的就业。在高质量就业资源稀缺的情形下，毕业生期望在起步时就占据优质资源。公务员等体制内单位始终是很多毕业生的首选，疫情下更因其稳定性受到毕业生及家长的青睐。不少毕业生在未达到就业预期的情形下"不迁就""不将就"，宁愿选择暂缓就业。诚然，也有部分毕业生基于物质经济条件的富足，面对就业"内卷"索性抱着"佛系"心态。就业观念的转变影响着大学生就业选择和就业行为的时间和空间，"慢就业"成为大学生就业的实然选择。

四是经济下行就业竞争加剧，青年失业率走高。就业和经济增长是高度相关的，GDP 每增长 1 个百分点能拉动 150 万人就业，经济下行必然对就业造成负面的影响。2012 年欧洲债务危机，欧洲经济整体陷入衰退，中国经济增长 2012 年跌破百分之八。此后，从 2013 年至 2019 年的六年间，中国经济增长维持在百分之六点多至百分之七点多。2020 年来新冠疫情影响全球，国际经济环境不稳定，国际贸易和投资环境变得更加复杂，多数企业面临着经济压力，裁员和招聘冻结情况较为普遍，就业竞争不断加剧。同时，随着科技的发展和人工智能的应用，一些传统行业的就业机会也受到挑战，企业在增加用工方面，也会因为 AI 的普及而变得比较审慎。2023 年以来经济呈现快速复苏态势，各项指标都较之前好转，但就业市场呈现的却是失业率的逆势走高，而且创 2018 年有该统计数据以来的新高①。当然，青年失业率持续走高是世界性难题。青年失业率有摩擦性失业的短期影响，是经济波动起伏的反映。青年失业率显示的更多是结构性问题。

## 三、保障最基本民生，以高质量充分就业消解高校毕业生就业难题

就业是最大的民生，高校毕业生作为就业的特殊群体，是稳就业的关键。高校毕业生高质量充分就业是推动经济高质量发展的就业，是提高人民生活品质的就业，是体现人力资本价值的就业。高校毕业生就业质量是检验高校人才培养质量、办学育人水平的“试金石”和“晴雨表”。为了应对高校毕业生就业问题、缓解就业压力，我国可以说付出了超乎寻常的努力，采取了方方面面的措施。

① 国家统计局发布的全国城镇调查失业率显示，2023 年 4 月，16—24 岁劳动调查失业率为 20.4%，6 月上升至 21.3%。

（一）顶层设计，促进高质量充分就业

2012 年党的十八大提出推动实现更高质量的就业，实施就业优先战略和更加积极的就业政策，并把实现就业更加充分作为全面建成小康社会的重要目标。2017 年党的十九大明确提出要实现更高质量和更充分就业的目标，提出坚持就业优先战略，党中央、国务院坚持把稳定和扩大就业作为宏观调控的重要目标。2022 年党的二十大报告把高质量发展明确作为全面建设社会主义现代化国家的首要任务，指出就业是最基本的民生。强化就业优先政策，健全就业促进机制，促进高质量充分就业。

（二）保障最基本民生，实现就业新定位

十八大以来，以习近平同志为核心的党中央，从关注青年成长，实现大学生全面自由发展为根本出发点，以解决就业结构性矛盾为手段和途径，对于高校毕业生就业工作提出一系列新思想新论断，为实现高质量充分就业指明了方向，体现了坚持问题导向和坚持人民至上的原则，充分践行了就业是最基本的民生这一战略定位。

一是就业与改善民生结合。高校毕业生一头连着国家社会，一头连着千家万户，是保就业稳就业的重点群体。2013 年 5 月，习近平在天津考察时指出，就业是民生之本，解决就业问题根本要靠发展。要切实做好以高校毕业生为重点的青年就业工作，加强城镇困难人员、退役军人、农村转移劳动力就业工作，搞好职业技能培训、完善就业服务体系，缓解结构性失业问题。2020 年 6 月，习近平在宁夏考察时强调，要坚持以人民为中心的发展思想，切实解决好群众的操心事、烦心事、揪心事，扎实做好下岗失业人员、高校毕业生、农民工、退役军人等重点群体就业工作。2020 年 7 月，习近平给中国石油大学（北京）克拉玛依校区毕业生的回信中提到，各级党委、政府和社会各界要切实做好高校毕业生就业工作，采取有效措施，克服新冠肺炎疫情带来的不利影响，千方百计帮助高校毕业生就业，热情支持高校毕业生在各自工作岗位上为党和人民建功立业。2021年4月，习近平在广西考察时指出，要提高人民生活品质，落实就业优先战略和积极就业政策，做好高校毕业生、退役军人、农民工和城镇困难人员等重点全体就业工作。2022年6月，习近平总书记在四川宜宾学院考察时指出，党中央高度重视高校毕业生就业，采取了一系列政策措施。当前正是高校毕业生就业的关键阶段，要进一步挖掘岗位资源，做实做细就业指导服务，学校、企业和有关部门要抓好学生就业签约落实工作，尤其要把脱贫家庭、低保家庭、零就业家庭以及有残疾的、较长时间未就业的高校毕业生作为重点帮扶对象。将就业工作落到实处是增强人民群众获得感的需要，是改善民生的应有之义。这些关于高校毕业生就业工作的重要论述，把就业与改善民生紧密结合，体现了习近平对高校毕业生就业问题的关注，更体现了他坚持以就业为抓手改善民生的思想。

二是就业与人才培养结合。党的二十大报告指出，广大青年要坚定不移听党话、跟党走，怀抱梦想又脚踏实地，敢想敢为又善做善成，立志做有理想、敢担当、能吃苦、肯奋斗的新时代好青年，让青春在全面建设社会主义现代化国家的火热实践中绽放绚丽之花。2022年6月习近平在考察香港科学园时指出，青年人是全社会最富有活力、最具有创造性的群体，也是推动创科发展的生力军。要为青年铺路搭桥，提供更大发展空间，支持青年在创新创业的奋斗人生中出彩圆梦。习近平关于高校毕业生就业问题的重要论述与社会主义核心价值观相契合，是缓解青年就业压力的有效措施，更是对新时代青年择业的思想指导和行动指南，解决新时代青年择业思想困惑，促进大学生全面自由发展。首先，在破解就业难题上，特别强调要转变就业观念。鼓励青年树立远大理想，将个人、集体、国家利益相结合。“青年的人生目标会有不同，职业选择也会有差异，但只有把自己的小我融入祖国的大我、人民的大我之中，与时代同步伐、与人民共命运，才能更好实现人生价值、升华人生境界。”① “要心怀‘国之大者’，为国分忧、为国解难、为国尽责。”② 党中央鼓励青年学生转变就业观念，到基层一线和艰苦地方去，立志做大事。习近平指出：“劳动没有贵贱之分，任何一份职业都很光荣。广大劳动群众要立足本职岗位诚实劳动。无论从事什么劳动，都要干一行、爱一行、钻一行。”③ 习近平在吉林考察时指出，“高校毕业生要转变择业就业观念，只要有志向就会有事业，只要有本事就会有舞台。希望大家找准定位，踏踏实实实现人生理想。”④ 其次，鼓励青年通过创业带动就业，主动适应就业新形态，提升创新创造能力，练就过硬本领。习近平指出，“青年人正处于学习的黄金时期，应该把学习作为首要任务，作为一种责任、一种精神追求、一种生活方式，树立梦想从学习开始、事业靠本领成就的观念。”⑤ 将就业与人才培养结合起来，体现了以习近平同志为核心的党中央的就业战略观，解决就业问题，从人生价值实现和促进经济社会长远发展的高度解决就业问题；坚持以就业为导向的人才培养理念，实现人才供给与社会需求的有效对接，在解决就业结构性矛盾的同时做到人人皆有出彩的机会。将就业与人才培养相结合是解决就业问题的主要举措，通过培养经济社会发展急需的人才才能解决就业结构性矛盾，通过提高就业者的就业能力才能增强其适应社会和职业

① 习近平：《在纪念五四运动100周年大会上的讲话》，《人民日报》2019年5月1日。

② 习近平：《深入实施新时代人才强国战略　加快建设世界重要人才中心和创新高地》，《求是》2021年第24期。

③ 习近平：《在知识分子、劳动模范、青年代表座谈会上的讲话》，《人民日报》2016年4月30日。

④ 《习近平在吉林考察时强调坚持新发展理念深入实施东北振兴战略加快推动新时代吉林全面振兴全方位振兴》，《人民日报》2020年7月25日。

⑤ 习近平：《在同各界优秀青年代表座谈时的讲话》，《人民日报》2013年5月5日。

发展的能力。

三是就业与高质量发展相结合。解决就业问题根本要靠发展。首先，从供给侧来看，发展职业教育，以职业教育的高质量发展破解就业结构性问题。党中央坚持以教育培养合格人才，以教育引领就业，以发展促进就业。习近平指出："职业教育是国民教育体系和人力资源开发的重要组成部分，是广大青年打开通往成功成才大门的重要途径，肩负着培养多样化人才、传承技术技能、促进就业创业的重要职责，必须高度重视、加快发展。"① 其次，从需求侧来看，促进民营经济的发展，以民营经济的发展壮大破解就业结构性问题。民营企业既是经济的主要推动力，同时也是就业机会的重要创造者和技术创新的重要源泉，为中国就业贡献超过 70% 的岗位。2023 年 12 月，人社部印发《关于强化人社支持举措助力民营经济发展壮大的通知》，推出扩大民营企业技术技能人才供给、优化民营企业就业创业服务、推动民营企业构建和谐劳动关系、加大社会保险惠企支持力度等一系列促进民营经济做大做优做强的政策举措，积极助推民营经济高质量发展。民营经济的高质量发展必将为高校毕业生就业提供广阔的空间。第三，破解就业难的局面从根本上还是要靠经济社会发展。2021 年 12 月，习近平在中央经济工作会议上指出，要提高经济增长的就业带动力，不断促进就业量的扩大和质的提升。2012 年，习近平在广东考察时强调，我们必须统筹抓好经济社会发展和促进就业工作，千方百计增加就业岗位，着力在提高就业质量、提高劳动人口尤其是就业困难人口就业能力、改善创业环境上下功夫。2013 年，习近平在天津考察时指出，没有一定增长不足以支撑就业，解决就业问题，根本要靠发展，把经济发展蛋糕

---

① 《习近平就加快发展职业教育作出重要指示》，《人民日报》2014 年 6 月 24 日。

做大，把就业蛋糕做大。也就是说，将就业蛋糕做大的前提是要保持经济的稳定发展，创造出更多的就业岗位，让就业优先战略与宏观经济政策协调配合。这样既可以多渠道扩大就业岗位，又可以实现经济发展与就业的良性互动。

作者单位

上海政法学院学生工作部

# 坚持以人民为中心　推进健康中国建设

## ——聚焦促进青少年心理健康的理论与实践

李晓茹

党的二十大报告提出了中国式现代化这一重大创新性理论，指明了全面推进中华民族伟大复兴的实践路径。党始终关注民生福祉，把保障人民健康放在优先发展的战略位置，习近平总书记在二十大报告中强调："重视心理健康和精神卫生"，"健全基本公共服务体系"，"完善人民健康促进政策"。人口高质量发展是实现中国式现代化的重要支撑。青少年是社会可持续发展的重要资源，青少年心理健康和精神卫生工作是重大的民生问题和突出的社会问题。促进青少年身心健康发展是人口高质量发展的工作要求，是提升全生命周期健康的重要基石，对提高我国人口素质、建成人力资源强国具有重要的战略意义。

我国经济社会的快速发展极大地影响着人们对现实生活、生死与健康的态度，大幅度地改变了中国人的生活方式。我们在迈向繁荣富强的进程中，心理健康、精神追求成为美好生活的重要部分，越来越得到社会的广泛关注。人民群众的心理健康状况关乎健康中国建设、社会心理和谐和人民精神世界丰富，成为实现中国式现代化的时代课题。

## 一、促进青少年心理健康在人民福祉中的重要意义

### （一）促进青少年心理健康具有重要的现实意义

青少年阶段是个体身心发展的关键时期，青少年的心理健康状况不仅影响当下的学习、交友和生活，还对其未来的学业发展、人际关系、成才就业等产生深远的影响。

个体层面，心理健康的青少年更容易形成良好的学习态度和方法，提高学习效果。同时，也能更好地应对学习压力和挑战，增强适应能力，为未来的学术和职业发展奠定基础。此外，心理健康、朝气蓬勃的青少年更容易形成“自尊自信、理性平和、积极向上的社会心态”，有助于发展健全的人格，更好地适应社会环境，实现个体的自我价值。

家庭层面，青少年的心理健康状况直接影响到家庭的和谐、稳定与幸福。在我国文化中，家庭中的孩子往往是家庭关系中的重要节点，牵动着家庭成员的情绪、行为，甚至是人生规划。心理健康的青少年更可能形成良好的人际关系，与家人和谐相处，减少家庭冲突，是家庭成员关系的“润滑剂”，并能为家庭系统的健康发展作出重要贡献。

社会层面，心理健康的青少年更可能成为有责任感、同理心和进取心的有志公民，在服务社会、服务家庭、满足自身成长需求和自我实现的路径中，促进社会的稳定与发展，为构建和谐社会打下坚实的基础。同时，心理健康的青少年能够树立积极向上的榜样，引领社会风尚。他们的阳光心态和积极行为可以影响周围的人，形成良好的社会氛围，为社区、为组

织、为乡村和城市、为社会整体注入活力。

同时，关注青少年心理健康问题有助于降低公共卫生、公共管理和司法危机事件的成本。任何的心理健康问题如不及时干预，可能导致更严重的精神障碍和行为问题（如犯罪、暴力、物质滥用等）。这些不仅对个体造成伤害，成为个体和家庭的痛苦，也会给社会带来巨大的经济、人力成本与负担。

（二）开展青少年心理健康研究具有重要的理论意义

**1. 直面现代化进程中青少年“精神家园”构建中的重大问题**

在节奏加快、竞争加剧、复杂多变的现代社会，各种价值观都能找到其存在的理由和生存的土壤，青少年很容易迷失其中，经常会感到挫败、倦怠、孤独和无价值感。随着科技的迅猛发展与城市化进程，他们越来越多地亲近互联网，越来越多地独处、聚焦自我，间接地获得知识与经验，却越来越少地用眼耳鼻舌身去参与生活。在青少年构建“精神家园”的过程中，研究并引导他们超越自身的有限性和现实的物质纷扰，与国家和民族的命运联结在一起，追求生命的永恒价值是一个重要的课题。

**2. 探究心理健康问题的影响机制，揭示青少年精神世界的发展规律**

成年人通过阅读经典，语言教导，觉察领悟等方式丰富精神世界，探索生命的规律，拥有并发展生命意义感。而未成年人受认知水平、生活经历所限，他们对现实生活的期待，对幸福生活的界定，对人生价值与意义的理解都与成年人有很大不同。青少年精神世界有自身的发展规律，要重视人的认知发展的阶段理论，积极关注青少年自身的心理需求、社会处境、人际关系互动结构，探索青少年心理健康问题产生、发展、维持、归转的历程与机制。科学研究对解决意义缺乏问题，改善行为问题，促进理解与领悟，提升意义感水平等具有重要的理论意义与实践意义。

### 3. 落实生命教育的实践转向，发展人与情境相融的教育模式

真正的实践转向要求我们借助已有的经典理论，与当下的实践进行深层次对话，发觉蕴含在实践情境中的教育意义（康永久，2018）。在学业至上主义的教育环境中，探索并引导青少年“用眼耳鼻舌身去参与生活，在压力中创造生命的意义”具有重要的意义。这样的实践思路与教育方案，不仅重视理论中的理性建构，同时关注实践中的教育智慧。不仅重视基于理论开发科学、专业的活动方案，提升教育效果，同时重视揭示环境（家校社）中的教育力量，在青少年的生活体验中“+ 心理学”，促进人在环境中不断成长。

## 二、青少年心理健康问题的现状与挑战

### （一）当前青少年心理健康问题的严峻性

在我国，青少年是心理健康问题的重点人群。2014 年进行的第七次学生体质与健康调研结果显示，全国中小学生的身体素质明显提升，从而扭转了过去将近 30 年逐年下降的趋势。但与之形成强烈反差的是，青少年的心理问题越发严重。2018 年《中国青年发展报告》显示，在未成年人中，患有抑郁、焦虑等心理疾病的人数超过 3000 万。学龄儿童青少年精神障碍总体患病率达 17.5%，抑郁障碍与焦虑障碍的患病率分别为 3.0% 和 4.7%（Li FH, Cui YH, Li Y, et al., 2022），与其他国家的数据相比处于较高水平。在一项大型青少年心理健康状况的调查中发现，青少年存在心理健康问题的比率占总体的 26.77%。问题主要表现为情绪波动大、学习压力大、焦虑、人际关系紧张等。表现出抑郁症状的亚健康青少年比率更高，我国最新的青少年抑郁研究的 Meta 分析数据显示，中国儿童青少年的抑郁症状流行率的合并值为 15.9%，其中初中生为 16.2%，高中生为 22.1%

（李玖玲等，2016）。在以上海市杨浦区50所中学近1万名同学为样本的抽样调查中发现，出现中度以上抑郁倾向的初中男生为15.5%，初中女生为20.9%，高中男生为22.6%，高中女生为26.5%，男生接近全国水平，女生超过了全国水平。学生在学业方面感觉压力最大，其次是人际关系。高二、高三年级的学生在抑郁症状与焦虑症状的得分上显著高于其他年级。女生的心理健康状况比男生更差（李晓茹，2019）。

儿童青少年时期产生的心理健康问题不仅会延续到成年，还可能增加自杀、自伤、吸烟、饮酒等健康危险行为的风险（Gili M, et al., 2019; Guo L, et al., 2016）。我国是世界人均自杀率最低的国家之一，至2016年我国的自杀率是每年每10万人中9.7人，但青少年的自杀率居高不下，自杀是15—34岁人群的首位死因（刘晓秋、白志军，2014）。特别是近十年来，在我国成年人自杀死亡率显著下降的趋势中，10—19岁年龄组不仅未见下降，在部分地区还呈现出上升趋势（唐慧琳等，2021）。自杀意念是自杀行动的前提，是预测自杀行为的重要因素。在2010年1月—2020年6月发表的关于中国中学生自杀意念的中英文文献中，通过对总样本288354人的研究进行Meta分析得出结论：中学生一年内自杀意念检出率为16.3%，农村留守儿童检出率更高。亚组分析显示，女生自杀意念检出率高于男生（18.3% > 14.5%）。大学生的自杀意念发生率为12.9%—20.5%，性少数群体的大学生自杀意念更高。

此外，近十年来的一个新变化是青少年儿童群体中非自杀性自伤行为（NSSI）（如钝器割腕等）越来越严重，且NSSI与自杀密切相关，是预测自杀的重要危险因子。通过对22篇文献共146936人的Meta分析，我国青少年NSSI的总检出率为27.4%，其中2012年之前的文献显示平均检出率为22.7%，2012年之后的文献显示为31.4%。国内检出率普遍高于国外，NSSI已成为各大儿童（儿科）医院心理科门诊中最常见的问题之一，成为一个不可忽视的社会公共卫生问题。

面对瞬息万变、复杂多样的现代生活，不少青少年人丧失了支撑其生命活动的价值资源和意义归宿，产生身心分离的碎片感、疲惫感、宿命感和孤独感。网络成瘾，厌学、辍学等问题也日趋严重（余思、刘勤学，2020），给家庭和社会带来极大的负担。降低青少年的心理健康风险，减少行为问题，预防精神疾病成为公共卫生领域一个十分紧迫的问题。

（二）社会心理服务体系建设的紧迫性

习近平总书记指出："当代中国正经历着我国历史上最为广泛而深刻的社会变革，也正在进行着人类历史上最为宏大而独特的实践创新"。在这样的发展进程中，青少年需要更多的引领与指导，需要更多的关心与培养，需要全社会的关注与支持。2016年12月30日，国家卫计委等22部门联合印发我国第一份心理健康服务的国家指导意见《关于加强心理健康服务的指导意见》。2017年10月，习近平在党的十九大报告中强调"加强社会心理服务体系建设，培育自尊自信、理性平和、积极向上的社会心态"。2019年7月，国务院在《健康中国行动（2019—2030年）》中特别提出了"心理健康促进行动"，将心理健康工作的重要性提到了前所未有的高度。2022年10月，党的二十大报告将推进健康中国建设作为增进民生福祉、提高人民生活品质的重要内容和战略举措。

2018年11月19日，国家卫健委等10部门联合印发《全国社会心理服务体系建设试点工作方案》，要求各省、自治区至少选择1个设区市，各直辖市以城区为基础建设试点。至2020年7月，全国共有95个区市（地市级）进入试点地区名单，上海的16个市辖区全部纳入试点工作。试点工作方案提出，到2021年底，逐步建立健全社会心理服务体系，将心理健康服务融入社会治理体系、精神文明建设，融入平安中国、健康中国建设。

上海市已经完成或者接近完成试点工作方案提出的四个方面的具体工作指标，以村（社区）为单位，心理咨询室或社会工作室建成率达 80% 以上；高等院校普遍设立心理健康教育与咨询中心（室），中小学设立心理辅导室，配备专职或兼职教师，有条件的创建心理健康教育特色学校；党政机关、厂矿、企事业单位、新经济组织等通过设立心理健康辅导室或购买服务等形式为员工提供方便、可及的心理健康服务；100% 精神专科医院设立心理门诊，40% 二级以上综合医院开设心理门诊。培育发展一批社会心理服务专业机构，建立 24 小时公益心理援助平台，组建心理危机干预队伍。这些指标的完成意味着无论在医院还是在学校、职场、社区，理论上社会中的每一个成员都能够找到可以利用的解决心理问题的专业资源。这是一个十分伟大的工程，但推进健康中国建设，解决人们的心理困扰，预防和减少各类心理行为问题，满足人民精神世界，要立足人口规模巨大的基本国情。

尽管近年来国家极为重视青少年心理健康，社会、学校也强化了对中小学生的心理教育和干预，但青少年心理问题的严重性依然不容乐观，内化情绪问题（如抑郁、焦虑），外化行为问题（如叛逆、游戏成瘾、自杀、自伤），亲子关系问题等始终是青少年心理健康工作的重点和难点。社会转型期青少年心理问题的严峻有复杂的原因，解决问题需要重新思考问题的发生机制，总结战术，调整战略，讨论应对策略。

## 三、国际视野下的青少年心理健康促进

### （一）促进青少年心理健康的国际趋势

近些年，国际发展趋势逐渐改变了传统医学模式中关注个体病理学治

疗的理念，更加关注引起问题的环境因素，形成“政策制度—医疗服务—学校—家庭—社区”的系统性合力。英国通过一系列的政策文件建设儿童心理健康服务的外部系统合作框架和服务网络（谢健，2021），美国明确各相关部门的责权利，强调各相关部门之间的协同合作并设置专人负责协调工作，使各部门能在管理和实施层面达成一致（邱成平、杜李琴，2008）。日本中小学与高校、研究院所之间进行紧密合作，投入大量人力、财力进行儿童心理健康方面的科学研究，且注重学校的应用实践研究（赵梓晴、雷秀雅，2014）。美国（孙婷等，2019）、英国（谢健，2021）、澳大利亚（李敏，2005）、加拿大（黄辛隐等，2009）、日本（罗朝猛，2018）等国的儿童心理健康服务由政府部门及其下属机构或非营利性的专业机构、协会组织等承担行业指导、服务规范和监管的职能。

另一个大趋势是反对传统精神医学“机构化”为主的治疗方式，从以治疗监护为主的“机构收容模式”向机构之外的“社区康复模式”转变（杨锃，2014），发展“去机构化”的社区心理健康服务。社区环境对儿童青少年的心理健康发展至关重要，社区心理健康服务在家庭、学校与机构之间起着纽带作用，社区的“一站式”服务有利于儿童及其家庭方便地获得各种需要的援助和服务，既有利于预防，又能提升治疗效果。

此外，各国儿童心理健康服务内容、服务种类丰富多元，包括个体心理咨询和心理治疗、小组干预、家庭关系干预和治疗等。服务范围广泛，由医疗卫生机构内的儿童青少年心理治疗，推广至在家庭、学校、社区等各个场所的多元化的心理健康教育、促进、预防和干预服务。同时，心理健康服务通常由多个学科的专业人士组成多学科团队，包括精神科的医生和护士、心理咨询师、职业治疗师、言语治疗师、物理治疗师、社会工作者、营养师，进行综合评估，一起制订具体的治疗和干预服务计划（谢春艳等，2023）。

（二）促进青少年心理健康的心理学视角

从心理学的视角来看，促进青少年心理健康的工作需要有扎实的理论依据，找到关键性指标，探讨心理机制，开发科学论证过的可行性方案，并在实践中检验其有效性。许多青少年虽然有家族遗传史，也经历过挫折和逆境，但并没有患上严重的精神疾病。能够起到积极预防作用的因素中，自尊水平、消极自我评价、情绪调节能力、压力应对方式等具有很高的干预价值。良好的人际关系，特别是亲子关系、同伴支持的质量可以提高心理韧性，也会起到重要的保护作用。

除此之外，在人的深层认知层面仍有些本质因素需要进一步地研究与探索。习近平总书记强调："预防是最经济、最有效的健康策略。"相关研究证实，"治已病"的治疗成本远远大于"治未病"的预防投入。发展青少年的生命意义感将对预防心理疾病的发生起到积极的作用。现代青少年的心理痛苦，从表象上看源于激烈的竞争，环境的压力，自己的需要得不到满足等，根本上却源于在日常学习与生活中自我价值感及生命意义感的缺失。生命意义感（Meaning in life）是一种主观体验（King & Hicks, 2021），其含义不等于生命的意义（meaning of life）。生命的意义是一个复杂的哲学问题，古往今来叔本华、爱默生、尼采、萨特、加缪等哲学家都对生命的意义有过论述。最早将这一哲学化的概念引入社会科学领域的是存在主义心理学家弗兰克尔。生命意义感是对生命的意义的感受，是个体感知被理解，把努力引导向理想的未来，体验到生命是重要的、有价值的感觉（Martela & Steger，2016）。生命意义感的心理学理论与实证研究经由存在主义心理学取向、人格与动机取向、相对主义观点，到关系取向、叙事取向、自我决断理论观点、积极心理学取向，再到整合取向，逐渐摆脱“哲学风格”，从而完成了其“心理学化”的历程。现代心理学的积极心理学流派认为，生命意义感包括了拥有意义感和追寻意义感两个维度（Steger, 2006）。其中拥有意义感是对当下的认知与评价，追寻意义感是对获得意义的愿望与动机。健康的青少年既对当下的生活有信心，有价值感和意义感，同时又对未来的生活充满期待，并以利他为愿望，服务他人而满足，愿意为实现更高的人生价值而奋斗。

生命意义感是影响个体心理健康的关键因素，它能够提升免疫力Steger et al., 2009），引发积极的健康行为（Bower et al., 2003），富有生命意义感的人会获得更强的幸福感、满足感，更多的积极情绪（靳宇倡等，2016），甚至获得自我实现的“高峰体验”（程明明等，2010）。拥有生命意义感还可以显著缓解个体的抑郁症状（徐良熊等，2020），与焦虑情绪Steger et al., 2008），与酒精和物质滥用（Heintzelman, 2019）有显著的负相关（King & Hicks, 2021）。相反，意义感缺失的个体会陷入空虚，更加孤独（Wong, 2015），对权力、金钱和享乐过度追求，更容易患神经官能症（Frankl, 1962），更高的抑郁水平（Bamonti et al., 2016），更容易自杀（Heisel & Flett, 2004）等等。

## 四、家校社合作背景下促进青少年心理健康的实践策略

### （一）促进青少年心理健康的实践经验与举措

2023 年 4 月，教育部等 17 部门联合印发《全面加强和改进新时代学生心理健康工作专项行动计划（2023—2025 年）》，提出健全学校、家庭、社会协同健康促进机制，营造学生心理健康促进环境。在实施学生心理健康专项行动中，实施以心理健康监测预警、心理健康教育、心理咨询服务

和心理干预处置四位一体的心理健康促进模式、细化部署、五育并举促进学生心理健康的各项工作。青少年的心理健康工作事关多主体责任，需要多方合力，形成“由政府主导、部门协作、学校实施、社会参与的青少年健康促进工作机制”，制定联席会议制度，推进各项工作切实落地生效。

政府层面，强化顶层设计，加强对青少年心理健康的重视，制定相关政策，提供制度保障。同时，引导并加强社会各界的联动，从工作机制，工作制度，专业团队等方面带领家校社形成合力，共同推进青少年心理健康工作。制定和完善与青少年心理健康相关的法律法规，保护青少年的合法权益，明确相关责任和义务，为青少年心理健康工作提供法律保障。进一步建立、健全、完善心理健康服务体系，从精神疾病的诊断、治疗，到心理咨询、心理疏导、危机干预、个体心理成长服务等方面，为青少年提供全方位的服务。同时，需要不断加强对各医疗机构、心理健康服务机构服务质量的监管，切实提高专业人员的胜任力和服务质量。鼓励社区、学校、企事业单位等建立心理健康支持网络，为青少年提供日常的心理健康服务和支持。同时，倡导积极向上的社会风尚，为青少年健康成长营造良好的社会环境。

学校层面，重视并强调心理健康教育纳入学校课程体系的重要性，运用校园环境的优势与独特性，积极开展心理健康教育活动，提高心理健康意识、心理韧性，提高社会交往技巧和自我调适能力。同时，关注班主任及任课教师的心理健康状况，关心并积极解决教师的职业压力、生活压力，提高教师对青少年心理健康工作的重视程度，及其心理健康教育和应对能力。建立科学的评估和反馈机制，及时发现问题和不足，调整工作策略和方法。加强与学术界的合作，青少年心理健康问题往往涉及多个学科，如心理学、教育学、医学、公共卫生、社会学、社会工作等。应加强跨学科的合作，整合各方资源，共同研究解决青少年心理健康问题的方法和途径。同时，重视科学研究，以询证科学的思路开展相关研究，为青少年心理健康工作提供科学依据和理论指导。

家庭层面，持续开展家庭教育指导工作，让每一位父母和青少年照顾者具有较好的心理素养、科学的心理学知识和育儿知识，发展良好的育儿理念，及科学的教养方式。家庭是青少年成长的重要场所，家长的教育方式和态度对青少年的心理健康有着深远的影响。同时，家长也最有可能及早发现和应对青少年的心理健康问题，有助于避免问题恶化，保护青少年的身心健康。学校和社区应为家长和家庭提供更多的学习资源，提供成年人解决自身心理问题和危机的机会与支持，通过家长能力与幸福感的提升改善家庭关系与环境，提高应对能力。

社会层面，我国拟选择 50 个左右城市，开展试点工作，建设城市社区嵌入式服务设施，向社区居民提供养老托育、健康服务、体育健身、文化休闲等一种或多种服务，发展以社区为中心的服务网络。到 2027 年，在总结试点形成的经验做法和有效建设模式基础上，向其他各类城市和更多社区稳妥有序推开，逐步实现居民就近享有优质普惠公共服务（新华社，2023 年 11 月 27 日）。青少年心理健康工作也需要与国家战略相一致，以社区为载体，加强对青少年心理健康的宣传和教育，提高社会公众对青少年心理健康的关注度和认识水平。关注特殊群体的需求，对于留守儿童、残疾青少年、贫困家庭子女、厌学辍学等特殊群体，应给予更多的关注和支持。建设和完善社会心理服务体系，积极发挥社会组织和社会工作者的作用，建立交往互动的平台，增加建立多元社会网络与交流的机会，增强青少年群体和家庭的社区归属感和城市融入度。鼓励各类社会组织、志愿者团队等参与青少年心理健康工作，提供志愿服务和支持。通过社会各界的共同参与，形成全社会共同关心青少年心理健康的良好氛围。此外，借助互联网、大数据、人工智能等现代科技手段，拓展服务形式，开展线上心理健康服务，打破地域限制，让更多的青少年受益。同时，利用科技手段对青少年的心理健康状况进行监测和预警，提高服务的针对性和有效性。

### （二）促进青少年心理健康工作的新理念、新模式

应对心理健康问题的思路与应对精神疾病相似，都是对症医疗的思路，早期发现和早期干预似乎是唯一可行的办法。将人财物等资源齐备，加上国家的重视，政策支持，只等“用户上门”。可是数据似乎并未支持这样的结论，包括抑郁、焦虑、自杀、自伤等在内的青少年心理健康问题并未出现明显的好转，特别是疫情之后，极端案例频发，短期内造成了很大的恐慌与绝望，社会心理服务体系建设仍需不同的服务形式完善和补充。以发现问题、解决问题为焦点的心理健康服务无法处理现在的困境，亟须探索一条以预防为主、提升心理健康素养、优化青少年成长环境的新策略。激发青少年的成长潜能，积极调动自我疗愈与同辈支持的力量，在专业理论与技术的指导下帮助每一位青少年学习在压力中创造有意义的生活。

发展生命教育的实践方案是一个紧迫的现实问题。弗兰克尔（Frankl, 1963）指出青春期是最容易感受到生命意义的敏感时期，青少年的生命普遍存在空虚的倾向。国内研究也同样发现进入青春期的个体自杀率快速增长，正值青春期的初二年级学生自杀比率远高于其他年级（左宏胜，2004）。青少年特别关心意义感，渴望发现世界上属于自己的地方和责任，需要特别的意义关怀。目前大多数的研究关注意义缺失的后果变量，对意义追寻的途径、方法探讨很少，具有可行性的实践方案更少。

学校是开展心理健康教育和预防干预的主体，社区也是青少年心理健康服务的重要载体。近些年，国内学者从生命教育的视角出发开展了心理情景剧、影片观影反思、感恩教育等形式的团体辅导，开发死亡教育课程等，对生命意义感的干预策略进行了研究（黄晓佳等，2020）。然而，干预的目的更多是为了预防抑郁症、自杀；干预的形式多是以语言为媒介的教育引导，以班级为单位的主题活动。这样的内容与形式容易使学习与应用脱节，难以形成体系，从而呈现显著效果。从学校、社区、家庭联动的视角，开发人与情境相融的教育模式，提出具体的教育实践方案，发展生命意义感，促进青少年心理健康是更具可行性的策略与思路。

（三）促进青少年心理健康工作的案例分析

**1. 典型案例**

青少年时期是个体身心发展的加速期和过渡期，身心发展的不平衡容易引发心理困惑与烦恼。青少年大脑的不同脑区的发育并不同步，十多岁生活的开始和结束时个体的大脑有着很大的不同。前额叶发育似乎迟于情绪边缘系统的发育。这可以用来解释青少年的易冲动，情绪激烈爆发与冒险行为。随着前额叶的发育逐渐成熟，个体就会作出更好的判断，控制冲动，并具备长远规划的能力。同时，伴随着荷尔蒙的大量分泌，性成熟会让青少年情绪多变，并促发身体迅速发育，出现第二性征。青少年也开始越来越关心自己的身体变化，越来越远离父母构建自己的世界，因此亲子关系也在这个时候会出现变化。和周围朋友相比身心发育的不同步，以及心理成长跟不上身体的急剧变化，同样会成为青少年烦恼的根源。

这些鲜明的发育特点加上特定的外部压力，如学业困难、家庭暴力、同学矛盾、网络游戏成瘾等，使不少青少年体验到较大的精神压力和心理痛苦。同时，因缺少可以放下心理防御，不担心被轻视、被批评、被误解的可以倾诉的场所和对象，缺乏自我应对和解决的能力，缺乏主动求助的资源和勇气等，使他们的心理越来越混乱，采用逃避或者用功能不良的应对方式去处理问题，进而引发更糟糕的状况和后果。近年来，青少年群体出现严重的抑郁症状、焦虑症状、自伤行为、攻击性行为的案例层出不穷，也有许多青少年不喜欢学校，无法适应学校的节奏或班级环境，进而厌学、辍学的情况。任何一个未成年人的问题，都会引发一系列的家庭问题和社会问题，亟须在现有的以学校为中心的应对方案之外，增加社会支持，充分利用社区资源开展青少年心理健康促进工作。

**2. 应对方案**

结合“家园”与“校园”的资源优势，探讨提升生命意义感的人与情境相融的教育模式。社区是青少年休息娱乐、社会化成长的生活空间。学校是青少年获得知识、理论、方法的学习空间。两者功能不同，却都拥有青少年成长中不可替代的资源与条件。特别是“双减政策”出台之后，基础教育阶段的学生有更多的时间投身实践，在体验中觉察、思考，获得成长的启发与力量。发展人与情景相融的教育模式，参照社会实验范式，重视生活实际，强调体验，核心在认知引导，成效是价值内化，推动青少年在不断探索与追求更高水平的生命意义感的同时，提升心理健康水平，发展心理韧性。

在上海市精神文明办、杨浦区精神文明办、杨浦区延吉新村街道，以及复旦大学社会发展与公共政策学院等各级政府部门、高校的大力支持下，2021 年 6 月以复旦大学心理学系某教授师生团队为主体的复旦大学星辰心理志愿服务队，在杨浦区延吉新村街道成立全国首家专注于朋辈心理支持、关怀青春期成长的社区青少年成长中心“舒屋”。团队成员作为青少年身边的解忧人，家长身边的心理顾问，努力打造一个链接家庭和学校的“过渡空间”，守护好属于青少年的心灵港湾，让懂心理、会沟通的大学生成为青少年放眼世界的良师益友。

团队坚持需求导向，分析每一位青春期少年的烦恼和需求，不断丰富日常活动，推出读书、音乐、芳香、创作、拓展性的深度放松体验，以心理学行为主义理论为依托，带领学生体验呼吸训练、自律神经训练、正念音乐减压等专业活动，并发展出更多的自我悦纳、压力管理、情绪疏导、社交技能训练等内容。暑假期间推出的“青少年成长夏令营”，学期中开展的“青少年成长训练营”都广受好评，引起热烈的反响。学员中有因为抑郁症休学在家的高中生；也有最近成绩一落千丈的尖子生；有不跟家长交流，没有朋友的孤僻少年；还有隔代教养，与奶奶相依为命的叛逆孩子。志愿者专业基本功扎实，工作热情尽责，用心陪伴，助力成长，初步探索形成一套有效实用的工作模式。“舒屋”的服务突破心理咨询一对一的结构刻板的传统模式，提倡在陪伴中治愈，在阅读中交流，在合作中感悟成长，充分发挥心理服务提升能力，提高个体适应性，增进健康的正向功能。

团队坚持长效化服务，中小学学期中，社区中的“舒屋”坚持周五下午和周六全天开放，寒暑假期间坚持周一到周六全天开放。为扩大“舒屋”的服务范围，志愿者还积极开展服务进校园、进家庭的活动。利用教育“双减”之后中学生的课后服务时间，开发心理成长类的团体主题活动，通过每周一次，连续12—16次的持续支持，提升青少年的心理素养，预防心理危机的产生。此外，因厌学、辍学、精神疾病等原因暂时离开校园的青少年，往往是心理服务难以触及，却是最需要帮助的群体。志愿者会与求助家长深入沟通，紧密合作，以“心理家教”的方式与青少年建立联系，通过良好信任关系的建立，对青少年开展专业的心理疏导工作。

“舒屋”不断探索多方合作模式，在人才队伍可持续性建设与发展中推出了多项举措，包括：成立复旦大学研究生实习基地、复旦大学本科生实践基地，在上海市志愿者平台注册、认证等。借用上海市心理学会、上海市心理卫生学会等专业资源，成立专家委员会，形成家校社合作机制，聘任成长督导师等。与杨浦区等多家区级未成年人心理健康中心、各中学、心理咨询机构建立合作关系，逐渐形成以社区为支撑的青少年心理健康服务的新模式——“舒屋”模式。包括：

模式：政学研合作，家校社联动

目标：在压力中创造有意义的生活

定位：青少年身边的解忧人，家长身边的心理顾问

方法：以人本主义关怀为基础的朋辈心理支持

途径：用眼耳鼻舌身去参与生活，去体验，去联结

**3. 效果评估**

团队成立两年多来，不断整合资源、拓展服务载体、夯实专业保障，打造了“青少年成长夏令营（训练营）”、“挑战不可能”、“舒芽计划（生涯辅导）”、“云舒屋”、“看见情绪、遇见自己”五大品牌项目。更好地顺应“双减”之后的青少年学习方式与社会生活，引导青少年拓宽视野、开阔胸襟、提升韧性，心怀世界、关爱他人、悦纳自己，在压力中创造有意义的生活。至2023年9月，团队已服务青少年超过8400人次，累积接待家长、教师、媒体、心理咨询师等1100人次，志愿时长超过5000小时，公众号短视频、推送点击量约28000次。服务理念和成效被《解放日报》、《文汇报》、《新民晚报》、《青年报》、上观新闻、990早新闻等多家媒体报道十余次，产生积极的社会影响。团队成员精心设计的训练活动以及朋辈心理陪伴与沟通，让健康孩子勤奋上进，让问题孩子逐步回到正轨，解放

日报报道称：这里是孩子们的“心灵树洞”。上观新闻报道说：“早恋、相貌焦虑、亲子矛盾……开在社区的‘树屋’解了少年们的心理困境”。新民晚报也讲述了“双减”后的娃找到“快乐星球”的故事。青年报称赞：“师生联手为杨浦孩子辟一处‘共享空间’，为童年留下一个‘桃园’”。

舒屋团队获杨浦区“最美疫情防控志愿服务团队”称号，“暑期成长夏令营”项目获2021年上海市未成年人暑期优秀项目。“舒屋”的每一位志愿者都有一个“舒”字辈的名字，“舒”字中包含着“舍”与“予”的智慧。团队成员舍弃对世俗意义上成功的执念，一腔热忱给予烦恼中的少年以爱和关怀。志愿者满怀服务热情，专业精神，教育情怀，积极投身促进青少年心理健康的志愿工作中，坚守初心，日复一日，年复一年，用熠熠星光陪伴守护每一位青少年的成长之路。

实现人民健康是中国式现代化的内在要求。坚持以人民为中心，促进青少年心理健康的理论与实践是一项长期而艰巨的任务，需要全社会共同努力。我国儿童青少年群体庞大，有近3亿的在校学生，他们的健康成长和全面发展需要每一个家庭、每一所学校以及全社会的悉心呵护与大力支持。在各级政府指导与资源整合下，家校社协同合作成为可能，这些都支撑着儿童青少年健康促进工作，并引领着全民健康事业的发展。

作者单位

复旦大学社会发展与公共政策学院

# 高校智库助力中国式现代化建设

金声涛

《国家“十四五”时期哲学社会科学发展规划》明确提出，要着力打造一批具有重要决策影响力、社会影响力、国际影响力的新型智库，为推动科学民主依法决策、推进国家治理体系和治理能力现代化、推动经济社会高质量发展、提升国家软实力提供支撑。作为新型智库的重要组成部分，高校智库始终坚持党管智库原则，着力建强主阵地、主渠道、主力军。面对党的二十大擘画的以中国式现代化全面推进中华民族伟大复兴的宏伟蓝图，高校智库理应更好融入国家经济社会发展与决策的全过程，更好发挥引领思想舆论、凝聚社会共识、培养合格人才的积极作用。

## 一、使命：在理论导航中找准时代坐标

党的十八大以来，习近平总书记就建设中国特色新型智库、建立健全决策咨询制度作出一系列重要论述和指示，指明了我国智库建设的定位使

命、方向路径、总体格局和发展理念。同时，习近平关于中国式现代化的重要论述，与加强智库建设的理念和主张具有高度的契合性、融通性。

必须坚持人民立场。习近平在哲学社会科学工作座谈会上指出，“我国哲学社会科学要有所作为，就必须坚持以人民为中心的研究导向”。同样，中国式现代化将“人民至上”作为价值导向，将“人民主体”作为动力源泉，将“人民共享”作为发展目标。因此，高校智库助推中国式现代化建设，应当始终贯穿“以人民为中心”的发展思想，不断加强对民心与民意、民情与民生的关注，将实现好、维护好、发展好最广大人民根本利益作为衡量智库成果的标准。不断发现和提炼人民群众中蕴藏的无尽智慧，充分尊重和激发人民首创精神，凝聚起“发展依靠人民”的主体合力。

必须坚持问题导向。习近平强调，要建设一批国家急需、特色鲜明、制度创新、引领发展的高端智库，重点围绕国家重大战略需求开展前瞻性、针对性、储备性政策研究。这一重要论述，从国家治理的战略高度，明晰智库建设必须以国家利益和人类进步为准则，同时也廓清高校智库建设应以学术为导向，还是以问题为导向的争议。同样，中国式现代化建设必须聚焦实践遇到的新问题、改革发展稳定存在的深层次问题、人民群众急难愁盼的问题、国际变局中的重大问题，将解决实际问题作为打开工作局面的突破口。因此，高校智库助推中国式现代化建设，应当既着眼党和国家当下所想所急，又着眼党和国家未来所需所谋，从我国改革发展的实践中挖掘新材料、发现新问题、提出新观点、构建新理论。

必须坚持系统观念。习近平强调，统筹推进党政部门、社科院、党校行政学院、高校、军队、科技和企业、社会智库协调发展，形成定位明晰、特色鲜明、规模适度、布局合理的中国特色新型智库体系。建设新型智库，就是要协调好七大类智库的关系，运用系统观念不断优化智库产品供给。同样，推进中国式现代化是一个系统工程，需要统筹兼顾、系统谋划、整体推进。因此，高校智库助推中国式现代化建设，应当与不同类型、不同层级的智库功能互补、协同发展，着力构建多头联合、深度融合、学科交叉的协作机制，共同解决好聚焦中心不够、力量分散低效、外脑利用欠缺的问题。

## 二、角色：在科学决策中彰显独特优势

进入新时代以来，高校智库进入快速发展的阶段。在中国智库索引（CTTI）列入的988家来源智库中，高校智库占60%以上。在30家国家高端智库试点单位中，8家高校智库入围，进一步凸显高校“智囊团”的独特优势。通过比较各地省级重点智库名单、决策咨询奖项结果也可以发现，高校智库的主力军地位正不断巩固，其优势主要表现在四个方面。

强化组织优势，完善管理体系。教育部2014年发布《中国特色新型高校智库建设推进计划》，明确高校智库建设目标走向后，联合或独立发布《面向2035高校哲学社会科学高质量发展行动计划》《哲学社会科学知识体系建构和高校咨政服务能力提升工程实施方案》等文件，并组建“高校哲学社会科学自主知识体系建设战略咨询委员会”和“高校哲学社会科学学术服务中心”，探索有组织科研整体谋划、发挥集聚效应的新模式。各地教育主管部门构建完善智库运行管理体制，比如，北京市教育系统制定高校科研创新发展行动计划，探索高校智库参与决策咨询的有效服务途径，布局建设北京市哲学社会科学研究基地。上海市教育系统成立高校智库工作领导小组，围绕目标、任务、举措、保障、考核、评估等方面进行

全方位制度设计，形成“内环—中环—外环”智库工作网络。辽宁省教育系统成立高等学校新型智库联盟，汇聚全省高校智力资源打造决策咨询、交流合作、传播展示三大平台。

强化学科优势，完善研究版图。各高校智库围绕党和政府关心的热点问题、人民群体反映的紧迫问题、经济社会建设中的重大问题、国内外局势的热点问题，不断放大自身学科门类齐全、基础研究扎实的优势，结合“双一流”建设工作，将智库作为实现各学科经世致用的有效途径。比如，国家高端智库试点单位、中国人民大学国家发展与战略研究院建立多学科交流和联合攻关机制，包括经济学、社会学、国际关系学、信息学、管理学等多学科领域专家，共同为智库准确把握政府需求、保持正确发展方向提供保障。国家高端智库试点单位、武汉大学国际法研究所瞄准国家重大战略急需，将国际法学理论与改革开放、国家发展方向紧密结合，用法学新理念、新观念为国家决策提供坚实理论支持。

强化人才优势，完善梯队层次。坚持“一流学科建一流智库，一流人才出一流思想”，狠抓人才这一根本，优化决策咨询人才队伍建设机制，推动建立智库研究人才序列，完善智库人才发展通道，以此推动决策咨询研究专职化、专门化、专业化。比如，从省级层面来看，山东省从智库高端人才中遴选若干首席专家确定为“泰山学者特聘专家”，管理期内全职人选省财政提供200万元经费资助，并明确重要调研课题优先委托智库高端人才团队承担。从校级层面看，复旦大学在国内高校首创智库专业化运营团队，实现咨政产品生产、推广与转化，项目孵化与培育，学术与科研成果深度开发；首创智库研究人员的聘用管理和专业技术职务评聘制度，建立专职智库研究人员队伍，形成有利于智库创新发展的人事管理新体制。

强化专业优势，完善引导机制。高校智库在以战略问题和公共政策为主要研究对象的同时，也将宣传党的基本理论、基本路线、基本方略作为重要职能，通过积极客观发声，表达专业立场，讲清楚中国之治的道理、学理和哲理，引导舆论理性发展，为政策发布落实创造良好氛围，也为政策研究制定提供真实的社情民意。比如，国家高端智库试点单位、复旦大学中国研究院长期致力于中国道路、中国模式和中国话语的原创性理论研究和政策研究，其推出的思想政论节目《这就是中国》不仅在卫视频道引起强烈反响，在青年网民居多的哔哩哔哩网站也实现了累计播放量破亿，构建了“年轻人听得懂、老百姓能理解”的舆论场。

## 三、提升：在对标对表突破发展瓶颈

整体上看，高校智库呈现出数量较多、队伍有力、成果丰硕、服务能力整体提升的良好态势，但对标中央和各部委关于加强智库建设的文件精神，对表推进中国式现代化建设的决策需求，对照国外起步较早智库的发展经验，高校智库服务治国理政方面还存在一定的提升空间。

学科融合路径亟待拓展。高校虽然拥有 80% 的社科力量，但是少数高校科研力量分散，整合程度不高，学校没有从强化智库建设的角度出发作出统一规划，信息沟通和成果共享机制滞后，存在各自为战、效率低下、项目重复等现象。当面对国家重大理论和现实问题的综合研究时，表现出明显的研究合力不足、学科合力不足、人员合力不足、机构合力不足，导致研究中碎片化现象严重。出于统筹校内研究力量的考虑，少数高校热衷于校领导挂帅智库首席专家，在智库成立后，简单粗暴地进行研究资源堆垒，虽然在短时间内较易形成决策咨询成果的“井喷”，但是由于校内有组织科研的机制并没有真正建立，在首席专家因职务变更出现调整、特别是继任者研究方向南辕北辙后，智库的表现极易出现断崖式下滑。

成果转化质量亟待提高。在新一轮科技革命和产业变革深入发展的当下，高校科研成果转化面临瓶颈问题，少数高校智库研究成果的“最后一公里”工作处于同样的窘境。如一些学者所言，“不同的叙事方式和修辞框架，使得高校智库的学术成果与政府所需的智库产品之间存在供求落差”。少数高校学者、科研主管部门负责人，甚至校领导对智库建设规律缺乏正确认识，只是出于赶热点应势而动，却没有静下心因势而谋：一是表现出“重学术、轻应用”的倾向，在由政府部门或社会团体组织的智库及成果评选中，个别学校罗列的多停留在学术层面的成果，以论文、报告充数。二是表现出“重理论、轻实践”倾向，少数高校智库理论联系实际不足，缺乏与决策咨询委托部门，特别是党政部门的沟通渠道，缺乏实质性的调研工作，或单纯以政府文本作为研究对象，或脱离已有政策泛泛而谈、重复研究。三是表现出“重问题、轻对策”的倾向，个别学者陷于功利主义思想，在撰写舆情专报、反映形势问题时措辞“加码”，用以提升获取批示的概率，在提出对策建议时老生常谈，对做好“后半篇文章”着力不多。

评价考核机制亟待优化。对于智库机构而言，一些高校科研评价机制单一化现象严重，重论文、专著、获奖情况，忽略研究成果的实际贡献和咨政成效，有些学校没有将咨政报告列入考核评价指标，一定程度上制约了校内智库的发展。对于专家个人而言，主要面临两方面的困难：一是知情难，个别学者反映决策建议上报后难以及时得到反馈，或因内容涉密无法知晓被采纳的详情；二是运用难，一些高校的智库研究人员仍然被按照大学教学科研人员的考核办法进行评价，某些在决策咨询领域颇有影响的中青年学者，批示采纳的荣誉对职称评定帮助有限，根本原因在于与学术类研究成果相比，决策对策类研究成果的同行评议较低。

人才梯队建设亟待强化。一些高校智库存在领军人物和研究团队青黄不接的现象，决策成果被采纳者、智库奖项获得者出现年龄断层。某高校连续七届政府决策咨询奖获得者中，近半数为已退休、临近退休或已离职人员。同时，少数学校缺乏统一规划和专业培训，一些擅长学术研究的教师撰写专报“水土不服”，对社会现实、国家需求不够敏感，对政府实务工作了解不深，成果长期不获认可导致这部分群体积极性受挫。同时，高校智库探索多年的人才“旋转门”制度，实际发挥作用表现出一定的局限性，如将政府部门管理人员引进作为智库首席专家后，其工作重心仍然是辅助政府部门制定规章制度，跳出行业本身提出独立见解较少；或者与校内原有工作人员合作交流脱节，错失了实务界和学术界的交融契机。与国外哈佛大学肯尼迪政府学院等智库成型的“旋转门”机制对比，我国高校智库还满足于单向的人才引进，缺乏主动培养输出优秀公职人员的意识和举措。

## 四、愿景：在体系构建中服务国之大者

当前，我们正处于全面建设社会主义现代化国家开局起步的关键时期，中国式现代化研究涉及经济、政治、文化、社会、生态文明、党的建设等方方面面的学科领域，亟需高校智库在把好方向的大前提下，不断优化科研管理体制和精品成果激励机制，承担起为推进中国式现代化提供理论准备和思想支撑的重任。

坚持马克思主义引领，把握正确的政治立场和价值取向。高举马克思

主义伟大旗帜，使高校成为学习、研究和宣传马克思主义的高地，把马克思主义立场观点方法贯穿中国式现代化理论创新和实践创造的各方面全过程。高校智库要加强党的全面领导，增强“四个意识”、坚定“四个自信”、坚决做到“两个维护”，坚定不移地在思想上、政治上、行动上同以习近平同志为核心的党中央保持高度一致，确保智库研究始终围绕中心、服务大局，始终沿着正确方向不断前行。强化马克思主义指导地位，把马克思主义基本原理同中国具体实际相结合、同中华优秀传统文化相结合，把深入学习贯彻党的二十大精神作为首要任务，加强对中国式现代化新理念、新思想和新战略的研究阐释，构建中国式现代化学科体系、学术体系和话语体系，主动面向实践、深入参与实践、学理化总结实践，努力解决世界之变、时代之变、历史之变所带来的新课题，在学科体系、学术体系、话语体系等方面充分彰显中国特色、中国风格、中国气派。

坚持文理交融之法，推动哲学社会科学与自然科学双向奔赴。学科交叉融合的快速发展已经成为科技创新和理论创造的重要源泉，也是推动中国式现代化建设的重要动力。高校要发挥好优势特色，将智库建设作为人文社会科学内部融通、人文社会科学和自然科学外部融合的重要载体，一方面要将人文理念深深植入科技创新之中，聚焦国家重大战略，聚焦中国式现代化的本质要求，确保科技创新为构建新发展格局、推动高质量发展提供有力支撑。另一方面，也要密切关注新一轮科技革命和产业变革，对社科方法创新带来的新挑战、新机遇，在研究途径、工具、手段等方面，做到积极应变、主动求变。无论是学科建设，还是技术研发、产业发展，只有科学把握文理兼容、双轨驱动的原则方法，才能行稳致远。

坚持立德树人之本，发挥哲学社会科学的育人功能。现代化的核心是人的现代化，我国现代化的一个显著特色就是人口规模巨大的现代化，因而人的现代化水平决定着中国式现代化的质量。高校要深化机制建设，以人才培养方案为抓手、以课程为牵引、以教材为载体、以师资队伍建设为保障，构筑学生、学术、学科一体的综合发展体系，使智库成果更好反哺立德树人。强化价值引领，推动习近平新时代中国特色社会主义思想进教材、进课堂、进头脑，提高学生思想觉悟、道德水准、文明素养。优化专业布局，不断夯实基础学科，带动传统文科的转型升级，扶持加强战略急需的冷门绝学和边缘学科，进一步发展新兴学科，提升高校专业与经济社会发展需求的契合度，推动实现教育链、人才链与产业链、创新链的有机衔接。

**作者单位**

上海市教卫工作党委宣传处

# 深化改革：长三角 G60 科创走廊引领区域一体化

朱佳毅

科创走廊是带动一个国家和地区高质量发展的动力之源。习近平总书记在首届中国国际进口博览会上宣布，支持长江三角洲区域一体化发展并上升为国家战略，强调上海在长三角更高质量一体化发展中进一步发挥龙头带动作用，把长三角一体化发展的文章做好。2023 年 11 月 30 日，习近平在上海主持召开深入推进长三角一体化发展座谈会并强调，深入推进长三角一体化发展，进一步提升创新能力、产业竞争力、发展能级，率先形成更高层次改革开放新格局，对于我国构建新发展格局、推动高质量发展，以中国式现代化全面推进强国建设、民族复兴伟业，意义重大。党的二十大提出，加快实施创新驱动发展战略，推进长三角一体化发展。长三角 G60 科创走廊建设就是践行习近平新时代中国特色社会主义思想的生动实践，七年间，长三角 G60 科创走廊从地方实践上升为国家战略，以改革创新破除行政区划的藩篱和壁垒的制度创新是其鲜明标志，实现了更多从 0 到 1 的制度创新。

## 一、发展历程

（一）源起松江。2016年5月24日，在习近平总书记对上海提出建设具有全球影响力的科创中心两周年之际，松江提出沿G60高速公路40公里松江段两侧布局“一廊九区”，构建“党建引领、对标一流、双轮驱动、开放共享”的G60科创走廊，G60科创走廊1.0版——“G60上海松江科创走廊”就此诞生，取得创新驱动发展强劲、产业结构调整强劲、先进制造业投资强劲、辐射带动力强劲“四个强劲”的显著成效，被国务院评选为全国供给侧结构性改革典型案例，被上海市委、市政府增列为上海建设具有全球影响力科技创新中心的重要承载区。

（二）联通嘉杭。2017年7月12日，上海松江与浙江杭州、嘉兴签订《沪嘉杭G60科创走廊建设战略合作协议》，“G60上海松江科创走廊”升级为“沪嘉杭G60科创走廊”，三地在建立要素对接常态化合作机制、推动产业链布局、打造科创平台载体等方面打破行政区划壁垒，积极探索和实践。

（三）九城共建。随着长三角一体化进程的加速与深化，2018年，松江提出以沪苏湖高铁建设为契机，深化拓展G60科创走廊从“高速公路时代的2.0版”迈向“高铁时代的3.0版”。在2018年6月1日长三角地区主要领导座谈会期间，G60科创走廊第一次联席会议在上海召开，沪苏浙皖九城市主要领导在上海签约，G60科创走廊发展为覆盖松江、嘉兴、杭州、金华、苏州、湖州、宣城、芜湖、合肥九城市“一廊一核九城”总体空间布局。

（四）纳入《规划纲要》。2019年5月13日，中共中央政治局会议审议通过《长江三角洲区域一体化发展规划纲要》，提出“依托交通大通道，以市场化、法治化方式加强合作，持续有序推进G60科创走廊建设，打造科技和制度创新双轮驱动，产业和城市一体化发展的先行先试走廊”，标志着G60科创走廊从秉持新发展理念的基层生动实践，上升为长三角一体化发展国家战略的重要平台。2019年6月3日，中央推动长三角一体化发展领导小组全体会议在上海召开，明确由科技部牵头推进长三角G60科创走廊建设工作。为贯彻落实《规划纲要》，科技部会同国家发改委、工信部、“一行两会”等中央部委、一市三省科技部门及九城市政府，成立国家推进G60科创走廊建设专责小组，于2019年12月5日在松江召开第一次全体会议，标志着国家层面推进G60科创走廊建设领导工作机制正式启动。2020年11月3日，在科技部牵头下，国家发改委、工信部、人民银行、银保监会、证监会联合印发《长三角G60科创走廊建设方案》，明确三个定位：中国制造迈向中国创造的先进走廊，科技和制度创新双轮驱动的先试走廊，产城融合发展的先行走廊，以及建设具有国际影响力的科创走廊和我国重要创新策源地的战略目标。并制定了相关建设任务，赋予G60科创走廊下出先手棋的国家战略支撑和具体发展路径。2021年写入《国家“十四五”规划和2035远景目标纲要》，进一步深化为国家方案、国家行动。2022年作为地方高质量发展先进案例收录《习近平经济思想研究》创刊号，逐步成为推动长三角区域一体化发展的重要引擎，充分印证新发展理念的真理伟力和实践伟力。

## 二、长三角G60科创走廊的制度创新体系

### （一）跨区域协同发展的制度创新

一是创新跨区域行政合作机制。建立央地联动组织机构运作模式，成

立推进长三角 G60 科创走廊建设专责小组及办公室，专责小组组长由科技部负责同志和上海市负责同志共同担任，国家部委和上海地方实行双组长制，出台《推进长三角 G60 科创走廊建设专责小组工作规则》等央地联动工作制度。创新区域协同组织方式和运作模式，九城市共派干部、实体化运作长三角 G60 科创走廊联席会议办公室，出台《长三角 G60 科创走廊联席会议工作制度》等区域协同工作制度；九城市分别成立 G60 推进办，建立健全联席会议、平台共建、信息互通、干部挂职等机制。

二是推动产业链跨区域深度融合。以规划协同推动九城市产业错位发展，联合编制《长三角 G60 科创走廊“十四五”先进制造业协同发展规划》。打造头部企业引领跨区域产业链合作模式，联合发布《长三角 G60 科创走廊支持以头部企业为引领推动跨区域产业链协同合作实施意见》，健全完善与头部企业产业链合作需求相匹配的企业项目库、数据资源库，积极开展供应链对接、关键产品联合研发、产业项目落地等合作。聚焦战略性新兴产业成立 15 个产业（园区）联盟、11 个产业合作示范园区。发挥上海龙头带动作用，建设以九城市国资平台为主体、跨行政区域的产业协同创新中心。

三是打造多元化科技创新矩阵。聚焦重大战略领域和前沿技术，推动 G60 脑智基地等一批重大创新平台建设。九城市与中国科学院上海分院、上海科学院等科研院所开展战略合作，清单式、项目化、责任制推进创新要素精准对接。集聚高端创新智力资源组建 G60 专家咨询委员会，实体化运作长三角 G60 科创走廊创新研究中心。在科技部指导下设立长三角 G60 科创走廊科技成果转化基金，由国家引导基金参与设立、九城市政府共同出资、社会资本共同投入。启用“G60 科创云”服务平台，组建 G60 科创路演中心联合体，建立 G60 科技成果转移转化示范基地，常态化举办 G60

科技成果拍卖会。

四是优化高质量金融服务供给。强化金融政策支撑，深化落实央行金融支持 G60 先进制造业发展“15+1 条”政策，推出“G60 科创贷”、批次包等专属科技金融产品，推进双创债发行。强化多层次资本市场服务，与上海证券交易所共建资本市场服务 G60 科创走廊基地，联合编制上证 G60 创新综合指数、上证 G60 战略性新兴产业成份指数，并推出 ETF 产品和增强型基金，建立拟上科创板企业“精准辅导 + 科创属性 + 联合推荐”机制。强化全方位综合金融赋能，成立 G60 金融服务联盟，上线 G60 综合金融服务平台，建设 G60 产融结合高质量发展示范园区。

五是构建人才跨区域合作机制。建立“基地 + 中心 + 峰会 + 培训”四融合工作机制，通过打造国家移民政策实践基地、建设产业人才协同中心、轮值举办 G60 人才峰会、联合开展高层次人才和后备干部培养培训等，共建共享人才发展高地。

（二）打造先进制造业产业集群的制度创新

一是加强规划引领，科学谋划高质量发展蓝图。在全面贯彻落实《长三角 G60 科创走廊建设方案》的基础上，立足产业资源禀赋和发展基础，高站位编制“十四五”专项规划及各专项行动方案，明确产业发展思路。依托“一廊九区”产业空间布局，绘制产业地图，发挥产业空间布局规划对产业发展和项目落地的引领作用。

二是坚持多点发力，精准打好优质政策组合拳。自长三角 G60 科创走廊建设启动以来，先后出台 G60 产业政策、支持“卡脖子”工程和颠覆性技术发展、生物医药专项政策等各种专项政策，基本涵盖重点发展产业领域，坚持提升增量与优化存量相结合，政策支撑体系日益完善。

三是确保发挥实效，推动各项政策落地落细。本着政策举措务实具体、便于操作、行之有效的理念，配套制定各项政策的实施细则，推动政策举措执行精准到位。加强政策的宣传和解读，进一步扩大政策的知晓率和认可度。健全工作推进机制，定期研究制定涉企政策、协调解决存在问题，靠前服务，点对点做好企业服务工作，确保政策效应最大限度发挥。

（三）围绕产业链布局创新链制度创新

一是机制创新和政策创新联通。在机制、模式、方法上突破创新、先行先试，聚焦国家科技发展重大、急迫需求和现代科学技术的尖端领域，瞄准脑科学、人工智能等前沿领域，针对生物医药等细分产业领域，制定专项政策，集聚整合行业资源，推动科技成果转化和行业创新发展。

二是创新链和产业链联通。聚焦关键领域，支持领军企业牵头组建创新联合体和共性技术研究平台，引导龙头企业与高校、科研院所联合攻关，通过基础理论研究支撑技术成果产业化，整合打通研发应用全系统链。以科技项目的导入集聚相关产业链上下游，推动前沿科技、重点领域项目、基地、人才、资金一体化配置，不断提升产业集聚性，延伸产业链条，着力“补链强链”“集链成群”。

三是区域创新和全域创新联通。建立科技部门和街镇、园区定期协商研判机制，根据各街镇、园区的自身特色，加快新型航空发动机等特色科技项目布局和落地。加强资源聚集和先期培育，吸引高校、科研机构和重点企业的优势资源，大力招引国内知名大学，中国科学院、上海科学院等知名科研机构来松江共建重大创新平台。

（四）打造开放高效互联互通营商环境的制度创新

一是找准现实问题和改革需求。对照世界银行营商环境评价指标找问题和差距；与企事业单位、专家学者座谈找需求和方向；赴杭州、南京等地学习取经，学习经验和成果；以促进互联互通、数据共享、G60 科创走廊九城市营商环境整体提升为目标开展先行先试。

二是加强顶层设计和统筹力度。连续以区委、区政府名义发布《关于进一步深化“零距离”改革、优化营商环境，推进G60科创走廊高质量发展的工作方案》，明确改革思路、改革目标、改革举措、改革保障和具体举措责任部门，成立九城市“一网通办”工作专班，形成G60联席办统筹、九城市牵头部门领导、服务专窗落实的工作合力。

三是提升服务企业能力。建立服务于企业发展各阶段需求的问题反映和解决机制，建立领导联系服务重点外贸企业机制，加强常态化运行跟踪，每月组织重点外贸企业填报外贸监测系统月报，专人一对一跟踪重点进出口企业，及时发现扩大开放工作中存在的问题和瓶颈，努力实现有效供给、精准施策，切实解决问题，提升发展信心。

### （五）党建长三角G60科创走廊产业集群制度创新

一是坚持党建引领，加强党对经济工作的全面领导。成立区委书记担任组长的党建引领长三角G60科创走廊建设领导小组，下设党组织建设、人才建设、科创产业项目建设推进组，党建理论研究组以及全媒体宣传组等，有效落实决策部署。建立“两新”组织党建联席会议制度，形成组织部、发改委、经委、科委等18家涉企部门协同推进、齐抓共管的工作格局，实现抓党建最大政绩和抓发展第一要务有机统一。

二是聚焦战新产业，创新把党组织建在产业集群上。依托长三角G60科创走廊重点发展的集成电路、人工智能、生物医药等战略性新兴产业，组建18家产业集群党组织，织密建强党的组织体系，实现重大项目、重点战新领域、重大科创平台等全部实地实体经营企业党的组织全覆盖。建立集群党组织班子和企业党员高管“双向进入、交叉任职”机制，发挥“关键少数”带动作用，推动形成上下游企业集聚效应，有效支撑产业发展“内循环”。

三是发挥组织优势，提升产业集群核心竞争力。建立“龙头带动、项目推动、条块联动”的产业集群党建工作机制，以组织联网、阵地联建、人才联育、发展联谋、党群联动、活动联办形成党建生态群。以产业集群头部企业为带动，以党建共建促进产业合作；以党建项目化为载体，促进科技创新、产业协同、人才成长等；以产业集群党组织为枢纽，加强与政府职能部门、行业协会、科研机构、高校等协同联动，推动资源集聚，筑牢产业集群战略先发优势。

## 三、经验启示

党的二十大报告指出，全面建设社会主义现代化国家、全面推进中华民族伟大复兴，关键在党。习近平总书记强调，长三角区域要勇当我国科技和产业创新的开路先锋。松江能够在不长的时期内，实现重大转型跃升，根本在于学习践行习近平经济思想，并将其贯彻落实到经济社会发展的全过程和各领域。G60科创走廊在区域协同创新方面虽取得一定成效，但是对标服务长三角一体化的国家战略要求，尚存在不少问题和短板，在政策支持、制度保障、推进协调等方面还有不少亟待破解的瓶颈问题。比如，土地规划政策制约产业集群一体化发展，财税政策限制跨区域经济合作，数据壁垒阻碍政务服务一体化发展，共建共享的人才服务体系尚未形成。长三角G60科创走廊已经跃升为有力支撑国家区域重大战略的创新策源地，提升长三角一体化高质量发展水平，需要强化党的领导的制度供给，持续放大长三角G60科创走廊制度创新的辐射动能，进一步推进长三角科技创新与产业发展的深度融合。

1. **把党的领导的政治优势转作为科技创新发展的制度支撑**。G60科创走廊当初只是一个地方性的发展规划，当下已上升为长三角一体化发展国家战略的重要平台。一是发挥党对经济领导的政治优势。G60科创走廊从概念的最初提出到现在成为辨识度很高的一个区域，首先基于区委贯彻落实习近平新时代中国特色社会主义思想的高度政治自觉，充分发挥在党的领导下集中力量办大事的制度优势。二是发挥产业集群党建的组织优势。产业集群党建的创新支点就是把支部建在产业集群上。产业集群党建通过把党组织建在产业集群上，通过党建创新整合科技创新资源，把新兴领域党建做实、做强、做细，把党建的组织力、服务力、凝聚力转化为科技创新发展的生产力、竞争力、凝聚力。三是发挥了党建跨区域协同优势。构建服务长三角产业链的大党建机制，为长三角产业发展串联优势资源。完善党建联系产业服务机制，提升长三角G60科创走廊科技创新竞争力，进一步优化产业集群党建的政策制度供给，全力打造共建共享服务长三角一体化发展国家战略的重要平台。产业集群党建工作实施以来，带动松江区高新技术企业、规模以上企业、百人以上企业，实现党组织100%覆盖；各战略性新兴产业集群，集聚效应日益增强，生物医药、人工智能、集成电路等，一批千亿级、百亿级产业集群，快速成长，在党建引领下，松江区地方财政收入连续72个月保持正增长，创造高质量发展的新奇迹。

2. **把跨区域协同的政策体系作为一体化发展的制度保障**。长三角城市群中心区共包括27个城市，九城市抱团发展，优势互补，带来良好的同城效应和集聚发展优势。一是敢于担当，持续深化引领带动功能。长三角G60科创走廊的先发优势很明显，作为策源地的松江要全力推进长三角G60科创走廊建设，充分发挥九城市之间交通大走廊、产业大动脉、科创大平台、高端制造主阵地的功能定位和先发优势，通过制度创新持续巩固一体化的领先地位。二是开放包容，主动融入一体合作平台。松江秉持开放包容的发展理念，积极参与、主动融入其他的长三角一体化平台，形成一体化发展的网络体系。三是持续创新，放大科创走廊的示范效应。作为长三角 G60 科创走廊策源地需要的是持续创新的能力，借力长三角一体化发展国家战略，把长三角一体化这篇大文章做深、做足，形成国家战略的重要支撑。六年来，长三角 G60 科创走廊通过实施一系列改革措施推进区域一体化发展，如建立“1 + 7 + N”产业联盟体系、创立 G60 金融服务联盟、搭建“1 + 9”综合金融服务平台、建立上交所服务基地、实施长三角“一网通办”试点等，初步实现人才、金融、仪器、科研成果、政务服务等资源的跨省域内循环。

3. **把市场化法治化作为优化营商环境的制度内核**。习近平总书记指出，科技创新、制度创新要协同发挥作用，两个轮子一起转。松江坚持改革辟路，着力破除深层次体制机制障碍，打造国际一流的营商环境，不断降低制度性交易成本。一是打造充满活力的产业创新生态。聚焦基金云、创新主体云、互联网云“三朵云”，推动多层次资本市场服务实体经济创新发展，为企业发展提供全生命周期的融资服务。设立 G60 产业基金，深化“双创债”“批次包”“园区贷”等金融创新产品，构建全方位、多层次金融服务体系。二是打造高效便捷的政务服务生态。坚持全面从严治党，构建亲清政商关系，开展“清风护航 G60”专项行动，建立营商环境“护航员”制度，对企业轻微违规“多开整改单，少开处罚单”，提高执法“精度”和“温度”。率先建立长三角 G60 科创走廊“一网通办”机制，发出全国第一张跨省异地办理的工商登记执照，被国务院列为长三角政务服务“一网通办”首批试点。三是打造众人青睐的人才发展生态。出台并深化落实人才“1+10”政策、九城市互认互通人才 18 条政策，创新不唯地域、不限年龄、不唯学历、不唯职称的人才积分制管理。四是着力构建“政产学研金服用”创新体系，强化 G60 科创走廊大学科技园创新策源功能。

4. **把引领社会创新作为长三角一体化发展的制度引擎**。习近平总书记亲自提炼概括了“开放、创新、包容”的上海城市品格，松江始终把营造鼓励大胆创新、勇于创新、包容创新的社会环境作为推动高质量发展、提升城市核心功能的关键一招，让城市处处涌动创新创业的激情。一是依法依规鼓励、支持、包容创新，为企业创新主体提供精准的政策服务，使其持续迸发创新活力。二是强化改革创新，深化九城市政务服务互认互通，提高资源、资金、人才等要素流转效率，促进相互顺畅衔接和联动发展。三是强化金融赋能，引导金融机构加大对实体经济特别是小微企业、科技创新、绿色发展的支持，支持更多科技企业在科创板上市，推动科技成果加速向现实生产力转化。四是强化人才支撑，大力营造“识才爱才敬才用才”良好氛围，让更多“千里马”竞相奔腾于长三角 G60 科创走廊。九城市于 2018 年 11 月首届进博会期间，协同发布扩大开放“30 条”，形成建立九城市一体化发展的开放型经济体系的先行先试效应，为形成国内国际双循环相互促进打下坚实基础。

5. **把激励党员干部担当作为改革创新的制度基础**。长三角 G60 科创走廊的新路是实干创新的结果，松江在转型发展攻坚克难的关键时刻，坚持弘扬振奋不畏艰险、敢闯敢试的拼搏精神，勇做新时代的不懈奋斗者。一是用精神鼓舞党员干部。松江以伟大建党精神为源头，全区上下形成“秉持新发展理念，改革辟路、创新求实，唯实唯干、拼搏奋进”的良好作风，披荆斩棘闯出一条新路，以自身发展的确定性对冲外部环境的不确定性。二是用制度激励党员干部。充分发挥全面从严治党引领保障作用，坚持“狠抓落实就是忠诚担当”，出台松江区干部工作“22条”，注重在服务国家战略等一线考察识别干部。三是用严管塑造党员干部。坚决整治形式主义、官僚主义问题，在全区干部中形成共识，不能在文山会海中错失发展窗口期，不能在花拳绣腿中丧失战斗力，增强越是艰险越向前的斗争意识，勇当科技和产业创新开路先锋。2020年疫情发生以来，G60科创走廊依托九城市较为完备的产业链、供应链，借助工业互联网等平台，实现各类生产资源要素智能化高效对接，产业集群上下游企业密切合作，在疫情防控中体现了G60科创走廊的担当作为。

松江作为长三角G60科创走廊策源地，以习近平同志在上海工作期间视察松江时提出的重要指示为指引，以供给侧结构性改革为抓手，深入探索推进区域一体化改革，大力发展先进制造业和生产性服务业，推动与长三角周边城市的分工合作，经济核心指标持续强劲上扬，重大项目加速集聚，区域协同发展优势彰显，先进制造业集群加速培育，科技创新动能充分释放。在新发展格局下，松江持续放大长三角G60科创走廊的制度创新效应，打造成为“国内大循环中心节点”和“国内国际双循环战略链接”的重要枢纽之一。

**作者单位**

中共松江区委宣传部

# 勇于自我革命　坚定不移推进全面从严治党

张宗峰

斗争精神是马克思主义固有的理论品格和实践要求，为人民、国家、民族利益而斗争是我们党与生俱来的风骨。从发展历程看，党和人民取得的一切成就，不是天上掉下来的，不是别人恩赐的，而是通过不断斗争取得的。中国共产党一成立就铭刻着斗争的烙印，一路走来就是在斗争中求得生存、获得发展、赢得胜利。敢于斗争、敢于胜利是中国共产党和中国人民不可战胜的强大精神力量。坚持发扬斗争精神，是以中国式现代化全面推进中华民族伟大复兴的客观要求。

新时代新征程，我国发展面临新的战略机遇、新的战略任务、新的战略阶段、新的战略要求、新的战略环境，需要应对的风险和挑战、需要解决的矛盾和问题比以往更加错综复杂。只有继承弘扬伟大斗争精神，敢于斗争、善于斗争，才能战胜一个个艰难险阻，经受住一场场严峻考验，取得一个又一个新的伟大胜利。要不断增强全党全国各族人民的志气、骨气、底气，不信邪、不怕鬼、不怕压，知难而进、迎难而上，统筹发展和安全，全力战胜前进道路上各种困难和挑战，依靠顽强斗争，不断创造中国式现代化新辉煌。

## 一、发扬斗争精神，勇于自我革命

打铁必须自身硬。办好中国的事情，关键在党，关键在坚持党要管党、全面从严治党。党的十八大以来，以习近平同志为核心的党中央将全面从严治党纳入“四个全面”战略布局，为党和国家事业发生历史性变革提供了坚强政治保证。

全面从严治党是一场伟大的自我革命。在进行社会革命的同时不断进行自我革命，是我们党区别于其他政党最显著的标志。中国共产党之所以有自我革命的勇气，是因为党始终代表最广大人民根本利益，与人民休戚与共、生死相依，没有任何自己特殊的利益，从来不代表任何利益集团、任何权势团体、任何特权阶层的利益。不谋私利才能谋根本、谋大利，才能从党的性质和根本宗旨出发，从人民根本利益出发，检视自己；才能不掩饰缺点、不回避问题、不文过饰非，有缺点克服缺点，有问题解决问题，有错误承认并纠正错误。

全面从严治党以其丰富内涵诠释了自我革命的内在要求。治国必先治党，治党务必从严。全面从严治党，核心是加强党的领导，基础在全面，关键在严，要害在治。“全面”就是管全党、治全党，面向全体党员、党组织，覆盖党的建设各个领域、各个方面、各个部门，重点是抓住“关键少数”。“严”就是真管真严、敢管敢严、长管长严。“治”就是从党中央到地方各级党委，从中央部委、国家机关部门党组（党委）到基层党支部，都要肩负起主体责任。

全面从严治党，要求增强系统性、预见性、创造性、实效性，使从严治党的一切努力都集中到增强党自我净化、自我完善、自我革新、自我提高能力上来，集中到提高党的领导能力和执政能力、保持和发展党的先进性和纯洁性上来，不断以勇于自我革命的精神打造和锤炼自己，确保党始终成为中国特色社会主义事业的坚强领导核心。

全面从严治党推进自我革命不断走向深入。从实施中央八项规定改进作风到构建行之有效的权力监督制度和执纪执法体系，从反腐败无禁区、全覆盖、零容忍到一体推进不敢腐、不能腐、不想腐，从开展党的群众路线教育实践活动到建立不忘初心、牢记使命的制度，从严格规范党内政治生活到着力营造风清气正的政治生态，全面从严治党推进自我革命不断向纵深发展。

全面从严治党永远在路上，中国共产党的自我革命任重而道远。虽然全面从严治党已经取得历史性成就，但还远未到大功告成的时候。要继续发扬彻底的革命精神，坚持全面从严治党永远在路上，保持“赶考”的清醒，以新时代党的自我革命引领新的伟大社会革命。

## 二、四个维度构建全面从严治党体系

全面从严治党体系是全面从严治党各要素基于内在联系组合而成的一个具有全面性和系统性的有机整体，涉及党的政治建设、思想建设、组织建设、作风建设、纪律建设和制度建设、反腐败斗争等方方面面，需要体系化系统推进，确保全面从严治党在内容上全涵盖、对象上全覆盖、责任上全链条、制度上全贯通。

健全上下贯通、执行有力的全面从严治党组织体系。组织要素是全面从严治党体系的机构支撑和保障力量，组织体系是健全全面从严治党体系的关键所在，全面从严治党要依靠党的坚强组织体系来实现。健全全面从严治党体系要坚持新时代党的组织路线，以组织体系建设为重点，加强基层党组织建设，增强党组织的政治功能和组织功能，确保全面从严治党覆盖党的各级各类组织、党员领导干部、一般党员干部、普通党员，确保覆盖对象上无漏洞无死角。无论是在由中央组织、地方组织、基层组织构成的党的组织体系中，还是在由机关工委、教育工委、企业工委、两新工委、街道党工委等构成党的各类工作委员会中，以及设置在中央和地方国家机关、人民团体、经济组织、文化组织和其他非党组织的领导机关中的党组中，都应贯彻落实全面从严治党的部署和要求，切实做到党的组织设置到哪里，党组织的工作、活动、影响力就体现到哪里，全面从严治党就同步跟进到哪里。

健全系统完备、科学规范的全面从严治党制度体系。全面从严治党不是一时之举、权宜之计，而是管党治党的长久之策。只有上升到制度设计、制度安排层面，才能确保全面从严治党的长期性、全局性、根本性、稳定性，才能为全面从严治党体系构建提供必备的制度保障、制度支撑。健全全面从严治党体系要突出依规治党、强化制度安排，涵盖支撑管党治党的根本制度、具体制度、体制、机制等在内的一整套党内制度规范体系。健全全面从严治党制度体系应着力完善以党章为根本的党内法规制度体系，进一步健全自我革命制度规范体系，将制度建设贯穿于管党治党的全过程、各方面、各层级，构建更加健全的体制机制和更为科学有效的制度法规，确保全面从严治党在党中央的集中统一领导下扎实推进，向纵深发展、向基层延伸。只有坚持制度治党、依规治党，努力构建系统完备、科学规范、运行有效的全面从严治党制度体系，确保法规、制度“带电”

“长牙”，才能使党内法规更具有权威性，制度执行力切实得以增强，从而系统提升全面从严治党的科学性和规范性，为新时代党的建设提供根本制度性保障。

健全全面覆盖、权威高效的全面从严治党监督体系。科学有效的制约监督体系是永葆党的肌体健康的生命之源，要健全系统集成、协同高效的监督体系，进一步织紧织密监督网络，不断延伸监督触角，切实打通全面从严治党的“神经末梢”。坚持在党中央集中统一领导下，按照全面覆盖、权威高效的要求，强化政治监督，加强对“一把手”和领导班子的监督，持续完善纪检监察专责监督体系、党内监督体系、各类监督贯通协调机制和基层监督体系，以环环相扣的监督体系来保障不同体系之间有效衔接。党的二十大通过的《中国共产党章程（修正案）》赋予纪委协助党委推动完善党和国家监督体系的重要职责，要深入推进纪检监察体制改革，完善纪检监察专责监督体系，促进纪律监督、监察监督、派驻监督、巡视监督统筹衔接常态化制度化。不断完善及时发现问题的防范机制、精准纠正偏差的矫正机制、强化责任担当的问责机制，用好问责利器，既防止问责乏力，又防止问责泛化。不断完善、优化合力型监督体系，推动党在不断解决问题、克服不足中永葆活力、长盛不衰，为实现党的自我净化、自我完善、自我革新、自我提高提供重要保障。

健全各负其责、统一协调的全面从严治党责任体系。健全全面从严治党体系，应围绕权力—责任—担当—监督—执纪—问责这一主线，跟进监督、严明纪律、严肃问责，推动党内责任制、监督制、问责制的“三联动”。对标职责定位，压实各级党委（党组）全面从严治党主体责任、各级纪委的监督责任，推动各级党委（党组）书记扛起第一责任人责任，领导班子其他成员切实担负“一岗双责”，普通党员各尽其责。不断健全纵向上贯通党的中央组织、地方组织、基层组织三级组织体系，横向上覆盖党的高级干部、领导干部、一般干部、普通党员，贯穿于党的政治、思想、组织、作风、纪律、制度建设和反腐败斗争等各项建设领域范畴的全面从严治党责任目标体系，确保每一类、每一个党内主体都知悉推进全面从严治党“我该做什么”。着力压实全面从严治党政治责任，营造全党动手一起抓的良好氛围，真正实现推进全面从严治党人人有责、人人负责、人人尽责的担当局面，有效提升全面从严治党的权威性和执行力。

新时代新征程新伟业。我们要以党的二十大精神为指引，全面贯彻习近平新时代中国特色社会主义思想，一刻不停歇地推进全面从严治党，弘扬伟大建党精神，使全党同志务必不忘初心、牢记使命，务必谦虚谨慎、艰苦奋斗，务必敢于斗争、善于斗争，努力把党建设得更加坚强有力，引领和保障中国式现代化继往开来、行稳致远。

**作者单位**

**上海电力大学马克思主义学院**

# 后　记

党的二十大擘画了全面建成社会主义现代化强国、以中国式现代化全面推进中华民族伟大复兴的宏伟蓝图。习近平总书记强调指出："实践证明，中国式现代化走得通、行得稳，是强国建设、民族复兴的唯一正确道路。"《守正创新：中国式现代化理论体系研究》一书，是中共上海市委宣传部、中共上海市委党校于 2023 年 9 月联合举办的第 39 期中青年理论骨干学习研讨班（党的创新理论与中国式现代化专题）学员的集体成果。

第 39 期中青班的举办，恰逢中青班办班 30 周年，也是疫情后全面恢复正常教学秩序的一届，更是以中国式现代化全面推进中华民族伟大复兴的开局之年。第 39 期中青班，坚持高标准、高水平、高质量、高要求的办学模式，着力帮助中青年理论骨干提升理论水平和政治素养。通过学习研讨，学员更加坚定了以中国式现代化全面推进中华民族伟大复兴的学术自觉，更加增强了以党的创新理论滋养初心，在上海奋力创造新时代新奇迹中奋力书写社科人的学术使命和责任担当。第 39 期中青班，经 23 家单位推荐共遴选 27 名正式学员，呈现出学员年龄年轻化（80 后学员占

85%)、学员结构多样化、学员学科多元化等突出特点。

《守正创新：中国式现代化理论体系研究》一书由四大部分组成，分别是：中国式现代化理论是科学社会主义的最新重大成果；中国式现代化的中国特色；中国式现代化的本质要求；推进中国式现代化需要牢牢把握的重大原则。中国式现代化蕴含的独特世界观、价值观、历史观、文明观、民主观、生态观等及其伟大实践，是对世界现代化理论和实践的重大创新。本书以专题形式，论述了中国式现代化理论的理论贡献、文化传承、实践演进、战略部署和世界意义，深入分析了中国式现代化的五大特色，即人口规模巨大的现代化，全体人民共同富裕的现代化，物质文明与精神文明相协调的现代化，人与自然和谐共生的现代化，走和平发展道路的现代化。并从九大方面梳理了中国式现代化的本质要求：坚持党的领导，坚持中国特色社会主义，坚持实现高质量发展，坚持发展全过程人民民主，坚持丰富人民精神世界，坚持实现全体人民共同富裕，坚持促进人与自然和谐共生，坚持推动构建人类命运共同体，坚持创造人类文明新形态。以及从坚持和加强党的全面领导、坚持中国特色社会主义道路、坚持以人民为中心的发展思想、坚持深化改革开放、坚持发扬斗争精神五个角度论述了推进中国式现代化需要牢牢把握的重大原则。希望本书的出版，能够推动对中国式现代化理论体系的研究。

中共上海市委宣传部副部长潘敏对第39期中青班的课程设置和学习研讨给予了悉心指导。理论处陈殷华、俞厚未、姚东、柳相宇具体负责本书组织编辑工作。本书的出版得到上海人民出版社的大力支持，在此表示衷心感谢！

编者

2024年2月

**图书在版编目(CIP)数据**

守正创新 ： 中国式现代化理论体系研究 / 上海市习近平新时代中国特色社会主义思想研究中心，上海市中国特色社会主义理论体系研究中心编. -- 上海 ： 上海人民出版社，2024. -- ISBN 978-7-208-18978-2

Ⅰ. D61

中国国家版本馆 CIP 数据核字第 202493Y6T1 号

**责任编辑** 罗 俊
**封面设计** 零创意文化

**守正创新:中国式现代化理论体系研究**

上海市习近平新时代中国特色社会主义思想研究中心
上海市中国特色社会主义理论体系研究中心 编

**出　　版** 上海人民出版社
(201101 上海市闵行区号景路 159 弄 C 座)
**发　　行** 上海人民出版社发行中心
**印　　刷** 苏州市古得堡数码印刷有限公司
**开　　本** 720×1000 1/16
**印　　张** 26.75
**插　　页** 2
**字　　数** 325,000
**版　　次** 2024 年 7 月第 1 版
**印　　次** 2024 年 7 月第 1 次印刷
ISBN 978-7-208-18978-2/D·4342
**定　　价** 118.00 元